Sobre a Autora

Geraldine Woods começou a se interessar por gramática ainda quando estava cursando o ensino fundamental, que naquela época era devidamente chamado de "escola gramatical". Sob a orientação de uma série de freiras com suas longas réguas (usadas tanto para apontar para o quadro quanto para dar um jeito em alunos mal criados), ela aprendeu a diagramar qualquer tipo concebível de frases. Seu trabalho como professora de inglês se estende há 25 anos com cerca de 40 livros escritos. Geraldine adora beisebol da 2ª divisão, comida chinesa e os romances de Jane Austen. Mãe de um filho (Tom) já formado em Direito, ela vive na cidade de Nova York com Harry (seu marido com quem está casada há 30 anos) e seus periquitos Alice e Archie.

Gramática Inglesa

PARA

LEIGOS®

2ª Edição Revisada

Geraldine Woods'

ALTA BOOKS
EDITORA

Rio de Janeiro. 2010

Gramática Inglesa - 2ª Edição Revisada Copyright © 2010 da Starlin Alta Con. Com. Ltda.
ISBN 978-85-7608-469-3

Produção Editorial:
Starlin Alta Con. Com. Ltda

Gerência de Produção:
Anderson Vieira

Supervisão de Produção:
Angel Cabeza

Tradução:
Tibério Novais

Revisão Gramatical:
Ana Maria dos Santos

Revisão Técnica:
Walter Medeiros Filho

Diagramação:
Gabriela Ayres

Fechamento:
Rafael Rosário

1ª reimpressão, 2011

Impresso no Brasil

ALTA BOOKS
EDITORA

Rua Viúva Cláudio, 291 - Bairro Industrial do Jacaré
CEP: 20970-031 - Rio de Janeiro – Tel: 21 3278-8069/8419 Fax: 21 3277-1253
www.altabooks.com.br – e-mail: altabooks@altabooks.com.br

Dedicatória

A meu marido e meu filho, os amores da minha vida.

Agradecimentos da Autora

Agradeço aos meus alunos, cuja inteligência e curiosidade nunca deixam de me inspirar. Agradeço também ao editor técnico Tom LaFarge, cujo senso de humor e conhecimento de gramática contribuíram imensamente para o aprimoramento deste livro. Muito obrigada à minha editora de projetos Linda Brandon, cujos comentários sempre inteligentes me desafiaram a esclarecer melhor minhas explicações e cujo incentivo me ajudou a transformar vários dias ruins em bons momentos. Apresento minha gratidão ao trabalho esforçado dos editores Billie Williams e Ellen Considine, que constantemente me lembravam para sempre concentrar-me em você, leitor. Sou também grata às editoras de aquisição Joyce Pepple, Roxane Cerda e Susan Decker, que me incentivaram em cada oportunidade. Devo vários agradecimentos à minha agente, Carolyn Krupp, por acalmar meus ânimos e responder a meus e-mails sempre com cortesia e incomensurável assistência. Por último, agradeço a meus colegas do Departamento de Inglês, cuja paixão pelo ensino e amor pela nossa matéria transformam minhas horas de trabalho em um grande prazer.

Cartoons à primeira vista

Rich Tennant

"Oh, ele é brilhante. Mas você já notou a gramática nos seus memorandos? 'ORG precisa helicon antena... Org precisa ion exclotron... Org precisa analisador de neutron...'"

página 337

página 283

página 7

"Ok pessoal, lembre-se: quando escrever suas cartas de extorção, coloque o pronome perto o suficiente do seu antecedente para garantir a clareza".

página 219

"Antes de prosseguirmos com a entrevista, penso que deveríamos estabelecer a diferença entre as palavras 'mais' e 'distante'."

página 81

É do editor. Diz assim: "claro Srº Shakespeare, sua peça atual é mais boa do que a última, mas ainda não melhor do que achamos que o senhor é capaz".

página 149

Sumário

Introdução 1

Parte I: As Classes Gramaticais e os Termos da Oração 7

Capítulo 1: Eu Já Sei Falar. Por que Deveria Estudar Gramática? 9
Capítulo 2: Verbos: O Coração da Oração 17
Capítulo 3: Relaxe! Entendendo o Tempo Verbal? 31
Capítulo 4: Quem Está Fazendo o Quê? Como Achar o Sujeito. 45
Capítulo 5: Tendo Tudo: A Oração Completa 59
Capítulo 6: Trabalhando com Complementos 69

Parte II: Evitando ErrosComuns 81

Capítulo 7: Casando Orações 83
Capítulo 8: Do You Feel Bad or Badly? Pontos Essenciais Sobre Adjetivos e Advérbios 95
Capítulo 9: Preposições, Interjeições e Artigos. Minha Nossa! Mais Partes do Discurso! 111
Capítulo 10: Erros com Pronomes: Everyone Brought Their Homework? 119
Capítulo 11: Simplesmente Diga que Concorda 131

Parte III: Sem Oficina, mas Cheio de Mecânicos 149

Capítulo 12: A Lei da Pontuação que Deveria ser Revogada: Apóstrofos ... 151
Capítulo 13: Citações e o Uso de Aspas: Mais Regras do que a Declaração do Imposto de Renda 165
Capítulo 14: Uma Pausa para Refrescar: Vírgulas 181
Capítulo 15: Acrescentando Informações: Ponto-e-Vírgula, Travessão e Dois Pontos 191
Capítulo 16: Letras Maiúsculas 203

Parte IV: Polindo Sem Cera - os Pontos Mais Refinados da Gramática .. 219

Capítulo 17: Os Pronomes e Seus Casos 221
Capítulo 18: Ajustando os Verbos 233
Capítulo 19: Dizendo o Que Você Quer Dizer: Palavras e Frases Descritivas 247
Capítulo 20: Bom, Melhor, O Melhor: Comparações 255
Capítulo 21: Paralelas sem Retas 269

Parte V: Regras que até o Professor de Gramática da sua tia-avó não Conhecia 283

Capítulo 22: A Última Palavra em Verbos *285*
Capítulo 23: A Última Palavra em Pronomes *297*

Capítulo 24: A Última Palavra em Estrutura de Orações *309*
Capítulo 25: A Última Palavra em Pontuação *325*

Parte VI: A Parte dos Dez 337

Capítulo 26: Dez Maneiras de Melhorar sua Revisão de Texto 339
Capítulo 27: Dez Maneiras de Melhorar sua Gramática 343

Índice Remissivo 347

Sumário

Introdução *1*

Sobre este livro 1

Como Usar Este Livro 2

O Que Você Não Precisa Ler 2

Suposições Tolas 2

Como Este Livro Está Organizado 3

Parte 1: As Classes Gramaticais e os Termos da Oração 3

Parte II: Evitando Erros Comuns 4

Parte III: Nenhuma Garagem, Mas Bastante Mecânica 4

Parte IV: Polindo Sem Cera - Os Pontos Mais Sutis da Gramática 4

Parte V: Regras Que Até O Professor De Gramática Mais Experiente Não Sabia 5

Parte VI: A Parte dos Dez 5

Ícones Usados Neste Livro 5

Aonde Ir a Partir Daqui 6

Parte I: As Classes Gramaticais e os Termos da Oração *7*

Capítulo 1: Eu Já Sei Falar. Por que Deveria Estudar Gramática? **9**

Vivendo Melhor com Melhor Gramática 9

Decidindo Qual Gramática Aprender 10

Diferenciando os Três Ingleses 11

Wanna get something to eat? Friendspeak 12

Do you feel like getting a sandwich? Inglês Coloquial 12

Will you accompany me to the dining room? Inglês Formal 13

Usando o Inglês Certo na Hora Certa 14

Confiar em Corretores Gramaticais de Computador Não é o Bastante 15

Capítulo 2: Verbos: O Coração da Oração **17**

Verbos de Ligação: O Sinal de Igual Gigantesco 17

Being ou linking – O que está em um nome? 19

Saboreando os verbos do sentido 20

Completando Orações com Verbo de Ligação Corretamente 21

Colocando o Pronome Próprio no Lugar Próprio 23
Luzes! Camera! Verbo de Ação! 25
Sobrevivendo com uma Pequena Ajuda de Meus Verbos 26
Faça a Pergunta: Localizando o Verbo 27
Esqueça "To Be or Not To Be": Infinitivos Não São Verbos 28

Capítulo 3: Relaxe! Entendendo o Tempo Verbal? 31

Simplificando: Os Tempos Simples 32
Presente simples 32
Passado simples 32
Futuro simples 33
Usando os Tempos Corretamente 34
Presente e presente progressivo 35
Passado e passado progressivo 35
Futuro e futuro progressivo 36
Aperfeiçoando a Gramática: Os Tempos Perfeitos 36
Presente perfeito e presente perfeito progressivo 36
Passado perfeito e passado perfeito progressivo 37
Futuro perfeito e futuro perfeito progressivo 38
Usando O Presente Perfeito Corretamente 38
Formando o Presente e o Particípio Passado de Verbos Regulares 40
Apenas para Tornar as Coisas Mais Difíceis: Verbos Irregulares 41
"To be or not to be" é um problema complexo 41
Passado irregular e particípio passado 42

Capítulo 4: Quem Está Fazendo o Quê? Como Achar o Sujeito 45

Quem Está Dirigindo o Caminhão ou Porque o Sujeito é Importante? 45
Associaçðes: Pares sujeito e verbo 46
Sujeitos e verbos compostos: Dois pelo preço de um 46
Faça a Pergunta: Localizando o par sujeito – verbo 47
O que um Sujeito Como Você está Fazendo num Lugar Como Este?: Ordem Incomum das Palavras 48
Ache Aquele Sujeito! Detectando o You Implícito 49
Não Seja Enganado! Evitando Verbos e Sujeitos Falsos 51
Encontrando verbos falsos 51
Cuidado com Here, There e Outros Sujeitos Falsos 52
Procurando o verbo correto para orações com here e there 53
Sujeitos Não São Somente uma Sensação Singular: Formando o Plural de Substantivos 54

Plurais regulares....54
Os IES e YS....55
"Knifes" não existem: Plurais irregulares....56
A regra brother-in-law: Plurais com hífen....57
Quando o Sujeito é um Número....57

Capítulo 5: Tendo Tudo: A Oração Completa....59
Completando Orações: Os Sujeitos e Verbos Essenciais....59
Pensamentos Completos, Orações Completas....61
Incompleto: Orações Fragmentadas....63
Oh, Mamãe, Será que é Mesmo o Fim? Entendendo Sinais de Pausa....65

Capítulo 6: Trabalhando com Complementos....69
Entrando em Ação: Complementos de Verbos de Ação....70
Recebendo a ação: objetos diretos....70
Raros, mas às vezes presentes: Objetos indiretos....72
Sem Preconceitos: Complementos do Objeto....73
Finalizando a Equação: Complementos de Verbos de Ligação....74
Faça a Pergunta: Localizar o Complemento....76
Faça a Pergunta: Achando o Objeto Indireto....77
Pronomes Como Objetos e Complementos do Sujeito....78

Parte II: Evitando ErrosComuns....81

Capítulo 7: Casando Orações....83
Achando o Par: Combinando Orações de Forma Legítima....83
Ligando através de conjunções coordenativas....84
Pausando para colocar vírgulas....84
Ligando ideias: Ponto-e-vírgula....87
Chefes e Empregados: Unindo Ideias de Classes Desiguais....88
Escolhendo conjunções subordinativas....89
Ficando longe de fragmentos....91
Empregando Pronomes Para Combinar Orações....92

Capítulo 8: Do You Feel Bad or Badly? Pontos Essenciais Sobre Adjetivos e Advérbios..95
Acrescentando Adjetivos....96
Adjetivos que descrevem substantivos....97
Adjetivos que descrevem pronomes....97
Ligando adjetivos a verbos de ligação....97
Faça a Pergunta: Identificando Adjetivos....98

Perseguindo o Advérbio Comum 99
Faça a Pergunta: Encontrando o Advérbio 100
Advérbios que descrevem adjetivos e outros advérbios 101
Distinguindo Entre Adjetivos e Advérbios 102
Separando adjetivos de advérbios: teste do -ly 103
Classificando os Pares Adjetivo/Advérbio 104
Evitando Erros Comuns com Adjetivos e Advérbios 108
Colocação da palavra even 108
Colocação da palavra almost 109
Colocação da palavra only 110

Capítulo 9: Preposições, Interjeições e Artigos. Minha Nossa! Mais Partes do Discurso! 111
Propondo Relações: Preposições 111
Objetos da minha afeição: Frases preposicionais e seus objetos 113
Are you talking to I? Preposições e pronomes 115
Qual é uma boa parte do discurso para terminar uma oração? 116
Interjeições são Fáceis! 117
Artigos: Saindo das Revistas 118

Capítulo 10: Erros com Pronomes: Everyone Brought Their Homework? 119
Combinando Pronomes com Substantivos 119
Decidindo Entre Pronomes no Singular e no Plural 121
Usando Pronomes Possessivos no Singular e no Plural 123
Posicionando o Par Pronome-Antecedente 125
Evitando Erros Comuns com Pronomes 127
Usando adequadamente pronomes singulares problemáticos 127
Evitando Pronomes Machistas 130

Capítulo 11: Simplesmente Diga que Concorda 131
Escrevendo Verbos no Singular e no Plural 131
Os Imutáveis 132
Os Mutáveis 132
Mais Fácil Que Terapia de Casais: Fazendo com que Sujeitos e Verbos Concordem 135
Escolhendo Verbos para Dois Sujeitos 136
A Pergunta das Perguntas 137
Perguntas no presente 137
Perguntas no passado 138
Perguntas no futuro 139

Frases Negativas e Concordância Sujeito-Verbo 139
Distrações: Frases Preposicionais e Outras Palavras Irrelevantes. 140
Será que Nunca Vamos Nos Dar Bem? Concordância com Sujeitos Difíceis. ... 142
Cinco pronomes intrigantes que funcionam como sujeitos 142
Aqui e ali, sempre um problema com Here e There. 143
Os "Ones", os "Things" e os "Bodies" 143
Todo e cada erro cometido com each e every pode causar dores de cabeça 144
Quero ficar sozinha: either e neither sem seus parceiro 145
Politics, statistics e outros sujeitos irregulares 146

Parte III: Sem Oficina, mas Cheio de Mecânicos 149

Capítulo 12: A Lei da Pontuação que Deveria ser Revogada: Apóstrofos 151
The Pen of My Aunt ou My Aunt's Pen? Usando Apóstrofos para Indicar Posse 152
Propriedade no singular 152
Porque Bill não é o dono de tudo: Possessivos no plural 153
Indicando Posse com Substantivos Próprios 157
Propriedade em Palavras com Hífen 157
Substantivos Possessivos que Terminam em S 158
Erros Comuns no Uso de Apóstrofos com Pronomes 159
Palavras Encurtadas para Pessoas Ocupadas: Contrações 160
Erros comuns no uso de contrações 161
Contrações que você nunca usa, exceto em poesias 164
Usando Apóstrofos com Símbolos e Números 164

Capítulo 13: Citações e o Uso de Aspas: Mais Regras do que a Declaração do Imposto de Renda 165
E Citando Fulano de Tal 166
Pontuando Citações 167
Citações com identificadores da fala 167
Citações sem identificadores da fala 171
Citações com pontos de interrogação 172
Citações com pontos de exclamação 173
Citações com sinais de ponto-e-vírgula 174
Citações dentro de citações 175
Quem Disse Isso? Identificando as Mudanças de Falantes 176
Usando Aspas para pôr Algo em Evidência 178
Citando Gírias 178
Pontuando Títulos: Quando Usar Aspas 179

Capítulo 14: Uma Pausa para Refrescar: Vírgulas 181

Distinguindo Itens: Vírgulas em Série 181

Separando uma Lista de Descrições 183

Tá Falando Comigo? Tratamento Direto 185

Usando Vírgulas em Endereços e Datas 186

Pontuando endereços 186

Pontuando datas 188

Voando Sozinhas: Palavras Introdutórias 189

Capítulo 15: Acrescentando Informações: Ponto-e-Vírgula, Travessão e Dois Pontos 191

Unindo Ideias Completas: Ponto-e-Vírgula 192

Usando o ponto-e-vírgula com falsos ligadores 192

Separando itens de uma lista com ponto-e-vírgula 194

Criando um Ponto de Parada: Dois Pontos 195

Uso em cartas comerciais 195

Introduzindo listas 196

Introduzindo citações longas 197

Ligando explicações 198

Fornecendo Informações Adicionais - Travessões 199

Capítulo 16: Letras Maiúsculas 203

Usando (ou Não) Letras Maiúsculas ao se Referir a Pessoas 203

Referindo-se ao chefe da carrocinha (Chief Dogcatcher) e a outros oficiais. 204

Escrevendo sobre parentesco 205

Deus com letra maiúscula 207

Letras Maiúsculas em Geografia: Coordenadas, Lugares e Idiomas 207

Coordenadas e áreas de um país 207

Letras maiúsculas em características geográficas 208

Uma exceção à regra dos nomes de países 208

Raças e etnias 209

Estações do Ano e Outros Períodos de Tempo 210

Na Escola: Cursos, Séries e Matérias 211

Usando Letras Maiúsculas em Livros e Outros Títulos 212

Letra Maiúscula para Épocas e Eventos Históricos 214

Se Vc Pd Lr Isso, Vc Pd Abreviar 214

A Última Palavra é do Poeta 216

Parte IV: Polindo Sem Cera - os Pontos Mais Refinados da Gramática...... 219

Capítulo 17: Os Pronomes e Seus Casos 221

Me Like Tarzan: Escolhendo os Pronomes Sujeito 222

Pares de sujeitos ou sujeitos compostos 222

Apostos 223

Escolhendo pronomes para fazer comparações 225

Ligando pronomes a verbos de ligação 226

Usando Pronomes como Objetos Direto e Indireto 227

Escolhendo objetos para preposições 228

Enxergar dois causa problemas 229

Pronomes de Possessivos: Sem Necessidade de Exorcistas 230

Lidando com Pronomes e Substantivos com "-Ing" 231

Capítulo 18: Ajustando os Verbos 233

Dando Voz aos Verbos 233

Fazendo a Melhor Escolha: Voz Ativa 234

Colocando em Ordem: Seqüência de Tempos Verbais 235

1° caso: Eventos simultâneos - verbos principais 236

2° caso: Eventos simultâneos - verbals 236

3° caso: Eventos que acontecem em dois tempos diferentes no passado.. 237

4° caso: Mais de dois eventos no passado, todos em tempos diferentes ... 239

5° caso: Dois eventos no futuro 240

6° caso: Tempos diferentes, formas verbais diferentes 241

Relatando Informações: O Verbo Conta a História 243

Reconhecendo as Verdades Eternas: Frases Que Estão Sempre no Presente.. 245

Capítulo 19: Dizendo o Que Você Quer Dizer: Palavras e Frases Descritivas 247

Arruinando uma Oração Perfeita: Descrições Mal Colocadas 248

Deixando o Seu Público Indeciso: Danglers 249

Evitando Descrições Confusas 251

Identificando o Sujeito Quando Faltam Palavras na Oração 253

Capítulo 20: Bom, Melhor, O Melhor: Comparações 255

Terminando com -Er ou Usando More 255

Quebrando as Regras: Comparações Irregulares 260

Nunca More Perfect: Usando Palavras que Não Podem Ser Comparadas 261

Deixando seu Público em Suspense: Comparações Incompletas 263

Joe DiMaggio Played Better Than Any Baseball Player: Comparações Ilógicas... 266

Levando Dois pelo Preço de Um: Comparações Duplas 267

Capítulo 21: Paralelas sem Retas **269**
Construindo Orações Equilibradas 269
Engatando a Marcha da Gramática: Evitando Afogar o Motor das Orações 272
Longe de situações tensas com tempos verbais 273
Mantendo sua voz firme 274
Sabendo que é a pessoa certa 275
Enxergando Duplo: Pares de Conjunções 277
Evitando Comparações Impróprias 280

Parte V: Regras que até o Professor de Gramática da sua tia-avó não Conhecia* *283

Capítulo 22: A Última Palavra em Verbos **285**
Entendendo os Verbos do Dia-a-Dia: Modo Indicativo 285
Dando Ordem para Seus Verbos: Modo Imperativo 286
Descobrindo as Possibilidades: Modo Subjuntivo 287
Usando substantivos com "were" 287
Usando subjuntivos com "had" 288
Usando subjuntivos com "as though" 290
Usando subjuntivos para dar ordens, expressar desejos e fazer solicitações 291
Usando subjuntivos com "let us" 292
I Can't Help But Think This Rule Is Crazy: Excluindo as Duplas Negativas 293
Can't Hardly Understand This Rule: Mais Uma Dupla Negativa 294

Capítulo 23: A Última Palavra em Pronomes **297**
Entendendo a Diferença Entre Who e Whom 297
Macete n° 1: Feijão com arroz 298
Macete n°2: entrando no ritmo 299
Estudando Antecedentes Impróprios 300
Combinando Verbos com Pronomes em Orações Complicadas 301
This, That e the Other: Esclarecendo Referências a Pronomes Vagos 302
Its ou Their? Escolhendo Pronomes para Substantivos Coletivos 304
Pronomes Ltda: Usando Pronomes com Nomes de Empresas 306

Capítulo 24: A Última Palavra em Estrutura de Orações **309**
Entendendo os Fundamentos das Orações e Seus Efeitos 309
Desvendando o caso das orações subordinadas e independentes 311
Conhecendo os três empregos legais das orações subordinadas 313
Separando as Orações Subordinadas das Independentes 314

Decidindo quando separar orações ... 315
Colocando suas orações subordinadas no lugar certo ... 317
Escolhendo o conteúdo das suas orações subordinadas ... 317
Verbals ... 318
Apreciando os gerúndios ... 318
Trabalhando com infinitivos ... 319
Participando com um particípio ... 320
Usando Orações e Verbals para Dar um Pouquinho Mais de Vida aos Períodos Monótonos ... 322
A oração que refresca ... 322
Falando em verbals ... 323

Capítulo 25: A Última Palavra em Pontuação ... 325

Fazendo-se Entender com Vírgulas ... 325
Essencial ou extra? Suas vírgulas que o digam ... 326
Aposto que as vírgulas têm influência sobre os apostos ... 328
Pontuando independentemente ... 329
Usando Aqueles Três Pontinhos ... 330
Indicando que estão faltando palavras ... 331
Mostrando hesitação ... 331
S-i-m-p-l-i-f-i-c-a-n-d-o o Uso de Hífens ... 332
Entendendo a grande divisão ... 332
Usando hífens em palavras compostas ... 333
Colocando hífens em números ... 334
Utilizando o hífen bem colocado ... 334
Salpicando sua Escrita com Parênteses e Colchetes ... 335
Usando Barras nas Orações ... 336

Parte VI: A Parte dos Dez ... 337

Capítulo 26: Dez Maneiras de Melhorar sua Revisão de Texto ... 339

Leia de Trás para Frente ... 339
Dê um Tempo ... 340
Leia em Voz Alta ... 340
Exclua Metade das Vírgulas ... 340
Troque seu Trabalho com o de um Amigo ... 340
Aceite a Ajuda do Computador ... 341
Confira os Verbos ... 341
Confira os Pronomes ... 341

Conheça o seu Estilo de Digitação 341
Os Suspeitos Usuais 342

Capítulo 27: Dez Maneiras de Melhorar sua Gramática 343

Leia Bons Livros 343
Assista a Bons Programas de TV 344
Leia as Notícias com Atenção 344
Leia o Jornal 344
Folheie Revistas 344
Visite os Pontos de Encontro de Nerds 345
Consulte o Livro de Strunk e White 345
Ouça as Autoridades 345
Consulte Manuais de Estilo 346
Navegando na Internet 346

Índice Remissivo 347

Introdução

Há alguns anos, uma revista patrocinou um concurso para o comentário com a maior probabilidade de acabar com uma conversa. O ganhador? *Eu ensino gramática inglesa.* É só dizer essa frase em uma festa e todo mundo perto de você vai ficar calado ou começar a falar *whom.*

Por que gramática faz todo mundo ficar nervoso? Como professora de inglês, eu tenho que carregar parte da culpa. Alguns de nós fazemos grandes trabalhos de gramática em nossas salas de aula, treinando as categorias gramaticais, orações e os substantivos verbais, até que nossos alunos supliquem por piedade.

Quando eu estava no primário – que era chamado "escola de gramática", por razões muito boas – eu tinha que esquematizar orações. É de admirar que eu, de algum modo, aprendi a me comunicar até o final das aulas.

Felizmente, você não tem que aprender todos aqueles termos técnicos de gramática inglesa e também não tem que esquematizar orações para falar e escrever inglês corretamente. Neste livro, mostro os truques da profissão, as estratégias que ajudam você a fazer a escolha certa quando estiver enfrentando alguns dilemas gramaticais como a escolha entre I e me, had gone e went, e assim por diante. Eu esclareço o que você deve fazer e também te conto porque uma determinada palavra está correta ou incorreta. Você não vai ter que aprender de cor uma lista de regras sem sentido (bem, talvez algumas do capítulo de pontuação!) porque quando compreender a razão para uma determinada escolha, vai conseguir a palavra correta automaticamente.

Sobre Este Livro

Neste livro, eu me concentro no que os professores de inglês chamam de erros comuns. Eu digo a você as partes da oração, mas faço isso em inglês lógico, cotidiano, não em terminologia obscura. Não precisa ler este livro em seqüência, embora possa, e você não tem que ler por inteiro é só folhear o índice e procurar assuntos que você, muitas vezes, tem dúvidas. Por exemplo, se você sabe que tem dificuldades nos verbos, verifique os Capítulos 2 e 3 para o essencial. Os Capítulos 11 e 18 mostram como escolher o verbo correto em uma variedade de situações e o Capítulo 22 dá o equivalente a um doutorado em verbologia. Você decide o quanto quer aprender.

Como Usar Este Livro

Cada capítulo apresenta algumas idéias básicas e mostra como escolher a oração correta quando encarar duas ou três alternativas. Quando definimos um termo – verbos de ligação, por exemplo – é mostrada uma situação prática, na qual identificar um verbo de ligação ajudará a escolher o pronome certo. Os exemplos dos textos serão centralizados para que você possa encontrá-los facilmente. Um bom modo de determinar o que precisa ou não ler é verificar os testes que estão espalhados pelos capítulos. Se você acertar a resposta, não precisará ler todo o capítulo. Se você ficar confuso, no entanto, retroceda e leia o capítulo inteiro. Além disso, fique alerta aos ícones com a figura de um Diabinho. Eles identificam as pequenas coisas – a diferença entre duas palavras parecidas, palavras geralmente mal empregadas, e assim por diante – que pode ser que prejudiquem sua escrita.

O Que Você Não Precisa Ler

Ao longo deste livro, você verá alguns itens marcados com o ícone "Faixa Preta". Nenhum ser humano na história do mundo precisou saber esses termos para falar e escrever inglês direito. Na verdade, eu recomendo que deixe isso para lá e vá andar de skate. Para aqueles que de fato gostam de terminologia obscura com a finalidade de, digamos, esvaziar a sala, os ícones Faixa Preta definem tais emocionantes termos gramaticais como *subjective complement* e *participial phrase*. Todos os outros, não temam: Esses termos estão claramente classificados e completamente omitíveis. Procure os ícones Faixa Preta e evite esses parágrafos.

Suposições Tolas

Escrevi a "Gramática Inglesa Para Leigos" com uma pessoa específica em mente. Eu suponho que você, o leitor, já fale inglês até certo ponto e queira falar melhor. Eu também suponho que seja uma pessoa ocupada com coisas melhores para fazer do que se preocupar com *who* e *whom*. Você quer falar e escrever bem, mas não quer fazer um doutorado em gramática inglesa. (Ato inteligente. Doutorados em inglês provavelmente aumentem seu salário menos que qualquer outra graduação, exceto, talvez, doutorados em filosofia).

Este livro é para você se:

Você quer notas melhores;

Aspira a um emprego que pague melhor ou dê status;

Quer que sua fala e escrita o apresentem como uma pessoa educada, inteligente;

Quer uma boa nota no SATIIW, antigamente conhecido como o English Achievement Test;

Quer que sua escrita e sua fala sejam claras e digam exatamente o que você quer dizer;

Você quer refinar suas habilidades em inglês como segunda língua;

Ou simplesmente quer usar melhor a gramática.

Como Este Livro Está Organizado

Nas primeiras duas partes deste livro você encontra os fundamentos, o mínimo para um inglês razoavelmente correto. A Parte III se volta para o que os professores de inglês chamam de mecânica - não sobre as pessoas de macacão que trabalham com bombas de graxa, mas os detalhes práticos de escrever: pontuação e letras maiúsculas. As partes IV e V descrevem os pontos mais finos (certo, mais minuciosos) da gramática, os que separam pessoas normais de Gramáticos Oficiais. Se você entender as informações desta parte, irá se divertir encontrando erros no jornal diário.

A seguir, um guia mais específico para manusear a gramática inglesa para leigos.

Parte 1: As Classes Gramaticais e os Termos da Oração

Esta parte explica como distinguir entre os três tipos de inglês –

a gíria despreocupada da conversa de amigo-para-amigo;

a linguagem familiar ligeiramente mais correta;

e o inglês do "eu-estou-em-minhas-melhores-maneiras".

Eu explico as partes de uma oração, sujeitos e verbos e mostro como os reunir corretamente. Nesta parte, forneço também um guia da oração completa, falando o que é gramaticalmente legal e o que não é. Também defino objetos e complementos de verbo de ligação e mostro como usar cada um de maneira eficaz.

Parte II: Evitando Erros Comuns

Nesta parte, descrevo os membros restantes do Time da Gramática - as outras classes gramaticais que podem formar ou arruinar sua escrita. Mostro como transformar orações curtas e picadas em sentenças longas e mais fluentes sem precisar de uma visita da polícia da gramática. Também explico os dois tipos de palavras descritivas e mostro como o local de uma descrição pode alterar o significado de uma oração. Preposições - a ruína de muitos falantes de inglês como segunda língua - também estão nesta parte, além de algumas dicas de seu uso correto. Finalmente, demonstro como evitar incompatibilidades entre palavras singulares e plurais, sem dúvida o engano mais comum na fala e na escrita. A parte II também contém uma explicação de gênero de pronome. Além disso, ler esta seção também pode ajudar a evitar o uso indiscriminado dos pronomes.

Parte III: Nenhuma Garagem, Mas Bastante Mecânica

Se você alguma vez se perguntou se precisa de uma vírgula ou já se perdeu entre aspas e ponto-e-vírgulas, a Parte III é para você. Nela, explico todas as regras que governam o uso da pior invenção na história da comunicação humana: o apóstrofo. Também mostro como citar fala ou textos e onde colocar o sinal de pontuação mais comum, a vírgula. Por fim, descrevo, em linhas gerais, os pormenores das letras maiúsculas: quando você precisa delas, quando você não precisa e quando elas são opcionais.

Parte IV: Polindo Sem Cera - Os Pontos Mais Sutis da Gramática

A Parte IV avança pouco a pouco na escala de exigência - não ao extremo da Gramática, mas pelo menos o suficiente. Nesta parte, falo sobre a diferença entre pronomes pessoais, retos e oblíquos e pronomes possessivos. Também entro em detalhe sobre tempos verbais explicando quais palavras usar em todos os tipos de situações. Mostro como distinguir entre as vozes ativa e passiva dos verbos e como usar cada tipo corretamente. Exemplifico alguns erros comuns de estrutura da oração e faço comparações - como formar e assegurar que suas comparações são lógicas e completas. Finalmente, explico o paralelismo, termo utilizado por professores de inglês para equilíbrio e ordem na oração.

Parte V: Regras Que Até O Professor De Gramática Mais Experiente Não Sabia

Qualquer um que domine o material na Parte V, tem o direito de manifestar muita impaciência. Esta parte cobre os modos dos verbos (variando de mal-humorado a apenas claramente nervoso) e explica como evitar erros extremamente negativos. A Parte V também dá a última palavra em pronomes, essas pequenas classes gramaticais que fazem da vida de todo o mundo um inferno. A temida seção *who/whom* está nesta parte, assim como a explicação para todos os tipos de erros de referência de pronome. Explico orações subordinadas e verbais, que não são exatamente uma dica quente, mas um modo de trazer mais variedade e interesse à sua escrita. Você encontra também fatos concretos nas regras de pontuação mais obscuras.

Parte VI: A Parte dos Dez

A Parte VI é a "Parte dos Dez", que oferece algumas dicas rápidas para uma gramática melhor. Aqui mostro dez modos para refinar suas habilidades de leitura. Também apresento um resumo rápido dos dez mais (alguns os chamariam os dez menos) dos erros mais comuns junto com suas correções. Finalmente, sugiro modos (além da Gramática Inglesa Para Leigos) para melhorar seu ouvido para um inglês correto.

Ícones Usados Neste Livro

Sempre que você vir este ícone, encontrará estratégias úteis para entender a estrutura da oração ou para escolher a forma correta da palavra.

Nem todo truque de gramática tem uma armadilha embutida, mas alguns têm. Este ícone explica como evitar enganos comuns quando se desvenda uma oração.

Você acredita que sabe encontrar o sujeito em uma oração ou identificar um pronome? Faça os testes localizados ao longo deste livro para descobrir o que sabe e o que pode querer aprender.

Mantenha seu olho longe destes pequenos diabos; eles mostram a diferença entre palavras facilmente confundidas e como fazer com que sua oração diga o que você quer que ela diga.

Aqui é onde eu fico um pouco técnica. Se você dominar esta informação, garanto que vai impressionar seu vizinho mais velho e aborrecer todos os seus amigos.

Aonde Ir a Partir Daqui

Agora que você sabe o que é o que, e onde está, é hora de começar. Antes de iniciar, porém, uma última palavra. Na verdade, três últimas palavras: Confie em você. Você já sabe muito, se for um falante nativo, se comunicou em inglês toda sua vida, inclusive os anos antes de por o pé na escola e ver o primeiro livro de ensino.

Se o inglês é um idioma adquirido, provavelmente já aprendeu uma boa quantidade de vocabulário e gramática, até mesmo se não sabe os termos técnicos. Por exemplo, você já entende a diferença entre:

> The dog bit Agnes.

e

> Agnes bit the dog.

Você não precisa que eu fale qual oração põe o cachorro na casinha de cachorro e qual oração põe Agnes em um quarto acolchoado. Assim, crie coragem. Folheie o índice, faça alguns testes, mergulhe um dedo do pé no Mar da Gramática. A água está boa.

Parte I

As Classes Gramaticais e os Termos da Oração

A 5ª onda por Rich Tennant

Nesta parte...

Tipo assim, comunicação, você entende? Você pode fazer uma declaração assim sem trazer a polícia da gramática à sua porta? Talvez.

Leia o Capítulo 1 para ver uma discussão sobre linguagem formal e informal e um guia para quando cada uma delas é apropriada. O resto desta parte do livro explica a construção da oração.

O Capítulo 2 mostra como achar o verbo;

O Capítulo 3 apresenta o que você pode fazer com o verbo;

O Capítulo 4 fornece um mapa para o sujeito da oração e explica os fundamentos da concordância de sujeitos e verbos corretamente;

O Capítulo 5 é todo sobre conclusão - por que a oração precisa de uma conclusão e como ter certeza que a oração possui;

No Capítulo 6, verifico o último bloco de uma oração - o complemento.

Capítulo 1

Eu Já Sei Falar. Por que Deveria Estudar Gramática?

Neste capítulo

- Fazendo distinção entre inglês formal e informal;
- Entendendo quando é necessário seguir as regras;
- Decidindo quando a gíria é apropriada;
- Usando corretores gramaticais do computador, com perfeição.

Você pode estar lendo este livro por várias razões. Talvez você esteja na lanchonete, esperando impressionar um professor de inglês – aquele que recentemente falou que entregando as quinze redações que você está devendo aumentará sua nota para F. Ou talvez você esteja lendo este livro em um ônibus, esperando que tal perseguição escolar convença o amor da sua vida de que você é uma pessoa séria e completamente merecedora de um namoro. (Ei, pode acontecer.) Ou você pode estar lendo este livro na sala de estar do escritório, supondo que seu chefe vai ver e decidir que você quer melhorar e então merece uma promoção.

A razão mais provável para você estar lendo este livro, porém, é que você quer aprender melhor a gramática. Neste capítulo eu mostro como a definição de melhor a gramática muda de acordo com sua situação, propósito e audiência. Também mostro os recursos que seu computador possui para ajudar a escrever inglês corretamente.

Vivendo Melhor com Melhor Gramática

A cortina sobe e você pisa no palco. Respira fundo e você está pronto. Ladies and gentlemen, it's an honor to be speaking...to speak...to have spoken...to you this evening. Você limpa a garganta e vai adiante. I offer my best efforts to whomever...whoever the committee decides... will decide should receive the nomination. Você começa a suar, mas continua. Now if everyone will rise to his...to their...to your feet, we'll sing the national anthem.

Ofegante de puro pânico, você foge do palco e procura um livro de gramática freneticamente.

Você já passou por uma situação dessa? Suas palavras se transformam em biscoitos, dando voltas até que você se pergunta por que abriu sua boca (ou seu programa de editor de textos do computador)? Nesse caso, você tem muitas companhias. Quase todo o mundo em sua turma ou escritório tem as mesmas preocupações.

Irritado em uma aula de inglês, você provavelmente pensou que a gramática só foi inventada para dar aos professores algo que testar. Mas na realidade a gramática - ou para ser mais precisa, lições de gramática formal - existem para ajudar você a se expressar claramente. Sem um conhecimento completo, uma pequena linha de dúvida tecerá seu caminho por sua fala e escrita. Parte de sua mente amarrará as palavras e outra parte perguntará: Aquilo está correto? Inevitavelmente, as dúvidas aparecerão.

Você também deveria aprender gramática porque, justa ou injustamente, seu público ou seus leitores, o julgará pelas palavras que você usa e o modo como as reúne. Dez minutos no cinema mostrarão a verdade desta declaração. Escute a fala das pessoas na tela. Um personagem sem instrução fala diferente de alguém com cinco diplomas na parede. O diálogo reflete a realidade. As pessoas cultas seguem certas regras quando elas falam e escrevem. Se você quiser se apresentar como uma pessoa culta, será necessário seguir essas regras.

Decidindo Qual Gramática Aprender

Eu já posso ouvir as reclamações. Qual gramática? Você quer dizer que há mais que uma? Sim, há vários tipos diferentes de gramática, incluindo a histórica (como a língua mudou através dos séculos) e a comparativa (comparando as línguas). Não se desespere; na Gramática Inglesa Para Leigos, eu lido com apenas dois - os únicos que devemos conhecer para melhorar sua fala e escrita.

A gramática descritiva dá nomes às coisas - às classes gramaticais e aos termos da oração. Quando você aprende gramática descritiva, entende o que toda palavra é (sua classe gramatical) e o que toda palavra faz (sua função na oração). Se você não tiver nenhum cuidado, poderá se empolgar rapidamente com a gramática descritiva, e acabará dizendo coisas como "baloon" é o objeto do gerúndio, em uma oração no gerúndio, que está agindo como o predicado nominativo do verbo de ligação "appear." Não tenha medo: Eu não sonharia em impor aquele nível de terminologia a você. Porém, há uma razão importante para aprender alguns termos de gramática - entender por que uma determinada palavra ou frase está correta ou incorreta.

A gramática funcional compõe a maior parte da Gramática Inglesa Para Leigos. A gramática funcional mostra como as palavras se comportam quando elas executam suas funções corretamente. A gramática funcional orienta você para a expressão certa - a que fica bem para o que você está tentando dizer, garantindo que a oração seja formada corretamente. Quando você está agonizando para dizer I ou me, está resolvendo um problema de gramática funcional de fato.

Então aqui está a fórmula para o sucesso: Gramática descritiva mais gramática funcional é igual a melhor gramática global.

Diferenciando os Três Ingleses

Uma boa gramática me parece uma grande idéia, mas a expressão boa tem um valor relativo. Isso porque a linguagem de escolha depende de sua situação. O que quero dizer é o seguinte: Imagine que você tem fome. O que você diz?

Wanna get something to eat?

Do you feel like getting a sandwich?

Will you accompany me to the dining room?

Estas três declarações ilustram as três formas inglesas da vida cotidiana. Eu os chamo de inglês amigável, inglês coloquial e inglês formal.

Antes de escolher o que precisa saber, onde você está e o que está acontecendo, o mais importante é que saiba qual é o seu público.

O que é gramática afinal de contas?

Na Idade Média, gramática significava o estudo do latim, porque era o idioma das pessoas cultas. Na realidade, a gramática foi tão intimamente associada ao latim que a palavra também foi usada para se referir a qualquer tipo de aprendizagem. (Você pode ter tido notícias das pessoas de gerações mais antigas - seus avós, por exemplo, sobre a "escola de gramática", como curso a parte, além do primário. O termo "escola de gramática" é uma sobra dos velhos tempos.)

Porém, a gramática de hoje é o estudo da língua, como são reunidas palavras para criar significado. Por causa de professores de inglês obsessivos e suas regras, gramática também significa um grupo de padrões que devem ser seguidos para falar e escrever corretamente. Esse grupo de padrões também é chamado de uso, como em uso padrão e não-padrão. O uso padrão é o que ganha uma nota A. São aceitos como padrões corretos da fala e da escrita que indicam uma pessoa culta em nossa sociedade. Você encontrará o uso padrão em documentos do governo, jornais, revistas e em livros de ensino. O uso não-padrão tira tinta vermelha da caneta de um professor mais depressa do que uma bala passa por manteiga. Ele inclui gíria, dialeto e apenas gramática ruim, evidente.

Wanna get something to eat? Friendspeak

O Inglês Amigável (Friendspeak) é informal e cheio de gíria. Sua estrutura de oração quebra todas as regras que os professores de inglês amam. É o idioma do eu te conheço e você me conhece e nós podemos relaxar juntos. Neste tipo de inglês, os oradores estão no mesmo nível. Eles não têm nada que provar um ao outro e estão confortáveis com os erros entre eles. Na realidade, eles cometem alguns erros, só para distinguir a conversa pessoal das de outras ocasiões, de propósito. Aqui está uma conversa em Inglês Amigável:

Me and him are going to the gym. Wanna come?

He's like, I did 60 pushups, and I go like, no way.

I mean, what's he think? We're stupid or something? Sixty? More like one.

Yeah, I know. In his dreams he did 60.

Eu duvido que a conversa precedente faça sentido perfeito para muitas pessoas, mas os participantes a entendem muito bem. Porque ambos sabem a situação inteira (o sujeito sobre quem eles estão falando tem câimbras nos músculo depois de 4 segundos de exercício), eles podem falar em taquigrafia.

Eu não comento sobre conversa entre amigos neste livro. Você já conhece isto. Na realidade, você sabe bem desse assunto quando conversa com seus melhores amigos.

Do you feel like getting a sandwich? Inglês Coloquial

Um passo acima da conversa entre amigos é o inglês familiar. Embora não seja uma fala entre amigos, o inglês coloquial inclui um pouco de amizade. O inglês coloquial também não vai longe das regras de suas aulas de inglês, mas quebra algumas. Por exemplo, aqui disse que você pode relaxar, mas não muito, e é um tom de fala mais cotidiano, especialmente entre iguais. O inglês coloquial é – mas utilizado para conversas, não para escrita, veja algumas situações abaixo:

- Conversas com familiares, vizinhos, conhecidos;
- Conversas informais com os professores e colegas de trabalho;
- Conversas amigáveis (se há alguma) com supervisores;
- Bilhetes e e-mails para amigos;
- Comentários em salas de bate papo na Internet, quadros de anúncios;
- Cartas amigáveis para parentes e assim por diante.

Gramática encorpada

Psst! Quer se destacar na multidão? Fácil. É só criar a sua multidão. Como você cria a sua multidão? Crie uma língua especial (gíria) com seus amigos que ninguém mais entende, pelo menos até a mídia compreender. Você e seus amigos estão no lado de dentro, falando sobre uma música bad que todo o mundo gosta (bad significa bom). Todos os outros estão no lado de fora, desejando saber como ter a 411 (informação).

Você deveria usar gíria em sua escrita? Provavelmente não, a menos que você esteja enviando um e-mail ou um bilhete pessoal a um bom amigo. A meta de escrever e falar é a comunicação. Também, como a gíria muda tão depressa, mesmo pouco tempo depois que você escreve algo, o significado pode estar obscuro. Em vez de vanguarda, dá a impressão de retrógrado.

Quando falamos ou escrevemos em gíria, arriscamos soar incultos. Na realidade, às vezes quebrar as regras habituais é a finalidade da gíria. Em geral, você deveria ter certeza de que seus leitores sabem que você entende as regras antes de começar a quebrá-las

O inglês coloquial tem um som despreocupado. Letras são derrubadas em contrações (don't, I'll, would've, e assim sucessivamente). Você também derruba palavras (Got a match? See you later. Be there soon. E assim por diante). Na forma escrita, o inglês coloquial atenua a rigidez das regras de pontuação. Orações caminham juntas, hífens conectam todos os tipos de coisas e meias orações aparecem regularmente. No momento, utilizo o inglês coloquial para escrever este livro porque estou fingindo que converso com você, o leitor, não ensino gramática em uma situação de sala de aula.

Will you accompany me to the dining room? Inglês Formal

Estamos agora na ponta mais exigente do espectro da língua: fala e escrita formal, ou seja, gramaticalmente correta. O inglês formal expõe que você tem um vocabulário avançado e um conhecimento de etiqueta. É possível utilizar o inglês formal quando se tem menos poder, importância, e/ou status que a outra pessoa na conversa. O inglês formal mostra que você apresentou seu melhor comportamento em hora certa. Você também pode falar ou escrever em inglês formal quando tiver mais conhecimento, importância, e/ou status que a outra pessoa. O objetivo de usar o inglês formal é impressionar, criar um tom de dignidade ou fornecer um modelo satisfatório para alguém que ainda está aprendendo. Veja abaixo algumas situações que pedem o inglês formal:

- Cartas empresariais (de negócios, como também pessoas do meio comercial);
- Cartas para funcionários do governo;
- Memorandos de escritório;
- Relatórios;
- Lições de casa;
- Bilhetes ou cartas para professores;
- Falas, apresentações, relatórios orais;
- Conversas importantes (por exemplo, entrevistas de trabalho, de faculdade, audiências solenes, investigações de congresso, inquéritos, sessões com o diretor no qual você explica aquele incidente infeliz com o grampeador, e assim por diante).

Pense em inglês formal como um terno. Se está em uma situação onde quer parecer melhor, você também está em uma situação onde suas palavras importam. Em negócios, lições de casa ou qualquer situação na qual você está sendo julgado, use o inglês formal.

Usando o Inglês Certo na Hora Certa

Qual tipo de inglês você fala? Inglês Amigável, inglês coloquial ou formal? Provavelmente todos eles. (Veja seção anterior para mais informação.) Se você for como a maioria das pessoas, você troca de um para o outro sem pensar, dezenas de vezes todo dia. Provavelmente, o terceiro tipo de inglês - o inglês formal - é o que o tem mais dificuldade. Na realidade, é por isso que você comprou este livro. (Certo, há mais algumas possibilidades que eu ainda não mencionei. Talvez seu tio bobão, o com manchas de tinta no nariz , deu a Gramática Inglesa Para Leigos a você no Dia da Árvore e você está preso a ele. Mas você não está tocando um CD de metal-pesado a todo volume e surfando a Internet, assim você tem que ler o livro. Então, você reconheceu pelo menos que tem algo sobre o que pensar, e eu aposto que é o inglês formal.) Todas as lições de gramática neste livro tratam de inglês formal, porque é onde os problemas são mais violentos e as recompensas pelo conhecimento são maiores.

O que está correto?

Hi, Ms. Sharkface! What's up? Here's the 411. I didn't do no homework last night – too much going on. See ya! Love, Legghorn

Dear Ms. Sharkface,

Just a note to let you know that I've got no homework today. Had a lot to do last night! I'll explain later!

Your friend,

Legghorn

Dear Ms. Sharkface:

I was not able to do my homework last night because of other pressing duties. I will speak with you about this matter later.

Sincerely,

Legghorn

Resposta: A resposta correta depende de alguns fatores. O quão disposto você está para ficar de castigo no canto da sala de aula pelo resto do ano? Se sua resposta for muito disposto, envie o bilhete A, que está escrito em inglês amigável. (A propósito, the 411 é gíria para "informação".) Seu professor vai para a escola de calças jeans e tênis? Ele ou ela tem a imagem de um hippie de 1960? Nesse caso, o bilhete B é aceitável. O bilhete B é escrito em inglês coloquial. Seu professor é cerimonioso e espera que você siga as Regras? Nesse caso, o bilhete C, que está escrito em inglês formal, é sua melhor aposta.

Confiar em Corretores Gramaticais de Computador Não é o Bastante

Quando seu melhor amigo, o que está na lanchonete enquanto você está lendo Gramática Inglesa Para Leigos , disser que aprender gramática no terceiro milênio é irrelevante porque corretores gramaticais de computador tornam o conhecimento humano obsoleto, seu amigo está errado sobre os programas de gramática.

É cômodo pensar que uma linha verde ou vermelha te mostrará quando cometer um erro e que um rápido clique no mouse mostrará o caminho para a perfeição. É cômodo, mas irreal. O inglês tem meio milhão de palavras e você pode organizá-las de diversas maneiras. Nenhum programa pode detectar todos os seus erros e a maioria dos programas identifica erros que não estão de fato errados.

Soletrar é também um problema. Toda vez que eu escrevo verbal o computador emite sons agudos. Mas verbal, um termo gramatical que significa uma palavra que vem de um verbo mas não funciona como tal, está no dicionário. Nem o computador sabe a diferença entre homonyms (homônimos), palavras que soam parecidas mas têm significados e grafias diferentes, por exemplo, se eu digitar.

Você não está feliz que por não ter que fazer isso?

Imagine que você está no quinto ano em uma sala de aula empoeirada, contando os segundos até o intervalo. Senhora Sharkface te dá mais uma página de um dever de casa inacreditavelmente chato. Antes que você saia (da sala ou da realidade, dependendo do tamanho da sua lição), você pega uma régua. Sim, uma régua, e não, não é aula de matemática. Senhora Sharkface é uma da longa linha de professores de inglês que ensinam estrutura da oração com diagramas.

Diagramas ainda estão em uso, mas seus dias de glória já passaram faz tempo. A teoria do diagrama é que uma figura ajuda os alunos a entender a função de cada palavra e como elas se relacionam com outras na oração. A teoria está correta; diagramas de fato ajudam a ver a oração. Infelizmente, também forçam você a perder muito tempo desenhando pequenas linhas e decidindo assuntos não relacionados à língua, tais como se uma seção específica deveria ser reta ou inclinada. Só para te mostrar como você tem sorte e não tem que diagramar, aqui está uma oração e seu diagrama.

Oração: When Lochness is pooped and yearns for vacation, he goes to spycamp.com, if he can pay for it.

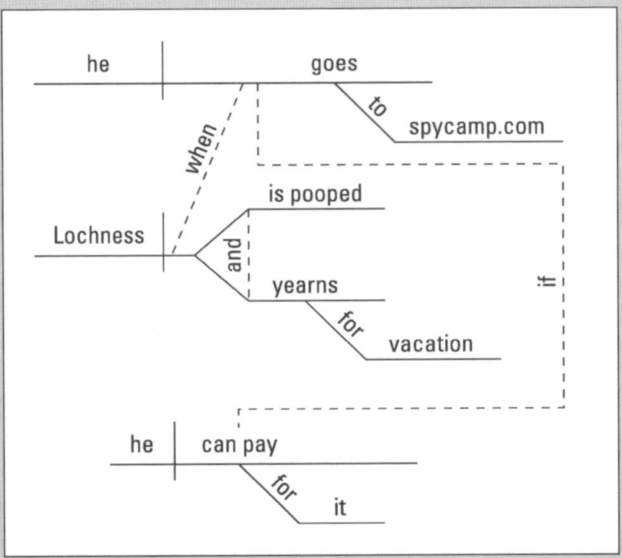

Eye through the bawl at hymn, but it went threw the window pain instead.

O computador não sublinha nada. No entanto, eu estava na verdade tentando dizer.

I threw the ball at him, but it went through the window pane instead.

Em resumo, o computador sabe alguma gramática e grafia, mas você tem que saber o resto.

Capítulo 2

Verbos: O Coração da Oração

Neste capítulo

- Fazendo distinção entre inglês formal e informal;
- Entendendo quando é necessário seguir as regras;
- Decidindo quando a gíria é apropriada;
- Usando corretores gramaticais do computador, com perfeição.

Pense em uma oração da seguinte maneira: uma oração é um caminhão. Você empilha todas as suas idéias no caminhão e ele leva o significado ao seu público (seu leitor ou seu ouvinte). O verbo da oração é um jogo de pneus para o caminhão. Sem o verbo, você pode se comunicar, mas vai ter um passeio acidentado.

Em outras palavras, toda oração precisa de um verbo. O verbo é o que dá movimento à oração. O verbo é o coração da oração porque você começa com ele quando quer fazer qualquer coisa com sua oração, incluindo corrigi-la. E como diz a velha canção, "você tem que ter coração."

Verbos existem em todas as formas e tamanhos: de ligação e de ação; verbo principal; regular e irregular; singular e plural; presente, passado e futuro.

Neste capítulo, veremos as duas primeiras categorias – de ligação e ação, verbo auxiliar e verbo principal e mostro como escolher o verbo certo para cada oração.

Verbos de Ligação: O Sinal de Igual Gigantesco

Os Verbos de Ligação também são chamados *being verbs* porque expressam existência, o que é, será ou era. Aqui é onde a álgebra cruza com o inglês.

Você pode pensar em verbo de ligação como sinais de igual gigantescos no meio da sua oração. Por exemplo, você pode pensar na oração

> Legghorn's uncle is a cannibal with a taste for finger food.

como

> Legghorn's uncle = a cannibal with a taste for finger food.

Ou, de forma encurtada,

> Legghorn's uncle = a cannibal

Assim como em uma equação de álgebra, a palavra *is* une duas idéias e diz que elas são iguais. Assim, *is* é um verbo de ligação. Aqui estão mais alguns:

> Lulu *will be* angry when she hears about the missing bronze tooth.
>
> Lulu = angry (*will be* é um verbo de ligação)
>
> Lochness *was* the last surfer to leave the water when the tidal wave approached.

Lochness = last surfer (*was* é um verbo de ligação)

> Even in the dark, Lucrezia's red hair and orange eyes *were* completely visible.
>
> hair and eyes = visible (*were* é um verbo de ligação)
>
> Ludwig *has been* depressed ever since the fall of the House of Usher.
>
> Ludwig = depressed (*has been* é um verbo de ligação)
>
> Earwigs *are* a constant problem for that pink elephant.
>
> Earwigs = problem (*are* é um verbo de ligação)

FAIXA PRETA

Você deve estar pensando (certo, só se você está tendo um dia sem novidades) se *become* é um verbo de ligação. Os gramáticos discutem este ponto com freqüência (talvez porque eles tendem a ter vidas sem novidades). O problema é que *become* é parte *existência*, parte *ação.* Por exemplo:

> Zud's single eyebrow *becomes* obvious only when he steps into the light.

Por um lado, você pode dizer que

> eyebrow = obvious

Mas, você também pode dizer que a oração mostra ação. A única sobrancelha de Zud está escondida e, depois, exposta.

Assim o que é *become*, uma ação ou uma existência? Um pouco de cada. No mundo real, a resposta não importa a menos que você esteja completando a oração com um pronome. (Veja "Colocando o Pronome Próprio no Lugar Próprio", mais adiante neste capítulo.) Francamente, eu não posso pensar em qualquer oração com *become* como um verbo que termine com um pronome. Bem, exceto uma:

> "Moonlight becomes you," declared Legghorn as he strummed a guitar under Lola's window.

Porém, nesta oração, o verbo significa *parecer atraente*, *combinar* Então, *becomes* neste exemplo definitivamente é um verbo de ação.

Being ou linking – O que está em um nome?

Na seção anterior, você deve ter notado que todos os verbos de ligação nos exemplos são formas do verbo *to be*, que é (surpresa, surpresa) como eles adquiriram o nome *being verbs*. Quando eu era criança (antes de inventarem a máquina a vapor), estes verbos eram chamados *copulative*, de uma palavra que significa "unir." Porém, copulativo está fora de moda para os professores de inglês nos dias de hoje (talvez porque você também pode usar a palavra para se referir a sexo). Eu prefiro o termo *linking* porque alguns verbos de sinal de igual não são formas do verbo *to be*. Veja estes exemplos:

> With his foot-long fingernails and sly smile, Lochinvar *seemed* threatening.
>
> Lochinvar = threatening (*seemed* é um verbo de ligação)
>
> A jail sentence for the unauthorized use of a comma *appears* harsh.
>
> jail sentence = harsh (*appears* é um verbo de ligação nesta oração)
>
> The penalty for making a grammar error *remains* severe.
>
> penalty = severe (*remains* é um verbo de ligação nesta oração)
>
> Lochness *stays* silent whenever monsters are mentioned.
>
> Lochness = silent (*stays* é um verbo de ligação nesta oração)

Seemed, *appears*, *remains* e *stays* são formas semelhantes à do verbo *to be* já que eles expressam existência. Eles acrescentam significado ao conceito básico. Por exemplo, você pode dizer que:

> With his foot-long fingernails and sly smile, Lochinvar *was* threatening.

Mas agora a declaração está mais definida. *Seemed* deixa espaço para dúvida. Da mesma maneira, *remains* (no terceiro exemplo) *soma* uma dimensão de tempo à expressão básica de ser. A oração insinua que a penalidade era, e ainda é, severa.

Não importa como você o chama, cada verbo que coloca um sinal de igual na oração é um *being*, *linking* ou *copulative verb*.

Saboreando os verbos do sentido

Os verbos do sentido – verbos que expressam informação que você recebe por meio dos sentidos de visão, audição, olfato, paladar e assim por diante, também podem ser verbo de ligação:

> Two minutes after shaving, all of Legghorn's three chins *feel* scratchy.
>
> all of Legghorn's three chins = scratchy (*feel* é um verbo de ligação)
>
> Lola's piano solo *sounds* horrible, like barking inside a paint can.
>
> piano = horrible (*sounds* é um verbo de ligação)
>
> The ten-year-old lasagna in your refrigerator *smells* disgusting.
>
> lasagna = disgusting (*smells* é um verbo de ligação)
>
> The ten-year-old lasagna in your refrigerator also *looks* disgusting.
>
> lasagna = disgusting (*looks* é um verbo de ligação)
>
> Needless to say, the ten-year-old lasagna in your refrigerator *tastes* great!
>
> lasagna = great (*tastes* é um verbo de ligação)

Alguns verbos, especialmente aqueles que se referem aos cinco sentidos, podem ser verbos de ligação, mas só se eles atuarem como um sinal de igual na oração. Se não estão comparando, eles não são verbos de ligação. No exemplo anterior sobre o queixo de Legghorn, *feel* é um verbo de ligação. Aqui está uma oração diferente com o mesmo verbo:

> With their delicate fingers, Lulu and Lochness *feel* Legghorn's chins.

Nessa oração, *feel* não é um verbo de ligação porque você não está dizendo que.

> Lulu and Lochness = chins.

Em vez disso, você está dizendo que Lulu e Lochness não acreditam que Legghorn se barbeou, então eles foram coçar.

Qual oração tem um verbo de ligação?

A. That annoying new clock sounds the hour with a recorded cannon shot.

B. That annoying new clock sounds extremely loud at four o'clock in the morning.

Resposta: A oração B tem o verbo de ligação. Na oração B, clock = extremely loud. Na oração A, o relógio está fazendo alguma coisa: despertando na hora – não existindo. (Está também acordando a vizinhança inteira, mas essa ideia não está na oração.)

Tente outra. Qual oração tem um verbo de ligação?

A. Ludwig stays single only for very short periods of time.

B. Stay in the yard, Fido, or I'll cut your dog-biscuit ration in half!

Resposta: A oração A tem o verbo de ligação. Na oração A, Ludwig = solteiro (pelo menos por agora, está pedindo Ludmilla para casar com ele enquanto você lê essa oração). Na oração B, estão mandando Fido fazer algo – ficar no quintal – claramente uma ação.

Os verbos de Ligação conectam o sujeito e o complemento do sujeito. Para saber mais sobre complementos, veja Capítulo 6. Somente para os verdadeiramente obcecados por terminologia: dois outros nomes para complemento do sujeito são predicado nominal e predicado adjetivo.

Aqui está uma lista dos verbos de ligação mais comuns:

- Formas do verbo *to be*: am, are, is, was, were, will be, shall be, has been, have, been, had been, could be, should be, would be, might have been, could, have been, should have been, shall have been, will have been, must have, been, must be.
- Verbos sensoriais: look, sound, taste, smell, feel.
- Palavras que expressam significado em relação à existência: appear, seem, grow, remain, stay.

Completando Orações com Verbo de Ligação Corretamente

Um verbo de ligação começa uma ideia, mas precisa de outra palavra para completar o pensamento. A menos que todos os seus amigos tenham PES (percepção extra-sensorial), você não pode andar por aí dizendo coisas como:

> President Murgatroyd is

ou

> The best day for the party will be

e esperar que as pessoas saibam o que você quer dizer.

Due to a grammar error

The picnic has been cancelled *due to? because of?* the arrival of killer sparrows from their Southern nesting grounds.

Certo, qual está correto — *due to* ou *because of?* A resposta é because of. De acordo com a regra que as pessoas ignoram mais e mais todo dia:

- *Due to* descreve substantivos e pronomes. Pode seguir um verbo de ligação se ele dá infornação sobre o sujeito. (Veja "Verbos de Ligação: O Gigantesco Sinal de Igual," mais cedo neste capítulo, para mais informação.)
- *Because of* é uma descrição de uma ação. (Ver "Luzes! Câmera! Verbos de Ação!" mais adiante neste capítulo para informações sobre verbos de ação.)

O raciocínio semi-lógico que está por trás desta regra leva você às profundezas das trivialidades gramaticais. Portanto, só continue a ler se você estiver realmente disposto (ou entediado).

Due to, por definição, significa "owing to." *Owing* é um adjetivo, e um adjetivo é uma descrição de substantivos e pronomes. Em uma oração com verbo de ligação, o sujeito (sempre um substantivo ou pronome) pode ser ligado a uma descrição seguindo o verbo. Um exemplo:

Lola's mania for fashion is *due to* her deprived upbringing in an all-polyester household.

Due to her deprived upbringing in an all-polyester household descreve *mania.*

Because of e *on account of* descrevem uma ação, normalmente respondendo à pergunta por que? Um exemplo:

The bubble-gum gun that Ratrug likes to carry is no longer being manufactured *because of* protests from the dental association.

Por que a goma de mascar não está mais sendo fabricada?

Por causa de protestos da associação dental.

Na vida real (quer dizer, em inglês coloquial cotidiano), *due to* e *because* são intercambiáveis. Quando você precisar de uma linguagem mais formal, mais correta, tome cuidado com esse par! Uma solução fácil (mais fácil que lembrar qual frase é qual) é evitá-las inteiramente e adicionar *because* com um par sujeito-verbo.

Existem três conclusões possíveis para um verbo de ligação. Uma delas é uma descrição:

After running 15 miles in high heels, Ludmilla's thigh muscles are *tired.*

thigh muscles = *tired* (*tired* é uma descrição, um adjetivo em termos gramaticais)

Ludmilla's high heels are *stunning,* especially when they land on your foot.

high heels = *stunning* (*stunning* é uma descrição, também chamado de adjetivo)

Oscar's foot, wounded by Ludmilla's heels, seems particularly *painful.*

foot = *painful* (*painful* é uma descrição, um adjetivo)

Lola's solution, to staple Oscar's toes together, is not very *helpful.*

solution = *helpful* (*helpful* é uma descrição, um adjetivo. As outras palavras descritivas, *not* e *very,* descrevem *helpful,* não *solution.*)

Você pode também completar uma equação de verbo de ligação com uma pessoa, lugar, ou objeto – um substantivo, em termos gramaticais. Aqui estão alguns exemplos:

The most important part of a balanced diet is *popcorn.*

part of a balanced diet = *popcorn* (*popcorn* é uma coisa, e portanto um substantivo)

Lulu will be *president* of the Popcorn Club someday.

Lulu = *president* (*president* é um substantivo)

Legghorn's nutritional consultant has always been a complete *fraud.*

Legghorn's nutritional consultant = *fraud* (*fraud* é um substantivo)

Às vezes você completa uma oração com verbo de ligação com um pronome, uma palavra que substitui o nome de uma pessoa, lugar, ou objeto. Por exemplo:

The winner of the all-state spitball contest is *you*!

winner = *you* (*you* é um substituto para o nome do vencedor, e portanto um pronome)

Whoever put glue in the teapot is *someone* with a very bad sense of humor.

Whoever put glue in the teapot = *someone* (*someone* é um substituto para o nome do travesso desconhecido e portanto um pronome)

Você não pode cometer muitos erros quando completar orações com verbo de ligação com descrições ou com substantivos. Porém, você pode cometer muitos erros ao completar uma oração com verbo de ligação com um pronome. Na próxima seção, eu mostro como evitar erros comuns de ligação verbo-pronome.

Colocando o Pronome Próprio no Lugar Próprio

Como você escolhe o pronome correto para uma oração com um verbo de ligação? Pense em uma oração com verbo de ligação como reversível. Quer dizer, o pronome que você põe depois de um verbo de ligação deveria ser o mesmo tipo de pronome que você põe antes. Primeiro, eu dou um exemplo com um substantivo, onde você não pode cometer erros. Leia estes pares de oração:

> *Ruggles* is a *resident* of Red Gap.
>
> A *resident* of Red Gap is *Ruggles.*
>
> Lulu was a resident of Beige Gap.
>
> A resident of Beige Gap was Lulu.

Ambas as orações em cada par significam a mesma coisa, e estão corretas. Agora observe os pronomes:

> The winner of the election is *him!*
>
> *Him* is the winner of the election!

Algo está errado. Você não diz *him* is, a menos que esteja em um velho filme é Tarzan. Você diz *he is.* Porque você tem um verbo de ligação(*is*), tem que pôr a mesma palavra depois do verbo de ligação que você poria antes. Tente novamente:

> The winner of the election is *he!*
>
> *He* is the winner of the election!

Agora você tem o fim correto para sua oração.

DICA

Se você prestar atenção em um verbo de ligação, escolherá os pronomes certos para sua oração. Os pronomes são *I, you, he, she, it, we, they, who* e *whoever.* Os pronomes que não são permitidos ser sujeitos incluem *me, him, her, us,them, whom*, e *whomever.*

CUIDADO

Lembre-se que nos exemplos anteriores, eu discuto o inglês formal, não o inglês coloquial. Em inglês coloquial, esta troca está correta:

> Who's there?
>
> It is me.

ou

> Who's there?
>
> It's me.

Em inglês formal, a troca fica assim:

> Who is there?
>
> It is I.

Por causa do verbo de ligação *is*, você usa o mesmo tipo de pronome antes e depois. Você não pode começar uma oração com *me* (a menos que, como eu disse antes, você esteja em um velho filme de Tarzan). Mas você pode começar uma oração com *I.*

Agora você, provavelmente , com seus olhos afiados, encontrou uma falha aqui. Você não pode inverter a última resposta e dizer

> I is it.

I leva um verbo diferente - *am. Is* e *am* são formas do verbo *to be* - uma das criações mais estranhas na língua integral. Assim, você às vezes pode ter que ajustar o verbo ao inverter uma oração com uma forma do verbo *to be* nela. Mas a idéia é a mesma; *I* pode ser um sujeito. *Me* não pode.

Os pronomes são divididos em grupos chamados *cases*. Um grupo, o nominativo ou caso subjuntivo, inclui todos os pronomes que podem ser sujeitos. O pronome que segue o verbo de ligação deveria também estar no nominativo, ou caso subjuntivo. Outro grupo de pronomes, esses no caso objetivo, atua como objetos. Evite pronomes objetivos depois de verbo de ligação. Estes são alguns exemplos de terminologia projetados por gramáticos sem nada melhor para fazer. (Para mais informação sobre caso pronominal, veja Capítulo 17.)

Luzes! Camera! Verbo de Ação!

Verbos de ligação são importantes, mas a menos que esteja em algum tipo de comunidade hippie esquecida dos anos sessenta, você então não pode se fixar nisso o tempo todo. Tem que fazer algo. É aqui que os verbos de ação entram em cena. Tudo o que não é *existência* é *ação,* pelo menos no mundo do verbo. Ao contrário do sinal de igual gigantesco associado ao verbo de ligação (veja "Verbos de ligação: O Sinal de Igual Gigante," mais cedo no capítulo), algo acontece com um verbo de ação:

> Drusilla *slapped* the offending pig right on the snout. (*Slapped* é um verbo de ação)
>
> Wynfred *will steal* third base as soon as his sneezing fit *ends.* (*Will steal* e *ends* são verbos de ação.)
>
> According to the teacher, Ruggles *has shot* at least 16 spitballs in the last ten minutes. (*Has shot* é um action verb.)

Você pode definir verbos de ação como todos os verbos que não expressam existência. Não deixe o nome *action* lhe enganar. Alguns verbos de ação não são particularmente enérgicos: *think, sit, stay, have, sleep, dream,* e assim sucessivamente. Além de descrever minhas férias ideais, estas palavras também são verbos de ação! Pense na definição deste modo: se o verbo não for um sinal de igual gigantesco (um verbo de ligação), é um verbo de ação.

Sobrevivendo com uma Pequena Ajuda de Meus Verbos

Você provavelmente notou que alguns dos verbos que eu identifiquei ao longo deste capítulo são palavras simples e outros são compostos por várias palavras. As palavras extras são chamadas verbos auxiliares. Eles não levam o lixo ou tiram o pó da sala de estar, mas ajudam o verbo principal a expressar o significado, normalmente mudando o tempo, ou *tense*, da ação. (Para mais sobre tempo, veja Capítulo 3.)

Aqui estão algumas orações com verbos auxiliares:

Allergia *will have sung* five arias from that opera by the time her recorder *runs* out of tape and her listeners *run* out of patience.

(Em *will have sung*, *sung* é o verbo principal; *will* e *have* são verbos auxiliares; *runs* e *run* são ambos verbo principal sem verbos auxiliares).

Legghorn *should have refused* to play the part of the villain, but his ego simply *would* not *be denied*.

(Em *should have refused*, *refused* é o verbo principal; *should* e *have* são verbos auxiliares; em *would be denied*, *denied* é o verbo principal; *would* e *be* são verbos auxiliares).

DICA

Distinguir entre verbos auxiliares e verbos principais não é particularmente importante, contanto que você entenda a coisa toda ao identicar o verbo em uma oração. Se você achar só parte do verbo, poderá confundir verbos de ação com verbos de ligação.

Para decidir se você tem um verbo de ação ou um verbo de ligação, olhe para o verbo principal, não para os verbos auxiliares. Se o verbo principal expressa ação, o verbo todo é ação, até mesmo se um dos ajudantes for uma forma de *to be*. Por exemplo:

is going

will be sung

has been painted

should be strangled

são todos verbos de ação, não verbos de ligação, porque *going*, *sung*, *painted* e *strangled* expressam ação.

Faça a Pergunta: Localizando o Verbo

Um estudo científico, feito por um grupo de peritos, descobriu que 90% de todos os erros em uma oração aconteciam porque o verbo era mal identificado. Certo, não houve nenhum estudo. Eu inventei isso! Mas é verdade que quando você tenta dividir uma oração, sempre deve começar identificando o verbo. Para achá-lo, leia a oração e faça duas perguntas:

- O que está acontecendo?
- O que é? (ou, Que palavra é um "sinal de igual gigantesco"?)

Se você obtiver uma resposta para a primeira pergunta, terá um verbo de ação. Se obtiver uma resposta para segunda pergunta, você terá um verbo de ligação, por exemplo, na oração:

> Archie flew around the room and then swooped into his cage for a birdseed snack.

você pergunta "O que está acontecendo?" e sua resposta é *flew* e *swooped*. *Flew* e *swooped* são verbos de ação.

Se você perguntar "O que é?" você não obtém nenhuma resposta, porque não há nenhum verbo de ligação na oração.

Tente outra:

> Ludmilla's new tattoo will be larger than her previous fifteen tattoos.

O que está acontecendo? Nada. Você não tem nenhum verbo de ação. O que é? *Will be. Will be* é um verbo de ligação.

TESTE

Faça a pergunta e encontre os verbos nas orações seguintes. Para crédito extra, identifique os verbos de ação ou ligação.

A. Ludmilla scratched the cat almost as hard as the cat had scratched her.

B. After months of up and down motion, Lester is taking the elevator sideways, just for a change of pace.

C. The twisted frown on Legghorn's face seems strange because of the joyful background music.

Respostas: A. *scratched* é um verbo de ação, *had scratched* é um verbo de ação. B. *is taking* é um verbo de ação. C. *seems* é um verbo de ligação.

No sentido exato, o termo verbo é o nome da classe gramatical da palavra. Na oração, a ação ou existência é expressa pelo predicado. (O sujeito é quem ou sobre o que você está falando e o predicado é o que você está dizendo sobre o sujeito). O predicado completo é tudo o que você diz sobre o sujeito. O predicado simples é o velho verbo simples. Eu nunca fui capaz de entender por que alguém precisaria identificar o predicado completo. Quanto ao predicado simples, sem problemas. Só que ele é o mesmo que verbo; logo, você também pode chamá-lo simplesmente de verbo.

Esqueça "To Be or Not To Be": Infinitivos Não São Verbos

Em alguns lugares desse capítulo apresentei "todas as formas do verbo *to be*." Mas *to be* não é de fato um verbo. Na realidade, é um infinitivo. Um infinitivo é *to + um verbo* (outra mistura de matemática e inglês). Aqui estão alguns exemplos:

to laugh

to sing

to burp

to write

to be

Infinitivos são as bisavós das famílias do verbo. Tudo na família do verbo descende do infinitivo, mas como o parente aposentado, ancião que senta na varanda o dia todo, infinitivos não executam nenhum trabalho de verbo em uma oração. Na realidade, se eles aparecerem na oração, eles assumem um trabalho diferente. (Como um agente postal aposentado que se recusa a levar uma carta em qualquer lugar, mas joga tênis a tarde toda). Infinitivos podem agir como sujeitos ou objetos. Eles podem também descrever outras palavras na oração. Falarei sobre infinitivos em mais detalhe no Capítulo 24.

O ponto mais importante a se saber sobre infinitivos é: Quando você fizer a pergunta para achar o verbo, não escolha um infinitivo como resposta. Se você fizer, perderá o verbo real ou verbos na oração. Fora isso, esqueça sobre infinitivos!

É assim que deve ser?

Estas orações parecem familiares?

Lola *was suppose* to take out the garbage, but she refused to do so, saying that garbage removal was not part of her creative development.

Legghorn *use to* take out the trash, but after that unfortunate encounter with a raccoon and an empty potato chip bag, he is reluctant to venture near the cans.

Lochness *is suppose* to do all kinds of things, but of course he never does anything he is *suppose* to do.

Se estas orações parecerem familiares, olhe novamente. Todas estão erradas. Observe os verbos grifados: *was suppose, use e is suppose.* Todos representam o que pessoas ouvem mas não o que o orador está de fato tentando dizer. As palavras corretas para usar nesses exemplos são *supposed* e *used* — formas do passado. Aqui estão as orações corretas:

Lola *was supposed* to take out the garbage, but she refused to do so, saying that garbage removal was not part of her creative development.

Legghorn *used* to take out the trash, but after that unfortunate encounter with a raccoon and an empty potato chip bag, he is reluctant to venture near the cans.

Lochness *is supposed* to do all kinds of things, but of course he never does anything he is *supposed* to do.

Certo, você não pode se esquecer completamente dos infinitivos. Aqui está outra coisa que você deveria saber sobre infinitivos em inglês formal: Não os parta ao meio. Por exemplo, você geralmente vê orações como a seguinte:

> Mudbud vowed to really study if he ever got the chance to take the flight instructor exam again.

Este exemplo é comum, mas incorreto. Gramaticalmente, *to study* é uma unidade - um infinitivo. Você não deve separar um do outro. Agora que você sabe esta regra, leia o jornal. Todo mundo divide infinitivos, até mesmo os jornais mais sérios, mais sóbrios. Assim existem duas opções. Você pode separar infinitivos, ou pode seguir a regra e se sentir totalmente superior aos jornalistas profissionais. A escolha é sua.

Quando um mais um não é igual a dois

Aqui está uma dica de ortografia: as palavras seguintes são freqüentemente escritas como uma - incorretamente! Sempre as escreva como duas palavras separadas: a lot, all right, each other.

Exemplo: Ludmilla has *a lot* of trouble distinguishing between the sounds of " l " and "r," so she tries to avoid the expression *"all right"* whenever possible. Ludmilla and Ludwig (who also has pronunciation trouble), help *each other* prepare state-of-the-union speeches every January.

Aqui está outra dica. Você pode escrever as seguintes palavras como uma ou duas palavras, mas com dois significados diferentes:

Altogether significa "extremamente, completamente."

All together significa "como um."

Exemplo: Lochivar was *altogether* disgusted with the way the entire flock of dodo birds sang *all together*.

Outro par de palavras enganadoras:

Sometime significa "a um certo ponto no tempo."

Some time significa "um período de tempo."

Exemplo: Lochness said that he would visit Lulu *sometime*, but not now because he has to spend *some time* in jail for murdering the English language.

Ainda mais:

Someplace significa "um lugar não especificado" e descreve uma ação.

Some place significa "um lugar" e se refere a um espaço físico.

Exemplo: Lochness screamed, "I have to go *someplace* now!" Lulu thinks he headed for *some place* near the railroad station where the pizza is hot and no one asks any questions.

E outro par:

Everyday significa "ordinário, comum."

Every day significa " acontecendo diariamente."

Ludwig loves *everyday* activities such as cooking, cleaning, and sewing. He has the palace staff perform all of those duties *every day*.

Último grupo, eu prometo:

Anyway significa "em todo caso."

Any way significa "um modo, algum tipo de modo."

Exemplo: *"Anyway,"* added Ratrug, "I don't think there is *any way* to avoid jail for tax evasion."

Capítulo 3

Relaxe! Entendendo o Tempo Verbal?

Neste capítulo

- Exprimindo tempo com verbos;
- Entendendo o significado de tempos verbais;
- Aplicando os tempos verbais corretos;
- Formando os verbos irregulares mais comuns.

Você pode contar o tempo de várias maneiras: olhar para o relógio, discar um número e escutar aquela voz mecânica ("Ao tom serão..."), ou checar o verbo. O verbo mostra ação ou existência na oração. Em inglês, o verbo também mostra o tempo em que a ação ou "existência" acontece. (Para mais informações sobre como achar o verbo numa oração, veja o capítulo 2).

Em algumas línguas mais sortudas – tailandês, por exemplo – o verbo tem basicamente uma forma. Se a oração é sobre o passado, o presente ou o futuro, não importa, o verbo é sempre o mesmo. Palavras extras – ontem, amanhã, agora, e assim por diante – indicam o tempo. Não é assim em inglês (suspiro). Em inglês, seis diferentes tempos de verbos exprimem o tempo. Em outras palavras, cada tempo coloca a ação ou existência da sentença em um ponto no tempo.

Antes de começar a reclamar sobre aprender seis tempos, invista alguns minutos agradecendo que você não fala latim. Caso esteja se perguntando porque é uma língua morta que ninguém mais fala, cada verbo em latim tem 120 formas diferentes!

Três dos seis tempos ingleses são chamados *simples*. Neste capítulo, explico os Tempos Simples em detalhe, tais como as diferenças entre *I go* e *I am going*. Os outros tempos são chamados *perfeitos*. (Acredite, os tempos perfeitos estão longe de sê-los.) Eu examino os fundamentos dos: Presente Perfeito, Passado Perfeito, e Futuro Perfeito neste capítulo. Depois me aprofundo no Presente Perfeito. Os outros dois Tempos Simples – passado e futuro – são dor de cabeça e muito menos comuns do que o Presente Perfeito. Então eu deixei-os para depois. Para uma explicação detalhada do Passado Perfeito e Futuro Perfeito, veja o Capítulo 18.

Simplificando: Os Tempos Simples

Os três Tempos Simples são: presente, passado e futuro. Cada um dos Tempos Simples (só para deixar as coisas ainda *mais* divertidas) têm duas formas. Uma é o tempo simples. Esta forma não tem um nome separado; é só chamada de presente, passado ou futuro. Ela mostra ações ou existência em certo ponto no tempo, mas nem sempre fixa um momento específico. A outra forma é chamada de *progressiva.* A forma progressiva não é politicamente ativa; não faz discursos sobre reforma de salário mínimo ou campanhas financeiras. Ao invés disso, a forma *progressiva* mostra ações ou existência *em progresso.*

Presente simples

O presente Simples expõe o que está acontecendo neste exato momento. Ele tem duas formas. Uma é chamada *presente* e a outra é *progressiva.* O Presente mostra a ação ou a existência que está acontecendo agora ou que está sempre acontecendo. A forma presente *progressiva* é parecida, mas ela geralmente implica um processo. (A diferença entre os dois é sutil. Agora vou dar mais detalhes sobre como usar as formas abaixo). Por enquanto, dê uma olhada em algumas orações no tempo presente simples:

> Rugelach rolls his tongue around the pastry. (*Rolls* está no presente simples).
>
> Legghorn *plans* nothing for New Year's Eve because he never *has* a date. (*Plans* e *has* estão no presente simples).

Agora aqui estão duas orações na forma do presente progressivo.

> Alexei *is axing* the proposal to cut down the national forest. (*is axing* está no presente progressivo).
>
> Murgatroyd and Lulu *are skiing* far too fast down that cliff. (*are skiing* está no presente progressivo).

Passado simples

O passado simples mostra o que aconteceu antes do tempo presente. Este tempo simples também tem 2 formas. Elas são chamadas *passado*, e *passado progressivo*. Considere estas duas orações em passado simples:

When the elastic in Ms. Belli's girdle *snapped*, we all *woke* up. (*snapped* e *woke* estão no passado simples).

Despite the strong plastic ribbon, the package *became* unglued and *spilled* onto the conveyor belt. (*became* e *spilled* estão no passado simples).

Aqui estão mais dois exemplos, agora na forma do passado progressivo:

While Buzzy *was sleeping*, his cat Catnip *was* completely *destroying* the sofa. (*was sleeping* e *was destroying* estão na forma do passado progressivo).

Lola's friends *were passing* tissues to Lulu at a rate of five per minute. (*were passing* está na forma do passado progressivo).

CUIDADO

Você não pode se enganar com o passado simples, exceto para os verbos irregulares – falarei sobre isso mais tarde, neste capítulo. Mas um engano muito comum é misturar passado e presente na mesma história. Aqui está um exemplo:

So I go to the restaurant looking for Cindy because I want to tell her about Grady's date with Eleanor. I walk in and I see Brad Pitt! So I went up to him and said, "How's Jennifer?"

O falante começou no presente simples – sem problemas. Embora o evento tenha sito claramente completado, presente simples pode ser usado se você quer fazer uma história mais dramática. (Veja "o presente histórico" mais tarde neste capítulo.) Mas a última oração muda de tempo – de repente, nós estamos no passado simples. Problema: não mude tempos no meio de uma história. E também não incomode celebridades.

Futuro simples

O *Futuro Simples* fala sobre o que não aconteceu ainda. Este tempo simples é o único que sempre precisa de verbos auxiliares para expressar significado, mesmo para a versão simples.

DICA

Verbos Auxiliares, tais como *will*, *shall*, *have*, *has*, *should* e assim por diante, mudam o significado do verbo principal. (Veja o capítulo 2 para mais informação.)

O Futuro Simples – isto vai chocar – existe em 2 formas. Não estou falando de universos diferentes aqui, este livro é sobre gramática, não sobre aventuras de ficção científica! Uma forma do futuro simples é chamada *futuro* e a outra é chamama *futuro progressivo*. A forma do futuro simples é assim:

> Nutrella *will position* the wig in the exact center of the dragon's head. (*will position* está no futuro simples)
>
> Ludmilla and I *will* never *part*! (*will part* está no futuro simples)

Alguns exemplos do futuro progressivo:

> During the post-election period, Gumpus *will be pondering* his options. (*will be pondering* está na forma progressiva do futuro).

Lola *will be sprinkling* the flowers with fertilizer in a vain attempt to keep them fresh. (*will be sprinkling* está na forma progressiva do futuro).

Ache os verbos e classifique-os em presente, passado e futuro.

A. When the tornado whirls overhead, we run for the camera and the phone number of the television station.

B. Shall I compare you to a winter's day?

C. When you were three, you blew out all the candles on your birthday cake.

Respostas: Na oração A, os verbos no presente simples são *whirls* e *run*. Na oração B, o verbo no futuro simples é *shall compare*. Na oração C os verbos no passado simples são *were* e *blew*.

Agora, encontre os verbos e classifique-os em presente progressivo, passado progressivo e futuro progressivo:

A. Exactly 5,000 years ago, a dinosaur was living in that mud puddle.

B. Agamemnon and Apollo are enrolling in a union of mythological characters.

C. The pilot will be joining us as soon as the aircraft clears the Himalayas.

Respostas: Na oração A, o verbo no passado progressivo é *was living*. Na oração B, o verbo no presente progressivo *é are enrolling. Na oração C, o verbo* future progressive é *will be joining*.

Usando os Tempos Corretamente

Qual a diferença entre cada par de tempos simples? Não são muitas. As pessoas sempre trocam estas formas sem criar problema algum. Mas existem algumas diferenças de sentido.

Presente e presente progressivo

A forma de uma palavra no presente simples pode ser usada para coisas que são geralmente verdade no tempo presente mas não estão aconcendo agora. Exemplo:

Ollie *attends* wrestling matches every Sunday.

Se você ligar pra Ollie no domingo, vai escutar essa mensagem aborrecida que ele gravou na secretária eletrônica, porque ele está na arena. (*attends* está no presente simples). Você pode ouvir este recado numa quinta (ou outro dia) e ainda estar correto, embora às quintas Ollie fica em casa pra jogar xadrez. Agora leia esta oração:

Ollie *is playing* hide-and-seek with his dog Spot.

Esta oração significa que neste momento (*is playing* está no presente progressivo), enquanto você escreve ou diz esta oração, Ollie está correndo pela sua sala de estar procurando Spot, que é fácil de achar porque ele nunca para de latir.

Passado e passado progressivo

A diferença entre o passado simples e passado progressivo é mais ou menos a mesma que a do presente. A forma com uma palavra frequentemente mostra o que aconteceu no passado de maneira mais geral. A forma progressiva pode definir a ação ou existência em um tempo específico ou ocorrendo no passado de forma regular.

Gulliver *went* to the store and *bought* clothes for all his little friends.

Esta oração significa que em algum ponto no passado, Gulliver detonou seu cartão de crédito e terminou sua lista de Natal (*went* e *bought* estão no pasasado simples).

While Gulliver *was shopping*, his friends *were planning* their revenge.

Esta oração significa que Gulliver não deveria ter se importado porque, no exato momento que ele estava gastando sua mesada, seus amigos estavam decidindo a que horas jogar tinta dentro da lancheira dele (*was shopping* e *were planning* estão na forma progressiva do passado).

Gulliver *was shopping* until he *was dropping*, despite his mother's strict credit limit.

Esta oração se refere a um dos maus hábitos de Gulliver: a tendência dele de ir às compras em cada momento livre (*was shopping* e *was dropping* estão na forma progressiva do passado simples). A compra foi repetida diariamente, várias vezes. (Consequentemente, a mãe de Gulliver impôs um limite de crédito rígido.)

Futuro e futuro progressivo

Você não vai achar muita diferença entre esses dois. O progressivo dá a sensação de estar no meio dos acontecimentos. Por exemplo:

> Hammy *will be playing* Hamlet with a great deal of shouting.

As ações de Hammy na oração acima podem ser um pouco mais imediatas do que

> Hammy *will play* Hamlet with a great deal of shouting.

No primeiro exemplo, *will be playing* está na forma progressiva do futuro simples. No segundo exemplo, *will play* está no futuro simples.

DICA

Compreender as formas do presente simples lhe dá o direito de vestir um chapéu de gramático oficial. Mas se não entendeu a distinção, não perca o sono com isso. Se não consegue ver a diferença sutil numa conversa casual, seus ouvintes também não. Ao escolher as duas formas, você está lidando com minúcias de significado, não com diferenças imensas.

Aperfeiçoando a Gramática: Os Tempos Perfeitos

Agora vamos para a parte difícil. Estes três tempos – presente perfeito, passado perfeito e futuro perfeito – podem te dar cabelos brancos, mesmo se você tem apenas 12 anos. E eles têm formas progressivas também! Assim como nos tempos simples, cada tempo tem uma versão simples chamada pelo nome do tempo: presente perfeito, passado perfeito e futuro perfeito. A forma progressiva adiciona um "ing" à mistura. A progressiva é um pouco mais imediata do que a outra forma, exprimindo uma ação ou existência em progresso.

Nesta seção, demonstro os fundamentos e dou exemplos. Para uma explicação de presente perfeito e presente perfeito progressivo, veja "Usando o presente perfeito corretamente", mais tarde neste capítulo. Para uma descrição correta com passado e futuro, veja o capítulo 18.

Presente perfeito e presente perfeito progressivo

As duas formas de presente perfeito mostram ação ou existência que começaram no passado mas ainda estão acontecendo no presente. Estas formas são usadas quando qualquer ação ou existência ocupa duas zonas de tempo: passado e presente.

O presente histórico

Não surpreendentemente, você usa o presente para ações que estão acontecendo no momento, mas (Surpresa!) você pode usar o presente para algumas ações que aconteceram há muito tempo ou que nunca aconteceram. O presente histórico é uma forma de falar sobre história ou literatura.

On December 7, 1941, President Franklin Delano Roosevelt *tells* the nation about the attack on Pearl Harbor. The nation immediately *declares* war.

Harry Potter *faces* three tests when he *represents* Hogwarts in the tournam ent.

Na primeira oração, *tells* e *declares* estão no presente , embora a oração se refira a eventos que ocorreram há décadas. Aqui, o presente histórico torna a história mais dramática. Na segunda oração, *faces* e *represents* estão no presente. A ideia é que para cada leitor que abre o livro, a história começa novamente. Com a lógica que conhecemos e amamos na gramática inglesa, os eventos estão sempre acontecendo, embora Harry Potter seja um personagem fictício e os eventos nunca aconteceram.

Primeiro, observe os exemplos com o presente perfeito.

Rumpus and his friends *have spent* almost every penny of the inheritance. (*have spent* está no presente perfeito)

Lulu's mortal enemy, Rumpus, *has pleaded* with her to become a professional tattooist. (*has pleaded* está no presente perfeito)

Agora leia estes exemplos progressivos:

Rumpus *has been studying* marble shooting for fifteen years without learning any worthwhile techniques. (*has been studying* está na forma progressiva do presente perfeito)

Lulu and her mentor Lola *have been counting* sheep all night. (*have been counting* está na forma progressiva do presente perfeito)

Passado perfeito e passado perfeito progressivo

Brevemente, cada uma destas formas coloca uma ação no passado em relação a outra ação do passado. Em outras palavras, uma linha do tempo é estabelecida. A linha começa algum tempo atrás e termina na atualidade. Pelo menos dois eventos estão na linha do tempo. Para mais informações sobre como usar o passado perfeito, veja o Capítulo 18. Aqui estão alguns exemplos de passado perfeito:

After she *had sewn* up the wound, the doctor realized that her watch was missing! (*Had sewn* está no passado perfeito).

The watch *had ticked* for ten minutes before the nurse discovered its whereabouts. (*Had ticked* está no passado perfeito).

Compare as orações anteriores com exemplos de passado perfeito progressivo (tente dizer isso três vezes rápido sem cuspir no seu ouvinte!)

The patient *had been considering* a lawsuit but changed his mind. (*had been considering* está na forma progressiva do passado perfeito).

The doctor *had been worrying* about a pending lawsuit, but her patient dropped his case. (*had been worrying* está na forma progressiva do passado perfeito).

Futuro perfeito e futuro perfeito progressivo

Estas duas formas falam sobre eventos ou existência que não aconteceram ainda em relação a outro evento ainda mais no futuro. Em outras palavras, outra linha do tempo, com no mínimo dois eventos existentes nela. Para mais informação sobre como usar o futuro perfeito, veja o Capítulo 18.

Primeiro, eu dou a versão simples do futuro perfeito :

Appleby *will have eaten* the entire apple by the time the bell rings at the end of recess. (*will have eaten* está no futuro perfeito).

When Appleby finally arrives at grammar class, Appleby's teacher *will have* already *outlined* at least 504 grammar rules. (*will have outlined* está no futuro perfeito).

Agora, dê uma olhada na forma progressiva do futuro perfeito:

When the clocks strikes four, Appleby *will have been chewing* for 29 straight minutes without swallowing even a bite of that apple. (*will have been chewing* está na forma progressiva do futuro perfeito).

By the time he swallows Appleby's teacher *will have been explaining* the virtues of digestion to her class for a very long time. (*will have been explaining* está no progressive form do futuro perfeito).

Usando O Presente Perfeito Corretamente

Esta mistura de presente (*has, have*) e passado é a dica para o uso: presente perfeito junta o passado ao presente. Este tempo provavelmente não vai causar muitos problemas. Apenas esteja certo de incluir um elemento do passado e um elemento do presente na ideia que você está expressando.

I *have gone* to the cafeteria every day for six years, and I *have* not yet *found* one edible item.

Esta oração significa que no momento eu ainda estou na escola, ainda tentando achar alguma coisa pra comer e nos últimos seis anos eu estava na escola também, procurando a lanchonete todo dia, procurando por um sanduíche sem uma carne misteriosa nele.

Bertha *has* frequently *buzzed* Bubba, but Bubba *has* not *buzzed* Bertha back.

Esta oração significa que no presente a Bertha não desistiu ainda; ela ainda está tentando telefonar para o Bubba de vez em quando. No passado, a Bertha também telefonou para o Bubba. No presente e no passado, o Bubba tem sonhado acordado, ignorando o telefone e não se importando de atender a Bertha.

Assim como no presente simples o presente perfeito tem duas formas. Uma é chamada presente perfeito, e a outra presente perfeito progressio. Existem algumas diferenças de significado entre os dois – o progressivo é um pouco mais imediato – mas nada com que você tenha que se preocupar.

Qual está certa?

A. Bertha moved into Bubba's building in 1973 and lived there ever since.

B. Bertha has moved into Bubba's building in 1973 and lived there ever since.

C. Bertha moved into Bubba's building in 1973 and has lived there ever since.

Alguns pares de tempos

Verbos Auxiliares, assim como verbos principais, têm tempos. Alguns dos pares mais comuns são *can/could* e *may/might*. O primeiro verbo em cada par está no presente, o segundo está no passado. Se você *pode* imaginar, você está falando sobre o presente. Se você *pôde* imaginar, você está falando sobre o passado. Muitas pessoas trocam estes verbos auxiliares ao acaso, mas tecnicamente, eles expressam tempo. Então lembre-se:

Now you *may* talk about how much you hate writing school reports.

Yesterday you *might* have gone to the store if the sky hadn't dumped a foot of snow on your head.

After six years of lessons, you *can* finally dance a mean tango.

No one ever danced as well as Fred Astaire *could* in those old movie musicals.

Resposta: A oração "C" está correta. Você não pode usar o passado simples, assim como está na oração "A", porque existe uma conexão com o presente (o fato de que Bertha ainda vive no edifício de Bubba). A oração "B" está errada porque a mudança não tem conexão com o presente; ela está encerrada. Então você não pode usar o presente perfeito para a mudança. A oração "C" tem a combinação perfeita – a mudança, agora terminada, deveria estar expressa no passado simples. O evento que começou no passado e ainda está acontecendo (Bertha está morando no edifício) precisa do tempo presente perfeito.

Formando o Presente e o Particípio Passado de Verbos Regulares

Eu costumava falar para os meus alunos que meus cabelos brancos vinham de lutas com *particípios*, mas eu estava apenas tentando assustá-los para que eles fizessem seu dever de casa de gramática. Particípios não são muito misteriosos; como você pode ver pela grafia, um *particípio* é simplesmente uma *parte* do verbo. Cada verbo tem 2 particípios – um particípio presente e um particípio passado. Você deve ter notado o *particípio presente* nos tempos presente progressivo. O particípio presente é a forma *ing* do verbo. O particípio passado ajuda a formar o tempo presente perfeito, já que este tempo abarca o passado e o presente. O Particípio Passado regular é formado adicionando *ed* ao verbo. A tabela 3-1 mostra uma seleção de particípios regulares.

Tabela 3-1 Exemplos de Particípios Regulares

Verb	*Particípio Presente*	*Particípio Passado*	
ask		asking	asked
beg		begging	begged
call		calling	called
dally		dallying	dallied
empty		emptying	emptied
fill		filling	filled
grease		greasing	greased

Apenas para Tornar as Coisas Mais Difíceis: Verbos Irregulares

Quando você está procurando uma pechincha, os irregulares parecem bons. Apenas uma minúscula diferença entre uma camisa irregular e uma regular, e a irregular custa menos. Infelizmente, irregular não é uma pechincha no mercado de gramática. É somente um problema. Nesta seção eu separo os irregulares em duas partes. A primeira parte é a mãe de todos os verbos irregulares, *to be*. A segunda é uma lista de formas de passado irregular e particípio irregular.

"To be or not to be" é um problema complexo

Possivelmente o verbo mais estranho da língua inglesa, o verbo *to be*, muda com mais freqüência do que qualquer outro. Aqui está ele, tempo a tempo.

Presente	**Singular**	**Plural**
I am	we are	you are
you are	he, she, it is	they are

Note que as formas singulares estão na primeira coluna e as formas do plural estão na segunda. Além disso, singulares são para uma pessoa ou objeto e plurais são para mais de um. Está listado duas vezes porque pode se referir a uma pessoa ou a um grupo. (Só um pouquinho mais de ilógica na língua.)

Passado	**Singular**	**Plural**
I was	we were	you were
you were	he, she, it was	they were

Futuro	**Singular**	**Plural**
I will be	we will be	you will be
you will be	he, she, it will be	they will be

Presente Perfeito	**Singular**	**Plural**
I have been	we have been	you have been
you have been	he, she, it has	been they have been

Passado Perfeito	**Singular**	**Plural**
I had been	we had been	you had been
you had been	he, she, it had been	they had been

Futuro Perfeito	Singular	Plural
I will have been	we will have been	you will have been
you will have been	he, she, it will have been	they will have been

Passado irregular e particípio passado

Você já está se divertindo? Agora a diversão começa de verdade. Dezenas e dezenas de verbos ingleses têm formas irregulares de passado, assim como particípios passados irregulares. (Os particípios passados, exceto pela ocasional mudança da letra y para letra i, são bastante diretos. Apenas adicione *ing*). Eu não vou listar todos os verbos irregulares aqui, apenas alguns que você pode achar útil na escrita cotidiana. Se você tem perguntas sobre um verbo em particular, procure seu dicionário. Na tabela 3-2, a primeira coluna é a forma infinitiva do verbo. (O infinitivo é a forma "to+verbo" – to laugh, to cry, to learn grammar e assim por diante.) A segunda coluna é o tempo passado simples. A terceira coluna é o particípio passado, que está combinado com o *has* (singular), *have* (plural) para fomar o tempo presente perfeito. O particípio passado também é usado com *had* para formar o tempo passado perfeito.

Tabela 3-2 Exemplos de Particípios Irregulares

Verbo	*Passado*	*Particípio Passado*
begin	began	begun
bite	bit	bitten
break	broke	broken
bring	brought	brought
catch	caught	caught
choose	chose	chosen
come	came	come
do	did	done
drive	drove	driven
eat	ate	eaten
fall	fell	fallen
fly	flew	flown

get	got	got ou gotten
go	went	gone
know	knew	known
lead	led	led
lend	lent	lent
lie	lay	lain
lose	lost	lost
ride	rode	ridden
ring	rang	rung
rise	rose	risen
run	ran	run
say	said	said
see	saw	seen
shake	shook	shaken
sing	sang	sung
sink	sank ou sunk	sunk
sit	sat	sat
speak	spoke	spoken
steal	stole	stolen
take	took	taken
write	wrote	written

Quem fez essas regras, a propósito? Uns caras velhos na Inglaterra?

Da próxima vez que você tentar decidir se você *had run* home ou *had ran* home, agradeça aos Anglos e aos Saxões. Eles eram membros de tribos germânicas que invadiram a Inglaterra há aproximadamente 1.500 anos. As línguas se fundiram em Anglo-saxão, que viria a ser chamada Englisc. Hoje ela é chamada "inglês antigo".

O inglês antigo durou aproximadamente 400 anos. Este inglês pareceria uma língua estrangeira para o inglês de hoje. Embora não mais em uso, o inglês antigo não está esquecido. Permanecem sobras na fala moderna. Você pode agradecer (ou culpar) os Anglo-Saxões pela maioria dos verbos irregulares, inclusive o fato de que você diz *ran* ao invés de *runned.*

No período do inglês medieval (1100 a aproximadamente 1450) a Inglaterra estava cheia de dialetos locais, cada um com seu vocabulário próprio e estrutura de oração. Ninguém estudava gramática na escola e ninguém se preocupava com o que estava correto ou incorreto. (Havia alguns itens mais importantes na agenda, incluindo fome e a peste bubônica).

No século XV a imprensa foi inventada e a era do inglês moderno começou. Nessa época, as pessoas estavam mais interessadas em aprender a ler e interessadas em escrever para publicação. Mas os escritores encontraram um novo problema, enviar as palavras de alguém para uma parte diferente do país poderia significar enviá-las para alguém cujo vocabulário ou estrutura da oração fosse diferente. Sem falar que a grafia estava por toda parte! De repente, as regras pareciam uma boa idéia. Londres era o centro do governo e da vida econômica e também o centro da imprensa. Então, o que os impressores de Londres decidiam, logo se tornava certo. No entanto, não antes do século XVIII, as regras realmente foram estabelecidas. Os impressores, encarregados de transformar escritas à mão em impressos, eram guiados por "bíblias de impressores", também conhecidas como as regras.

Professores tentaram colocar a língua inglesa em forma, escrevendo as regras. Mas eles introduziram conceitos latinos no inglês e isso nem sempre se encaixava bem. Na verdade, algumas das regras mais estranhas da gramática inglesa vêm dessa confusão. Em latim, por exemplo, você não pode dividir o infinitivo, porque um infinitivo é uma única palavra. Em inglês, infinitivos são formados por 2 palavras (to + verbo, como em *to dance, to dream*). Não obstante, a regra foi estipulada: não dividir infinitivos.

Capítulo 4

Quem Está Fazendo o Quê? Como Achar o Sujeito.

Neste capítulo

- Entendendo o papel do sujeito e de pares sujeito–verbo;
- Identificando os pares sujeito–verbo em orações simples;
- Identificando o sujeito e seus pares – verbo em orações mais desafiadoras;

No Capítulo 2 eu descrevi a oração como um caminhão carregando o seu significado até o leitor ou ouvinte. Os verbos são as rodas do caminhão e o sujeito é o motorista. Por que você precisa do sujeito? Você pode imaginar um caminhão em alta velocidade na estrada sem o motorista? Não é possível, ou, se possível, não é um pensamento agradável!

Quem Está Dirigindo o Caminhão ou Porque o Sujeito é Importante?

Todas as orações contêm verbos – palavras que expressam ação ou existência. (Para mais informações sobre verbos, ver o Capítulo 2.) Mas você não pode ter uma ação em um vácuo. Não se pode ter uma existência solitária também. Alguém ou alguma coisa tem que estar presente na oração – o *quem* ou o *que* sobre o que você está falando em relação a ação ou a existência expressa por um verbo. O "alguém" ou "alguma coisa" fazendo a ação ou existência sobre a qual se fala é o sujeito.

DICA

O "alguém" tem que ser uma pessoa e "alguma coisa" tem que ser um objeto, lugar ou idéia. Então adivinha? O sujeito é normalmente um substantivo, porque um substantivo é uma pessoa, objeto, local ou idéia. Eu digo normalmente porque algumas vezes o sujeito é um pronome – uma palavra que substitui um substantivo – *he*, *they*, *it*, e assim por diante. (Para mais pronomes, veja o Capítulo 10.)

Associações: Pares sujeito e verbo

Outra maneira de pensar sobre o sujeito é dizer que ele é a parte "quem", ou "o que" do par sujeito – verbo. Esse par é a principal ideia da oração. Algumas orações:

Jasper *gasped* at the mummy's sudden movement.

Nessa oração, *Jasper gasped* é a idéia principal; é também o par sujeito – verbo. (Este par sujeito – verbo também é difícil de falar 4 vezes rápido.)

Justicia will judge the beauty contest only if the *warthog competes*.

Você deve achar dois pares sujeito – verbo nesta oração: *Justicia will judge* e *warthog competes*. Agora tente uma oração sem ação. Esta descreve uma existência, então ela usa um verbo de ligação:

Jackhammer has always been an extremely noisy worker.

O par sujeito – verbo é *Jackhammer has been*. Você notou que *Jackhammer has been* soa incompleto? *Has been* é um verbo de ligação, e esse tipo de verbo sempre precisa de alguma coisa depois dele para completar a ideia. Eu te dou mais elos na cadeia de verbos no Capítulo 2; agora de volta ao sujeito. O par sujeito – verbo em orações de verbos de ação pode normalmente estar só, mas o par sujeito – verbo em orações com verbo de ligação, não pode.

Sujeitos e verbos compostos: Dois pelo preço de um

Sujeitos e verbos formam um par, mas às vezes você tem dois (ou mais) pelo preço de um. Por exemplo:

Warthog burped and *cried* after the contest.

Você tem duas ações (*burped* e *cried*) e uma pessoa fazendo ambas (*Warthog*). *Warthog* é o sujeito de *burped* e *cried* ao mesmo tempo.

Alguns exemplos adicionais de verbos duplos que, em termos gramaticais, são chamados compound verbs:

Lochness *snatched* the atomic secret and quickly *stashed* it in his navel. (*snatched, stashed* = verbos)

Ludmilla *ranted* for hours about Ludwig's refusal to hold an engagement party and then *crept* home. (*ranted, crept* = verbos)

Eggworthy *came* out of his shell last winter but *didn't stay* there. (*came*, *did stay* = verbos)

Você também pode ter dois sujeitos (ou mais) e um verbo. Os sujeitos múltiplos são chamados sujeitos compostos. Aqui está um exemplo:

Warthog and *Justicia* went home in defeat.

Aqui você percebe uma ação (*went*) e duas pessoas (*Warthog* e *Justicia*) praticando uma ação, se você contar Warthog como uma pessoa. Então o verbo *went* tem 2 sujeitos.

Agora dê uma olhada em alguns outros exemplos:

Lola and *Lulu* ganged up on Legghorn yesterday to his dismay and defeat. (*Lola* e *Lulu* = sujeitos)

The *omelet* and *fries* revolted Eggworthy. (*omelet* e *fries* = sujeitos)

Snort and *Squirm* were the only two dwarves expelled from Snow White's band. (*Snort* e *Squirm* = sujeitos)

Faça a Pergunta: Localizando o par sujeito – verbo

Permita-me apresentar um pequeno truque para definir o par sujeito – verbo de uma oração: Aí vem a pergunta! (Não, não estou pedindo a você pra me pedir em casamento) Aí vem a pergunta para descobrir o que você quer saber. A pergunta certa é importante na busca por informação, como os pais sabem:

PERGUNTA ERRADA DE UM PAI: O que você fez na noite passada?

RESPOSTA DO ADOLESCENTE: Nada.

PERGUNTA CERTA DO PAI: Quando você chegou às 2 da manhã você estava querendo que eu ignorasse o fato que você foi ao China Club?

RESPOSTA DO ADOLESCENTE: Eu não fui ao China Club! Eu fui ao Moomba.

O PAI: Ahá! Você foi ao clube numa noite de aula.

No Capítulo 2, expliquei que a primeira pergunta a se fazer não é "Isto vai estar no teste?" mas sim "Qual é o verbo?" (Para achar o verbo, pergunte o que está acontecendo ou o que é?) Após descobrir o verbo, coloque "quem" ou "o que" na frente dele para fazer uma pergunta. A resposta é o sujeito!

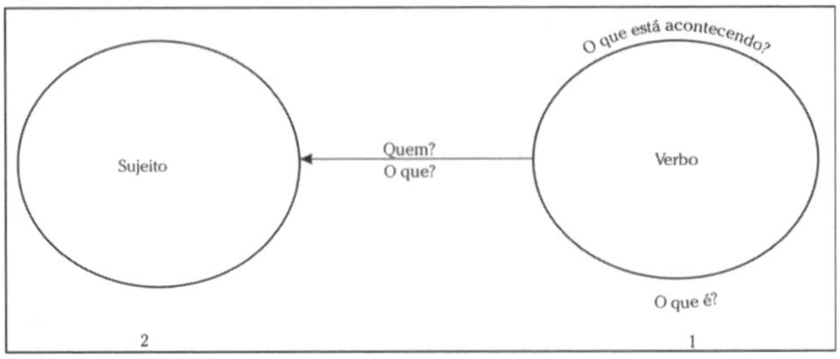

Tente uma:

> Jackknife sharpens his dives during hours of practice.

1. Faça a pergunta: O que está acontecendo? Resposta: *Sharpens*. *Sharpens* é o verbo.

2. Faça a pergunta: Quem ou o que *sharpens*? *Jacknife sharpens*. *Jacnkife* é o sujeito.

Um teste sobre fazer as perguntas. Quais são o sujeito e o verbo nesta oração?

> Jolly Roger will soon be smiling because of all the treasure in his ship.

Resposta: O verbo é *will be smiling* e o sujeito é *Jolly Roger*. Tente mais uma. Identifique o sujeito e o verbo.

> No matter what the weather, Ratrug never even considers wearing a hat.

Resposta: O verbo é *considers* e o sujeito é *Ratrug*.

O que um Sujeito Como Você está Fazendo num Lugar Como Este?: Ordem Incomum das Palavras

Neste capítulo, todos os exemplos, até agora, estão numa ordem normal de sujeito – verbo, que é (suspiro) sujeito – verbo. Em outras palavras, o sujeito normalmente vem antes do verbo. Nem sempre o sujeito vem antes do verbo, embora a maioria o faça. Muitas vezes o sujeito se esconde no fim da oração ou em algum outro lugar estranho. (Ei, até um sujeito precisa de um tempo de vez em quando. Você não gosta de uma mudança de cenário de vez em quando?)

Se você fizer a pergunta e a responde de acordo com o significado da oração – não de acordo com a ordem das palavras – você vai estar bem. O segredo é colocar as perguntas de sujeito (quem?, o que?) na frente do verbo. Então, pense sobre o que o sujeito está realmente falando e responda às perguntas. E voilà! Seu sujeito vai aparecer.

Tente essa:

> Up the avenue and around the park trudged Godzilla on his way to tea with the Loch Ness Monster.

1. Faça a pergunta: O que está acontecendo? O que é? Resposta: *trudged*. *Trudged* é o verbo.

2. Faça a pergunta: Quem *trudged*? O que *trudged*? Resposta: *Godzilla*. *Godzilla* é o sujeito. (Eu vou deixar você decidir se Godzilla é um quem ou um o que).

Se você estivesse respondendo pela ordem das palavras, você diria *park*. Mas o *park* não *trudge*. *Godzilla trudged*. Preste atenção ao significado, não à colocação na oração, e você não vai se enganar.

Quais são os sujeitos e verbos nas seguintes orações?

A. Alas, what a woefully inadequate grammarian am I.

B. Across the river and through the woods to the grammarian's house go Ludmilla and Ludwig.

Respostas: Na oração A, *am* é o verbo e *I* é o sujeito. Na oração B, o verbo é *go* e os sujeitos são *Ludmilla* e *Ludwig*.

Sempre encontre o verbo primeiro. Então procure pelo sujeito.

Ache Aquele Sujeito! Detectando o You Implícito

"Cross on the green, not in between."

"Eat your vegetables."

"Don't leave your chewing gum on the bedpost overnight."

Me, Myself e I

Você pode usar *I* como sujeito, mas não *me* ou *myself.*

Errado: Bill and me are going to rob that bank. Bill and myself will soon be in jail.

Certo: Bill and I are going to rob that bank. Bill and I will soon be in jail.

Errado: Lola and myself plan to stage the musical version of Legghorn's next play. Legghorn and me are writing the music.

Certo: Lola and I plan to stage the musical version of Legghorn's next play. Legghorn and I are writing the music.

Me não executa ações; ele as recebe. Para colocar essa regra de outra maneira: *me* é um objeto de uma ação ou forma de atenção:

He gave it to *me.*

Lulu's offer was far more profitable for *me* than Lochness's.

Myself é apropriado somente para ações que voltem para a pessoa executando a ação:

I told *myself* not to be such a nerd!

Because no one else did, I paid *myself* a compliment.

Myself também pode ser usado para ênfase, junto com a palavra *I.*

I myself will disclose the secret to the tabloid offering the most bucks.

Murgatroyd and *I myself* wrote that screenplay, so don't you dare criticize it.

O que essas orações têm em comum? Sim, elas são comentários que você ouviu por toda sua vida. Mais importante, eles são comandos. Os verbos dão ordens: *cross*, *eat*, *don't leave*. Então, onde está o sujeito nestas orações?

Se você fizer a pergunta, aqui está o que acontece:

1. Faça a pergunta: O que está acontecendo? O que é? Resposta: *cross, eat, don't leave.*

2. Faça a pergunta: Quem *cross*, *eat*, *don't leave*? Resposta: Uh...

A segunda pergunta parece não ter resposta, mas as aparências podem enganar. A resposta é *you*. *You* cross at the green, not in between. *You* eat your vegetables. *You* don't leave your chewing gum on the bedpost overnight. O que você disse? *You* não está na oração? Verdade. *You* não está escrito, mas está implícito. E quando sua mãe diz, "eat your vegetables" você entende que ela quer dizer "*you*". Então os gramáticos dizem que o sujeito é *you implícito*. O sujeito é *you*, embora *you* não esteja na oração e embora *you* não pretenda comer esses feijões horríveis.

Faça as perguntas e encontre os pares de sujeito – verbo nestas três orações:

A. Ludmilla, dancing the cha-cha, forgot to watch her feet.

B. Stop, Ludmilla!

C. Over the bandleader and across five violin stands fell Ludmilla, heavily.

Respostas: Na oração A, *forgot* é o verbo e *Ludmilla* é o sujeito, e *dancing* é um falso verbo. (Explico como achar falsos verbos e sujeitos mais tarde neste capítulo) Na oração B, *stop* e *you implícito* é o sujeito. A observação é dirigida a *Ludmilla* mas *you implícito* é ainda o sujeito. Na oração C, *fell* é o verbo, e *Ludmilla* é o sujeito.

Não Seja Enganado! Evitando Verbos e Sujeitos Falsos

Quando eu caminho pela cidade de Nova York frequentemente vejo "genuínos" relógios Rolex ($10.000 no varejo aproximadamente) à venda em camelôs por "$15 – hoje só!" Você tem que se proteger de falsificações quando está nas ruas da cidade (nenhuma surpresa aqui). Da mesma forma (e isto pode ser uma surpresa), você precisa se proteger contra falsificações quando está procurando pares sujeito – verbo.

Encontrando verbos falsos

Os verbos na gramática inglesa podem ser, algumas vezes, um pouco dissimulados. Você pode perguntar *quem*? ou *o quê*? na frente do verbo e não obter resposta ou no mínimo nenhuma resposta que faça sentido. Quando isto acontece, você pode concluir que não achou realmente um verbo. Você provavelmente tropeçou em algo parecido, ou, como eu gosto de chamar, um "verbo falso." Aqui está um exemplo:

> Wiping his tears dramatically, Grumpus pleaded with the teacher to forgive his lack of homework.

Suponha que você faça a pergunta ao verbo (*o que está acontecendo?*, *o que é?*) e obtenha *wiping* como resposta. Uma suposição razoável. Mas agora faça a pergunta do sujeito: *Quem wiping? O que wiping?* As perguntas não soam bem, e esta é sua primeira dica de que não achou um verbo de verdade. Mas a pergunta não é importante. A resposta, no entanto, existe! E não há resposta de verdade na oração. Você pode tentar *Grumpus*, mas quando você põe com o "verbo" não se encaixa: *Grumpus wiping*. (*Grumpus is wiping*, estaria certo, mas não é isto que a oração diz). Então agora você tem certeza que o seu primeiro "verbo" não é realmente um verbo. Bote isso de lado e continue olhando. Qual é o verbo de verdade? *Pleaded.*

Quem fez essas regras, a propósito? Uns senhores na América?

Quando os colonos ingleses cruzaram o oceano e chegaram à América, viram-se submersos numa salada de línguas. Colonos da França, Espanha, Países Baixos e outros países europeus estavam ao redor, assim como os nativos americanos falando centenas de línguas diferentes. A língua inglesa imediatamente começou a pegar palavras de todas essas fontes. E claro, a própria língua, separada do seu país de origem por uma viagem de meses, começou a seguir seu próprio caminho.

Logo depois que a América se tornou um país, as escolas começaram a ensinar gramática inglesa. (Esta prática formava uma grande ruptura com os britânicos, que ainda estavam estudando gramática latina em suas escolas e esperando que alguma coisa boa fosse sair das habilidades com o inglês de seus alunos.) Mas de novo, esses caras velhos apresentaram uma proposta crítica, dessa vez preocupados que os próprios professores não conhecessem as regras. W B. Fowle, autor do século XIX de uma gramática popular, reclamou que gramáticos (e professores de gramática) "eram, geralmente, incapazes de escrever ou falar inglês puro"..

Todos esses gramáticos perderam muito tempo escrevendo livros que:

atacavam todas as gramáticas anteriores e;

reinvindicavam que seus livros fossem mais divertidos.

Samuel Kirkham em sua English Grammar in Familiar Lectures de 1825, disse que seu livro tornava "interessante e encantador" um assunto que era até então, "tedioso, seco e irritante". Joseph Neef, meu gramático favorito do século XIX, parou por um momento em sua lista de regras para admitir que "a educação de crianças e a criação de legumes são as únicas ocupações para as quais ele tinha aptidão".

Para resumir: várias palavras na oração expressam ação ou existência, mas só algumas dessas são verbos. (A maioria é o que gramáticos chamam de *verbals*; consulte o Capítulo 24 para mais detalhes sobre *verbal*). De qualquer modo, se você não tiver resposta para sua pergunta para achar o sujeito, apenas ignore o "verbo" que você pensa que achou e procure o verbo de verdade.

Cuidado com Here, There e Outros Sujeitos Falsos

Alguém chega pra você diz, "Here is one million dollars." Qual é a primeira pergunta que vem à sua mente? Eu sei, bom gramático que você é, que a pergunta é *Qual o sujeito dessa oração*? Bem, tente responder essa pergunta da maneira habitual, fazendo a pergunta.

Here is one million dollars.

1. Faça a pergunta: O que está acontecendo? O que é? Resposta: *is*

2. Faça a pergunta: Quem *é?* O que *é?* Resposta: *?*

O que você disse? *Here is*? Errado. Here não pode ser um sujeito. Nem *there*. Ambas palavras são sujeitos falsos. (*Here* e *there* são advérbios e não substantivos). Qual é a resposta correta para a questão *o que é? One million dollars*. *Here* e *there* são marcadores de lugar. Eles não são sobre o que você está falando. *One million dollars* – é sobre isso que você está falando!

Embora tentem se disfarçar como substantivos, *here* e *there* são, na verdade, advérbios. Advérbios modificam verbos, adjetivos e outros advérbios. Eles são palavrinhas ocupadas. (Para conhecer mais sobre advérbios, veja Capítulo 8).

Moral da minha história: Evite *here* e *there* quando procurar o sujeito em uma oração.

Procurando o verbo correto para orações com here e there

Se você escrever orações com *here* e *there*, tenha certeza de escolher o verbo correto. Como *here* e *there* nunca são sujeitos, você tem que sempre procurar depois do verbo pelo sujeito de verdade. Quando você combina um sujeito com um verbo (assunto discutido em detalhe no Capítulo 11), esteja certo de usar o sujeito de verdade, não *here* ou *there*. Exemplo:

Here are ten anteaters.

NÃO

Here is ten anteaters.

anteaters = sujeito

Outro exemplo:

There are a pen and a pencil in Mr. Nerd's plastic pocket protector.

NÃO

There is a pen and a pencil in Mr. Nerd's plastic pocket protector.

pen, *pencil* = sujeito (composto)

Um último exemplo:

> There were far too many pimples on Murgatroyd's face.

NÃO

> There was far too many pimples on Murgatroyd's face.
>
> *pimples* = sujeito

Se você quer checar sua escolha do verbo, tente inverter a oração. Nos exemplos acima, fale *ten anteaters is/are*, a *pen and pencil is/are*, *far too many pimples was/were*. Possivelmente, seu "ouvido" vai te dizer que você quer *ten anteaters are*, a *pen and pencil are*, *far too many pimples were*.

Qual oração está correta?

A. There are 50 reasons for my complete lack of homework.

B. There's 50 reasons for my complete lack of homework.

Resposta: Oração "A" está correta. Na oração "B", *there's* é forma curta para *there is*, mas *reasons*, o sujeito plural, pede um verbo no plural.

Sujeitos Não São Somente uma Sensação Singular: Formando o Plural de Substantivos

Distinguir entre sujeito singular e plural é realmente um grande problema e examino este assunto em detalhes no Capítulo 11. Mas antes de irmos adiante, quero explicar como formar o plural de substantivos (palavras que dão nome às pessoas, lugares ou coisas) porque a maioria dos sujeitos é de substantivos. Se você aprender como formar plurais, também estará apto a reconhecê-los.

Plurais regulares

Uma variedade de substantivos forma plural adicionando a letra *s*. Consulte a Tabela 4-1 para alguns exemplos.

Tabela 4-1 Exemplos de Plurais Regulares

Singular	***Plural***
xylophone	xylophones
quintuplet	quintuplets
worrywart	worrywarts
nerd	nerds
lollipop	lollipops
eyebrow	eyebrows

Substantivos singulares que terminam em *s*, assim como substantivos singulares terminados em *sh*, *ch*, e *x* formam plurais adicionando *es*. Alguns exemplos são mostrados na Tabela 4-2.

Tabela 4-2 Exemplos de Plurais Regulares Terminados em S e CH

Singular	***Plural***
grinch	grinches
box	boxes
kiss	kisses
George Bush	both George Bushes
mess	messes
catch	catches

Os IES e YS

Se um substantivo termina com a letra *y* e a letra antes de *y* é uma vogal (a,e,i,o,u), apenas adicione *s*. Para exemplos, veja Tabela 4-3.

Tabela 4-3 Exemplos de Plurais Regulares Terminados em uma Vogal Mais Y

Singular	*Plural*
monkey	monkeys
turkey	turkeys
day	days
boy	boys
honey	honeys
bay	bays

Se o substantivo termina em *y* mas a letra antes de *y* não é uma vogal, forme o plural mudando o *y* para *i* e adicionando *es*. Para exemplos, veja Tabela 4-4.

Tabela 4-4 Exemplos de Plurais Regulares Terminados em uma Consoante Mais Y

Singular	*Plural*
sob story	sob stories
unsolvable mystery	unsolvable mysteries
a cute little ditty (it means song)	cute little ditties
pinky	pinkies
bat-filled belfry	bat-filled belfries
tabby	tabbies

"Knifes" não existem: Plurais irregulares

Este tópico não seria nada divertido sem irregulares, seria? Certo, você está certo. Irregulares são sempre um sofrimento. No entanto, eles estão sempre por perto. A Tabela 4-5 dá exemplos de plurais irregulares.

Tabela 4-5 Exemplos de Plurais Irregulares

Singular	*Plural*
knife	knives
sheep	sheep
man	men
woman	women
child	children
hanky-panky	hanky-panky

DICA

Listar todos os plurais irregulares é uma tarefa impossível. Consulte o dicionário para qualquer substantivo plural que te confunda.

A regra brother-in-law: Plurais com hífen

DICA

Se você pretende insultar seus parentes, pode fazê-lo com a forma correta do plural. Lembre-se: forme o plural de substantivos com hífen adicionando *s* ou *es* à palavra importante, não aos adicionais. Estas palavras são todas plurais:

- mothers-in-law
- brothers-in-law
- vice-presidents
- secretaries-general
- dogcatchers-in-chief

Quando o Sujeito é um Número

Números são, às vezes, sujeitos de uma oração. Veja este exemplo: Você é uma estrela e o seu empresário te diz que o seu time favorito te fez uma oferta. Você soma os números e manda um e-mail. O que você diz?

$10,000,000 is not enough.

Não, não é isso que você diz. Por que? Deixando de lado o fato de que dez milhões de dólares é mais que o bastante para o trabalho de qualquer ser humano, mesmo um trabalho tão crucial para o futuro da civilização como lançar uma bola, sua resposta tem um problema mais importante. Não está gramaticalmente correta. Aqui está a regra: Sempre comece uma oração com uma letra maiúscula. Não inicie uma oração com um número, porque você não pode ter números maiúsculos e para repetir, você tem que começar toda oração com letra maiúscula. Se necessário, reescreva a oração ou escreva o número por extenso. Então, o que você, a estrela, escreve?

> A mere $10,000,000 a year is not enough.

ou você pode escrever por extenso o valor que você está negociando:

> Ten million dollars a year is not enough.

Aqui estão mais alguns exemplos:

> ERRADO: 1966 was a very good year.
>
> CERTO MAS DESAJEITADO: Nineteen sixty-six was a very good year.
>
> TAMBÉM CERTO: The year 1966 was a good one.
>
> TAMBÉM CERTO: I had a good time in 1966, at least what I remember of it.

DEMÔNIOS

Voce está affected ou effected?

O estudo da gramática *affected* ou *effected* seu cérebro? Você deve *set* ou *sit* na varanda para pensar sobre esta oração? Estes dois pares de palavras são um aborrecimento completo, mas uma vez que você os aprende, você está pronto. (E eu quero dizer pronto.) Aqui estão algumas definições:

Affect versus *efecct*: *Affect* é um verbo. Significa influenciar. *Effect* é um substantivo que significa resultado. Conseqüentemente.

Sunlight *affects* Ludwig's appetite; he never eats during the day.

Ludmilla thinks that her vegetarian pizza will *affect* Ludwig's dietary regimen, but I think the *effect* will be disastrous.

Nota especial: *Affect* também pode significar "o modo que alguém se relaciona e mostra emoções". *Effect* também pode atuar como um verbo, significando "causar uma completa mudança". No entanto, você raramente precisa dessas definições secundárias.

Sit versus *set*: *Sit* é um verbo que significa "se atirar em uma cadeira, tirar a carga de seus pés". *Set* significa "colocar alguma coisa em um lugar particular". Assim,

Ratrug seldom *sits* for more than two minutes.

I'd like to *sit* down while I speak, but only if you promise not to *set* that plate of pickled fish eyeballs in front of me.

Capítulo 5

Tendo Tudo: A Oração Completa

Neste capítulo

- Diferenciando orações completas e fragmentos de oração;
- Entendendo quando orações completas são necessárias;
- Decidindo quando fragmentos de orações são aceitáveis;
- Aprendendo como pontuar orações corretamente.

Todo mundo sabe a regra mais importante da gramática inglesa: todas as orações têm que estar completas.

Mas todo mundo quebra a regra. Eu acabei de fazer! *Mas todo mundo quebra a regra* não é uma oração completa. E você me entendeu, não? (Outra oração pela metade.) Porque o que eu estava tentando dizer estava totalmente claro. (Mais uma.) Neste capítulo, explico como decidir se a sua oração está completa. Eu mostro como identificar sentenças parciais ou *fragmentos*. Esclareço quando fragmentos são aceitáveis e quando eles te levam para a penitenciária da gramática. Eu também dou tudo que você precisa saber sobre sinais de pausa, a pontuação que separa uma oração da outra.

Completando Orações: Os Sujeitos e Verbos Essenciais

O que é uma oração completa, afinal de contas? Primeiro, a oração completa tem no mínimo um par sujeito – verbo; são um par porque se encaixam. Isto é, o sujeito e o verbo vão juntos. Você pode pensar sobre o sujeito – verbo deste modo: a oração tem que incluir um elemento expressando ação ou existência e um elemento sobre o qual você está falando sobre ação ou existência. (Para mais informações sobre verbos, veja os Capítulos 2 e 3. Para mais informações sobre sujeitos, veja o Capítulo 4) Alguns pares sujeito – verbo que combinam são:

Eggworthy scrambled

Ms. Drydock repairs

The little engine will be repaired

Murgatroyd had repelled

Ratrug will have screeched

Apenas para comparação, aqui está uma incompatibilidade:

Eggworthy scrambling

Você pode achar algumas incompatibilidades nas suas orações quando procurar sujeito – verbo. Incompatibilidades não estão necessariamente erradas. Elas simplesmente não são pares sujeito – verbo. Dê uma olhada na incompatibilidade anterior, agora dentro desta oração:

Eggworthy, scrambling for a seat on the plane, knocked over the omelet plate.

Ao verificar uma oração procurando perfeição, ignore as incompatibilidades. Continue olhando até você achar um par de sujeito – verbo que seja compatível. Se não puder achar um, você não tem uma oração completa. (Para mais informação, veja o Capítulo 4). Orações completas podem também incluir mais do que um par sujeito – verbo:

Dillbly fiddled while Elmira burned. (*Dillbly* = sujeito do verbo *fiddled*, *Elmira* = sujeito do verbo *burned*).

Because Lester jumped on the trampoline, the earth shook. (*Lester* = sujeito do verbo *jumped*, *earth* = sujeito do verbo *shook*).

Not only did Lochness swim, but he also drank. (*Lochness* = sujeito do verbo *did swim*, *he* = sujeito do verbo *drank*).

Orações completas também podem combinar um sujeito com mais de um verbo e vice-versa:

The animated pumpkin appeared in three commercials but sang in only two. (*pumpkin* = sujeito dos verbos *appeared*, *sang*).

Alice and Archie will fight endlessly over a single birdseed. (*Alice*, *Archie* = sujeitos do verbo *will fight*).

Ratrug and I put crayons on the radiator. (*Ratrug*, *I* = sujeitos do verbo put).

Orações completas que dão comandos podem concordar um sujeito implícito (you) com um verbo:

> Give a coupon to whoever needs a new tire, (*you implícito* = sujeito do verbo *give*, *whoever* = sujeito do verbo needs).
>
> Visit Grandma, you little creep! (*you implícito* = sujeito do verbo *visit*).
>
> Murder Murgatroyd, please, (*you implícito* = sujeito do verbo *murder*).

DICA

Para encontrar o par sujeito – verbo, comece com o verbo. Faça a pergunta: *o que está acontecendo?* ou *o que é?* Então faça a pergunta do sujeito: pergunte *quem?* Ou *o que?* na frente do verbo. A resposta é o sujeito. (Para uma explicação mais completa, veja o Capítulo 4).

TESTE

A oração abaixo contém um par de sujeito – verbo verdadeiro e uma desigualdade. Você consegue achar o par sujeito – verbo?

> The angry ant caught in a blob of glue vowed never to build a model airplane again.

Resposta: O par sujeito – verbo é *ant vowed*. A desigualdade é *ant caught*. A oração não está dizendo que a *ant caught* alguma coisa, então *ant caught* não é um par.

CUIDADO

No teste anterior, *to build* não é o verbo. *To build* é um infinitivo, a forma básica da qual os verbos são feitos. Infinitivos nunca são usados como verbos numa oração. (Veja o Capítulo 2 para mais informações sobre infinitivos).

Pensamentos Completos, Orações Completas

O que é uma oração completa? É o momento do programa de televisão um pouco antes do último comercial. Você sabe o que eu quero dizer. *O herói lentamente abre a porta, dá uma olhada, suspira, e ... CORTA PRO VIDRO DE DETERGENTE DANÇANDO.* Você estava planejando mudar o canal, mas em vez disso espera para ver se a naja do vilão não morreu mesmo e agora vai picar o nariz do herói. Você não foi até o fim. Você não sabe o que está acontecendo e persevera. Uma oração completa é o oposto daquele momento no programa de TV. Você chegou no fim, você sabe o que está acontecendo. Em outras palavras, uma oração completa tem que expressar um pensamento completo. (Você provavelmente percebeu que a terminologia gramatical não é original. Na verdade, é terrivelmente óbvia).

Observe estas orações completas. Note como elas expressam pensamentos completos:

> Despite Eggworthy's fragile appearance, he proved to be a tough opponent.
>
> Ms. Drydock will sail solo around the world, as soon as her boat is sound again.
>
> I can't imagine why anyone would want to ride on top of a Zamboni.
>
> Ludwig bought a genuine Zamboni just for that purpose.
>
> Ludmilla melted the ice on purpose.

Aqui estão alguns pensamentos incompletos, só para comparação:

> The reason I wanted a divorce was.
>
> Because I said so.

Eu posso supor o que você está pensando. Ambas as ideias incompletas podem ser parte de uma ideia mais longa. Sim, em contexto esses pensamentos incompletos podem de fato expressar um pensamento completo:

> Sydney: So the topic of conversation was the Rangers' season opener?
>
> Alice: No! "The reason I wanted a divorce" was!

e

> Sydney: Why do I have to do this dumb homework?
>
> Alice: Because I said so.

Bastante justo. Você pode tirar um pensamento completo dos exemplos. No entanto, o contexto de uma conversa não é o bastante para satisfazer a regra do pensamento completo/oração completa. Para ser legal, sua oração tem que expressar um pensamento completo.

Veja estes exemplos:

> What we talked about was the reason I wanted a divorce, even though his real interest was the Rangers' season opener.
>
> You have to do this dumb homework because I said so.

Resposta final: Toda oração completa tem no mínimo um par sujeito – verbo e deve expressar um pensamento completo.

Ao decidir se você tem uma oração completa ou não, você pode ser desviado por palavras que se assemelham a perguntas. Considere estas três palavras: *who*, *knits* e *well*. Um pensamento completo? Talvez sim, talvez não. Suponha que estas três palavras formem uma pergunta:

> Who knits well?

Esta pergunta é compreensível e sua idéia está completa. Veredito: legal. Suponha que estas três palavras formem uma declaração:

> Who knits well.

Agora elas não fazem sentido. Esta oração incompleta precisa de mais palavras para fazer um pensamento completo:

> The honor of making the Chihuahua's sweater will go to the person who knits well.

A moral da história? Não mude o sentido do que você está dizendo quando decidir que sua idéia está completa. Se está perguntando, considere sua oração como uma pergunta. Se está afirmando, considere sua oração como uma afirmação.

Qual oração está completa?

A. Martin sings.

B. Martin, who hopes to sing professionally some day but can't get beyond the do-re-mi level.

Resposta: Embora seja curta, oração "A" está correta. *Martin sings* é uma ideia completa e inclui o necessário par sujeito – verbo. Na oração "B", um sujeito faz par com dois verbos (*who+ hopes*, *can get*), mas nenhum pensamento completo é declarado.

Incompleto: Orações Fragmentadas

Eu uso orações incompletas, ou fragmentos, aqui e ali ao longo deste livro, e (espero) que elas não sejam confusas. Especialmente hoje, na Era da MTV-Internet, cortes rápidos e comentários rápidos são a regra. Todo mundo, particularmente os jovens, está muito mais confortável com meias-orações do que nossos parentes estavam. (Eu tenho que mostrar que todos os mais velhos, não importa o quão fanaticamente corretos em gramática, amam uma oração incompleta: *Because I said so.*)

O tipo mais comum de fragmento usa as palavras *and*, *or*, *but*, e *nor*. Essas palavras são chamadas conjunções e funcionam como elásticos; elas ligam as coisas. (Para mais informações sobre conjunções veja o Capítulo 6). Frequentemente essas palavras são usadas para combinar duas orações completas (com duas ideias completas) em uma oração mais longa:

> Eggworthy went to his doctor for a cholesterol check, *and* then he scrambled home.
>
> Ratrug will rule the roost, *or* he will die trying.
>
> President Drinkwater was extremely thirsty, *but* he was not fond of chamomile tea.
>
> Ludwig did not want to clean the Zamboni, *nor* did Ludmilla want to drive it away.

DEMÔNIOS

Whether or if it rains

Whether e *if* conectam uma idéia a outra na oração, mas cada um é usado numa situação diferente. Você está escolhendo entre duas alternativas? Opte por *whether*, como em *whether* or *not*. Olhe os seguintes exemplos:

Lochness is not sure *whether* he should activate the wind machine. (Ele tem duas escolhas — ativar ou não ativar).

Whether I go or stay is completely irrelevant to me. (Duas escolhas — ir e ficar).

If, por outro lado, descreve uma possibilidade. Veja estes exemplos:

Lulu will reach the top of Mount Everest *if* the sunny weather continues. (A oração fala sobre a possibilidade de um tempo ensolarado).

If I have my way, the Grammarians' Ball will be held in the Participle Club. (A oração fala sobre a possibilidade de ter o que eu quero).

No primeiro exemplo, *and* é um elástico unindo

> Eggworthy went to his doctor for a cholesterol check

a

> then he scrambled home.

Na segunda oração, o elástico é *or*, que liga

> Ratrug will rule the roost

a

> he will die trying.

O próximo par de orações completas (1. *President Drinkwater was extremely thirsty*. 2. *He was not fond of chamomile tea*.) é ligado por *but*. No último exemplo, *nor* liga as duas orações completas (1. *Ludwig did not want to clean the Zamboni*. 2. *Ludmilla did want to drive it away*.).

Note que a palavra *nor* muda o sentido da segunda oração de positivo (*Ludmilla did want*) para negativo (*Ludmilla did not want*).

Hoje em dia, muitos escritores começam orações com *and*, *or*, *but* e *nor*, até em escrita formal. Por exemplo, as orações anteriores podem ser transformadas em:

> Eggworthy went to his doctor for a cholesterol check. And then he scrambled home.
>
> Ratrug will rule the roost. Or he will die trying.
>
> President Drinkwater was extremely thirsty. But he was not fond of chamomile tea.
>
> Ludwig did not want to clean the Zamboni. Nor did Ludmilla want to drive it away.

Os elásticos – *and*, *or*, *but* e *nor* nestas orações – ainda estão lá. No entanto, eles não estão conectando dois ou mais pensamento completos em orações simples. Logicamente, as conjunções estão conectando as ideias nas duas orações.

Começar orações com *and*, *but*, *or* e *nor* não é ainda bem aceito na gramática inglesa formal. (Eu não sugeriria usar estas orações incompletas em redações escolares ou relatórios profissionais, por exemplo). Na maioria dos exemplos, no entanto, você provavelmente não vai para a penitenciária da gramática se começar a oração com algumas dessas palavras. Considere seu público e então faça sua escolha.

Oh, Mamãe, Será que é Mesmo o Fim? Entendendo Sinais de Pausa

Ao falar, sua linguagem corporal, silêncios e tom, agem como sinais de pontuação. Você mexe suas sobrancelhas, pára em momentos significantes e aumenta o seu tom quando faz uma pergunta.

Ao escrever, você não pode mexer sua sobrancelha ou parar para um momento dramático. Ninguém ouve seu tom de voz. É por isso que a gramática usa sinais de pausa. Os sinais de pausa tomam o lugar da comunicação oral e contam ao seu leitor como "ouvir" as palavras corretamente. Além disso, você precisa de sinais de pausa para fechar suas orações legalmente. Suas escolhas incluem o ponto final (.), o ponto de interrogação (?), o ponto de exclamação (!) ou reticências (...). Os seguintes exemplos mostram como usar sinais de pausa corretamente.

O ponto final é para afirmações, declarações e comandos comuns:

I can't do my homework.

I refuse to do my homework.

I will never do homework again.

O ponto de interrogação é para perguntas:

Why are you torturing me with this homework?

Is there no justice in the world of homework?

Does no one know the trouble I've seen in my assignment pad?

Porque clareza é importante.

Um dos meus momentos favoritos ensinando aconteceu num dia de janeiro com neve. Um aluno chamado Danny foi até o refeitório, claramente cheio de notícias. "Guess what?", ele gritou triufalmente para seus amigos, "A kid on my bus's mother had a baby last night!"

Essa situação não era crítica. Afinal de contas, o neném já tinha nascido. Mas imagine se Danny tivesse falado com uma ambulância com "Quick! Over here! A kid on my bus's mother is having a baby!" Eu acho que todo mundo concorda que a melhor reação de um técnico em emergência não é "Hã?"

Ser claro é provavelmente a primeira regra na gramática inglesa e esta regra vence uma luta com qualquer outra. Ao encarar uma escolha entre confusão e orações incompletas, por exemplo, orações incompletas devem vencer. Em outras palavras, aqui estão as notícias que Danny deveria ter dito naquele dia frio de janeiro:

This kid on my bus? His mother had a baby last night.

Claro, ele podia ter contado sua história corretamente dizendo:

The mother of a kid on my bus had a baby last night.

De qualquer modo, todo mundo teria bocejado, dado outra mordida e ido pra aula de matemática. Ouvindo as duas afirmações, os alunos teriam entendido o que Danny queria dizer.

Então, lembrem-se: Primeiro vem o sentido. Depois vem todo o resto.

O ponto de exclamação adiciona um pouco de drama à frases que, de outro modo, terminariam em pontos finais:

I can't do my homework!

I absolutely positively refuse to do it!

Oh, the agony of homework I've seen!

Reticências (três pontos), assinalam que alguma coisa foi deixada de fora da oração. Quando faltarem palavras no final de uma oração, use quatro pontos (três para as palavras que faltam e um para o final da oração):

Murgatroyd choked, "I can't do my...."

Ratrug complained, "If you don't shut up, I..."

Não coloque mais do que um sinal de pausa no fim de uma oração, a não ser que você esteja tentando criar um efeito cômico:

He said my cooking tasted like what?!?!?!

Não ponha quaisquer sinais de pausa no meio de uma oração. Você pode achar um ponto final dentro de uma oração como parte de uma abreviação; neste caso, o ponto final não é considerado um sinal de pausa. Se a oração termina com uma abreviação, deixe o ponto final depois da abreviação, fazer o trabalho dobrado. Não adicione outro ponto final:

ERRADO: When Griselda woke me, it was six a.m..

CERTO: When Griselda woke me, it was six a.m.

ERRADO: Lulu prefers to buy artifacts made before 700 B.C..

CERTO: Lulu prefers to buy artifacts made before 700 B.C.

Você pode pontuar este exemplo corretamente?

Who's there Archie I think there is someone at the door Archie it's a murderer. Archie he's going to

Resposta: Who's there? Archie, I think there is someone at the door. Archie, it's a murderer! (Um ponto final é aceitável aqui também.) Archie, he's going to....

Quem fez essas regras afinal de contas? Você faz.

Ouça você falar. O que escuta é gramática. Você pode não estar escutando a gramática correta, mas, se muitas pessoas estiverem escutando o modo que você faz, você está ouvindo gramática sendo feita — pelo menos de acordo com alguns gramáticos.

Há duas escolas de pensamento em gramática: Em uma, professores e os denominados peritos dão uma lista de regras e dizem como segui-las. Em outra, gramáticos escutam e descrevem o que eles escutam. Uma vez que pessoas falam de certo modo, a expressão se torna parte do inglês padrão. Ou, como um gramático chamado Lathan disse em 1848, "Em Língua, o que quer que seja, está certo."

Pegue a palavra *hopefully*, por exemplo. Esta palavra originalmente significava *with hope* e era usada para descrever os sentimentos acompanhando uma ação específica.

Griselda wrote *hopefully*, her mind filled with thoughts of a rosy future with Grimface and their dot com start-up.

Há algum tempo, pessoas começaram a usar *hopefully* de uma maneira diferente, para dizer, *it is hoped that*.

Hopefully Griselda won't decide to redecorate Grimface's castle in post-modern style.

Professores de inglês, algumas vezes reclamaram do uso de *hopefully* na segunda oração, mas a maioria das pessoas ignorou essas reclamações. O resultado? *Hopefully* agora significa *it is hoped that* em discurso normal (embora não em testes de inglês e nem em todos os dicionários). Quem fez essa regra nova? Você fez. Este você é um você coletivo, não individual. Não pense que você pode dizer qualquer coisa que queira e estar correto! Primeiro uma massa de falantes (pense em milhões, não você e um bando de amigos) deve aceitar o novo uso antes que os gramáticos notem. E até então alguns irão reclamar. Conheça seu público e seja cuidadoso na sua fala e escrita quando está lidando com uma pessoa conhecida por reclamar ou com um público desconhecido.

Capítulo 6

Trabalhando com Complementos

Neste capítulo

- Reconhecendo complementos;
- Entendendo como um complemento contribui para o significado de uma oração;
- Distinguindo entre complementos de "verbos de ligação" e de "verbos de ação";
- Colocando complementos após verbos de ligação e verbos de ação;
- Usando os pronomes corretos como complementos;

Descendo a estrada da gramática em alta velocidade, a oração é o caminhão que transporta o significado até o leitor. Os verbos são as rodas e o sujeito, o motorista. Os complementos (ou predicativos) são as partes comuns, nem sempre essenciais, do caminhão - talvez o marcador de quilometragem ou as setas. Essas palavras chegam a ser um pouco mais importantes que aqueles adesivos colocados nos parachoques dos carros dizendo *I stop at railroad tracks*. (O que eles acham que nós fazemos? Pulamos por cima do trem?). Às vezes, é possível criar uma oração sem complementos, mas sua presença geralmente faz parte da experiência da direção - ou melhor - da *comunicação*.

Existem quatro tipos de complementos em orações: objetos diretos, objetos indiretos, complementos do objeto (ou predicativos do objeto) e complementos do sujeito (ou predicativos do sujeito). Os primeiros três tipos de complementos estão relacionados ao *objeto* de uma oração (observe que a palavra *objeto* faz parte do nome) e o quarto tipo de complemento está relacionado ao *sujeito* de uma oração (observe que a palavra *sujeito* faz parte do seu nome). O conhecimento da diferença existente entre esses dois grupos ajuda bastante. Neste capítulo, discuto os complementos em duas seções. A primeira explica objetos, que acompanham os verbos de ação. A segunda trata dos complementos de sujeito, que acompanham os verbos de ligação.

DICA

Antes de me aprofundar um pouco mais, é hora de explicar melhor a diferença entre as palavras compliment e complement em inglês. *Compliment* com "i" não é um termo gramatical; é apenas uma palavra que significa "elogio". *Complement* com "e" é um termo gramatical. Um complemento acrescenta significado à ideia que o sujeito e o verbo expressam, isto é, um complemento completa a ideia que o sujeito e o verbo iniciam.

Entrando em Ação: Complementos de Verbos de Ação

Verbos de ação expressam - surpresa! - ação. Nenhum verbo de ação precisa de um complemento para ser gramaticalmente legítimo. Uma oração que tenha um verbo de ação, mas não tenha um complemento, pode parecer vazia ou totalmente desprovida de algo. Os complementos que acompanham verbos de ação - o objeto direto, o objeto indireto e o complemento do objeto - realçam o significado do par formado pelo sujeito e verbo.

Recebendo a ação: objetos diretos

Suponha que você tenha 14 anos de idade e esteja segurando a bola de beisebol, pronto para arremessá-la para seu amigo nos fundos do quintal da sua casa. Mas, na sua imaginação, você está enfrentando Mark McGuire, campeão de home-run. Depois de contorcer-se para lá e para cá, você finalmente arremessa uma bola rápida a 160 quilômetros por hora. (OK, sem exagerar, uma curva a 65 quilômetros por hora). A bola sai voando graciosamente em forma de arco pelo céu azul – e, pimba!, acaba atingindo exatamente a vidraça da janela panorâmica da sua sala de estar.

You broke the picture window!

Antes mesmo de conseguir recuperar sua bola, o telefone toca. É sua mãe, que possui um radar para situações como esta. *What's going on?* - ela pergunta, ao que você resmunga algo contendo a palavra *broke*. (Aí está o verbo). *Broke? Who broke something?* - ela indaga. Você admite ter sido *você*. (Aí está o sujeito). *What did you break?* Você hesita e considera algumas possíveis respostas: *a bad habit, the world's record for the hundred-meter dash*. Por fim, confessa: *the picture window*. (Aí está o complemento).

Veja outra maneira de analisar a situação (e a oração). *Broke* é um verbo de ação porque ele lhe diz o que aconteceu. A ação veio do sujeito (*you*) e foi em direção a um objeto (*the window*). Como alguns gramáticos gostam de dizer, *the window* recebe a ação expressa pelo verbo *broke*. Conclusão: *Window* é um objeto direto porque recebe a ação diretamente do verbo.

Tente mais esta.

With the force of 1,000 hurricanes, you pitch the baseball.

Pitch é um verbo de ação porque expressa o que está acontecendo na oração. A ação vai do sujeito (*you*, o arremessador) para o objeto (*the baseball*). Em outras palavras, *baseball* recebe a ação de *pitching*. Assim, baseball é o *objeto direto* do verbo *pitch*.

Veja alguns exemplos de orações com verbos de ação. Os objetos diretos estão destacados em itálico.

The defective X-ray machine took strange *pictures* of the giant frog. (*took* = verbo, *X-ray machine* = sujeito).

Legghorn hissed the secret *word* in the middle of the graduation ceremony. (*hissed* = verbo, *Legghorn* = sujeito).

Green marking pens draw naturally beautiful *lines*. (*draw* = verbo, *pens* = sujeito).

Griselda kissed the giant *frog*. (*kissed* = verbo, *Griselda* = sujeito).

Leroy's laser printer spurted *ink* all over his favorite shirt. (*spurted* = verbo, *printer* = sujeito).

Talvez seja mais fácil reconhecer objetos diretos se você pensar neles como parte de um padrão existente na estrutura da oração: sujeito (S) - verbo de ação (VA) - objeto direto (OD). Esse padrão S-VA-OD é um dos mais comuns encontrados na língua inglesa; talvez seja até o mais comum (não sei se alguém, na verdade, já contou todas as orações para descobrir!). De qualquer forma, pense nas partes da oração como se fossem um trio, seguindo padrão S-VA-OD:

machine took pictures

Legghorn hissed word

pens draw lines

Griselda kissed frog

printer spurted ink

Obviamente, só para dificultar um pouquinho a sua vida, uma oração pode ter mais do que um OD. Veja esses exemplos:

Algernon autographed *posters* and *books* for his many admirers.

> Ratrug will buy a dozen *doughnuts* and a few *slabs* of cheesecake for breakfast.
>
> The new president of the Heart Society immediately phoned *Eggworthy* and *his brother*.
>
> Lochness sent *spitballs* and old *socks* flying across the room.
>
> Ludmilla bought *orange juice*, *tuna*, *aspirin*, and a *coffee table*.

Algumas orações não possuem nenhum OD. Dê uma olhada neste exemplo:

> Throughout the endless afternoon and into the lonely night, Allegheny sighed sadly.

Ninguém, nem nada, recebe os suspiros; portanto, a oração não possui nenhum objeto direto. Talvez seja por isso que Allegheny esteja tão só.

O objetivo gramatical é: esta oração não possui um objeto direto, embora seja movida por um verbo e expresse um raciocínio completo.

Raros, mas às vezes presentes: Objetos indiretos

Outro tipo de objeto é o objeto indireto. Ele é chamado de *indireto* porque a ação não flui diretamente para ele. O *objeto indireto*, carinhosamente conhecido como OI, é uma parada intermediária no caminho entre o verbo de ação e o objeto direto. Leia a próxima oração, em que o objeto indireto está destacado em itálico:

> Knowing that I'm on a diet, my former friend sent *me* six dozen chocolates.

A ação é *sent*. Meu antigo *friend* executou a ação e, por isso, *friend* é o sujeito. O que recebeu a ação? Seis dúzias de *chocolates*. *Chocolates* é o objeto direto. É isso que foi enviado e que recebeu a ação do verbo diretamente. Mas *me* também recebeu a ação, indiretamente. *Me* recebeu o envio das caixas de chocolate. *Me* é chamado de objeto indireto.

O padrão da oração para objetos indiretos é sujeito (S) - verbo de ação (VA) - objeto indireto (OI) - objeto direto (OD). Observe que o objeto indireto sempre precede o objeto direto: S-VA-OI-OD. Veja algumas orações com os objetos indiretos destacados em itálico:

> Grunhilda will tell *me* the whole story tomorrow. (*will tell* = verbo, *Grunhilda* = sujeito, *story* = objeto direto).
>
> Murgatroyd promises *Lulu* everything. (*promises* = verbo, Murgatroyd = sujeito, *everything* = objeto direto).

> As a grammarian, I should have given *you* better sample sentences. (*should have given* = verbo, *I* = sujeito, *sentences* = objeto direto).
>
> Ludmilla radioed *Ludwig* a tart message. (*radioed* = verbo, *Ludmilla* = sujeito, *message* = objeto direto).
>
> The crooked politician offered *Agnes* a bribe for dropping out of the senate race. (*offered* = verbo, *politician* = sujeito, *bribe* = objeto direto).

Assim como um atendente de uma loja de calçados, os objetos indiretos não costumam aparecer com muita frequência. Quando eles realmente aparecem, estão sempre em parceria com um objeto direto. Provavelmente, não é necessário preocupar-se em saber a diferença entre objetos diretos e indiretos (a não ser que você seja um professor de inglês). Desde que você entenda que essas palavras são objetos, completando o significado de um verbo de ação, você conseguirá reconhecer a composição básica de uma oração.

FAIXA PRETA

Uma batalha entre objetos indiretos está destruindo o mundo da gramática. (O que foi isso? Um suspiro ou você está bocejando?). Leia essas duas orações:

> Archie gave me a bit of birdseed.
>
> Archie gave a bit of birdseed to me.

De acordo com uma linha de raciocínio, a primeira oração possui um objeto indireto (*me*), o que já não acontece com a segunda. Este raciocínio considera que, como *to* está presente na segunda oração, *me* não é um objeto indireto. (Se você é daqueles que gostam de dar nome às coisas, *to me* é uma *prepositional phrase*). De acordo com outro grupo de gramáticos, ambas as orações possuem objetos indiretos (*me*), pois nas duas, *me* recebe a ação do verbo indiretamente; a presença da palavra *to* é irrelevante. O que é realmente irrelevante é toda essa discussão. Você pode escolher qualquer um dos lados, ou, se for mais esperto, ignorar isso tudo.

Sem Preconceitos: Complementos do Objeto

Finalmente, uma regra gramatical difícil de errar. O lance é o seguinte: às vezes, um objeto direto não consegue dar conta de todo o trabalho. É necessário (ou simplesmente desejado) um pouco mais de informação e o escritor não quer se preocupar em ter que acrescentar um novo par sujeito-verbo. A solução? Um *complemento do objeto* - um fato a mais sobre o objeto direto.

O *complemento do objeto* (destacado em itálico nas próximas orações) pode ser uma pessoa, um lugar ou um objeto. Em outras palavras, o complemento do objeto pode ser um substantivo:

Eggworthy named Lester *copy chief* of the Heart Society Bulletin. (*named* = verbo, *Eggworthy* = sujeito, *Lester* = objeto direto).

Grunhilda and others with her world view elected Ratrug *president*. (*Elected* = verbo, *Grunhilda and others* = sujeito, *Ratrug* = objeto direto).

Allegheny called his dog *Allegheny Too*. (*Called* = verbo, *Allegheny* = sujeito, *dog* = objeto direto).

O complemento do objeto também pode ser uma palavra que descreva um substantivo. (Uma palavra que descreve um substantivo é chamada de adjetivo; veja o Capítulo 8 para mais informações). Dê uma rápida olhada em alguns exemplos de orações:

Nimby considered her *hazy* at best. (*considered* = verbo, *Nimby* = sujeito, *her* = objeto direto).

Lochness dubbed Allegheny Too *ridiculous*. (*dubbed* = verbo, *Lochness* = sujeito, *Allegheny Too* = objeto direto).

Ratrug called Lochness *heartless*. (*called* = verbo, *Ratrug* = sujeito, *Lochness* = objeto direto).

Como você pode ver, os complementos do objeto em cada um dos exemplos dão às orações um toque a mais - nada exagerado, mas um "tapinha" em dose dupla. Você consegue saber mais com ele do que sem ele, mas o complemento do objeto não é uma peça fundamental da oração.

Finalizando a Equação: Complementos de Verbos de Ligação

Os complementos de verbos de ligação são peças fundamentais das orações. Um *verbo de ligação* começa uma equação de palavras; ele expressa um estado ou modo de ser, ligando duas ideias. O complemento completa a equação. Como um complemento após um verbo de ligação expressa algo sobre o *sujeito* da oração, ele é chamado de *complemento do sujeito*. Em cada uma das orações a seguir, a primeira idéia é o sujeito, e a segunda idéia (em itálico) é o complemento:

Nerdo is *upset* by the bankruptcy of the pocket-protector manufacturer. (*Nerdo* = *upset*).

Grunhilda was a *cheerleader* before the dog bite incident. (*Grunhilda* = *cheerleader*).

Nasalhoff should have been *head* of the allergy committee. (*Nasalhoff = head*)

The little orange book will be *sufficient* for all your firework information needs. (*book = sufficient*).

It is I, the master of the universe. (*It = I*).

Complementos do sujeito podem assumir várias formas. Às vezes, o complemento do sujeito é uma palavra descritiva (um *adjetivo*, para quem gosta da terminologia correta). Às vezes, o complemento do sujeito é um *substantivo* (pessoa, lugar, coisa ou idéia) ou um *pronome* (palavra que substitui um substantivo). O primeiro exemplo de oração iguala *Nerdo* a uma descrição (o adjetivo *upset*). A segunda iguala *Grunhilda* a uma posição (o substantivo *cheerleader*). *Nasalhoff*, na terceira oração, está ligado a um título (o substantivo *head*). No quarto exemplo, o sujeito *book* é descrito pelo adjetivo *sufficient*. A última oração iguala o sujeito *it* ao pronome *I*. Não se preocupe com essas distinções. Elas não são tão importantes! Se você conseguir achar o complemento do sujeito é porque está entendendo a estrutura da oração.

Os verbos de ligação que mencionei no parágrafo anterior são formas do verbo “to be”. Outros verbos que transmitem informações de sentido (*feel*, *sound*, *taste*, *smell* e assim por diante) também podem ser verbos de ligação. Da mesma forma, *appear* e *seem* são verbos de ligação. (Para mais informações sobre verbos de ligação, veja o Capítulo 2). Veja algumas orações com verbos de ligação que expressam sentido. Os complementos estão destacados em itálico:

Ludwig sounds *grouchier* than usual today. (*Ludwig = grouchier*).

At the end of each algebra proof, Analivia feels strangely *depressed*. (*Analivia = depressed*).

Não misture tipos de complementos do sujeito na mesma oração, completando o significado do mesmo verbo. Use apenas descrições (adjetivos) ou apenas substantivos e pronomes. Veja esses exemplos:

ERRADO: Grumpus is grouchy and a patron of the arts.

CERTO: Grumpus is a grouch and a patron of the arts.

TAMBÉM CERTO: Grumpus is grouchy and arty.

ERRADO: Lester’s pet tarantula will be annoying and a real danger.

CERTO: Lester’s pet tarantula will be an annoyance and a danger.

TAMBÉM CERTO: Lester’s pet tarantula will be annoying and dangerous.

Faça a Pergunta: Localizar o Complemento

No Capítulo 2, explico como localizar o verbo fazendo as perguntas corretas (*What's happening? What is?*). No Capítulo 4, mostro-lhe como fazer a pergunta para achar os complementos (*Who? What?* antes do verbo). Agora está na hora de fazer a pergunta para achar os complementos. Essas perguntas são feitas depois que o verbo e o sujeito já foram identificados. As perguntas do complemento são:

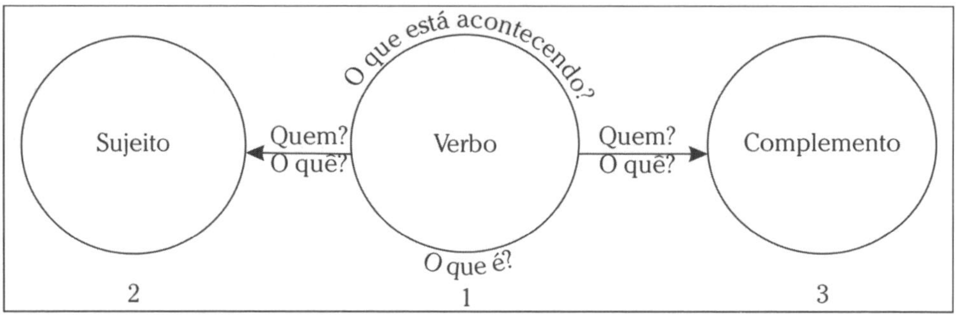

Tente fazer as perguntas em algumas orações:

Flossie maintains the cleanest teeth in Texas.

1. Faça a pergunta do verbo: o que está acontecendo? Resposta: *maintains*. *Maintains* é o verbo de ação.

2. Faça a pergunta do sujeito: quem ou o que *maintains*? Resposta: *Flossie maintains*. *Flossie* é o sujeito.

3. Faça a pergunta do complemento: *Flossie maintains* quem? Nenhuma resposta. *Flossie maintains* o quê? Resposta: *Flossie maintains the cleanest teeth in Texas* (ou simplesmente *teeth*).

Lembre-se de que os objetos (diretos ou indiretos) acompanham verbos de ação.

É hora de tentar mais um:

The an, cient lawn gnome appeared tired and worn.

1. Faça a pergunta do verbo: o que está acontecendo? Nenhuma resposta. O que é/está? Resposta: *appeared*. *Appeared* é o verbo de ligação.

2. Faça a pergunta do sujeito: quem ou o que *appeared*? Resposta: *Gnome appeared*. *Gnome* é o sujeito.

3. Faça a pergunta do complemento: *Gnome appeared* quem? Nenhuma resposta. *Gnome appeared* o quê? Resposta: *Tired* e *worn*. *Tired* e *worn* são os complementos do sujeito.

DICA

Lembre-se de que complementos do sujeito acompanham verbos de ligação.

Faça a Pergunta: Achando o Objeto Indireto

Embora os objetos indiretos raramente apareçam, é possível verificar sua existência fazendo outra pergunta. Após localizar o verbo de ação, o sujeito e objeto direto, pergunte

To whom? For whom? (Para quem? Por quem?)

To what? For what? (Para quê? Por quê?)

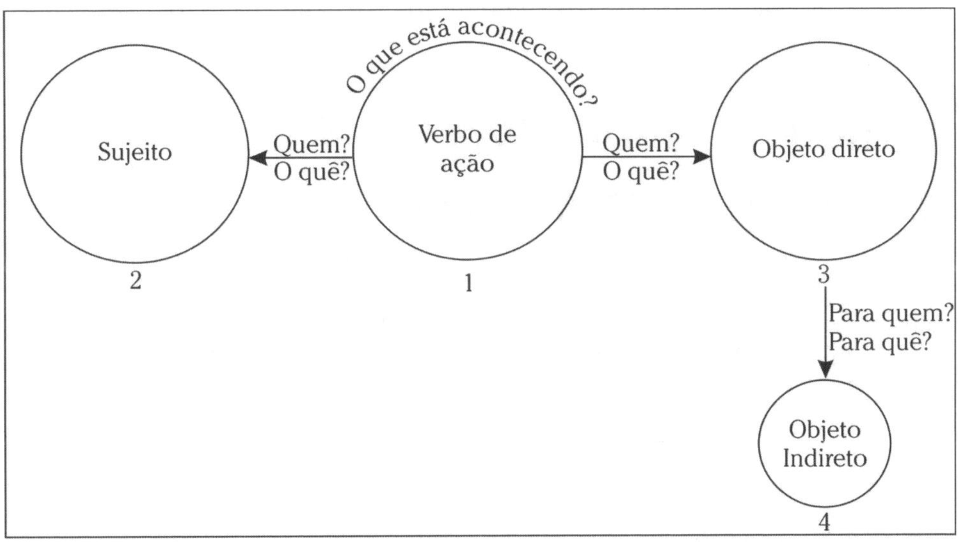

Se você obtiver uma resposta, ela deverá revelar um objeto indireto. Veja um exemplo:

Mildred will tell me the secret shortly.

1. Faça a pergunta do verbo: o que está acontecendo? Resposta: *will tell. Will tell* é um verbo de ação.

2. Faça a pergunta do sujeito: quem *will tell*? Resposta: *Mildred. Mildred* é o sujeito.

3a. Faça a pergunta do OD: *Mildred will tell* quem? Ou o quê? Resposta: *Mildred will tell the secret. Secret* é o objeto direto.

3b. Faça a pergunta do OI: *Mildred will tell the secret* para quem? Resposta: para *me*. *Me* é o objeto indireto.

É possível que você dê uma resposta diferente ao fazer a pergunta do OD no número 3a (*Mildred will tell* quem? Ou o quê?). Você pode responder *Mildred will tell me*. Sim, é verdade. O único problema é que a palavra *secret* fica solta na oração, sem nenhuma identificação. Consequentemente, sua tentativa de determinar a estrutura da oração entra em um beco sem saída. Desde que você entenda que *me* e *secret* são objetos, deixe que os gramáticos se preocupem em saber qual deles é direto ou indireto.

Objeto ou complemento do sujeito? Identifique as palavras em itálico.

> Sasquatch seemed *soggy* after his semi-final swim, so we gave *him* a towel.

Resposta: *Soggy* é o complemento do sujeito. (*Seemed* é um verbo de ligação). *Him* é o objeto indireto. *Towel* é o objeto direto. (*Gave* é um verbo de ação).

Pronomes Como Objetos e Complementos do Sujeito

He told I? He told me? Me, é claro. Seu ouvido geralmente lhe diz quais pronomes usar como objetos (diretos e indiretos), por que os pronomes errados soam esquisitos. Os pronomes objetos incluem *me, you, him, her, it, us, them, whom* e *whomever*. Veja seu uso dentro de um contexto:

> Rickie splashed *her* with icy water.
>
> The anaconda hissed *them* a warning.
>
> The babbling burglar told *her* everything.

É possível que seu ouvido não lhe diga o pronome correto a ser usado depois de um verbo de ligação. Nessa situação, você deseja um pronome *sujeito*, e não um pronome *objeto*. (Só para relembrar, os pronomes sujeito incluem *I, you, he, she, it, we, they, who* e *whoever*). Por que você precisa de um pronome sujeito depois de um verbo de ligação? Lembre-se da equação: o que está antes do verbo deve ser igual ao que está depois do verbo (S = CS). Você coloca pronomes sujeito antes do verbo como sujeitos e, portanto, coloca pronomes sujeito depois do verbo como complementos do sujeito. (Para mais informações, veja o Capítulo 2).

TESTE

Qual das alternativas está correta?

A. According to the witness, the burglar is her, the one with the bright orange eyes!

B. According to the witness, the burglar is she, the one with the bright orange eyes!

Resposta: a oração "B" está correta se você estiver escrevendo de maneira formal. *Is* é um verbo de ligação e deve ser seguido de um pronome sujeito, *she*. A oração "A" é aceitável na conversação.

DEMÔNIOS

Você tem algum problema com a gramática?

Você tem "ouvido" para gramática? Reconhece o uso do inglês correto, distinguindo-o da forma usada pelas pessoas ao seu redor? Em caso positivo, você provavelmente não diz *gotta*, *gonna*, *gotcha*, ou *hisself*. Nunca usa *done* sozinho como o verbo da oração. Essas expressões são provenientes de vários costumes e sotaques regionais (semelhantes a quando os nova-iorquinos compram em uma loja na rua *Toidy-toid and Toid* - Thirty-third and Third, para quem é de outras partes do mundo). Embora dizer *gotta* quando se está conversando com amigos é perfeitamente aceitável, isso não acontece quando se está conversando com um professor, um chefe, um entrevistador de televisão, o governante supremo do universo e qualquer outra pessoa de autoridade. Assim,

ERRADO: Allegheny: You *gonna* wait for Cedric? He bought *hisself* a new car and he might give us a ride.

CERTO: Allegheny: *Are* you *going* to wait for Cedric? He bought a new car for himself, and he might give us a ride.

ERRADO: Basil: No, I *gotta* go.

CERTO: Basil: No, I *have to* go.

ERRADO: Allegheny: We *done* nothing today! I'm not coming anymore. All we do is talk.

CERTO: Allegheny: We *have done* nothing today! (or, We haven't done anything today!) I'm not coming anymore. All we do is talk.

ERRADO: Basil: *Gotcha*. Next week we'll go bowling.

CERTO: Basil: I *understand*. Next week we'll go bowling.

Eu até acrescentaria mais um exemplo de conversação, mas está na hora do almoço. *I gotta go*.

Parte II

Evitando Erros Comuns

A 5ª onda por Rich Tennant

"Antes de prosseguirmos com a entrevista, acho que deveríamos estabelecer a diferença entre as palavras 'mais' e 'distante'."

Nesta parte...

Quer construir um castelo? É possível erguer um usando apenas blocos quadrados, mas não seria mais interessante acrescentar uns cones, arcos e algumas bandeiras?! A comunicação funciona da mesma forma. Para se expressar com naturalidade, você deve acrescentar descrições, palavras de ligação e uma eventual exclamação às suas orações. Nesta parte, explico mais algumas peculiaridades do discurso - conjunções, adjetivos, advérbios, preposições e interjeições. Esta parte contém também, um manual de campo para pronomes, uma minúscula parte do discurso, que mais parece um campo minado da Segunda Guerra Mundial quando se trata de possibilidades de ocorrência de erros. Por último, vou me aprofundar nas complexidades da concordância sujeito-verbo, considerada também um campo minado. Mas não tenha medo, vários macetes são apresentados para facilitar o entendimento dessas regras gramaticais.

Capítulo 7

Casando Orações

Neste capítulo

- Entendendo como frases mais longas conseguem dar mais suavidade à sua escrita;
- Unindo duas ou mais orações de forma adequada;
- Usando as palavras corretas para unir elementos iguais
- Pontuando orações ligadas;
- Unindo elementos desiguais de forma adequada.

Tendo entrado na fase adulta na década de 60, aprendi um significado especial da palavra *together.* Para nós, frutos da era hippie (sim, casei-me usando flores em meu cabelo), *together* significava mais do que apenas duas ou mais coisas colocadas juntas em uma única fôrma. *Together* tinha um sentido cósmico, uma sensação de harmonia. Se você estivesse *together,* sua vida seguia um caminho equilibrado, tranqüilo e sábio. Todo mundo queria unir suas cabeças, colocá-las *together,* mas a tarefa era difícil.

Suas orações conseguem fazer isso de forma bem mais fácil. Uma oração *together,* pegando emprestado o termo utilizado na década de 60, flui perfeitamente; ela simplesmente soa bem. E o que fazer para unir suas orações? Continue lendo mais um pouco.

Achando o Par: Combinando Orações de Forma Legítima

Se você prestar atenção a uma criança nos seus primeiros anos de vida, provavelmente vai ouvir algo do tipo: - "I played with the clay and I went to the zoo and Mommy said I had to take a nap and ..." e assim por diante. Monótono, com certeza. Mas pasme! - gramaticalmente correto. Observe como essa informação soaria se a oração fosse dividida em três: *I played with the clay. I went to the zoo. Mommy said I had to take a nap*. A informação parece estar "picada". Quando as orações são combinadas, a informação flui de forma mais suave. Apesar disso, unir tudo com *and* não é uma boa ideia. Continue lendo para descobrir melhores maneiras de unir uma oração à outra.

Embora a combinação de orações possa melhorar sua escrita, ela pode ser perigosa. É muito fácil você acabar criando uma oração *disparada* ou seja, duas ou mais orações erroneamente unidas e proferidas em disparada. Uma "disparada" (a propósito, um delito gramatical gravíssimo) é como alguém fazendo um discurso em um jantar no intuito de entreter os convidados durante o serviço de aperitivos, mas que continua falando sem parar na hora de servir as entradas, a sobremesa e vai até a hora da limpeza da cozinha. Fique longe de "disparadas" em sua escrita! A melhor maneira de evitar essas orações é descobrir como ligar orações de forma legítima.

Ligando através de conjunções coordenativas

As palavras usadas para unir orações são chamadas conjunções. As seguintes palavras de uso comum já lhe são familiares: *for*, *but*, *yet*, *so*, *nor*, *and* e *or*. (*And* é a mais popular, para quem estiver registrando dados). Essas pequenas "centrais de energia", que são chamadas de conjunções coordenativas, comem seu espinafre e levantam pesos todos os dias. São fortes o suficiente para unir orações inteiras. Podem usar sua força para juntar todos os tipos de elementos gramaticais iguais. Observe-as em plena ação ligando orações iguais:

> The rain pelted Abernathy's gray hair, *and* his green velvet shoes were completely ruined.
>
> The CEO told Agwam to call all the numbers on the Rolodex, *but* Agwam had no idea what a Rolodex was.
>
> You can take a hike, *or* you can jump off a cliff.
>
> Blathersby did not know how to shoe a horse, *nor* did he understand equine psychology.
>
> The town lined the streets, *for* they had heard a rumor about Lady Godiva.

As conjunções coordenativas dão ênfase igual aos elementos que unem. Nas orações anteriores, as ideias de um lado da conjunção têm a mesma importância que as ideias que estão do outro lado da conjunção.

Pausando para colocar vírgulas

Nos exemplos de orações da seção anterior, todas as conjunções possuem vírgulas à sua frente. Existem regras especiais que governam o uso de vírgulas em orações ligadas:

- Ao unir duas orações inteiras, sempre coloque uma vírgula na frente da conjunção.

- Estas mesmas conjunções - *and, but, or, nor, for, yet, so* - também podem unir outras coisas. Por exemplo, essas palavras podem unir dois substantivos (*Mac and Agnes*) ou dois verbos (*sing or dance*), e assim por diante. Use a vírgula somente quando estiver unindo duas orações inteiras. Veja alguns exemplos:

  ERRADO: Little Jack Horner sat in the corner, and then pulled a plum out of his pie.

  POR QUE ESTÀ ERRADO?: *And* une dois verbos, *sat* e *pulled*.

  CERTO: Little Jack Horner sat in the corner and then pulled a plum out of his pie.

  Dê uma olhada em outro exemplo:

  ERRADO: The head of the Committee on Punishment for Grammatical Crimes, and Abernathy propose exile for misuse of comma, first degree.

  POR QUE ESTÁ ERRADO?: *And* une dois substantivos, *head* e *Abernathy*.

  CERTO: The head of the Committee on Punishment for Grammatical Crimes and Abernathy propose exile for misuse of comma, first degree.

  E só para ter certeza de que você está me acompanhando neste ponto:

  ERRADO: Blind mice seem to spend a lot of time running up clocks, and singing nursery rhymes.

  POR QUE ESTÁ ERRADO?: *And* une duas descrições, *running* e *singing*.

  CERTO: Blind mice seem to spend a lot of time running up clocks and singing nursery rhymes.

- Não coloque simplesmente uma vírgula sozinha quando quiser unir duas orações inteiras. As vírgulas são muito fracas para ligarem uma oração à outra. Apesar de esses pequenos e insignificantes sinais de pontuação não poderem unir nada, todos os dias as pessoas tentam usar vírgulas exatamente com essa finalidade. Tantas pessoas que, na verdade, este tipo de erro tem um nome: *união por vírgula*. (É fácil saber que um erro gramatical chegou ao time dos campeões quando ele tem o seu próprio nome). Veja algumas uniões por vírgula e suas correções:

  ERRADO: Glue sticks fascinate Lola, glitter attracts Lulu.

  POR QUE ESTÁ ERRADO?: A vírgula une duas ideias completas.

  CERTO: Although glue sticks fascinate Lola, glitter attracts Lulu.

TAMBÉM CERTO: Glue sticks fascinate Lola, but glitter attracts Lulu.

NOVAMENTE CERTO: Glue sticks fascinate Lola; glitter attracts Lulu.

Outro exemplo a considerar:

ERRADO: As usual, Ludwig dove off the board without looking, Ratrug hopes to convince him of the value of caution.

POR QUE ESTÁ ERRADO?: A vírgula une duas ideias completas.

CERTO: Although Ludwig as usual dove off the board without looking, Ratrug hopes to convince him of the value of caution.

TAMBÉM CERTO: As usual, Ludwig dove off the board without looking, and Ratrug hopes to convince him of the value of caution.

NOVAMENTE CERTO: As usual, Ludwig dove off the board without looking. Ratrug hopes to convince him of the value of caution.

Agora, sim, você está pegando o jeito da coisa:

ERRADO: The monkeys see, the monkeys do.

POR QUE ESTÁ ERRADO?: Embora curtas, cada afirmativa sobre os macacos é uma ideia completa.

CERTO: The monkeys see, and the monkeys do.

TAMBÉM CERTO: The monkeys see and the monkeys do.

POR QUE TAMBÉM ESTÁ CERTO?: Quando as orações que você está unindo são muito curtas, é possível omitir a vírgula antes da conjunção.

NOVAMENTE CERTO: Primates imitate.

Qual das orações está correta?

A. The professor sits sedately on his sofa sniffing sweet scents, but no one else takes a moment to smell the flowers.

B. The professor sits sedately on his sofa sniffing sweet scents but no one else takes a moment to smell the flowers.

C. The professor sits sedately on his sofa sniffing sweet scents, no one else takes a moment to smell the flowers.

D. The professor sits sedately on his sofa sniffing sweet scents. But no one else takes a moment to smell the flowers.

Resposta: a oração "A" está correta porque duas ideias completas são unidas pela palavra *but*, que é precedida por uma vírgula. A oração "B" está incorreta, porque falta a vírgula. A oração "C" é uma união por vírgula; não se podem unir duas ideias completas simplesmente por uma vírgula. A oração "D" está incorreta em inglês formal porque a segunda parte começa com *but*, o que tecnicamente é um erro. Veja o próximo parágrafo para obter uma explicação mais completa sobre a oração "D".

Começar uma oração com uma palavra que une partes iguais (especificamente *and* e *but*) é cada vez mais popular. Essa prática é perfeitamente aceitável no inglês de conversação e na escrita informal (do tipo em que este livro está sendo escrito). No inglês formal, começar uma frase com uma conjunção pode ser considerado incorreto. Tenha cuidado! (Para mais informações sobre fragmentos de orações, veja o Capítulo 5).

Ligando ideias: Ponto-e-vírgula

O ponto-e-vírgula é um símbolo de pontuação engraçado; seu nome vem de outro sinal de pontuação, os dois pontos. (Atualmente, o sinal de dois pontos é frequentemente usado para criar carinhas sorridentes em mensagens de e-mail). O ponto-e-vírgula não é nem menos importante nem menos poderoso que seu parente. Este sinal de pontuação é forte o suficiente para ligar uma oração inteira a outra, além de apresentar outras utilidades em listas. (Para mais informações sobre listas, veja o Capítulo 15).

O problema com os sinais de ponto-e-vírgula é que algumas pessoas expressam fortes sentimentos sobre eles. Já vi manuais de escrita que dizem: - Nunca use ponto-e-vírgula! com a mesma intensidade que dizem: - Não destrua o mundo com esse míssil nuclear. Outras pessoas não se cansam em usá-los, jogando-os aqui e ali como se fossem confete numa festa de Ano Novo. Segundo meu ponto de vista, use-os se eles lhe agradam. Do contrário, ignore-os.

Se você decidir colocar um ponto-e-vírgula em sua oração, siga duas regras gerais. Primeiro, ligue partes iguais - isto é, duas orações inteiras - através de um ponto-e-vírgula. Não use o ponto-e-vírgula para unir substantivos (exceto em listas - veja o Capítulo 15). Segundo, use o ponto-e-vírgula somente para ligar ideias afins. Quando o seu leitor encontrar um ponto-e-vírgula, ele vai fazer uma pequena pausa, mas não por muito tempo. O ponto-e-vírgula diz: - Há mais informação pela frente. Portanto, o leitor tem o direito de esperar uma linha de raciocínio lógica - e não algo totalmente novo. Veja um exemplo:

> CERTO: Grover was born in Delaware; he moved to Virginia when he was four.
>
> ERRADO: I put nonfat yogurt into that soup; I like Stephen King's books.

No primeiro exemplo, ambas as partes da oração dizem respeito ao decurso da vida de Grover. Na segunda, as duas ideias, colocando de forma simples, não estão no mesmo universo. (Pelo menos enquanto Stephen King não escreve um livro sobre um pote de iogurte assassino. É possível, por que não?).

Veja algumas orações lógicas com ponto-e-vírgula, só para que você tenha alguns exemplos do papel que ele desempenha:

Lulu visits that tattoo parlor regularly; when she retires she plans to start a second career as a tattoo designer.

Griselda mowed the lawn yesterday; she cut the electric cord in half at least twice.

Cedric thinks that iced tea is best when it tastes like battery acid; no one drinks anything at Cedric's house anymore.

Lucilla detests purple pens; she's just torn up her vocabulary quiz because the teacher graded it in a lovely shade of lilac.

The pearl box is harder to open than an oyster; here's a pair of pliers for the job.

TESTE

Pontue os seguintes exemplos, acrescentando ou removendo palavras conforme necessário:

Abner will clip the thorns from that rose stem he is afraid of scratching himself.

Resposta: várias combinações são possíveis:

Abner will clip the thorns from that rose stem. He is afraid of scratching himself.

Abner will clip the thorns from that rose stem; he is afraid of scratching himself.

Abner will clip the thorns from that rose stem even though he is afraid of scratching himself.

Abner will clip the thorns from that rose stem, but he is afraid of scratching himself.

Chefes e Empregados: Unindo Ideias de Classes Desiguais

Numa empresa comum, o chefe é quem conduz o show. Ele possui subordinados que desempenham dois papéis importantes. Eles têm que executar, pelo menos, algum tipo de trabalho. E devem também fazer com que o chefe se sinta o centro do universo. Deixe o chefe sozinho em seu escritório e tudo vai muito bem. Deixe os empregados sozinhos no escritório e, em poucos minutos, alguém já vai estar pendurado no lustre balançando para lá e para cá.

Algumas orações se assemelham às empresas. A parte da oração que faz o papel do "chefe" fica muito bem sozinha; ela expressa uma ideia completa (*oração independente* ou *principal*). A parte do "empregado" não pode ficar sozinha; é uma ideia incompleta (também conhecida como fragmento ou *oração subordinada*). Para mais informação sobre orações independentes e subordinadas, veja o Capítulo 24. Juntos, o "chefe" e o "empregado" criam uma oração mais forte. Veja alguns exemplos:

CHEFE: Mugwump ate the bagel.

EMPREGADO: After he had picked out all the raisins.

LIGAÇÃO 1: Mugwump ate the bagel after he had picked out all the raisins.

LIGAÇÃO 2: After he had picked out all the raisins, Mugwump ate the bagel.

Tente essas e veja se funciona:

CHEFE: Lochness developed the secret microfilm.

EMPREGADO: Because he felt traitorous.

LIGAÇÃO 1: Lochness developed the secret microfilm because he felt traitorous.

LIGAÇÃO 2: Because he felt traitorous, Lochness developed the secret microfilm.

Veja mais uma:

CHEFE: Lulu will be screaming at exactly six o'clock.

EMPREGADO: Although she often argues for a quiet environment.

LIGAÇÃO 1: Lulu will be screaming at exactly six o'clock, although she often argues for a quiet environment.

LIGAÇÃO 2: Although she often argues for a quiet environment, Lulu will be screaming at exactly six o'clock.

E mais uma:

CHEFE: The book bag is in the dragon's cave.

EMPREGADO: that Ludwig lost

LIGAÇÃO: The book bag that Ludwig lost is in the dragon's cave.

Os exemplos de orações unidas são todos gramaticalmente legítimos porque contêm pelo menos uma ideia completa (o chefe, também conhecido como oração independente ou principal). Em vários dos exemplos, a ideia menos importante está ligada ao resto da oração através de uma conjunção subordinativa, indicando que as ideias não têm a mesma importância. Veja a próxima seção para obter mais informações sobre conjunções subordinativas.

Escolhendo conjunções subordinativas

As conjunções em orações do tipo "chefe-empregado" desempenham papel duplo. Elas enfatizam que uma ideia ("chefe" ou oração independente) é mais importante que a outra ("empregado" ou oração subor-

Evitando falsas ligações

Algumas palavras parecem ser fortes o suficiente para unir orações, mas, na verdade, são simplesmente um monte de "fracotes" que não pesam mais que alguns gramas. Pense nessas palavras como se fossem aqueles caras que enfiam meias enroladas nas mangas de suas camisas só para parecer que têm bíceps musculosos sem ter que enfrentar uma academia de ginástica. Esses sujeitos podem parecer perfeitos, mas a partir do momento que você precisa deles para levantar um caminhão ou algo parecido, eles já eram. As falsas ligações incluem as palavras *however, consequently, therefore, moreover, also* e *furthermore.* Use essas palavras para dar mais significado às suas orações, mas não para uni-las. Para mais informações sobre a colocação e a pontuação adequadas associadas a essas falsas ligações, veja o Capítulo 15.

dinada) e também dão mais informação sobre a relação existente entre essas duas ideias. Essas conjunções são chamadas conjunções subordinativas. Veja algumas conjunções subordinativas de uso comum: *while, because, although, though, since, when, where, if, whether, before, until, than, as, as if, in order that, so that, whenever* e *wherever* (Ufa!). Veja como as conjunções subordinativas são usadas nestes exemplos:

Oração 1: Michael was shaving. (atividade não muito importante).

Oração 2: The earthquake destroyed the city. (evento bastante importante).

Se essas duas orações forem unidas como se fossem iguais, o escritor enfatiza os dois eventos:

Michael was shaving, *and* the earthquake destroyed the city.

Gramaticalmente, a oração é legítima. Moralmente, essa afirmativa apresenta um problema. Você realmente acha que a tentativa de Michael de dar um jeito em sua barba por fazer é igual em importância a um terremoto que mede 7 na escala Richter? Melhor unir essas orações como se fossem desiguais, fazendo com que a ideia principal sobre o terremoto seja o chefe:

While Michael was shaving, the earthquake destroyed the city.

ou

The earthquake destroyed the city *while* Michael was shaving.

A palavra *while* lhe dá informação de tempo, liga a oração "empregado" à oração "chefe" e mostra a maior importância do terremoto. Nada mal para cinco letras.

Veja outro exemplo:

Oração 1: Esther must do her homework now.

Oração 2: Mom is on the warpath.

Ao combinar essas duas ideias, algumas decisões devem ser tomadas. Em primeiro lugar, se você as unir como se fossem iguais, o leitor vai querer saber por que você está mencionando as duas ao mesmo tempo:

Esther must do her homework now, *but* Mom is on the warpath.

Essa ligação pode significar que Mom está correndo pela casa gritando igual a uma louca. Embora Esther geralmente consiga se concentrar em seu dever de casa de história enquanto escuta os CDs do Smashing Pumpkins em volume de quebrar vidraças, ela simplesmente acha impossível concentrar-se durante os acessos de raiva de sua mãe. Esther só vai conseguir fazer alguma coisa quando sua mãe finalmente se acalmar e tomar uma xícara de chá. Esse é um possível significado da ligação dessas orações. Mas por que deixar o seu leitor em dúvida? Tente outra forma de ligação:

Esther must do her homework now *because* Mom is on the warpath.

Essa oração é muito mais clara: a mãe de Esther recebeu um daqueles comunicados escabrosos do professor (*Número de deveres de casa sem fazer: 323*). Esther sabe que se quiser sobreviver até terminar o ensino médio, é melhor começar a se mexer agora. Veja mais essa ligação:

Mom is on the warpath *because* Esther must do her homework now.

Tudo bem, nesta versão a mãe de Esther pediu à sua filha para limpar a garagem. Ela já vem pedindo isso a Esther todos os dias, durante os últimos dois anos. Agora, o fiscal da vigilância sanitária está para vir e a mãe de Esther está realmente preocupada. Mas Esther disse a ela que não podia limpar agora porque tinha que fazer seu dever de casa. A Terceira Guerra Mundial foi declarada imediatamente.

Você consegue ver a força dessas palavras de ligação? Essas conjunções subordinativas têm uma enorme influência no significado das orações.

Ficando longe de fragmentos

CUIDADO

Lembre-se: não escreva uma oração sem uma oração "chefe" ou independente, aquela parte que pode ficar sozinha como se fosse uma oração por completo. Se você deixar um "empregado" sozinho, é sinal de encrenca. Um "empregado" sozinho é chamado de fragmento de oração. Um *fragmento de oração* é qualquer conjunto de palavras que não se enquadre na definição de uma oração inteira. Assim como as orações disparadas, os fragmentos de oração são erros gravíssimos no inglês formal. Não se deixe enganar pelo número de palavras nos fragmentos de orações. Nem todos os fragmentos de orações são curtos, embora alguns o sejam. Tome sua decisão com base no significado e não no tamanho.

Veja alguns fragmentos para que você saiba o que evitar:

When it rained pennies from heaven.

As if he were king of the world.

After the ball was over but before it was time to begin the first day of the rest of your life and all those other cliches that you hear every day in the subway on your way to work.

Whether Algernon likes it or not.

Because I said so.

Whether you like it or not, and despite the fact that you don't like it, although I am really sorry that you are upset.

If hell freezes over.

e assim por diante.

Qual das seguintes opções é um fragmento de oração? Qual é uma oração inteira? Qual é uma união por vírgula (uma "disparada")?

A. Cedric sneezed.

B. Because Cedric sneezed in the middle of the opera, just when the main character removed that helmet with the little horns from on top of her head.

C. Cedric sneezed, I pulled out a handkerchief.

Respostas: a oração "A" é inteira. A oração "B" não é exatamente uma oração; é um fragmento sem nenhuma ideia completa. A oração "C" é uma união por vírgula porque contém duas ideias completas unidas somente por uma vírgula.

Empregando Pronomes Para Combinar Orações

Um macete bastante útil para combinar orações curtas de forma legítima é "a ligação por pronomes". (Um *pronome* substitui um substantivo, que é uma palavra usada para designar uma pessoa, um lugar, um objeto ou uma ideia. Veja o Capítulo 10 para mais informações). Veja essas combinações:

Oração 1: Amy read the book.

Oração 2: The book had a thousand pictures in it.

Ligação: Amy read the book *that* had a thousand pictures in it.

Oração 1: The paper map stuck to Wilbur's shoe.

Oração 2: We plan to use the map to take over the world.

Ligação: The paper map, *which* we plan to use to take over the world, stuck to Wilbur's shoe.

DEMÔNIOS

Being that I like grammar

Muitas pessoas usam *being that* para introduzir uma razão. Infelizmente, *being that* é um erro gramatical gravíssimo, de primeiro grau (se é que existem graus de erros gramaticais - sou uma gramática, e não uma advogada). Veja a questão: as pessoas usam *being that* como conjunção subordinativa, mas *being that* não é aceitável, pelo menos no uso do inglês formal. Tente usar *because*. Por exemplo:

> ERRADO: *Being that* it was Thanksgiving, Mugwump bought a turkey.
>
> CERTO: *Because* it was Thanksgiving, Mugwump bought a turkey.
>
> ERRADO: The turkey shed a tear or two, *being that* it was Thanksgiving.
>
> CERTO: The turkey shed a tear or two, *because* it was Thanksgiving.

Talvez o som da palavra *since* lhe agrade nos exemplos dados. Cada vez mais, *since* se torna um sinônimo de *because*, e até então a civilização, conforme a conhecemos, ainda não veio abaixo por causa disso. Os gramáticos que gostam de prever o fim do mundo por causa de tais questões têm problemas com a ligação *since/because*. Eles preferem usar *since* para orações de tempo:

I haven't seen the turkey *since* the ax came out of the box.

Since you've been gone, I've begun an affair with Bill Bailey.

Outro erro gramatical é *irregardless*. Acho que *irregardless* é popular porque é uma palavra comprida que nos faz sentir bem quando a usamos. Aqueles *r's* parecem sair rolando pela língua afora. Infelizmente, *irregardless* não é uma conjunção. Não é nem mesmo uma palavra, de acordo com as regras do inglês formal. Use *regardless* (um pouco mais sem graça na hora de pronunciar) ou *despite the fact that*.

> ERRADO: *Irregardless*, we are going to eat you, you turkey!
>
> CERTO: *Regardless*, we are going to eat you, you turkey!
>
> TAMBÉM CERTO: *Despite the fact that* you are a tough old bird, we are going to eat you, you turkey!

Oração 1: Margaret wants to hire a carpenter.

Oração 2: The carpenter will build a new ant farm for her pets.

Ligação: Margaret wants to hire a carpenter *who* will build a new ant farm for her pets.

Oração 1: Ludwig wants to marry Ludmilla.

Oração 2: He's been singing under her window.

Ligação: Ludwig, *who* has been singing under her window, wants to marry Ludmilla.

Oração 1: The tax bill was passed yesterday.

Oração 2: The tax bill will lower taxes for the top .00009% income bracket.

Ligação: The tax bill *that* was passed yesterday will lower taxes for the top .00009% income bracket.

Ligação alternativa: The tax bill that was passed yesterday will lower taxes for Bill Gates. (OK, admito ter usado um pouco de interpretação subjetiva).

That, *which* e *who* são pronomes. Nas orações combinadas, cada um assume o lugar de um substantivo. (*That* substitui *book*, *which* substitui *map*, *who* substitui *carpenter*, *who* substitui *Ludwig*, *that* substitui *tax bill*).

Estes pronomes seriam como tachinhas, ligando uma ideia subordinada, ou menos importante, à oração principal.

That, *which* e *who* (assim como *whom* e *whose*) são pronomes que podem relacionar uma ideia a outra. Quando desempenham essa função, são chamados de pronomes relativos. Os pronomes relativos geralmente servem como sujeitos ou objetos da oração subordinada ou dependente. Para mais informações sobre orações, veja o Capítulo 24.

Combine essas orações usando um pronome.

Oração 1: Cedric slowly tiptoed toward the poisonous snakes.

Oração 2: The snakes soon bit Cedric right on the tip of his long red nose.

Resposta: Cedric slowly tiptoed toward the poisonous snakes, *which* soon bit Cedric right on the tip of his long red nose. O pronome *which* substitui *snakes* na oração 2.

Combine essas orações para que elas fluam de forma mais suave.

Oração 1: Lochness slipped the microfilm into the heel of his shoe.

Oração 2: The shoe had been shined just yesterday by the superspy.

Oração 3: The superspy pretends to work at a shoeshine stand.

Oração 4: The superspy's name is unknown.

Oração 5: The superspy's code number is -4.

Oração 6: Lochness is terrified of the superspy.

Resposta: dezenas de ligações são possíveis. Veja duas delas:

Lochness slipped the microfilm into the heel of his shoe, which had been shined just yesterday by the superpy. The superspy, whose name is unknown but whose code number is -4, pretends to work at a shoeshine stand and terrifies Lochness.

ou

After the shoe had been shined by the superspy, who pretends to work at a shoeshine stand, Lochness slipped the microfilm into the heel. Lochness is terrified by the superspy, whose name is unknown and whose code number is -4.

Capítulo 8

Do You Feel Bad or Badly? Pontos Essenciais Sobre Adjetivos e Advérbios

Neste capítulo

- Identificando adjetivos e advérbios;
- Decidindo se é adequado o uso de um adjetivo ou de um advérbio;
- Entendendo por que as "duplas negativas" são erradas;
- Inserindo palavras descritivas para que a oração tenha o significado pretendido.

Com os substantivos (nomes de pessoas, lugares, objetos ou ideias) e os verbos (de ação ou de estado/modo de ser) corretos você pode construir uma oração com uma base bastante sólida. O ponto essencial para expressar de forma precisa os seus pensamentos é escolher as palavras descritivas corretas para realçar o significado da sua oração. Neste capítulo, explico os dois tipos básicos de palavras descritivas da língua inglesa - adjetivos e advérbios. Mostro também como usar cada uma delas de forma correta para dar mais significado à sua oração.

Caso esteja em dúvida sobre a importância de palavras descritivas, dê uma olhada em na seguinte oração:

> Grunhilda sauntered past Lord and Taylor's when the sight of a Ferragamo Paradiso Pump paralyzed her.

Será que o leitor consegue entender totalmente o significado dessa oração? O que o leitor deve saber para entender essa oração? Veja a seguinte lista:

- O leitor deve saber que Lord and Taylor's é uma loja de departamentos.
- O leitor deve conseguir identificar Ferragamo como uma marca de calçados de altíssima qualidade.

- O leitor deve estar familiarizado com um Paradiso Pump (um estilo de sapato que inventei).
- Um bom vocabulário - que inclua as palavras *saunter* e *paralyse* - ajuda bastante.
- Um fator que ajuda bastante é conhecer Grunhilda e sua obsessão pela última moda em sapatos.

Se todas essas peças estiverem encaixadas, ou se o leitor tiver uma boa imaginação e a capacidade de usar as dicas de contexto para interpretar o texto, sua mensagem será entendida. Mas, às vezes, não basta simplesmente confiar que o leitor entenderá os pontos específicos do que você está tentando dizer. Neste caso, as descrições ajudam bastante. Veja Grunhilda na versão 2:

> Grunhilda walked *slowly* past the *stately* Lord and Taylor's *department* store when the sight of a *fashionable*, *green*, *low-heeled dress* shoe with the *ultra-chic Ferragamo* label paralyzed her.

Tudo bem, exagerei um pouco na oração, mas você consegue entender o recado. As palavras descritivas ajudam a esclarecer o significado da oração, principalmente para quem não entende tanto de moda.

Agora que demonstrei que as descrições são essenciais para o significado da sua oração, tenho certeza de que você está doido para aprender mais. Continue lendo.

Acrescentando Adjetivos

Um *adjetivo* é uma palavra descritiva que muda o significado de um substantivo ou de um pronome. O adjetivo acrescenta informações sobre número, cor, tipo e outras qualidades à sua oração.

DICA

Onde você encontra adjetivos? No corredor de adjetivos do supermercado. OK, é claro que não. Na maioria das vezes, você os encontra na frente de um substantivo ou pronome - aquele que o adjetivo descreve. Tenha em mente que os adjetivos também podem passear um pouquinho e mudar de lugar. Veja um exemplo:

> Legghorn, *sore* and *tired*, pleaded with Lulu to release him from the headlock she had placed on him when he called her "*fragile*."

Sore e *tired* lhe dizem algo sobre Legghorn. *Fragile* lhe diz algo sobre *her*. (Bem, *fragile* lhe diz o que Legghorn pensa sobre *her*. Lulu, na verdade, faz musculação todos os dias e não tem nada de frágil). Como pode ser visto, essas descrições vêm após as palavras que elas descrevem, e não antes.

Adjetivos que descrevem substantivos

O emprego mais comum de um adjetivo é para descrever um substantivo. Considere os adjetivos *poisonous*, *angry* e *rubber* nessas orações. Em seguida, decida qual oração você gostaria de ouvir quando estivesse caminhando pela floresta.

There is a *poisonous* snake on your shoulder.

There is an *angry poisonous* snake on your shoulder.

There is a *rubber* snake on your shoulder.

Com certeza a última, não é? Nessas três orações, aquelas palavrinhas descritivas certamente fazem diferença. *Angry*, *poisonous* e *rubber* descrevem *snake*, e todas essas descrições lhe fornecem informações que você realmente gostaria de ter. Está vendo como os adjetivos podem ser diversificados e o impacto que eles têm?

Ache os adjetivos na seguinte oração.

With a sharp ax, the faithful troll parted the greasy hair of the seven ugly ogres.

Resposta: *sharp* (descrevendo *ax*), *faithful* (descrevendo *troll*), *greasy* (descrevendo *hair*), *seven* e *ugly* (descrevendo *ogres*).

Adjetivos que descrevem pronomes

Os adjetivos também podem descrever pronomes (palavras que substituem substantivos):

There's something *strange* on your shoulder. (O adjetivo *strange* descreve o pronome *something*).

Everyone *conscious* at the end of Legghorn's play made a quick exit. (O adjetivo *conscious* descreve o pronome *everyone*).

Anyone *free* should report to the meeting room immediately! (O adjetivo *free* descreve o pronome *anyone*).

Ligando adjetivos a verbos de ligação

Os adjetivos também podem acompanhar verbos de ligação, neste caso eles descrevem o sujeito da oração. Para achar um adjetivo após um verbo de ligação, faça a pergunta *what*. Veja o Capítulo 6 para obter mais informações.

Só para recordar: *verbos de ligação* unem duas ideias, associando uma à outra. Esses verbos funcionam como gigantescos sinais de igual, igualando o sujeito - que vem antes do verbo - a outra ideia que vem depois do verbo. (Veja o Capítulo 2 onde é apresentada uma discussão completa sobre verbos de ligação).

Às vezes, um verbo de ligação une um adjetivo (ou alguns adjetivos) a um substantivo:

> Lulu's favorite dress is *orange* and *purple*. (Os adjetivos *orange* e *purple* descrevem o substantivo *dress*).
>
> The afternoon appears *gray* because of the nuclear fallout from Ratrug's cigar. (O adjetivo *gray* descreve o substantivo *afternoon*).
>
> Legghorn's latest jazz composition sounds *great*. (O adjetivo *great* descreve o substantivo *composition*).

Faça a Pergunta: Identificando Adjetivos

Para localizar adjetivos, vá até as palavras que eles descrevem - substantivos e pronomes. Comece com o substantivo e faça três perguntas. (Não "Qual é o próximo site da moda?" ou "Quer casar comigo?". Isso aqui é gramática e não a vida real). Veja as três perguntas:

- How many? (Quantos(as)?)
- Which one? (Qual?)
- What kind? (Que tipo?)

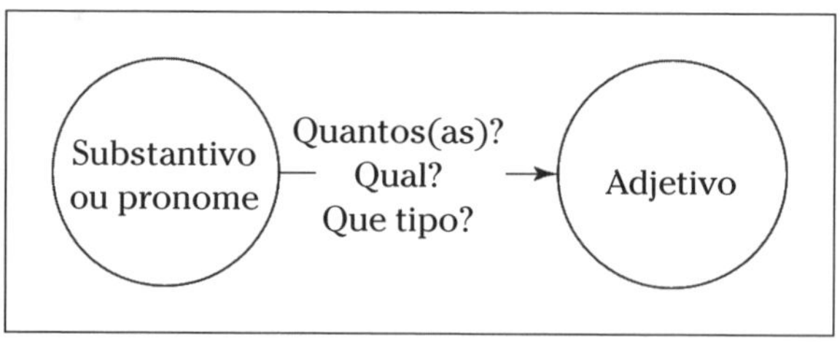

Dê uma olhada nessa oração:

> Lochness placed three stolen atomic secrets inside his cheese burrito.

Você vê três substantivos: *Lochness*, *secrets* e *burrito* . Lochness tem levado uma vida cheia de aventuras, mas você não consegue achar a resposta às seguintes perguntas: quantos *Lochnesses*? Qual *Lochness*? Que tipo de *Lochness*? Não há nenhuma palavra na oração que forneça essas informações; portanto, não há adjetivos descrevendo *Lochness*.

Mas, tente essas três perguntas com relação a *secrets* e *burrito* e você vai, com certeza, conseguir alguma coisa: Quantos *secrets*? Resposta: *Three*. *Three* é um adjetivo. Quais *secrets*? Que tipo de *secrets*? Resposta: *stolen* e *atomic*. *Stolen* e *atomic* são adjetivos. O mesmo serve para *burrito*: Que tipo? Resposta: *Cheese*. *Cheese* é um adjetivo.

His responde a uma das perguntas. (Qual *burrito*? Resposta: *his burrito*). *His* está funcionando como um adjetivo, mas *his* também é um pronome. Não se preocupe com essa distinção, a não ser que seu objetivo seja ser uma autoridade no assunto (o que com certeza vai lhe render boas gargalhadas em ocasiões de festas). Alguns livros de gramática inglesa chamam *his* de pronome, e outros o chamam de adjetivo. Seja qual nome você lhe der, *his* funciona da mesma forma na oração. Esse tipo de discussão totalmente irrelevante dá aos professores de inglês uma péssima reputação.

Veja outra oração:

> The agonized glance thrilled Lochness's rotten, little, hard heart.

Essa oração possui três substantivos. Um (*Lochness's*) é possessivo. Se você perguntar quantos *Lochness's*, qual *Lochness's* ou que tipo de *Lochness's*, não vai achar nenhuma resposta. Os outros dois substantivos, *glance* e *heart*, com certeza geram uma resposta. Que tipo de *glance*? *Agonized glance*. Que tipo de *heart*? *Rotten*, *little*, *hard heart*. Portanto, *agonized*, *rotten*, *little* e *hard* são todos adjetivos.

Provavelmente, você vai observar que uma palavra muda seu papel no discurso dependendo de como é usada na oração. No último exemplo de oração, *glance* é um substantivo, porque *glance* é nitidamente um objeto. Compare essa oração com a seguinte:

> Lochness and Ludwig *glance* casually at the giant television screen.

Aqui, *glance* não é um objeto; é uma ação, que Lochness e Ludwig estão realizando. Neste exemplo de oração, *glance* é um verbo. Moral da história: leia a oração, veja o que a palavra está fazendo e, em seguida - se desejar - dê-lhe um nome.

Perseguindo o Advérbio Comum

Adjetivos não são as únicas palavras descritivas. Advérbios - palavras que alteram o significado de um verbo, um adjetivo ou de outro advérbio – são outro tipo de descrição. Observe bem esses exemplos:

> The boss *regretfully* said no to Philpot's request for a raise.

> The boss *furiously* said no to Philpot's request for a raise.

> The boss *never* said no to Philpot's request for a raise.

Se você for Philpot, as palavras *regretfully*, *furiously* ou *never* farão uma grande diferença na oração. (Obviamente, se você for o chefe, pouco importará. Você dá uma de manda-chuva e "simplesmente diz não"). *Regretfully*, *furiously* e *never* são todos advérbios. Observe como os advérbios acrescentam significado às seguintes orações:

Cedric *sadly* sang Legghorn's latest song. (Talvez Cedric esteja de baixo astral).

Cedric sang Legghorn's latest song *reluctantly*. (Cedric não quer cantar).

Cedric *hoarsely* sang Legghorn's latest song. (Cedric tem um resfriado).

Cedric sang Legghorn's latest song *quickly*. (Cedric está com pressa).

Cedric sang *even* Legghorn's latest song. (Cedric cantou tudo, e com a última de Legghorn, esgotaram-se todas as fontes).

Faça a Pergunta: Encontrando o Advérbio

Advérbios descrevem principalmente verbos, dando mais informações sobre uma ação. Praticamente todos os advérbios - pelo menos em número suficiente para que você não tenha que se preocupar com aqueles que fogem à regra - respondem a uma das quatro perguntas:

- How? (Como?)
- When? (Quando?)
- Where? (Onde?)
- Why? (Por quê)

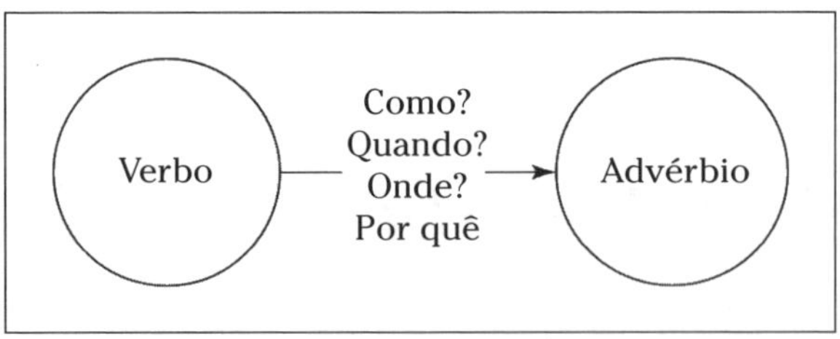

Para localizar o advérbio, vá até o verbo e faça a pergunta. (Veja o Capítulo 2 para obter mais informações sobre como localizar os verbos). Observe a seguinte oração:

Ludmilla secretly swiped the Sacred Slipper of the Potomac Princess yesterday and then happily went home.

Você observa dois verbos: *swiped* e *went*. Analise cada um separadamente. *Swiped* como? Resposta: *swiped secretly*. *Secretly* é um advérbio. *Swiped* quando? Resposta: *swiped yesterday*. *Yesterday* é um advérbio. *Swiped* onde? Nenhuma resposta. *Swiped* por quê? Conhecendo Ludmilla, eu diria que ela roubou simplesmente por roubar, mas você não consegue achar uma resposta na oração.

Passe para o segundo verbo da oração. *Went* como? Resposta: *went happily*. *Happily* é um advérbio. *Went* quando? Resposta: *went then*. *Then* é um advérbio. *Went* onde? Resposta: *went home*. *Home* é um advérbio. *Went* por quê? Provavelmente para beber champanhe com as sandálias sagradas da princesa, mas, novamente, você não consegue achar uma resposta na oração.

Veja outro exemplo:

> Eggworthy soon softly snored and delicately slipped away.

Novamente, você identifica dois verbos: *snored* e *slipped*. O primeiro: *snored*. *Snored* como? Resposta: *softly*. *Softly* é um advérbio. *Snored* quando? Resposta: *snored soon*. *Soon* é um advérbio. *Snored* onde? Nenhuma resposta. *Snored* por quê? Novamente, nenhuma resposta. Agora, vamos ver *slipped*. *Slipped* como? Resposta: *slipped delicately*. *Delicately* é um advérbio. *Slipped* onde? Resposta: *slipped away*. *Away* é um advérbio. *Slipped* quando? Nenhuma resposta. *Slipped* por quê? Nenhuma resposta. Os advérbios são *soon*, *delicately* e *away*.

DICA

Os advérbios podem aparecer em diversos lugares em uma oração. Se você estiver tentando localizá-los, use as perguntas *how*, *when*, *where* e *why* e não a posição. Analogamente, uma palavra pode ser um advérbio em uma oração e outra coisa em outra oração. Observe o exemplo a seguir:

> Griselda went *home* in a huff because of that slammed door.
>
> *Home* is where the heart is, unless you are in Lochness's cabin.
>
> *Home* plate is cleaned by the umpire.

No primeiro exemplo, *home* lhe diz aonde Griselda foi; portanto, *home* é um advérbio naquela oração. No segundo exemplo, *home* é um lugar; portanto, home é um substantivo naquela oração. No terceiro exemplo, *home* é um adjetivo, dizendo-lhe que tipo de *plate*.

Resposta final: faça a pergunta e observe se você consegue revelar um advérbio, um adjetivo ou outra parte do discurso.

Advérbios que descrevem adjetivos e outros advérbios

Advérbios também descrevem outras descrições, geralmente tornando a descrição mais ou menos intensa. (Como é que é? Uma descrição que descreve uma descrição? Dá um tempo! Mas é verdade). Veja um exemplo:

> An extremely unhappy Ludwig flipped when his pet frog learned to talk.

Quão *unhappy*? Resposta: *extremely unhappy*. *Extremely* é um advérbio que descreve o adjetivo *unhappy*.

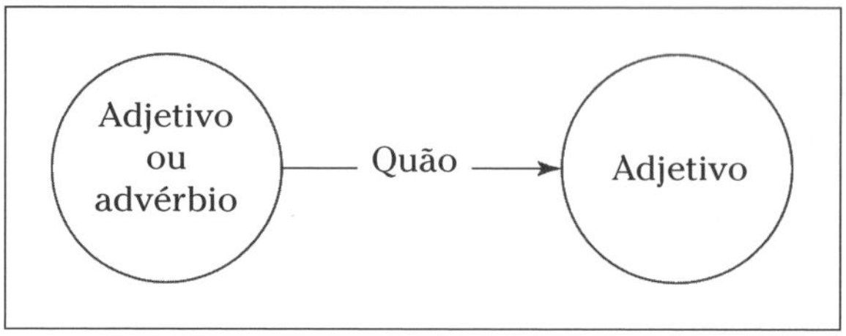

Às vezes, as perguntas que você faz para localizar adjetivos e advérbios são respondidas por mais de uma palavra em uma oração. Nos exemplos de orações anteriores, se você perguntar "*Flipped* quando?" a resposta é *when his pet frog learned to talk*. Essas respostas mais longas são apenas formas diferentes de adjetivos e advérbios. Para mais informações, veja os Capítulos 9 e 24.

Voltando ao trabalho. Veja outro exemplo:

> Once he began to speak, Ludwig's very talkative pet frog *wouldn't stop*.

Quão *talkative*? Resposta: *very talkative*. *Very* é um advérbio que descreve o adjetivo *talkative*.

E mais um:

> Ludwig's frog croaked quite *hoarsely*.

Desta vez, um advérbio está escrevendo outro advérbio. *Hoarsely* é um advérbio porque explica como o sapo *croaked*. Em outras palavras, *hoarsely* descreve o verbo *croaked*. Quão *hoarsely*? Resposta: *quite hoarsely*. *Quite* é um advérbio que descreve o advérbio *hoarsely*, que, por sua vez, descreve o verbo *croaked*.

No geral, não é necessário se preocupar tanto assim com advérbios que descrevam adjetivos ou outros advérbios; somente alguns poucos erros estão associados a este tipo de descrição. Veja algumas dicas em "Classificando pares adjetivo/advérbio" ainda neste capítulo.

Distinguindo Entre Adjetivos e Advérbios

Faz alguma diferença se uma palavra é um adjetivo ou um advérbio? Às vezes, não. Há muito tempo você já fala e escreve tranquilamente tendo gastado muito pouco do seu tempo se preocupando com essa questão. Ainda no seu berço, você exigia: - Manhê! Quero uma mamadeira AGORA. Você não sabia que estava acrescentando um advérbio à sua oração. Na verdade, não sabia nem que estava criando uma oração. Estava simplesmente com fome. Mas, às vezes, saber a diferença ajuda bastante. Nesta seção, vou explicar como aplicar o teste do -ly para diferenciar adjetivos de advérbios e como decidir entre alguns pares de adjetivos e advérbios que são comumente confundidos.

Separando adjetivos de advérbios: teste do -ly

Strictly é um advérbio e *strict* é um adjetivo. *Nicely* é um advérbio e *nice* é um adjetivo. *Generally* é um advérbio e *general* é um adjetivo. *Lovely* é um... te peguei! Você ia dizer advérbio, não ia? Errado. *Lovely* é um adjetivo. Mas você pode usar o teste do *-ly* para vários advérbios. Mas não se esqueça de que *soon*, *now*, *home*, *fast* e muitas outras palavras que não terminam em *-ly* também são advérbios. A melhor maneira de dizer se uma palavra é um advérbio é fazer as quatro perguntas de advérbios: *how*, *when*, *where* e *why*. Se a palavra responder a uma dessas perguntas, ela é um advérbio.

DICA

Como diria Wayne no filme Quanto Mais Idiota Melhor: - Um dos advérbios mais comuns termina em *ly* - NOT. *Not* é um advérbio porque inverte o significado do verbo de positivo para negativo. Enquanto estou falando sobre *not*, devo ressaltar que você deve evitar as duplas negativas. Em muitos idiomas (o espanhol, por exemplo), usar adjetivos e advérbios negativos duas ou três vezes ou acrescentar um ou dois pronomes negativos simplesmente torna sua negação mais forte. Em espanhol, dizer "I did not kill no victim" está correto. Em inglês, entretanto, essa oração é uma confissão de erro. A gramática inglesa, extremamente irracional em milhões de casos (veja o Capítulo 3 sobre verbos irregulares!) decidiu que a lógica rígida deve prevalecer em orações negativas. Se você *did not* (não) matou *no* (nenhuma) vítima, você matou pelo menos one (uma) vítima. Em outras palavras, duas negativas são iguais a uma positiva. Você pode colocar várias negativas juntas; só não as coloque na mesma oração. (Outros tipos de duplas negativas podem enganá-lo. Veja o Capítulo 22 para mais informações).

TESTE

Identifique os adjetivos e advérbios nas seguintes orações.

A. Thank you for the presents you gave us yesterday.

B. The lovely presents you gave us smell like old socks.

C. The presents you kindly gave us are very rotten.

Respostas: na oração A, *yesterday* é um advérbio, descrevendo quando *you gave* os presentes. Na oração B, *lovely* é um adjetivo, descrevendo o substantivo *presents*. *Old* é um adjetivo, descrevendo *socks*; a oração

B não possui nenhum advérbio. Na oração C, o advérbio é *kindly* que descreve o verbo *gave*. Também na oração C, o advérbio *very* descreve o adjetivo *rotten*. *Rotten* é um adjetivo que descreve *presents*.

Tente mais um. Ache os adjetivos e os advérbios.

The carefully decorated purse that Legghorn knitted is quickly fraying around the edges.

Respostas: o advérbio *carefully* descreve o adjetivo *decorated*. O verbo *is fraying* é descrito pelo advérbio *quickly*.

Classificando os Pares Adjetivo/Advérbio

Hora de pôr em prática a escolha entre adjetivos e advérbios. Primeiro, mostro alguns pares mais fáceis, que permitem a você aplicar o teste do *-ly*. Em seguida, examino alguns pares irregulares.

O par adjetivo/advérbio mais comum é diferenciado pelas letras *-ly*. Dê só uma olhada nesses exemplos:

ERRADO: Abernathy stopped *sudden* when the stop sign loomed.

CERTO: Abernathy stopped *suddenly* when the stop sign loomed.

POR QUE ESTÁ CERTO: O advérbio *suddenly* descreve como Abernathy *stopped*.

Veja mais um:

ERRADO: Legghorn will grin *casual* when he swoops down on the nest of spies.

CERTO: Legghorn will grin *casually* when he swoops down on the nest of spies.

POR QUE ESTÁ CERTO: O advérbio *casually* descreve como Legghorn *will grin*.

TAMBÉM CERTO: Legghorn's *casual* grin is deceiving.

POR QUE TAMBÉM ESTÁ CERTO: O adjetivo *casual* descreve o substantivo *grin*.

Não pare agora; observe esses exemplos:

ERRADO: The syrup tasted *sweetly* when Eggworthy sipped it.

CERTO: The syrup tasted *sweet* when Eggworthy sipped it.

POR QUE ESTÁ CERTO: O adjetivo *sweet* descreve o substantivo *syrup*. *Tasted* é um verbo de ligação; portanto, o adjetivo que acompanha o verbo descreve o sujeito.

TAMBÉM CERTO: Eggworthy drowns his pancakes in *sweet* syrup.

POR QUE TAMBÉM ESTÁ CERTO: O adjetivo *sweet* descreve o substantivo *syrup*.

E mais um último exemplo:

ERRADO: Legghorn, unlike Lochness, plays *clean* on the football field.

CERTO: Legghorn, unlike Lochness, plays *cleanly* on the football field.

POR QUE ESTÁ CERTO: O advérbio *cleanly* descreve como Legghorn *plays*.

Lembre-se: adjetivos descrevem substantivos ou pronomes e advérbios descrevem verbos, adjetivos ou outros advérbios.

Escolhendo entre adjetivos e advérbios - alguns pares complicados

As orações apresentadas na seção anterior eram fáceis. Seu "ouvido" para o que é considerado bom inglês provavelmente lhe mostrou a escolha certa para a palavra. Entretanto, às vezes, seu ouvido pode não lhe dizer automaticamente qual das palavras é a correta. Nesta seção, apresento alguns pares que causam confusão, incluindo good/well, bad/badly e continual/continuous.

Escolhendo entre good e well

Se um dia eu for eleito presidente do universo, uma das primeiras coisas que vou fazer (depois de me livrar de todos os apóstrofos - veja o Capítulo 12) é eliminar todas as formas irregulares. Até lá, entretanto, talvez valha a pena ler um pouco sobre o uso de *good* e *well*.

Good é um adjetivo, e well é um advérbio, exceto quando você está falando sobre sua saúde:

I am *good*.

Good é um adjetivo aqui. A oração significa *I have the qualities of goodness* ou *I am in a good mood*. Ou a oração é realmente é uma péssima cantada em alguém.

I am *well*.

Well é um adjetivo aqui. A oração significa *I am not sick*.

I play the piano *well*.

Desta vez, *well* é um advérbio. Ele descreve como eu toco. Em outras palavras, o advérbio *well* descreve o verbo *play*. A oração significa que não preciso mais praticar.

TESTE

Qual das orações está correta?

A. When asked how he was feeling, Ludwig smiled at his ex-girlfriends and replied, "Not well."

B. When asked how he was feeling, Ludwig smiled at his ex-girlfriends and replied, "Not good."

Resposta: a oração "A" está correta porque as ex-namoradas de Ludwig estão querendo saber sobre sua saúde.

Tente mais um. Qual das orações está correta?

A. Eggworthy did not perform good on the crash test.

B. Eggworthy did not perform well on the crash test.

Respostas: a oração "B" está correta porque o advérbio *well* descreve o verbo *did perform*. *Did perform* como? Resposta: *did perform well*.

Escolhendo entre bad e badly

Bad é uma palavra traiçoeira, pelo menos em termos de gramática. Confundir *bad* com *badly* é um dos erros mais comuns. Observe esses exemplos:

I felt badly.

I felt bad.

Badly é um advérbio (você se lembra do teste do -ly mencionado anteriormente neste capítulo?) e *bad* é um adjetivo. Qual deles você deve usar? Bem, o que você está tentando dizer? Na primeira oração, você foi ao parque usando suas luvas. O banco em que você sentou tinha uma placa dizendo: TINTA FRESCA. A placa parecia velha, e, por isso, você decidiu verificar. Colocou sua mão sobre o banco, mas as luvas estavam no meio, entre você e o banco. *You felt badly* - isto é, você não conseguiu sentir perfeitamente. Na segunda oração, você se sentou no banco, sujando seu casaco todo com listras verdes escuras. Ao ver as listras, *you felt bad* - isto é, ficou chateado. Na fala do dia-a-dia, você provavelmente não vai ter muitas ocasiões onde usar *feeling badly*. Nem tantas pessoas assim saem por aí testando bancos e nem tantas pessoas falam sobre sua capacidade de sentir. Portanto, em 99,99 por cento das vezes, você diz *feel bad* - a não ser que esteja de bom astral.

Escolhendo entre continuous e continual

Outro par que pode confundi-lo é *continuous* e *continual*. Leia o seguinte parágrafo:

The continual interruptions are driving me crazy. Every ten minutes someone barges in and asks me where the coffee machine is. Do I look like a coffeehouse? I've been working *continuously* for seven hours, and my feet are now numb. Perhaps I'll stop for a while and find that coffee machine.

Continual se refere a eventos que acontecem repetidamente, mas com pausas entre cada ocorrência. *Continuous* significa sem interrupções. Um barulho *continuous* é constante, ininterrupto, como o zumbido de um gerador elétrico. Um barulho *continual* é o que você escuta quando vou jogar boliche. Você escuta silêncio (quando fico olhando os pinos), um pequeno barulho (quando a bola sai rolando pela pista) e novamente silêncio (quando a bola cai na calha). Uma hora depois, você escuta um barulho (quando eu finalmente consigo acertar um dos pinos). Veja alguns exemplos:

ERRADO: Ratrug screamed *continually* until Lulu stuffed rags in his mouth.

POR QUE ESTÁ ERRADO: Os gritos de Ratrug não vão e vêm. Quando ele está com raiva, ele realmente está com raiva, e nada pode calar sua boca a não ser com o uso da força.

CERTO: Ratrug screamed *continuously* until Lulu stuffed rags in his mouth.

POR QUE ESTÁ CERTO: Nesta versão, ele não faz nenhuma pausa.

Veja mais um exemplo:

ERRADO: Ludmilla's *continuous* attempts to impress Ludwig were fruitless, including the fruit basket she sent him on Monday and the piranha she Fed-Exed on Tuesday.

POR QUE ESTÁ ERRADO: As tentativas de Ludmilla começam e param. Ela faz uma coisa na segunda-feira, descansa e em seguida, faz outra coisa na terça-feira.

CERTO: Ludmilla's *continual* attempts to impress Ludwig were fruitless, including the fruit basket she sent him on Monday and the piranha she Fed-Exed on Tuesday.

POR QUE ESTÁ CERTO: Agora a oração expressa uma ação recorrente.

Adjetivos e advérbios que parecem iguais

Algumas palavras estranhas aqui e ali (e realmente são estranhas) desempenham papel duplo como adjetivos e advérbios. Parecem iguais, mas assumem sua identidade como adjetivos e advérbios com base em sua função na oração. Dê uma olhada nos seguintes exemplos:

Upon seeing the stop sign, Abernathy stopped *short*. (advérbio)

Abernathy did not notice the sign until the last minute because he is too *short* to see over the steering wheel. (adjetivo)

Lola's advice is *right*: Abernathy should not drive. (adjetivo)

Abernathy turned *right* after his last-minute stop. (advérbio)

Abernathy came to a *hard* decision when he turned in his license. (adjetivo)

Lola tries *hard* to schedule some time for Abernathy, now that he is carless. (advérbio)

O número de adjetivos e advérbios na língua inglesa é muito grande para que possa ser listado aqui. Se não tiver certeza sobre uma determinada palavra, verifique sua forma correta no dicionário.

Qual das orações está correta?

A. It was real nice of you to send me that bouquet of poison ivy.

B. It was really nice of you to send me that bouquet of poison ivy.

Resposta: "B". Quão *nice*? *Really nice*. Real é um adjetivo e *really* é um advérbio. Advérbios respondem à pergunta *how* (quão/como).

Evitando Erros Comuns com Adjetivos e Advérbios

Algumas palavras - *even*, *almost*, *only* e *others* - muitas vezes acabam nos lugares errados. Se essas palavras não forem colocadas corretamente, sua oração pode expressar algo que você não quis dizer.

Colocação da palavra even

Even é uma daquelas palavras "intrometidas" que modificam a frase e podem aparecer em qualquer lugar de uma oração - e mudar o significado do que você está dizendo. Observe o seguinte exemplo:

> São duas horas antes da grande abertura da apresentação na escola. Lulu e Legghorn estão ensaiando há várias semanas. Eles conhecem todas as danças e, da cotovelada que Lulu levou de Legghorn, restou apenas um leve hematoma. De repente, Lochness, o perverso irmão gêmeo de Legghorn, morto de inveja, "acidentalmente" coloca seu pé na frente de Legghorn. Legghorn despenca no chão! E torce seu tornozelo! O que vai acontecer com a apresentação?

- Possibilidade 1: Lulu grita, "We can still go on! *Even Lester* knows the dances".
- Possibilidade 2: Lulu grita, "We can still go on! Lester *even knows* the dances".
- Possibilidade 3: Lulu grita, "We can still go on! Lester knows *even the dances*".

O que está acontecendo aqui? Essas três afirmativas parecem praticamente iguais, mas não o são. Veja o que cada uma significa:

- Possibilidade 1: Lulu examina os quinze garotos que se juntaram em torno de Legghorn. Ela sabe que qualquer um deles poderia substituir Legghorn, em questão de minutos. Afinal de contas, as danças são muito fáceis. *Even Lester*, o mais desajeitado da classe, conhece a dança. Se *even Lester* pode desempenhar o papel, será moleza para qualquer outro.

- Possibilidade 2: Lulu examina os quinze garotos que se juntaram em torno de Legghorn. Não parece nada bom. A maioria até teria boa vontade, mas estão todos ocupados aprendendo outros papéis. Não há tempo para ensinar-lhes o papel de Legghorn. Então, ela vê Lester e suspira, porque percebe que Lester vinha observando Legghorn a cada minuto do ensaio. Embora a cortina vá se abrir em poucos minutos, a apresentação ainda pode ser salva. Lester não precisa treinar; ele não precisa aprender nada novo. Lester *even knows* as danças.
- Possibilidade 3: o grupo todo olha para Lester tão logo Legghorn bate no chão. Sim, Lester sabe as falas. Ele já vem recitando as falas de Legghorn há várias semanas, ajudando Legghorn a aprender a parte que lhe cabe. Sim, Lester pode cantar; todo mundo já o escutou. Mas, e as danças? Não há tempo de ensinar a ele. Exatamente neste momento, Lester começa a rodopiar pelo palco. Lulu suspira com alívio. Lester sabe *even the dances*. O show vai continuar!

Percebeu? *Even* é uma descrição; *even* descreve as palavras que a acompanham. Explicando de outra forma, *even* dá início a uma comparação:

- Possibilidade 1: *even Lester* (assim como todos os outros);
- Possibilidade 2: *even knows* (nem precisa aprender);
- Possibilidade 3: *even* as danças (assim como as canções e as falas).

Eis então a regra: coloque *even* no início da comparação indicada na oração.

Colocação da palavra almost

Almost é outro modificador complicado de se colocar na oração. Veja um exemplo:

Last night Lulu wrote for *almost* an hour and then went rollerblading.

e

Last night Lulu *almost* wrote for an hour and then went rollerblading.

Na primeira oração, Lulu escreveu durante 55 minutos e depois, parou. Na segunda oração, Lulu pretendia escrever, mas todas as vezes que se sentava ao computador, lembrava-se de que não tinha regado as plantas, telefonado para a sua melhor amiga Lola, preparado um sanduíche, e assim por diante. Depois de uma hora de tempo desperdiçado e sem nenhuma palavra escrita na tela, ela pegou seus patins e saiu.

DEMÔNIOS

Farther e further

Farther se refere à distância. Se você precisa viajar *farther*, é porque tem mais quilômetros a percorrer. *Further* também traz consigo o sentido de *more*, mas não mais distância. Em vez disso, *further* significa adicional. *Further* é usado para tempo, ideias, atividades e muitas outras coisas. Veja alguns exemplos:

Abernathy needs *further* work on his teeth before the studio will approve a five-picture deal. (trabalho adicional)

Murgatroyd flew *farther* than anyone else who had been kicked by the same bull. (distância maior)

Grunhilda thinks *further* discussion will be fruitless, as the pineapple conglomerate has already decided to breed orange and purple plants. (discussão adicional)

The *farther* he walks, the more Legghorn's toenails hurt. (distância extra)

The loneliness of the short-distance runner does not impress Lochness, because everyone he knows travels *farther* than the runner. (Mais distância)

Further planning is planned for that plan, the brainchild of the new Planning Commission on the Elimination of Redundant Language. (planejamento extra)

Almost dá início à comparação. Lulu *almost wrote*, mas não fez; ou Lulu escreveu durante *almost an hour*, mas não até completar uma *whole hour*. Ao decidir onde colocar essas palavras, acrescente as que faltam e veja se a posição dela faz sentido. (Comparações são vistas em mais detalhe no Capítulo 17).

Colocação da palavra only

Quem dera a palavra *only* fosse um pouco mais simples de entender! Assim como as outras palavras complicadas apresentadas nesta seção, *only* muda o significado da oração todas as vezes que sua posição é alterada. Por exemplo:

> *Only* Lochness went to Iceland last summer. (Ninguém mais foi).
>
> Lochness *only* went to Iceland last summer. (Ele não fez mais nada).
>
> Lochness went *only* to Iceland last summer. (Ele deixou a Antártida de lado).
>
> Lochness went to Iceland *only* last summer. (Dois possíveis significados: 1) Ele não foi três anos atrás nem em nenhuma outra época - somente no verão passado. 2) A palavra *only* pode significar *just*, como em *recently*.

Capítulo 9

Preposições, Interjeições e Artigos. Minha Nossa! Mais Partes do Discurso!

Neste capítulo

- Reconhecendo preposições e frases preposicionais;
- Escolhendo pronomes para objetos de preposições;
- Dando mais vida à sua escrita com o uso de interjeições;
- Usando artigos corretamente.

Como é mesmo aquele provérbio? Pequenas coisas significam muito? Quem quer que tenha dito isso provavelmente estava falando sobre preposições. Algumas das palavras mais curtas de um idioma - pelo menos a maioria delas - esses pequenos seres causam grande impacto nas suas orações. Mais motivo ainda para usá-las corretamente. Neste capítulo, explico tudo que você sempre quis saber sobre preposições, mas pensava que não teria que perguntar. Apresento também as noções básicas das interjeições (as partes mais raras do discurso) e artigos (as palavras mais comuns na língua).

Propondo Relações: Preposições

Suponha que você se depare com dois substantivos: *aardvark* e *book*. (Um substantivo é uma palavra usada para uma pessoa, um lugar, um objeto ou uma ideia). De quantas maneiras é possível ligar os dois substantivos para expressar ideias diferentes?

the book *about* the aardvark

the book *by* the aardvark

the book *behind* the aardvark

the book *in front of* the aardvark

the book *near* the aardvark

the book *under* the aardvark

As palavras destacadas em itálico relacionam dois substantivos um ao outro. Essas palavras de relação são chamadas preposições. As *preposições* podem ser definidas como qualquer palavra ou grupo de palavras que relaciona um substantivo ou um pronome a outra palavra da oração.

Em algum momento durante o último milênio, quando eu estava aprendendo gramática, tive que memorizar uma lista de preposições. (Que curioso, não? Também usávamos canetas-tinteiro naquela época). Eu tinha tanto pavor da Irmã Saint Vincent, minha professora da 7ª série, que não só aprendi a lista, mas a fiz parte do meu ser. Na verdade, ainda posso recitá-la de cor. Não acredito que valha a pena memorizar preposições, mas familiarizar-se com elas é uma ótima idéia. Em outras palavras, não se case com a lista de preposições. Simplesmente namore-a algumas vezes. Dê uma olhada na lista com algumas das preposições mais comuns na Tabela 9-1:

Tabela 9-1 Preposições comuns

about	above	according to	across
after	against	along	amid
armong	around	at	before
behind	below	beside	besides
between	beyond	by	concerning
down	during	except	for
from	in	into	like
of	off	on	over
past	since	through	toward
underneath	until	up	upon
with	within	without	

Objetos da minha afeição: Frases preposicionais e seus objetos

Preposições nunca viajam sozinhas; estão sempre com um objeto. Nos exemplos dados na seção anterior, o objeto de cada preposição é *aardvark*. Só para acabar logo de uma vez com toda essa terminologia incômoda, uma *frase preposicional* consiste em uma preposição e um objeto. O objeto de uma preposição é sempre um substantivo ou um pronome, ou talvez um ou dois de cada. (Um *pronome* é uma palavra que toma o lugar de um substantivo, como *he* para *Eggworthy* e assim por diante).

Veja um exemplo:

> In the afternoon, the snow pelted Eggworthy on his little bald head.

Esta frase possui duas preposições: *in* e *on*. *Afternoon* é o objeto da preposição *in* e *head* é o objeto da preposição *on*.

Por que, você pode se perguntar, o objeto é *head* e não *little* ou *bald*? Puxa, pensei que você não fosse notar. Tudo bem, eis a explicação: você pode acrescentar algumas outras coisas dentro de uma frase preposicional - principalmente palavras descritivas. Observe essas variações na simples frase do *aardvark*:

> of the *apologetic* aardvark
>
> of the *always apoplectic* aardvark
>
> of the *antagonizingly argumentative* aardvark

Apesar das diferentes descrições, cada frase continua basicamente falando sobre um *aardvark*. Além disso, aardvark é um substantivo e somente substantivos e pronomes podem ser objetos da preposição. Portanto, na oração de *Eggworthy*, é necessário escolher a palavra mais importante como o objeto da preposição. É preciso também escolher um substantivo e não um adjetivo. Examine *his little bald head* (as palavras e não a cabeça de Eggworthy que, diga-se de passagem, é melhor quando vista de longe). *Head* é nitidamente o conceito mais importante,e *head* é um substantivo. Assim, *head* é o objeto da preposição.

Faça a pergunta: perguntas que identificam os objetos das preposições

Todos os objetos - de um verbo ou de uma preposição - respondem às perguntas *whom?* ou *what?* Para achar o objeto de uma preposição, pergunte *whom?* ou *what?* depois da preposição.

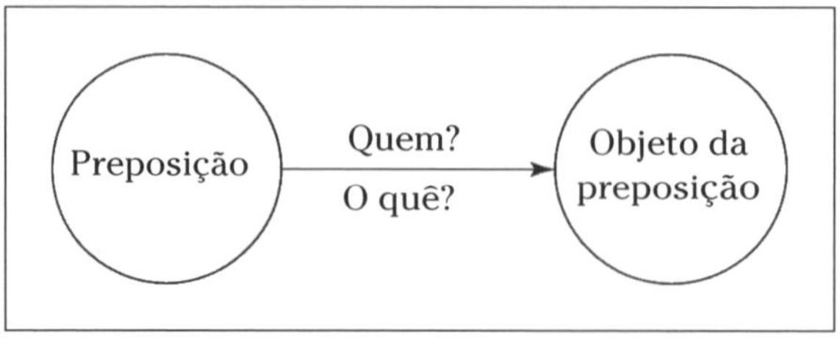

Nesta oração, você vê duas frases preposicionais:

> Marilyn thought that the election of the aardvark to the senate was quite unfair.

DEMÔNIOS

Em um grupo: Between ou Among?

Between e *among* são duas preposições complicadas, geralmente usadas de forma incorreta. Para escolher a preposição adequada, decida sobre quantas pessoas ou coisas você está falando. Se a resposta for sobre duas, use *between*: Lola was completely unable to choose *between* the biker magazine and Poetry for Weightlifters (apenas duas revistas).

Se estiver falando sobre mais de duas coisas, *among* é a palavra adequada: Lola strolled *among* the parked motorcycles, reading poetry aloud (mais de duas motocicletas).

Exceção: tratados são firmados *between* nações, mesmo que mais de dois países os assinem: The treaty to outlaw bubble gum was negotiated *between* Libya, the United States, Russia, and Ecuador.

A primeira preposição é *of*. *Of* o quê? *Of the aardvark*. *Aardvark* é o objeto da preposição *of*. A segunda preposição é *to*. *To* o quê? *To the senate*. *Senate* é o objeto da preposição *to*.

TESTE

Qual é o objeto da preposição na seguinte oração?

The heroic teacher pounded the grammar rules into her students' tired brains.

Resposta: *Brains* é o objeto da preposição *into*. Quando você faz a pergunta - *into* quem? ou *into* o quê? - a resposta é *her students' tired brains*. A palavra mais importante é *brains*, que é um substantivo.

Por que preciso saber disso?

Quando estiver verificando o par sujeito-verbo, você precisa identificar e, em seguida, ignorar as frases preposicionais. Por quê? Porque as frases preposicionais são distrações. Se você não as ignorar, pode acabar combinando o verbo com a palavra errada. Veja o Capítulo 11 para mais informações sobre concordância entre sujeito e verbo. Reconhecer frases preposicionais também pode ser de grande utilidade porque, às vezes, quando você "faz a pergunta" para encontrar um adjetivo ou um advérbio, a resposta é uma frase preposicional. Não entre em pânico. Você não fez nada de errado. Basta saber que uma frase preposicional também pode funcionar como adjetivo ou advérbio. (Veja o Capítulo 8 para mais informações sobre adjetivos e advérbios).

Frases preposicionais se enquadram em duas grandes categorias – *locuções adjetivas* e *locuções adverbiais*. Não há motivo algum para que você saiba deste fato; portanto, esqueça-o imediatamente, a não ser que você esteja determinado a ser um sabe-tudo em inglês.

É necessário prestar atenção às preposições porque uma escolha errada pode levar a situações embaraçosas:

> Pessoa 1: May I sit *next* to you?
>
> Pessoa 2: (sorrindo) Certainly.
>
> Pessoa 1: May I sit *under* you?
>
> Pessoa 2: (som de um tapa) Help! Police!

Are you talking to I? Preposições e pronomes

Uma grande armadilha que envolve a preposição é o pronome. Um pronome é uma palavra que substitui um substantivo. O problema com pronomes é que somente alguns deles podem agir como objetos de preposições; estes são chamados *pronomes objeto*. (Veja detalhes sobre regras de pronomes nos Capítulos 10 e 17). Basta usar o pronome errado - um pronome não-objeto - e a polícia gramatical sairá à sua procura.

Os pronomes objeto, com permissão de agirem como objetos da preposição, são? *me*, *you*, *him*, *her*, *it*, *us*, *them*, *whom* e *whomever*.

Dê uma olhada em algumas orações com *pronomes* agindo como objetos das preposições:

> Among Bilbo, Harry, and *me* there is no contest. (*Me* é um dos objetos da preposição *among*.)
>
> Without *them*, the bridge will fall out of Cedric's mouth. (*Them* é o objeto da preposição *without* - caso você esteja em dúvida, aqui estamos falando de uma ponte dentária, e não da Golden Gate).
>
> Legghorn added an amendment to the bill concerning *us*, but the bill did not pass. (*Us* é o objeto da preposição *concerning*).

Qual é um dos erros mais comuns no uso de pronomes objeto? Qual é a frase preposicional correta: *between you and I* ou *between you and me*? Resposta: a expressão correta é *between you and me*. *Between* = a separação. *You and me* = os objetos da preposição. *Me* é um pronome objeto. (*I* é um pronome sujeito). Da próxima vez que você ouvir alguém dizer *between you and I*, espero que você recite a regra.

Qual das orações está correta?

A. According to Elberg and she, the aardvark's nose is simply too long.

B. According to Elberg and her, the aardvark's nose is simply too long.

Resposta: a oração "B" está correta. *According to* é a preposição. O objeto da preposição é *Elberg and her*. *Her* é um pronome objeto. (*She* é um pronome sujeito).

A maioria das escolhas mais difíceis sobre pronomes acontece quando a oração possui mais de um objeto da preposição (*Elberg and her*, por exemplo, na pergunta do teste). Seu "ouvido" para gramática provavelmente vai lhe dizer qual é o pronome correto quando a oração possui um único pronome objeto. Provavelmente, você não diria *according to she* porque soa esquisito (para usar um termo técnico).

Se a oração possui mais de um objeto da preposição, tente a seguinte regra geral. Cubra um dos objetos com um dos seus dedos. Leia a oração. Ela soa como se estivesse correta?

> According to Elberg

Até então, tudo bem. Agora, pegue o seu dedo e cubra o outro objeto. Leia a oração. Ela soa como se estivesse correta?

> According to she

Detectou um problema agora? Faça a alteração:

> According to her

Agora, junte as duas novamente:

> According to Elberg and her

Este método não é à prova de falhas, mas, verificando os objetos um por um, as chances são boas de que você consiga obter uma dica sobre a escolha correta de pronomes.

Qual é uma boa parte do discurso para terminar uma oração?

Ao escrever este parágrafo, o aquecimento global está crescendo, o mercado de ações está emitindo sinais confusos e a equipe do Yankees está em grandes apuros. Em meio a todos esses eventos catastróficos, algumas pessoas ainda conseguem caminhar por aí se preocupando em onde colocar uma preposição. Para ser mais específico, elas (OK, admito que eu também às vezes entro nessa) se preocupam se é aceitável ou não terminar uma oração com uma preposição. Deixe-me ilustrar o problema:

> Tell me whom he spoke *about*.
>
> Tell me *about* whom he spoke.

Eis o veredicto: ambas as orações estão corretas, pelo menos para a maioria das pessoas e até mesmo para a maioria dos gramáticos. Mas, devo advertir, não para todos. Sabe aquele tipo de gente que insistiu em ignorar as celebrações do ano novo em 1º de janeiro de 2000 porque, tecnicamente, o milênio só começava em 1º de janeiro de 2001? O tipo de gente que está certa, mas completamente fora de sintonia com o resto da cultura? Bem, essas pessoas ainda rangem os dentes quando escutam uma oração que termina com uma preposição. O restante da população, entretanto, já superou esse problema. A não ser que você esteja escrevendo para esse tipo de gente, coloque a preposição onde bem entender, inclusive no final de uma oração.

Interjeições são Fáceis!

Sim! Um tópico da língua inglesa que é à prova de falhas. *Interjeições* são exclamações que geralmente expressam intensa emoção. Essas palavras ou frases não são ligadas gramaticalmente ao resto da oração. Observe os seguintes exemplos:

> *Ouch!* I caught my finger in the hatch of that submersible oceanographic vessel.
>
> *Curses*, foiled again.
>
> *Yes!* We've finally gotten to a topic that is foolproof.

Interjeições podem ser acompanhadas de vírgulas, mas, às vezes, são acompanhadas por pontos de exclamação ou ponto final. A separação por pontuação mostra ao leitor que a interjeição é um comentário sobre a oração, e não parte dela. (Obviamente, no caso do ponto de exclamação ou do ponto final, o sinal de pontuação também indica que a interjeição não faz parte absolutamente da oração).

DICA

É impossível fazer algo de errado com interjeições, exceto talvez exagerar em seu uso. As interjeições são como sal: um pouquinho salpicado no prato do jantar ativa o paladar; quando exagerado, você sai correndo e pede para embrulhar e levar para casa.

Artigos: Saindo das Revistas

Outro tópico, desta vez quase à prova de falhas. Artigos são aquelas palavrinhas - *a*, *an*, *the* - que ficam na frente de substantivos. Em significado, *the* é geralmente mais específico que *an* ou *a*.

> Oração 1: Melanie wants *the* answer, and you'd better be quick about it.

Essa afirmativa significa que Melanie está parada no problema 12 e sua mãe não vai deixá-la sair até que o seu dever de casa esteja terminado. Há um excelente filme passando no cinema e agora ela está ao telefone, exigindo *the* answer à questão de número 12.

> Oração 2: Melanie wants *an* answer, and you'd better be quick about it.

Essa afirmativa significa que Melanie simplesmente tem que ter alguém com quem ir ao baile de formatura. Ela convidou você uma semana atrás, mas se você não vai ser seu par, ela vai convidar outra pessoa. Ela perdeu a paciência e já não se importa se você vai ou não. Ela simplesmente quer *an* answer.

Resumindo: use *the* quando estiver falando especificamente e *an* ou *a* quando estiver falando de forma mais geral.

The é chamado de artigo definido. *A* e *an* são chamados de artigos indefinidos.

A apple? An book? A precede palavras que começam com sons de consoantes (todas as letras exceto *a*, *e*, *i*, *o* e *u*). *An* precede palavras que começam com o som das vogais *a*, *e*, *i* e *o*. A letra *u* é um caso especial. Se a palavra soa como *you*, use *a*. Se a palavra soa como se alguém lhe tivesse dado um chute no estômago - *uh* - use *an*. Se a palavra começa com uma letra *h* muda, como em *herb*, use *an*. Veja alguns exemplos:

> an aardvark (a = vogal)
>
> a belly (b = consoante)
>
> an egg (e = vogal)
>
> a UFO (*U* soa como *you*)
>
> an unidentified flying object (*u* soa como *uh*)
>
> a helmet (*h* aspirado)
>
> an hour (*h* mudo)

Observação: Os pedantes defensores de regras dizem *an historic event*. O resto das pessoas diz *a historic event*.

Capítulo 10

Erros com Pronomes: Everyone Brought Their Homework?

Neste capítulo

- Combinando pronomes com substantivos;
- Distinguindo entre pronomes no singular e no plural;
- Entendendo pronomes possessivos;
- Escolhendo pronomes sem ser machista;

Pronomes são palavras que substituem substantivos. Embora sejam úteis, os pronomes também podem causar problemas. A língua inglesa possui muitos tipos diferentes de pronomes, cada qual regido por seu próprio conjunto de regras. (Veja os Capítulos 4 e 6 para obter informações sobre pronomes sujeito e objeto).

O tópico completo sobre pronomes é suficiente para lhe dar muita dor de cabeça, portanto, pegue uma aspirina. Neste capítulo, concentro-me em como evitar os erros mais comuns associados a esta parte do discurso.

Combinando Pronomes com Substantivos

Para começar a trabalhar com tudo o que você precisa saber sobre pronomes, dê uma olhada bem de perto em como eles combinam com substantivos. O significado de um pronome pode variar de oração para oração. Pense em pronomes como professores substitutos. Um dia, eles estão resolvendo equações quadráticas e no dia seguinte estão fazendo abdominais no ginásio esportivo. Essa versatilidade vem do fato de os pronomes não terem identidades próprias; em vez disso, representam substantivos. Em algumas poucas situações estranhíssimas, os pronomes representam outros pronomes. Mais adiante neste capítulo, falarei sobre os pares pronome-pronome.

Para escolher o pronome adequado, você deve considerar a palavra que o pronome está substituindo. A palavra que ele substitui é chamada de *antecedente* do pronome.

Identificar o par pronome-antecedente é, na verdade, uma questão de interpretação de texto. Se a oração (ou em alguns casos, o parágrafo) não deixar clara a ligação pronome-antecedente, a escrita do texto contém falhas. Hora de editar! Mas, na maioria dos casos, o significado do pronome pula para fora da página. Dê uma olhada em alguns exemplos:

> Hasenfeff stated *his* goals clearly: *He* wanted to take over the world. (Os pronomes *his* e *he* se referem ao substantivo *Hasenfeff*).
>
> The lion with a thorn in *her* paw decided to wear sneakers the next time *she* went for a walk in the jungle. (Os pronomes *her* e *she* nesta oração se referem ao substantivo *lion*).
>
> *Our* cause is just! Down with sugarless gum! *We* demand that all bubble gum be loaded with sugar! (Os pronomes *our* e *we* se referem aos falantes, cujos nomes não são identificados).
>
> Tattered books will not be accepted because *they* are impossible to resell. (O pronome *they* se refere ao substantivo *books*).
>
> Ludwig, *who* types five or six words a minute, is writing a new encyclopedia. (O pronome *who* se refere a *Ludwig*).
>
> Ameba and *I* demand that the microscope be cleaned before *we* begin the exam. (O pronome *I* se refere ao falante. O pronome *we* se refere a *Ameba and I*).

DICA: Ao analisar uma oração, você raramente encontra um substantivo que tenha sido substituído pelos pronomes *I* e *we*. O pronome *I* sempre se refere ao falante e *we* se refere ao falante e outra pessoa.

Analogamente, o pronome *it* às vezes não tem nenhum antecedente:

> *It* is raining.
>
> *It* is obvious that Smyrna has not won the card-flipping contest.

Nas orações acima, *it* é simplesmente usado para preencher um lugar, preparando a oração para a verdadeira expressão do significado (primeiro exemplo de oração: Take your umbrella and cancel the picnic. Segundo exemplo de oração: Smyrna's flipping hand is broken and she has lost all her baseball cards).

Às vezes, o significado do pronome é explicado em uma oração anterior:

Thistle's ice cream *cone* is cracked. I don't want *it*. (O pronome *it* se refere ao substantivo *cone*).

Não confunda *its* com *it's*. Um é pronome possessivo (*its*), e o outro uma contração (*it's*) que significa "it is". Para mais informações sobre *its* e *it's*, veja a discussão mais adiante neste capítulo.

Identifique os pronomes e seus antecedentes neste parágrafo:

> Cedric arrived at his mother's charity ball, although it was snowing and no taxis had stopped to pick him up. Once inside the ballroom, he glimpsed Lulu and her boyfriend dancing the tango. Their steps were strange indeed, for the orchestra was actually playing a waltz. As she sailed across the floor - her boyfriend had lost his grip - Lulu cried, "Help me!"

Resposta: Cedric arrived at *his* (*de Cedric*) mother's charity ball, although *it* (nenhum antecedente) was snowing and no taxis had stopped to pick *him* (*Cedric*) up. Once inside the ballroom, *he* (*Cedric*) glimpsed Lulu and *her* (*de Lulu*) boyfriend dancing the tango. *Their* (*de Lulu e do namorado*) steps were strange indeed, for the orchestra was actually playing a waltz. As *she* (*Lulu*) sailed across the floor - *her* (*de Lulu*) boyfriend had lost *his* (*do namorado*) grip - Lulu cried, "Help *me*!" (*Lulu*).

Decidindo Entre Pronomes no Singular e no Plural

Todos os pronomes são singulares ou plurais. Pronomes no singular substituem substantivos no singular, que são aqueles que dão nome a uma pessoa, lugar, objeto ou ideia. Pronomes no plural substituem substantivos no plural - aqueles que dão nome a *mais de uma* pessoa, lugar, objeto ou ideia. (A terminologia gramatical tem um certo charme, não tem?). Alguns pronomes substituem outros pronomes; nessas situações, os pronomes no singular substituem outros pronomes no singular, e plurais substituem plurais. É necessário entender a quantidade a que se refere o pronome - singular e plural - antes de colocá-los nas orações. Observe a Tabela 10-1, que contém uma lista de alguns pronomes comuns no singular e no plural.

Tabela 10-1 Pronomes comuns no singular e no plural

Singular	*Plural*
I	We
Me	Us
Myself	Ourself
You	You

Yourself	Yourselves
He/She/It	They/Them
Himself/Herself/Itself	Themselves
Who	Who
Which	Which
That	That

Observe que alguns dos pronomes mostrados na Tabela 10-1 desempenham papel duplo; tomam o lugar de substantivos ou pronomes no singular e no plural. (Você acha que esse papel duplo é uma boa ideia? Espere até chegar ao próximo capítulo quando tiver que combinar sujeitos no singular e no plural com outros verbos).

Na maioria das vezes, escolher entre pronomes no singular e no plural é fácil. É muito pouco provável que você diga:

> Ludmilla tried to pick up the ski poles, but it was too heavy.

Porque *ski poles* (plural) e *it* (singular) não combinam. Automaticamente, você diz

> Ludmilla tried to pick up the ski poles, but they were too heavy.

Ski poles combinado com *they* é agradável ao seu ouvido.

Os três casos de there

They're putting all *their* bets on the horse over *there*. Em outras palavras, *there* é um lugar. *Their* mostra propriedade. *They're* é a forma abreviada de *they are*. Alguns exemplos:

CERTO: "*They're* too short," muttered Eggworthy as he eyed the strips of bacon.

POR QUE ESTÁ CERTO: *They're* significa *they are*.

CERTO: "Why don't you take some longer strips from *their* plates," suggested Lola.

POR QUE ESTÁ CERTO: Os pratos pertencem a *them* - expresso pelo pronome possessivo *their*.

CERTO: "My arm is not long enough to reach over *there*," sighed Eggworthy.

POR QUE ESTÁ CERTO: *There* é um lugar (um lugar que Eggworthy não consegue alcançar).

Se você estiver aprendendo inglês como segunda língua, seu ouvido ainda está em fase de treinamento. Coloque-o em um regime meticuloso de exercícios de audição de pelo menos uma hora por dia. Uma estação de rádio ou um show de televisão em que pessoas razoavelmente letradas estejam falando serão de grande ajuda para apurar o seu ouvido. Em pouco tempo, você se sentirá confortável ouvindo e escolhendo os pronomes adequados.

Usando Pronomes Possessivos no Singular e no Plural

Pronomes possessivos - aquelas palavras extremamente importantes que indicam quem é dono do quê - também possuem formas no singular e no plural. É preciso entendê-las bem. A Tabela 10-2 ajuda você a identificar cada tipo.

Tabela 10-2 Pronomes possessivos no singular e no plural

Singular	*Plural*
my	our
mine	ours
your	your
yours	yours
his	their/theirs
her	their
hers	theirs
its	their
whose	whouse

Você tem problema com o *its*? Não estou falando de um tipo de urticária que você tem que se coçar o tempo todo. Estou falando sobre um pronome possessivo e uma *contração* (uma palavra abreviada na qual um apóstrofo substitui uma ou mais letras). Em outras palavras, você sabe a diferença entre *its* e *it's*?

Its indica posse:

The computer has exploded, and *its* screen is now decorating the ceiling.

It's significa it is:

It's raining cats and dogs, but I don't see any alligators.

Um ato do parlamento

Durante séculos, as palavras *they* e *their* podiam se referir a palavras no singular e no plural. Esse uso significava que o escritor ou o falante não tinha que fazer uma escolha de gênero porque *their* não se referia especificamente a homens ou a mulheres.

Mas o fato de que *their* podia ser singular e plural incomodava o gramático John Kirby, que declarou em 1746 que o gênero masculino era mais universal que o gênero feminino. Kirby criou uma nova regra dizendo que deveria ficar entendido que termos masculinos sempre incluíam o feminino. (Em outras palavras, quando você quer falar sobre alguém em um grupo com pessoas de sexos diferentes, *he* e *his* são as palavras de que você precisa).

Aí entra o Parlamento, o principal órgão legislativo do poderoso Império Britânico. Em 1850, o Parlamento aprovou uma lei dizendo que termos masculinos sempre deveriam ser interpretados como incluindo o feminino. O Parlamento, na verdade, promulgou uma lei gramatical oficial! (Se tiveram tempo para gramática, me pergunto o que eles estavam deixando de fazer).

DICA

É bom saber que a gramática tem suas próprias regras. A propósito, uma dessas regras é que *pronome possessivo jamais possui um apóstrofo*. Nunca. Nunquinha. Jamais. Lembre-se: se *it* indica posse de alguma coisa, jogue fora o apóstrofo. Veja alguns exemplos adicionais:

ERRADO: *Its* a rainy day, and Lochness's dog is getting tired of plopping *it's* paws into puddles.

POR QUE ESTÁ ERRADO: O primeiro *its* deve ser o *It's* porque *it is* um dia chuvoso. O segundo *its* não deveria ter um apóstrofo porque pronome possessivo jamais tem apóstrofo.

CERTO: *It's* a rainy day, and Lochness's dog is getting tired of plopping *its* paws into puddles.

TAMBÉM CERTO: *It's* a rainy day, and Lochness's dog is getting tired of plopping *his* paws into puddles.

POR QUE A ORAÇÃO DO "TAMBÉM CERTO" TAMBÉM ESTÁ CERTA: *It* e *its* podem se referir a animais, mas muitas pessoas preferem usar *he*, *she*, *his* e *her* para animais de estimação. Obviamente, o animalzinho de Lochness põe medo em praticamente todo mundo e por causa de todo aquele pêlo, ninguém sabe se *it* é um *he* ou uma *she*. Pessoalmente, prefiro usar *it* e *its*.

ERRADO: *Its* paws wrapped in towels, Lochness's dog seems to be thinking that *its* time for a new bone.

POR QUE ESTÁ ERRADO: O primeiro *its* não apresenta problema, porque as patas pertencem ao cachorro. O segundo *its* precisa de um apóstrofo, porque *it is* hora.

CERTO: *Its* paws wrapped in towels, Lochness's dog seems to be thinking that *it's* time for a new bone.

Posicionando o Par Pronome-Antecedente

Mantenha o pronome e seu antecedente próximos um do outro. Geralmente, mas nem sempre, eles aparecem na mesma oração. Às vezes, eles estão em orações diferentes. De qualquer forma, a ideia é a mesma: se o antecedente do pronome estiver muito longe, o leitor ou o ouvinte podem ficar confusos. Observe o seguinte exemplo:

Bogsroyal picked up the discarded *paper*. Enemy ships were all around, and the periscope's lenses were blurry. The sonar pings sounded like a Mozart sonata, and the captain's hangnails were acting up again. Yet even in the midst of such troubles, Bogsroyal was neat. *It* made the deck look messy.

It? Qual o significado de *it*? Você praticamente tem que ser um decifrador do FBI para encontrar o parceiro de *it* (*paper*). Tente o parágrafo novamente.

Enemy ships were all around, and the periscope's lenses were blurry. The sonar pings sounded like a Mozart sonata, and the captain's hangnails were acting up again. Yet even in the midst of such troubles, Bogsroyal was neat. He picked up the discarded *paper*. *It* made the deck look messy.

Agora o antecedente e o pronome estão próximos um do outro. Bem melhor!

Reescreva essas orações, colocando o pronome e o antecedente mais próximos um do outro.

Bogsroyal pulled out his handkerchief, given to him by Loella, the love of his life. He sniffed. His sinuses were acting up again. The air in the submarine was stale. He blew his nose. She was a treasure.

Resposta: existem várias possibilidades. A correção mais importante envolve *Loella* e *she*, agora muito longe uma da outra. Veja uma das respostas:

> Bogsroyal pulled out his handkerchief, given to him by Loella, the love of his life. She was a treasure. He sniffed. His sinuses were acting up again. The air in the submarine was stale. He blew his nose.

Algumas pessoas acreditam que somente a posição já é suficiente para explicar a combinação pronome-antecedente. É verdade que um pronome tem mais probabilidade de ser entendido se estiver colocado próximo da palavra que representa. Na verdade, você deve formar suas orações para que os pares sejam vizinhos. Entretanto, a posição nem sempre é suficiente para esclarecer o significado de um pronome. A melhor maneira de esclarecer o significado de um pronome é certificar-se de que somente um antecedente facilmente identificável possa ser representado por cada pronome. Se a sua oração for sobre dois entes femininos, não use *she*. Use um substantivo extra para esclarecer o seu significado.

Observe a seguinte oração:

> Hortensia told her mother that she was out of cash.

Quem está sem dinheiro? A oração tem um pronome - *she* - e dois entes femininos (*Hortensia* e a *mãe de Hortensia*). *She* pode se referir a qualquer um dos dois substantivos.

Neste caso, a regra é simples: certifique-se de que a sua oração tenha um par pronome-antecedente claro e fácil de entender. Se você puder interpretar a oração em mais de uma forma, reescreva-a, usando uma ou mais orações até que o seu significado esteja claro:

> Hortensia said, "*Mom*, can I have your ATM card? I looked in the cookie jar and *you're* out of cash."

ou

> Hortensia saw that her mother was out of cash and told her so.

O que significa a seguinte oração?

> Alexander and his brother went to Arthur's birthday party, but he didn't have a good time.

A. Alexander didn't have a good time.

B. Alexander's brother didn't have a good time.

C. Arthur didn't have a good time.

Resposta: quem vai saber? Reescreva a oração, a não ser que você esteja conversando com alguém que realmente tenha estado na festa e saiba que a namorada de Arthur terminou com ele um pouco antes das suas manchas de catapora começarem a brotar e a polícia chegar. Se o seu ouvinte souber todas essas informações, a oração não apresenta problemas.Caso contrário, veja algumas outras formas de reescrever:

> Alexander and his brother went to Arthur's party. Arthur didn't have a good time.

ou

> Arthur didn't have a good time at his own birthday party, even though Alexander and his brother attended.

ou

> Alexander and his brother went to Arthur's party, but Arthur didn't have a good time.

Evitando Erros Comuns com Pronomes

Na maioria das vezes, é fácil determinar se um pronome deve ser singular ou plural. Basta verificar o substantivo que age como antecedente e pronto. Mas, às vezes, um pronome toma o lugar de outro. Os pronomes que são substituídos geram confusão porque estão no singular, embora pareçam estar no plural. Nesta seção, trato dos casos mais difíceis, mostrando como lidar com esses pronomes complicados. Mostro também como evitar o uso machista de pronomes.

Usando adequadamente pronomes singulares problemáticos

Everybody, *somebody* e *no one* (sem mencionar *nothing* e *everyone*): essas palavras deveriam ser proibidas na língua inglesa. Por quê? Porque a combinação desses pronomes com outros pronomes é um problema. Se a combinação é feita de forma correta, sua escolha soa como se estivesse errada. Se a combinação é feita de forma incorreta, a oração soa como se estivesse certa. O que fazer? Bom, o negócio é o seguinte: todos esses pronomes existem na forma singular.

- O grupo dos "ones": one, everyone, someone, anyone, no one.
- O grupo dos "things": everything, something, anything, nothing.
- O grupo dos "bodies": everybody, somebody, anybody, nobody.
- E mais alguns: each, either, neither.

Esses pronomes não parecem estar no singular. *Everybody* e *everyone* soam como se fossem uma multidão. Se você não deixou ninguém de fora, se incluiu *everybody* e *everyone*, como é possível estar falando de uma palavra no singular? Bem, você está. A lógica (sim, a lógica se aplica, embora as regras da gramática inglesa nem sempre se preocupem com a lógica) é que *everyone* é usado para falar sobre os membros de um grupo um por um. Você provavelmente segue essa lógica, embora inconscientemente, quando escolhe um verbo. Você não diz

Everyone are here. Let the party begin!

Realmente, você diz

Everyone is here. Let the party begin!

A escolha do verbo correto acontece naturalmente, mas isso não se aplica à escolha do pronome correto. Observe o seguinte par:

Everyone was asked to bring their bubble gum to the bubble-popping contest.

Everyone was asked to bring his or her bubble gum to the bubble-popping contest.

Qual deles soa correto? O primeiro, eu aposto. Infelizmente, o segundo está correto, no inglês formal.

O mais importante: quando for necessário se referir aos "ones," "things," "bodies" e assim por diante, em inglês formal, opte pelos pronomes no singular para combinar (*he/she*, *his/her*) e evite usar "*their*".

Qual das orações está correta?

A. Matilda the lifeguard says that nobody should wear their earplugs in the pool in case shark warnings are broadcast.

B. Matilda the lifeguard says that nobody should wear his or her earplugs in the pool in case shark warnings are broadcast.

Resposta: a oração B está correta. *Nobody* está no singular. *His or her* é singular. *Their* é plural. Está bem, está bem, eu sei, a oração soa horrível.

Muito tempo atrás, a oração A teria sido aceita, até mesmo por autores venerados pelos professores de inglês, tais como Shakespeare e Jane Austen. No entanto, há pouco mais de 100 anos, a oração "A" foi presa pela polícia gramatical. Agora," B" está correta e "A" está errada. (No inglês usado em conversação, a oração "A" é ouvida abundantemente. Na verdade, ela também é abundante no inglês formal e está errada nos dois casos).

Tente outra. Qual das orações está correta?

A. Each of the computers popped its disk drive when the doughnut cream dripped in.

B. Each of the computers popped their disk drives when the doughnut cream dripped in.

Resposta: a oração "A" está correta. O pronome *its* refere-se a *each of the computers*. *Each* é singular, em todos os casos. Pense em *each* como se estivesse convertendo um grupo de computadores em *one computer*, seguido de outro, depois de outro, e assim por diante. *Each* faz com que você considere os computadores um a um. Assim, *its* - o pronome no singular - está correto.

Tente mais uma. Qual das orações está correta?

A. I'm sorry that somebody lost their bookbag, but I've lost my mind!

B. I'm sorry that somebody lost his or her bookbag, but I've lost my mind!

Resposta: a oração B está correta no inglês formal porque *somebody* é singular e deve ser combinado com um pronome no singular (*his or her*), e não com um pronome no plural (*their*).

Sex ou gender?

A palavra *gender* (gênero) era usada para se referir somente a palavras. Por exemplo, o gênero de *his* é masculino, e o gênero de *her* é feminino. A palavra que descreve a identidade masculina ou feminina - aquele tipo de identidade encontrado nos anúncios de nascimento *It's a boy*! *It's a girl*! - é o que chamamos de *sex*. Mas, como todos com mais de dois minutos de vida sabem (OK, talvez não dois minutos, mas ainda com poucos anos de vida), *sex* também pode se referir a uma atividade de grande interesse para a raça humana.

No final do século 20, feministas e outras pessoas começaram a analisar a forma em que os homens e as mulheres eram tratados pela sociedade, a forma em que eles se relacionavam um com outro e vários outros tópicos semelhantes. Falar em *sex* em referência a esses tópicos estava correto de acordo com a definição de *sex* no dicionário. Naturalmente, a palavra *sex* às vezes fazia com que os participantes dessas discussões extremamente sérias parassem de pensar sobre os papéis da sociedade e começassem a pensar em... pois é... sexo.

Uma nova palavra se fazia nitidamente necessária - uma que distinguisse entre a identidade de menino/menina e aquilo em que eles começavam a pensar quando alcançavam a puberdade. Veio então a palavra *gender*. A palavra já significava a diferença entre *his* e *her*, mas tinha a vantagem de ser separada do prazer físico.

Pelo menos uma vez por mês durante alguns anos, todos os artigos escritos sobre feminismo no jornal local que costumo ler (The New York Times) vinha acompanhado de uma carta escrita por um gramático que se sentia ultrajado. As cartas diziam coisas como "Vocês defendem a igualdade de gêneros, mas a palavra *gender* (gênero) é um atributo de uma palavra e não um salário. Vocês devem defender a igualdade sexual". Depois de mais ranger de dentes, o escritor citava o dicionário e assinava seu nome.

Apesar de todos esses gramáticos ultrajados (ou talvez por causa deles), a palavra *gender* saiu do dicionário e se acomodou confortavelmente em seu novo significado. *Gender* é agora aceita como um termo gramatical, designando masculino e feminino. *Gender* também é aceita quando classifica pessoas, papéis na sociedade e qualquer outra coisa em categorias masculina e feminina.

Evitando Pronomes Machistas

Ao me preparar para escrever esta seção, digitei "pronome + gênero" num provedor de pesquisas da Web e, depois, cliquei em "procurar". Queria achar alguma coisa na Internet sobre o uso de linguagem sem machismo. Encontrei mais do que esperava. Na verdade, mais de 700.000 resultados. Não acredito que tantas pessoas estejam falando sobre pronomes! Na verdade, *falando* não é bem a palavra certa. *Discutindo*, *guerreando*, *brigando*, *xingando* e alguns outros termos menos educados são os que me vem à mente. O problema é o seguinte: durante muitos anos, a regra oficial dizia que termos masculinos (aqueles que se referem a homens) podiam se referir somente a homens ou poderiam ser *universais*, referindo-se tanto a homens quanto a mulheres. Essa regra é chamada de *masculino universal*. Veja um exemplo. Em uma aula de ginástica só para mulheres, o professor diria:

> Everyone must bring *her* gym shorts tomorrow.

E em uma aula de ginástica só para homens, o professor diria:

> Everyone must bring *his* gym shorts tomorrow.

Ao empregar o masculino universal, em uma aula de ginástica com homens e mulheres juntos, o professor diria:

> Everyone must bring *his* gym shorts tomorrow.

A julgar pela Internet, as batalhas sobre essa questão de pronomes provavelmente não vai terminar num futuro próximo. Meu conselho? Acho que você deve dizer *he or she* e *his or her* quando a gramática exigir esses termos. O masculino universal exclui as mulheres e pode ofender seu público.

No entanto, você pode dizer:

> Everyone must bring *his or her* gym shorts.

ou

> Everyone must bring *his* gym shorts.

ou

> All the students must bring *their* gym shorts.

ou

> Bring *your* gym shorts, *you* little creeps!

Todos esses exemplos de oração são gramaticalmente corretos

Capítulo 11

Simplesmente Diga que Concorda

Neste capítulo

- Distinguindo formas verbais no singular e formas verbais no plural;
- Combinando sujeito e verbo;
- Escolhendo as formas verbais corretas para perguntas e frases na negativa;
- Sabendo quando prestar atenção às frases preposicionais;
- Combinando verbos com sujeitos difíceis.

Os cineastas de Hollywood e cerca de um milhão de compositores de música tentaram convencer o público de que os opostos se atraem. Os gramáticos claramente não entenderam essa mensagem! Em vez de opostos, a língua inglesa prefere combinar pares. Combinação, na terminologia gramatical, é chamada de *concordância*. Neste capítulo, explico concordância em número - a qualidade que uma palavra tem de estar no singular ou no plural. A regra é a seguinte: elementos no singular devem ser combinados com outros elementos no singular, e elementos no plural devem combinar com outros elementos no plural. Neste capítulo, mostro como fazer com que sujeitos e verbos concordem. Trato dessa questão em alguns tempos verbais e em perguntas mostrando, em seguida, alguns casos especiais - substantivos e pronomes traiçoeiros que são muitas vezes combinados de forma errada.

Escrevendo Verbos no Singular e no Plural

Se você for um falante nativo da língua inglesa, na maioria das vezes, combinará sujeitos e verbos no singular e no plural de forma correta. Seu ouvido para a linguagem adequada cria esse par sujeito-verbo sem muito esforço. Para ajudá-lo nessa tarefa existe o fato de que, na maioria dos tempos verbais, você usa exatamente a mesma forma para os verbos no singular e no plural. Nesta seção, mostro as formas que não sofrem alteração e aquelas que mudam.

Os Imutáveis

Quando você está escrevendo ou dizendo verbos regulares no Simple Past, Simple Future, Past Perfect e Future Perfect, este tópico tem praticamente passe livre. (Algumas das formas chamadas progressivas sofrem alteração; veja mais detalhes na próxima seção). As formas não-progressivas desses verbos não mudam. Veja alguns exemplos, todos com o verbo regular *to snore*, com tempos verbais que usam a mesma forma tanto para sujeitos no singular quanto no plural.

Ludwig *snored* constantly, but his cousins *snored* only on national holidays. (O verbo *snored* no tempo verbal Simple Past combina com o sujeito *Ludwig* no singular e os sujeitos *cousins* no plural).

Ludmilla *will snore* if she eats cheese before bedtime, but her bridesmaids *will snore* only after a meal containing sardines. (O verbo will snore no tempo verbal Simple Future combina com o sujeito *Ludmilla* no singular e o sujeito *bridesmaids* no plural).

Cedric *had snored* long before his tonsils were removed by that saber-toothed tiger. The tigers *had snored* nightly before they met Cedric. (O verbo *had snored* no tempo verbal Past Perfect combina com o sujeito *Cedric* no singular e com o sujeito *tigers* no plural).

By the time this chapter is over, Lola *will have snored* for at least an hour, and her friends *will have snored* for an even longer period. (O verbo *will have snored* no tempo verbal Future Perfect combina com o sujeito *Lola* no singular e com o sujeito *friends* no plural).

DICA

Para mais informações sobre tempos verbais, veja o Capítulo 3.

Os Mutáveis

Você acabou de resolver que só vai falar usando esses verbos que nunca mudam? Sinto muito! Você não vai conseguir manter essa resolução. Os outros tempos verbais são essenciais para as suas habilidades de comunicação. Mas não desanime. É preciso saber apenas alguns princípios para identificar verbos no singular e no plural.

Tempos verbais no Simple Present

No Simple Present, quase todas as formas de verbos regulares são iguais, tanto no singular quanto no plural. Se o sujeito da oração for

I, *we* ou *you*, não se preocupe. Todos eles utilizam o mesmo verbo e o número não é um problema. (*I snore*, *we snore*, *you snore*).

Ao escolher alguns verbos no Simple Present, você deve ter cuidado quando o sujeito é um substantivo no singular (*Lola*, *tribe*, *motorcycle*, *loyalty* e assim por diante) ou no plural (*planes*, *trains*, *automobiles* e assim por diante). Além disso, é preciso pisar de mansinho quando o sujeito é um pronome que substitui um substantivo no singular (*he*, *she*, *it*, *another*, *someone* e assim por diante). Por último, é necessário ter cuidado quando o sujeito é um pronome que substitui um substantivo no plural (*they*, *both*, *several* e assim por diante). Para resumir tudo isso em uma regra mais simples: tome cuidado quando sua oração está falando *sobre* alguém ou algo. Não é necessário se preocupar com a concordância do sujeito-verbo em orações em que o sujeito é *I*, *you* ou *we*.

Para orações que falam sobre alguém ou algo, veja como identificar a diferença entre as formas no singular e no plural de um verbo regular: o verbo no singular termina em *s*, o que não acontece na forma do plural. Veja alguns exemplos de verbos regulares no Simple Present:

Singular	***Plural***
the tiger bites	the tiger bite
Lulu rides	they ride
she screams	the boys scream
Lochness burps	both burp

Quando em Roma e na Grécia, use os plurais clássicos

Sim, o Coliseu é uma visão deslumbrante, e os mitos gregos são super interessantes. Mas, que línguas! Graças aos antigos romanos e gregos, várias palavras da língua inglesa formam seus plurais de maneira estranha. Veja alguns pares de singular/plural:

- **Alumnus/alumni:** O singular, *alumnus*, é um termo masculino. O plural pode se referir a grupos de homens, ou, se você aceitar o termo masculino como universal, *alumni* pode se referir tanto a homens quanto a mulheres. (Veja o Capítulo 10).
- **Alumna/alumnae:** O singular, *alumna*, é um termo feminino. O plural se refere a grupos de mulheres, embora alguns falantes protestem contra o masculino universal usando *alumnae* tanto para homens quanto para mulheres.
- **Analysis/analyses:** *Analysis* é o singular, significando "uma sessão de terapia psicológica" ou, de forma mais geral, "uma investigação ou um exame sério". O plural troca o i pelo e.

- **Parenthesis/parentheses:** (Esta oração está entre *parenthesis*, mas eu tento não escrever com muitos *parentheses* porque os leitores se confundem com o uso de mais de três *parentheses*).
- **Datum/data:** Tecnicamente, *data* é o plural de *datum* e pede um verbo no plural (*the data are clear*). Entretanto, cada vez mais as pessoas estão combinando data com um verbo no singular (*the data is clear*). Para falar de forma correta e impressionar todos os seus amigos gramáticos, combine data com um verbo no plural.
- **Phenomenon/phenomena:** O termo no singular é *phenomenon*, um substantivo que significa "uma maravilha, uma ocorrência ou um evento especial". O termo no plural é *phenomena*, correto, mas tão obscuro hoje em dia, que o dicionário do meu computador tenta mudá-lo para *phenomenon*.

You guys understand, don´t you?

Você provavelmente notou que a palavra *you* serve tanto para o singular quanto para o plural. Posso dizer:

You are crazy.

Para Eggworthy quando ele sai dançando por aí vestido todo de azul. Posso também dizer:

You are crazy.

Para todas aquelas pessoas que pensam que os marcianos construíram as pirâmides. Em qualquer um dos casos, uso a forma do verbo no plural (*are*). O fato de you ser usado tanto no singular quanto no plural pode ser responsável pela popularidade de termos tais como *you all*, *y'all*, *youse* (muito usado na cidade de Nova York), *you guys* (idem) e *you people*. Esses termos dão vida à frase, mas não são corretos no inglês formal. Use *you* para sujeitos no singular e no plural, e se for o caso, deixe o contexto claro através de dicas:

Today you must all wear clothes to the Introduction to Nudism class because the heat is broken.

"I must have you and only you!" cried Ludwig to his soon-to-be sixth wife.

Tempos verbais progressivos

Os tempos verbais progressivos (*progressive*) - aqueles que contêm uma forma verbal que termina em *-ing* - também podem causar problemas no singular/plural. Esses tempos verbais contam com o verbo *to be*, um esquisitão gramatical que muda drasticamente dependendo do seu sujeito. Não se esqueça de combinar o sujeito com a forma correta do verbo *to be*. (Veja todas as formas do verbo *to be* no Capítulo 3). Observe esses exemplos de verbos progressivos:

- **Present Progressive no singular:** I *am biting*, you *are biting*, Agwamp *is biting*, no one *is biting*
- **Present Progressive no plural:** We *are biting*, you *are biting*, the tigers *are biting*, they *are biting*.

- **Past Progressive no singular:** I *was biting*, you *were biting*, Agwamp *was biting*, no one *was biting*.
- **Past Progressive no plural:** We *were biting*, you *were biting*, the tigers *were biting*, both *were biting*.

Caso você esteja se perguntando sobre o Future Progressive, vou lhe dar a boa notícia: este nunca muda! As formas no singular e no plural são iguais (I *will be biting*, we *will be biting* e assim por diante). Sem problemas, então.

Tempos verbais Present Perfect e Future Perfect

Os tempos verbais Present Perfect e Future Perfect (tanto progressivos quanto não-progressivos) contêm formas do verbo *to have*. Use have quando o sujeito for *I*, *you* ou um substantivo ou pronome no plural. Use *has* quando estiver falando sobre um substantivo ou pronome no singular que possa substituir o substantivo no singular. Alguns exemplos:

- **Present Perfect no singular:** I *have bitten*, I *have been biting*, you *have bitten*, you *have been biting*, Agwamp *has bitten*, Lola *has been biting*, she *has bitten*, everyone *has been biting*.
- **Present Perfect no plural:** We *have bitten*, we *have been biting*, you *have bitten*, you *have been biting*, the tigers *have bitten*, the tigers *have been biting*, several *have bitten*, they *have been biting*.

Mais Fácil Que Terapia de Casais: Fazendo com que Sujeitos e Verbos Concordem

Uma vez que você consiga ver a diferença entre um verbo no singular e no plural (veja a seção anterior), é possível concentrar-se nas combinações. Lembre-se de que você deve sempre combinar sujeitos no singular com verbos no singular e sujeitos no plural com verbos no plural. Não é permitido misturar.

Observe como, nestes exemplos de orações, os sujeitos no singular são combinados com os verbos no singular e os sujeitos no plural são combinados com verbos no plural:

> The ugly lawn gnome loves the lovely plastic elf. (*gnome* = sujeito no singular, *loves* = verbo no singular)
>
> The lovely plastic elf is pining after the ugly lawn gnome. (*elf* = sujeito no singular, *is pining* = verbo no singular)

The weeds are a problem to this unhappy couple. (*weeds* = sujeito no plural, *are* = verbo no plural)

The hedge clippers are their only hope! (*clippers* = sujeito no plural, *are* = verbo no plural)

We plan to start clipping on St. Valentine's Day. (*we* = sujeito no plural, *plan* = verbo no plural)

Como é que eu pude saber que o par sujeito-verbo estava no singular ou no plural? Determinei o número de sujeitos que executaram a ação e, em seguida, combinei com os verbos.

Veja alguns passos a serem seguidos para ter certeza de que os seus sujeitos e verbos concordam:

1. Faça a pergunta para achar o verbo (veja o Capítulo 2).
2. Faça a pergunta para achar o sujeito (veja o Capítulo 4).
3. Determine se o sujeito está no singular ou no plural.
4. Combine com o verbo adequado: verbo no singular com sujeito no singular, verbo no plural com sujeito no plural.

DEMÔNIOS

Tempo é diferente de dinheiro, mas na gramática, os dois são singulares

Tempo e dinheiro são iguais, pelo menos na gramática. Na gramática, você os conta como uma única grandeza, não como unidades separadas. Assim...

Fifty minutes *is* not enough for a television news show about Lochness.

A hundred dollars *was* a powerful temptation to Analivia, and she decided to allow the giant computer company to use her latest equation.

Uma exceção à regra ocorre quando você fala sobre dinheiro como uma coisa física - pedaços de papel ou de metal. Por exemplo:

Fifty dollars *are* taped to the wall behind Lochness's cash register because he thinks that such a display is "classy."

One hundred francs *were* dropped, one by one and with great ceremony, into the child's piggybank.

Escolhendo Verbos para Dois Sujeitos

Orações com dois sujeitos unidos por *and* pedem um verbo no plural, mesmo que cada um dos sujeitos esteja no singular. (Pense na matemática: um + um = dois. Um sujeito + um sujeito = sujeito no plural).

Veja alguns exemplos de orações com sujeitos unidos pela palavra *and*:

The lawnmower and the hedge clipper are their salvation. (*lawnmower* + *clipper* = sujeito no plural, *are* = verbo no plural).

The ugly lawn gnome and the lovely plastic elf belong together. (*gnome* +*elf* = sujeito no plural, *belong* = verbo no plural).

Romance and lawn care do not mix well. (*romance* + *lawn care* = sujeito no plural, *do mix* = verbo no plural).

Sujeitos unidos por or, assim como sujeitos unidos por *either/or*, podem usar o verbo no singular ou no plural. Veja o Capítulo 21.

Qual das orações está correta?

A. Lubdub and his co-conspirator plan to steal the lawn ornament.

B. Lubdub and his co-conspirator plans to steal the lawn ornament.

Resposta: a oração "A" está correta. O sujeito é *Lubdub and his co-conspirator*, um sujeito no plural. É necessário o verbo *plan* no plural.

Tente mais uma. Qual das orações está correta?

A. Lubdub and his co-conspirator have had no mercy for the gnome.

B. Lubdub and his co-conspirator has had no mercy for the gnome.

Resposta: a oração "A" está correta. O sujeito continua no plural (*Lubdub and his co-conspirator*) e, por isso, precisa de um verbo no plural. O verbo na oração "A" é *have had*, que também está no plural. Na oração "B", o verbo (*has had*) está no singular.

A Pergunta das Perguntas

Só para complicar um pouco mais a concordância sujeito-verbo, a gramática inglesa muda as palavras de lugar na oração para formar perguntas e, muitas vezes, acrescenta um ou dois verbos auxiliares. (Veja o Capítulo 2 para mais informações sobre verbos auxiliares). Para piorar ainda mais as coisas, as perguntas são formadas de maneira diferente em tempos verbais diferentes. Nesta seção, mostro como formar perguntas no singular e no plural em cada tempo verbal.

Perguntas no presente

Observe os sujeitos e os verbos destacados em itálico nessas perguntas:

> *Do* the *holes* from Lulu's pierced eyebrows *fill* with water when it rains? (*holes* = sujeito no plural, *do fill* = verbo no plural).

Does the *ring* in Lulu's navel rust when she showers? (*ring* = sujeito no singular, *does rust* = verbo no singular).

Do Ludwig and *Ludmilla need* a good divorce lawyer? (*Ludwig + Ludmilla* = sujeito no plural, *do need* = verbo no plural).

Does Eggworthy like artichoke omelets? (*Eggworthy* = sujeito no singular, *does like* = verbo no singular).

Você provavelmente já percebeu que os verbos são formados acrescentando-se *do* ou *does* ao verbo principal. *Do* combina com todos os plurais assim como os sujeitos I e *you* no singular. *Does* é usado para todos os outros sujeitos no singular. Este é o sistema usado para a maioria das perguntas em tempos verbais no presente. (Perguntas formadas com o verbo *to be* não precisam de *do* nem de *does*). Quando *do* ou *does* são usados para formar uma pergunta, o verbo principal não muda. Portanto, ao verificar a concordância sujeito-verbo em perguntas no presente, não se esqueça de prestar atenção ao verbo auxiliar - *do* ou *does*.

Só para fazer uma comparação, veja algumas perguntas com o verbo *to be*:

Is Lola in style right now? (*Lola* = sujeito no singular, *is* = verbo no singular).

Am I a good grammarian? (*I* = sujeito no singular, *am* = verbo no singular).

Are the *grammarians analyzing* that sentence? (*grammarians* = sujeito no plural, *are analyzing* = verbo no plural).

Is Lochness spying again? (*Lochness* = sujeito no singular, *is spying* = verbo no singular).

TESTE

Passe essa frase para a interrogativa:

Ludmilla meets Ludwig's parents today.

Resposta: *Does* Ludmilla *meet* Ludwig's parents today? Para formar a pergunta, acrescente o verbo auxiliar *does*.

Perguntas no passado

Perguntas no passado fazem uso do verbo auxiliar *did*. Acredito que você vá vibrar ao saber que *did* é usado para formar perguntas tanto no singular quanto no plural. Perguntas com o verbo *to be* (sempre bancando o "independente") não precisam de verbos auxiliares, mas mudam sua ordem. Veja alguns exemplos de perguntas no passado:

Did Felonia play the same song for eight hours? (*Felonia* = sujeito no singular, *did play* = verbo no passado e singular).

Did the *grammarians complain* about that question? (*grammarians* = sujeito no plural, *did complain* = verbo no passado e plural).

Was Lola on the Committee to Combat Body Piercing? (*Lola* = sujeito no singular, *was* = verbo no passado e singular).

Were the villagers angry about the new tax? (*villagers* = sujeito no plural, *were* = verbo no plural).

Was I talking too fast? (*I* = sujeito no singular, *was talking* = verbo no singular).

Were the lions roaring? (*lions* = sujeito no plural, *were roaring* = verbo no plural).

Passe essa frase para a interrogativa.

Ludmilla and Ludwig had the invitations.

Resposta: *Did* Ludmilla and Ludwig *have* the invitations? Para formar uma pergunta no passado, acrescente o verbo auxiliar *did*.

Perguntas no futuro

Novamente, este tópico tem passe livre quando se trata de perguntas no singular e no plural. Os tempos no futuro já possuem verbos auxiliares e, portanto, não é necessário acrescentar nada. A melhor parte é a seguinte: os verbos auxiliares são iguais para sujeitos no singular e no plural. Leia estes exemplos de perguntas no futuro:

Will Cedric and *Blathersby see* that movie about the exploding doughnut? (*Cedric* + *Blathersby* = sujeito no plural, *will see* = verbo no futuro e plural)

Will Lola ever *see* the error of her ways? (*Lola* = sujeito no singular, *will see* = verbo no futuro e plural).

Will Legghorn be screening his new movie tonight? (*Legghorn* = sujeito no singular, *will be screening* = verbo no futuro e plural).

Will both of you *be ordering* another dessert? (*both* = sujeito no plural, *will be ordering* = verbo no futuro e plural).

Frases Negativas e Concordância Sujeito-Verbo

Algumas frases negativas no presente também são formadas acrescentando-se a um verbo principal os auxiliares *do* ou *does* junto com a palavra *not*. Lembre-se de que *does* sempre é singular. O verbo auxiliar *do* pode ser combinado com os sujeitos *I* e *you* no singular. *Do* é também usado com todos os sujeitos no plural. Veja alguns exemplos:

Ludwig does not *drive* a sports car because he wants to project a wholesome image. (*Ludwig* = sujeito no singular, *does drive* = verbo no presente e singular)

The killer *bees do* not *chase* Lochness, because they are afraid of him. (bees = sujeito no plural, *do chase* = verbo no presente e plural)

I do not *want* to learn anything else about verbs ever again. (*I* = sujeito no singular, *do want* = verbo no presente e singular)

You do not *dance* on your elbows in this club! (*You* = sujeito no singular ou no plural, *do dance* = verbo no presente, singular ou plural)

Mais uma notícia boa: para formar perguntas no passado e no futuro, não é necessário usar outros verbos auxiliares e os verbos auxiliares são iguais tanto no singular quanto no plural. Não se preocupe com esses tempos!

Passe essa frase para a negativa.

Legghorn gave me help for the grammar test.

Resposta: Legghorn *did* not *give* me help for the grammar test. A negativa é formada com o verbo auxiliar *did.*

Frases interrogativas e negativas em várias línguas estrangeiras são formadas de forma diferente. Em espanhol, por exemplo, basta elevar o tom da sua voz e acrescentar pontos de interrogação às frases para indicar que você está fazendo uma pergunta. Uma pessoa que fala espanhol, e que faz uma pergunta, precisa simplesmente dizer o equivalente a "He sings?" ou "He not sings". Em inglês, no entanto, é necessário usar o verbo auxiliar nessas frases.

Distrações: Frases Preposicionais e Outras Palavras Irrelevantes.

Sujeitos e outros verbos são como babás e bebês passeando pelo parque; sempre estão juntos. De vez em quando, alguém circulando pela área cisma de enfiar a cara no carrinho e começa a fazer caretas ou a brincar de se esconder da pobre criança. Esse sujeito é uma distração irrelevante para a babá, e depois de alguns instantes de macaquices, para o bebê também.

O mundo das orações tem vários habitantes que adoram brincar de se esconder. Esses sujeitos aparecem, entram no meio de um sujeito e de seu verbo, distraindo você do que realmente é importante. A melhor estratégia é ignorar essas distrações. Identifique-as e, em seguida, elimine-as (pelo menos mentalmente) para chegar à essência da oração - o par sujeito-verbo.

Os seres que mais fazem interrupções, mas que não são os únicos, são as frases preposicionais. Uma *frase preposicional* contém uma preposição (*on*, *to*, *for*, *by* e assim por diante) e um objeto da preposição (um substantivo ou pronome). Essas frases também podem conter algumas palavras descritivas. (Veja uma discussão completa sobre frases preposicionais no Capítulo 9).

Além das frases preposicionais, as "distrações" podem ser orações ou verbos no particípio. Para mais informações sobre orações e verbos no particípio, veja o Capítulo 24.

Nas orações a seguir, tentei camuflar um pouco. Esses seres que adoram causar interrupções (e que nem sempre são frases preposicionais) estão destacados em itálico.

> The ugly lawn gnome *with 10,000 eyes and only five toes* loves the lovely plastic elf. (*gnome* = sujeito, *loves* = verbo).

Nesta oração, *gnome* é o sujeito. *Gnome* está no singular. Se você prestar atenção à frase preposicional, poderá acabar se concentrando incorretamente em *eyes* e *toes* como sendo o sujeito - ambas são palavras no plural.

> The lovely plastic elf, *fascinated with folktales*, is pining after the ugly lawn gnome. (*elf* = sujeito, *is pining* = verbo)

Ao ignorar a frase que está fazendo a interrupção e causando distração nessa oração, você pode facilmente identificar o par sujeito-verbo.

> The weeds, *not the edge of the lawn*, are a problem to this unhappy couple. (*weeds* = sujeito, *are* = verbo)

Nesta oração, *weeds* é o sujeito. Se você procurar quem está fazendo a interrupção, poderá acabar combinando incorretamente o seu verbo com *edge* ou *lawn*, ambos no singular.

Resposta final: Ignore todas as frases que causam distração e encontre o verdadeiro par sujeito-verbo.

Qual das orações está correta?

A. The boy in the first row, along with all the hedgehogs under his desk, is ignoring the teacher.

B. The boy in the first row, along with all the hedgehogs under his desk, are ignoring the teacher.

Resposta: a oração "A" está correta. O sujeito é *boy*. O menino *is ignoring*. *Along with all the hedgehogs under his desk* está causando a interrupção (neste caso, uma frase preposicional).

Mais um: qual das orações está correta?

A. The girl in the last row, but not the trolls standing on the coat rack, are firing spitballs at the teacher.

B. The girl in the last row, but not the trolls standing on the coat rack, is firing spitballs at the teacher.

Resposta: a oração "B" está correta. O sujeito é *girl*. O verbo deve, portanto, estar no singular (*is firing*). As interrupções (ambas são frases preposicionais) são causadas por *in the last row* e *but not the trolls standing on the coat rack.*

DICA

Orações que tenham uma ordem de palavras pouco comum ou que tenham as palavras *here* e *there* muitas vezes causam confusão. Veja o Capítulo 4 para obter dicas sobre combinação de sujeitos e verbos nessas situações.

Será que Nunca Vamos Nos Dar Bem? Concordância com Sujeitos Difíceis.

Toda família tem um filho problemático, ou pelo menos um primo problemático. Todo tópico da gramática inglesa tem pelo menos um filho problemático, incluindo o tópico de concordância sujeito-verbo. Nesta seção, conduzo você através de várias situações, cada qual apresentando um sujeito difícil.

Cinco pronomes intrigantes que funcionam como sujeitos

No início deste capítulo, eu disse que você deveria ignorar as frases preposicionais. Agora, devo confessar que essa regra tem uma pequena exceção - bem, cinco pequenas exceções. Cinco pronomes - cinco palavrinhas que sempre arrumam um jeito de causar problemas - mudam do singular para o plural por causa das frases preposicionais que as acompanham. Esses cinco pronomes encrenqueiros são os seguintes:

- any
- all
- most
- none
- some

DICA

Uma boa maneira de se lembrar dessas cinco palavras importantes é usando a seguinte frase meio sem sentido. (O quê? Você está dizendo que todas as orações neste livro são orações meio sem sentido? Obrigado pelo elogio). De qualquer forma, se desejar, lembre-se desses pronomes usando a seguinte frase:

Amy Aardvark makes nice salads. (*Amy* = any, *Aardvark* = all, *makes* = most, *nice* = none, *salads* = some)

Observe-os com algumas frases preposicionais e verbos. Observe como a frase preposicional afeta o número do verbo.

Singular	***Plural***
any of the book is	*any* of the magazine are
all of the pie is	*all* of the shoes are
most of the city is	*most* of the pencil are
none of the pollution is	*none* of the toenails are
some of the speechis	*some* of the politics are

Viu só o padrão? Para essas cinco palavras, a frase preposicional é o fator determinante. Se a frase se refere a uma ideia no plural, o verbo fica no plural. Se a frase se refere a uma ideia no singular, o verbo fica no singular.

Portanto, lembre-se de Amy Aardvark makes nice salads, verifique a frase preposicional e determine se o verbo deve estar no singular ou no plural. Fácil, não? Assunto encerrado!

Aqui e ali, sempre um problema com Here e There.

Uma das variações que envolvem a ordem pouco comum de palavras é uma oração que comece com *here* ou *there*. Nos exemplos abaixo, os pares sujeito-verbo estão destacados em itálico:

Here *is* the ugly lawn *gnome* with his new love, a ceramic deer.

There *are* many *problems* in every lawn-ornament relationship.

Here, for example, *are* a *frog* and a *birdbath*.

There *is* no *privacy* in lawn-ornament romances.

Como pode ver, as palavras *here* e *there* não estão destacadas em itálico. Essas palavras nunca são sujeitos! O verdadeiro sujeito neste tipo de oração vem depois do verbo e não antes. Para mais exemplos de orações com *here* e *there*, veja o Capítulo 4.

Os "Ones", os "Things" e os "Bodies"

Os *Ones*, os *Things* e os *Bodies* não são nomes de famílias que moram no mesmo prédio que você; e você não vai encontrá-los na lista telefônica (a não ser que alguém na sua cidade tenha nomes realmente estranhos). Os *Ones*, os *Things* e os *Bodies* são famílias de pronomes que adoram aprontar travessuras. Veja a árvore genealógica deles:

Os Ones: *one*, *everyone*, *someone*, *anyone*, *no one*

Os Things: *everything*, *something*, *anything*, *nothing*

Os Bodies: *everybody*, *somebody*, *anybody*, *nobody*

Esses pronomes estão sempre no singular, mesmo que estejam cercados por frases preposicionais que expressem plural. Esses pronomes devem ser combinados com verbos no singular. Observe os seguintes exemplos:

So everybody *is* happy because *no one has caused* any trouble, and anything goes.

Anyone in the pool of candidates for dogcatcher *speaks* better than Lulu.

One of the million reasons why I hate you *is* your tendency to use bad grammar.

Not *one* out of a million spies *creates* as much distraction as Lochness.

Os *Ones*, os *Things* e os *Bodies* também devem ser combinados com pronomes no singular. (veja o Capítulo 10 para mais informações sobre concordância de pronomes). Por enquanto, basta lembrar-se de que os *Ones*, os *Things* e os *Bodies* estão sempre no singular.

Todo e cada erro cometido com each e every pode causar dores de cabeça

Each e *every* são palavras muito poderosas; são fortes o suficiente para transformar qualquer coisa que venha depois delas na oração – não interessa o quê - em uma ideia no singular. Dê só uma olhada nesses exemplos:

Each shoe and sock *is* in need of mending, but Ludwig refuses to pick up a needle and thread.

Every dress and skirt in that store *is* on sale, and Lulu's in a spending mood.

Each of those Halloween pumpkins *was* fairly rotten by December, although Lola made pies out of them anyway.

Every one of the atomic secrets *has been* eaten by Lochness in an attempt to avoid capture.

Essas orações lhe parecem estar erradas? *Each* tem uma certa expressão de plural em si: duas coisas (*shoe and sock*) na primeira oração, duas outras coisas (*dress and skirt*) na segunda oração, *pumpkins* na terceira oração e *secrets* na quarta oração. Como as orações dizem respeito a grupos, elas pedem verbos no plural. Certo?

Errado. A lógica é que quando *each* ou *every* são colocados na frente de um grupo, você toma os itens do grupo um por um - um de cada vez. No primeiro exemplo de oração, o sujeito consiste em um *shoe*, uma *sock*, outro *shoe*, outra *sock*, e assim por diante. Portanto, a oração precisa de um verbo no singular para combinar com o sujeito no singular. Então, nos exemplos de orações, os verbos no singular combinam com os sujeitos que são transformados em singular pelas palavras mágicas *each* e *every*:

> Each shoe and sock is
>
> Every dress and skirt is
>
> Each of those Halloween pumpkins was
>
> Every one of the atomic secrets has been eaten

DICA

Lembre-se dessa frase: *Each* mistaken subject and verb *is* a problem, and *every* grammar rule and example *is* important.

Quero ficar sozinha: either e neither sem seus parceiro

Either geralmente anda por aí com seu parceiro or, assim como *neither* passa bastante tempo com *nor*. (Para informações sobre como combinar verbos com sujeitos em orações com pares *either/or* e *neither/nor*, veja o Capítulo 21). Mas cada uma dessas palavras às vezes dá uma de egoísta e diz: - Quero ficar sozinha. Quando estão sozinhas, *either* e *neither* estão sempre no singular, mesmo que você insira um enorme grupo (ou apenas um grupo de dois) entre elas e seus verbos. Daí...

> *Either* of the two armies *is* strong enough to take over the entire planet.
>
> *Neither* of the football teams *has shown* any willingness to accept Lola as quarterback.
>
> *Either* of the dinosaur herds *was* capable of trampling a huge forest of ferns.
>
> *Neither* of the lawyers *does* anything without billing me.

Como os exemplos de orações são sobre exércitos, times, manadas e advogados, você poderá se sentir tentado a escolher verbos no plural. Resista à tentação! Independentemente do que a oração diz, se o sujeito for *either* ou *neither*, o singular é o caminho certo a ser tomado. Além disso, qualquer pronome que se refira a *either* ou *neither* também deve estar no singular (veja o Capítulo 10 para mais informações sobre o uso de pronomes). Observe os seguintes exemplos:

> ERRADO: *Either* of the television stars *are* going to be fired because of their connection with Blathersby.
>
> POR QUE ESTÁ ERRADO: *Either* é singular e, por isso, há um erro na combinação com os plurais *are going* (verbo) e *their* (pronome).

CERTO: *Either* of the television stars *is* going to be fired because of his connection with Blathersby.

POR QUE ESTÁ CERTO: Agora tudo está no singular: *either*, *is going*, *his*.

Veja mais alguns exemplos:

ERRADO: *Neither* of the candidates *are* going to agree to the peace terms.

POR QUE ESTÁ ERRADO: *Neither* é singular e não pode ser combinado com um verbo no plural (*are going*).

CERTO: *Neither* of the candidates *is* going to agree to the peace terms.

POR QUE ESTÁ CERTO: ambos estão agora no singular: *neither* e *is going* combinam.

Resposta final: *either* e *neither*, sem seus parceiros *or* e *nor*, sempre indicam sujeitos no singular e sempre pedem verbos no singular.

Politics, statistics e outros sujeitos irregulares

Além dos truques sujos e das falcatruas, o problema na política de politics é o número. Especificamente, a palavra *politics* é singular ou plural? Surpresa! *Politics* é singular, e você deve combiná-la com um verbo no singular. Veja um exemplo:

Politics is a dirty sport, very much suited to Ludwig's view of the world.

Politics (singular) é combinada com *is* (singular).

E já que estou falando sobre isso, e no caso das palavras *mathematics*, *news*, *economics*, *measles*, *mumps* e *analysis*?

Esses substantivos também são todos singulares, embora terminem com a letra *s*. Assim, esses substantivos combinam com verbos no singular:

Ratrug thinks that *mathematics is* overrated. He'd like to see the subject dropped from the school curriculum.

The *news* about the doughnut *is* not encouraging.

"*Economics is* my thing," commented Cedric as he stuffed money into his pockets.

"Do you think that *measles is* a serious disease?" asked Eggworthy as he bought a case of skin lotion. "No, *mumps is* a lot worse," replied Murgatroyd, who was extracting another ice pack from the freezer.

"Your troubles are all in your mind," said Lola. "*Analysis* is the answer."

Outra palavra - *statistics* - pode ser usada no singular ou no plural. Se estiver falando de números, você pode ter duas *statistics*. Por exemplo: *Statistics show* that grammar knowledge is declining. (Mas você pode também ter uma *statistic* quando estiver usando a palavra para se referir a um número: I don't want to become a highway-fatality *statistic*). Se estiver falando sobre um curso ou uma área de estudo, *statistics* é sempre singular, como no meu estudo de *statistics*. Na minha escola, *statistics* is a difficult course.

A língua inglesa também possui palavras que estão sempre no plural. Veja algumas delas: *pants*, *trousers* e *scissors*. (Você não pode se vestir com uma *pant* ou uma *trouser* e não pode cortar com uma *scissor*). Outras palavras comuns que estão sempre no plural são: *credentials*, *acoustics*, *earnings*, *headquarters* e *ceramics*.

Quando em dúvida, consulte o seu dicionário e lembre-se de combinar substantivos no singular com verbos no singular e substantivos no plural com verbos no plural.

Parte III

Sem Oficina, mas Cheio de Mecânicos

A 5ª onda por Rich Tennant

É do editor. Diz assim: "claro Srº Shakespeare, sua peça atual é mais boa do que a última, mas ainda não melhor do que achamos que o senhor é capaz".

Nesta parte...

Você passou por algum canteiro de obras ultimamente? Em caso afirmativo, deve ter observado enormes pilhas de tábuas, aço ou tijolos, todas partes bastante úteis e notáveis do novo prédio. Um pouquinho mais ao canto, você provavelmente deve ter visto algumas daquelas miudezas que também possibilitam a construção de um prédio - pregos, porcas e parafusos.

Nesta parte, explico os pregos, as porcas e os parafusos da escrita: apóstrofos, aspas e outros sinais de pontuação, bem como as regras de uso de letras maiúsculas. Ao terminar de ler esta parte, você vai entender por que essas miudezas - a que os professores de inglês chamam de mecânicos – são partes essenciais do pacote que leva dentro de si, o significado que você transmite ao leitor.

Capítulo 12

A Lei da Pontuação que Deveria ser Revogada: Apóstrofos

Neste capítulo

- Indicando propriedade com o uso de apóstrofos;
- Encurtando palavras e frases com uso de apóstrofos;
- Evitando erros comuns no uso de apóstrofos;
- Usando apóstrofos com números e símbolos.

Sempre que estou fazendo uma caminhada, isso acontece. Estou concentrado em todos os tipos de ideias gramaticais perfeitas, quando um letreiro ou uma placa pendurada numa janela chama a minha atenção.

Bagel's Sold Here

Smiths Furniture - the Best Deals in Town!

Levo um susto ao ver que a regra do apóstrofo mais uma vez é assassinada. Apóstrofos são aqueles sinais de pontuação que você vê pendurados em algumas letras - como a palavra *bagels* na placa do exemplo. Por que essas placas me incomodam? Porque em ambas, o apóstrofo (ou sua ausência) é um problema. As placas deveriam dizer:

Bagels Sold Here

Smith's Furniture - the Best Deals in Town!

E por que isso não acontece? Não sei. Sei que até pessoas muito bem letradas jogam esses pequenos rabiscos onde não é seu lugar e os excluem onde são necessários. Portanto, sou a favor de uma mudança, uma revogação da regra do apóstrofo. Acho que deveríamos eliminá-lo dos livros. Arrancar a tecla do apóstrofo dos teclados dos computadores. Apagar o apóstrofo da mente coletiva dos professores de inglês. Pronto, acabado, sem devolução.

Enquanto não chega esse dia de alegria em que os apóstrofos desaparecerão, você terá que aprender as regras. Neste capítulo, explico como usar apóstrofos para indicar propriedade, como encurtar palavras com apóstrofos e como formar alguns plurais.

The Pen of My Aunt ou My Aunt's Pen? Usando Apóstrofos para Indicar Posse

A maior parte das outras línguas é mais esperta que o inglês. Para indicar posse em francês, por exemplo, você diz:

the pen of my aunt

the little letters of the lovers

the fine wines of that corner bar

e assim por diante. Isso também pode ser feito em inglês, mas existe também outra opção, o apóstrofo. Observe as mesmas frases - com o mesmo significado - usando apóstrofos:

my *aunt's* pen

the *lovers'* little letters

that corner *bar's* fine wines

DICA

Todas essas frases incluem substantivos que expressam propriedade. Gosto de pensar no apóstrofo como uma mãozinha, segurando um *s* para indicar propriedade ou posse. Nestes exemplos, você observa que o apóstrofo é usado para indicar que um substantivo no singular possui algo (*aunt's pen*; *bar's fine wines*). Você vê também uma frase onde o apóstrofo indica que substantivos no plural possuem algo (*lovers' little letters*).

Propriedade no singular

O que devemos entender sobre o uso de apóstrofos para indicar propriedades com substantivos no singular é o seguinte: para indicar que um proprietário tem posse de algo, acrescente um apóstrofo e a letra *s* ao proprietário.

the *dragon's* burnt tooth (O dente queimado pertence ao dragão).

Lulu's pierced tooth (O dente com piercing pertence a Lulu).

Murgatroyd's gold-filled tooth (O dente obturado com ouro pertence a Murgatroyd).

DICA

Outra maneira de pensar nessa regra é ver se a palavra *of* expressa o que você está tentando dizer. Com o método do *of*, você observa que:

> the sharp tooth *of* the crocodile = the *crocodile's* sharp tooth.
>
> the peanut-stained tooth *of* the elephant = the *elephant's* peanut-stained tooth.

e assim por diante.

Às vezes, aparentemente, não há nenhum proprietário presente na frase. Essa situação aparece principalmente quando você está falando sobre tempo. Se puder inserir *of* na oração, talvez seja necessário usar o apóstrofo. Para ter uma ideia de como realizar o "teste do of", veja algumas frases que expressam tempo:

> one week's tooth cleaning = one week *of* tooth cleaning.
>
> a year's dental care = one year *of* dental care.

Veja o macete: quando estiver falando sobre tempo, faça o "teste do of" na sua oração. Se ela passar no teste, insira um apóstrofo.

TESTE

Qual das orações está correta?

A. Lulu told Lola that Lochness needs a years work on his gum disease.

B. Lulu told Lola that Lochness needs a year's work on his gum disease.

Resposta: a oração "B" está correta porque Lochness precisa de *a year of work* para dar um jeito na sua boca. (Na verdade, ele precisa de uma dentadura e talvez de uma plástica no nariz, mas o tratamento da gengiva durante um ano é um bom começo).

Porque Bill não é o dono de tudo: Possessivos no plural

Se tudo pertencesse a uma única pessoa, seu trabalho de entender apóstrofos estaria acabado. Bill Gates está perto disso, mas até ele ainda não conseguiu dominar tudo. Você ainda precisa trabalhar com proprietários no plural. Os plurais da maioria dos substantivos em inglês - tudo que seja mais que um - já termina com a letra *s*. Para indicar propriedade, basta acrescentar um apóstrofo após o *s*. Observe os seguintes exemplos:

> ten *gerbils'* tiny teeth (Os dentinhos pertencem a dez gerbils).
>
> many *dinosaurs'* petrified teeth (Os dentes petrificados pertencem a uma manada de dinossauros).
>
> a thousand sword *swallowers'* sliced teeth (Os dentes talhados pertencem a mil engolidores de espadas).

DEMÔNIOS

A regra do who's e whose

Whose indica propriedade. Raramente causa problemas, exceto quando confundido com outra palavra: *who's*. *Who's* é uma contração que representa *who is*. Em outras palavras...

The boy *whose* hat was burning was last seen running down the street screaming, "*Who's* in charge of fire fighting in this town?"

e

Whose box of firecrackers is on the radiator? *Who's* going to tell Eggworthy that his living room looks like the Fourth of July?

Veja alguns exemplos corretos para você analisar:

Whose review will Legghorn read first?

Who's going to tell Legghorn that his play is awful?

DICA

O teste do *of* também funciona para o plural. Se você puder reestruturar a expressão usando a palavra *of*, talvez seja necessário usar o apóstrofo. Lembre-se de acrescentar o apóstrofo após a letra *s*.

three *days'* construction work on Legghorn's false teeth = three days *of* construction work.

sixteen *years'* neglect on the part of Lulu's dentist = sixteen years *of* neglect.

two *centuries'* pain of rotten teeth = two centuries *of* pain.

TESTE

Qual das opções está correta?

A. Dentist Roger has only one goal in life: to clean the Yankee's teeth.

B. Dentist Roger has only one goal in life: to clean the Yankees' teeth.

Resposta: a oração "A" está correta se você estiver falando sobre um jogador. A oração "B" está correta se você estiver falando sobre 24 conjuntos de dentes, ou todas as dentaduras do time.

Tente mais um. Qual das orações está correta?

A. The Halloween decorations are decaying, especially the pumpkins teeth. Cedric carved all ten jack-o-lanterns, and he can't bear to throw them away.

B. The Halloween decorations are decaying, especially the pumpkins' teeth. Cedric carved all ten jack-o-lanterns, and he can't bear to throw them away.

C. The Halloween decorations are decaying, especially the pumpkin's teeth. Cedric carved all ten jack-o-lanterns, and he can't bear to throw them away.

Resposta: a oração B está correta. O contexto da oração (*all ten jack-o-lanterns*) deixa claro o fato de que mais de uma abóbora está apodrecendo. Na oração B, *pumpkins'* expressa um possessivo no plural. Na oração A, *pumpkins* não possui nenhum apóstrofo, embora ela nitidamente indique posse. Na oração C, o apóstrofo é colocado antes do *s*, indicando uma única abóbora.

Possessivos com plural irregular

Em muitos dos meus exemplos neste capítulo, uso a palavra "teeth". (Você provavelmente vai ouvir dentes rangendo quando estiver dormindo). Aguarde mais um pouco para ver outros casos. Primeiro, observe a palavra *teeth*. Ela está no plural, mas *teeth* não termina com a letra s. Em outras palavras, *teeth* é um plural irregular. Para indicar propriedade no caso de uma palavra com plural irregular, acrescente um apóstrofo e, em seguida, a letra s (*teeth's*). Observe os seguintes exemplos:

teeth's cavities (As cáries pertencem aos dentes).

children's erupting teeth (Os dentes que estão nascendo pertencem às crianças).

the three blind *mice's* imaginary teeth (Os dentes imaginários pertencem aos três ratinhos cegos).

the *women's* lipstick-stained teeth (Os dentes manchados de batom pertencem às mulheres).

the *mice's* cheesy teeth (Os dentes lambuzados de queijo pertencem aos ratinhos).

geese's missing teeth (Os gansos não possuem dentes, porque como você obviamente sabe, as aves possuem bicos).

Possessivos no plural composto

O que acontece quando duas pessoas no singular são donas de alguma coisa? Elas vão à justiça e lutam pela posse, é o que acontece! Mas esqueça processos judiciais. Estou falando sobre gramática. A resposta gramatical é o uso de um ou dois apóstrofos, dependendo do tipo de propriedade. Se duas pessoas possuem algo juntas, como um casal, use apenas um apóstrofo.

George and Martha *Washington's* home (A casa pertence aos dois).

Hillary and Bill *Clinton's* daughter (Chelsea diz que os dois são seus pais).

Ludwig and *Ludmilla's* wedding (O casamento foi do noivo envergonhado com a noiva medrosa).

Lulu and *Lola's* new set of nose rings (O conjunto era muito caro para que cada uma comprasse separadamente; então, Lulu e Lola pagaram metade cada uma e concordaram em revezar seu uso a cada semana).

Lochness and the *superspy's* secret (Lochness contou ao super-espião e agora, estão compartilhando o segredo, que diz respeito a rosquinhas doces e explosivos).

Se duas pessoas possuem algo separadamente, como indivíduos, use dois apóstrofos:

George's and *Martha's* teeth (Ele tem seus dentes - que são falsos - e ela possui seus dentes).

Lulu's and *Legghorn's* new shoes. (Ela calça 34 e ele calça 44. O dela é feito de pele de jacaré com salto de 10 cm. O dele é de plástico com solado de 13 cm. Eles, com certeza, possuem pares separados).

Eggworthy's and *Ratrug's* attitudes towards dieting. (Eggworthy não sabe e não se importa em saber o seu nível de colesterol. Ratrug leva consigo uma tabela de nutrição e uma balança, e sempre pesa cada pedacinho de comida que come).

Lester's and *Archie's* sleeping habits (Nem queira saber. Só vou dizer que Lester dorme a noite toda e Archie dorme o dia todo).

Cedric's and *Lola's* fingernails. (Ele tem as unhas dele; ela tem as dela; os dois conjuntos de unhas são lixados e bem compridos).

Nem todos os substantivos no plural possuem apóstrofo

Falando em plurais: lembre-se de que o apóstrofo indica propriedade. Não o use quando houver um plural que não esteja expressando propriedade. Veja alguns exemplos:

CERTO: Bagels stick to your teeth.

ERRADO: Bagel's stick to your teeth.

TAMBÉM ERRADO: Bagels' stick to your teeth.

Veja outro exemplo:

CERTO: The gnus gnashed their teeth when they heard the news.

ERRADO: The gnus' gnashed their teeth when they heard the news.

TAMBÉM ERRADO: The gnu's gnashed their teeth when they heard the news.

Vamos resumir a regra para plurais e apóstrofos: se o substantivo no plural não estiver indicando propriedade, não use apóstrofo. Se o substantivo no plural indicar propriedade, acrescente o apóstrofo depois do *s* (para plurais regulares). Para plurais irregulares que indicam propriedade, acrescente *'s*.

Indicando Posse com Substantivos Próprios

Empresas, lojas e organizações também são donas de algo e, por isso, esses substantivos próprios - no singular ou no plural - também recebem apóstrofos. Coloque o apóstrofo no final do nome:

> *Lord & Taylor's* finest shoes
>
> *Microsoft's* finest operating system
>
> *Shearson Lehmann's* finest money
>
> *McGillicuddy, Pinch, and Cinch's* finest lawsuit
>
> *Grammar, Inc.'s* finest apostrophe rule

Observação: algumas lojas possuem apóstrofo em seus nomes, mesmo que não expressem sentido de posse. Por exemplo, *Bloomingdale's* é uma loja de departamentos. Na oração anterior, *Bloomingdale's* é escrito com apóstrofo, mas não há nenhum substantivo depois do nome da loja. Contudo, todo mundo chama a loja de *Bloomingdale's*, incluindo a própria loja. Esses nomes são provavelmente versões abreviadas de um nome mais longo (talvez *Bloomingdale's Department Store*).

Coloque os apóstrofos onde forem necessários neste parágrafo:

> Ratrug went to Macys Department Store to buy a suit for Lolas party. His shopping list also included a heart for the Valentines Day dinner and a card for his brothers next anniversary. Ratrugs shopping spree was successful, in spite of Lulus and Lolas attempts to puncture his tires.

Resposta: Ratrug went to *Macy's* Department Store to buy a suit for *Lola's* party. His shopping list also included a heart for the *Valentine's* Day dinner and a card for his *brother's* next anniversary. *Ratrug's* shopping spree was successful, in spite of *Lulu's* and *Lola's* attempts to puncture his tires. (Observação: Lulu e Lola fizeram furos separados nos pneus).

Propriedade em Palavras com Hífen

Outros casos especiais de posse envolvem palavras compostas - son-in-law, mother-of-pearl e todas as outras palavras com *hífen* (aqueles risquinhos na horizontal). A regra é simples: coloque o apóstrofo no final da palavra. Nunca coloque o apóstrofo dentro da palavra. Veja alguns exemplos de substantivos compostos no singular:

> the *secretary-treasurer's* report on teeth (O relatório pertence ao secretary-treasurer).

the *dogcatcher-in-chief's* canine teeth (Os dentes caninos pertencem ao dogcatcher-in-chief).

my *mother-in-law's* elderly teeth (Os dentes velhos pertencem à minha mother-in-law. Oi,sogra!).

A mesma regra se aplica aos substantivos compostos no plural que possuem hífen. Dê uma olhada nos seguintes exemplos:

the *doctors-of-philosophy's* study lounge (a sala de estudos pertence a todos os doctors-of-philosophy).

my *fathers-in-law's* wedding present (os presentes de casamento foram dados pelos fathers-in-law).

Substantivos Possessivos que Terminam em S

Substantivos no singular que terminam em *s* apresentam problemas especiais. Deixe-me explicar: meu sobrenome é Woods. Meu nome está no singular, porque sou uma única pessoa. Quando os alunos falam sobre mim, eles podem dizer:

Ms. Woods's grammar lessons can't be beat.

ou

Ms. Woods' grammar lessons can't be beat.

(Tudo bem, eles podem dizer muitas outras coisas também, mas este é um livro otimista e voltado para a família. Portanto, deixo os outros comentários de fora).

DICA

Ambas as orações sobre mim e minhas aulas de gramática (parece uma antiga canção: "Me and my grammar lessons / down in the good old school / where we learned apostrophes / so we wouldn't drool") estão corretas. Por que existem duas opções - *Ms. Woods's* e *Ms. Woods'*? A resposta tem a ver com o som. Se disser a primeira oração acima, ao chegar na palavra *grammar* você vai estar cuspindo em cima do seu ouvinte. Longe de ser uma boa ideia. A segunda oração soa melhor. Portanto, a política gramatical cedeu neste caso. Se o nome de um proprietário no singular termina com a letra *s*, você pode acrescentar somente um apóstrofo, e não um apóstrofo e outro *s*. Mas se você gosta de gastar saliva e cuspir, sinta-se à vontade para acrescentar um apóstrofo e um *s*. As duas versões são aceitáveis. Mas nunca coloque um apóstrofo no meio do nome de alguém.

CERTO: Ms. Woods's hysterically funny jokes.

TAMBÉM CERTO: Ms. Woods' hysterically funny jokes.

ERRADO: Ms. Wood's hysterically funny jokes.

Qual das orações está correta?

A. The walrus' tusk gleamed because the walrus brushed it for ten minutes after every meal.

B. The walrus's tusk gleamed because the walrus brushed it for ten minutes after every meal.

Resposta: ambas estão corretas. A oração "B" gasta um pouco mais de saliva, mas segue a regra. A oração"A" quebra a antiga regra, mas, hoje em dia, essa regra é quebrada. (Sim, esta questão foi uma "pegadinha". Você sabe como os professores são).

Tente mais um. Qual das orações está correta?

A. My whole family got together for Thanksgiving. The Woods' are a large group.

B. My whole family got together for Thanksgiving. The Woodses are a large group.

Resposta: outra pegadinha. A oração "B" está correta porque Woodses é um plural, e não um possessivo. Na oração "A" o apóstrofo está incorreto porque plurais não devem ter apóstrofos, a não ser que expressem propriedade.

Erros Comuns no Uso de Apóstrofos com Pronomes

A língua inglesa também tem pronomes - palavras que substituem um substantivo - para indicar propriedade. Alguns pronomes possessivos são *my, your, his, her, its, our* e *their.* Nenhum pronome possessivo, jamais, possui apóstrofo. Veja alguns exemplos de pronomes possessivos em ação:

your completely unruly child - e não your' completely unruly child (também errado: that completely unruly child of yours').

our extremely well-behaved youngster - e não our' extremely well-behaved youngster (também errado: the extremely well-behaved youngster of ours').

their tendency to fight - e não their' tendency to fight (também errado: the tendency of theirs' not to fight).

his call to the police - e não his' call to the police.

her reading of the suspect's rights - e não her' reading of the suspect's rights (também errado: her's).

its unreasonable verdict - e não its' unreasonable verdict.

Qual das orações está correta?

A. Ratrug stole Cedric's mouthwash because of their' ancient feud.

B. Ratrug stole Cedric's mouthwash because of their ancient feud.

C. Ratrug stole Cedrics mouthwash because of their ancient feud.

Resposta: a oração "B" está correta. Na oração"A", o apóstrofo é necessário em *Cedric's* porque Cedric é o dono do enxaguante bucal. No entanto, *their* não deve ter apóstrofo por que nenhum pronome possessivo possui apóstrofo. Na oração "C", *their* está escrito corretamente, mas falta o apóstrofo em *Cedrics*.

Só mais uma. Qual das orações está correta?

A. Eggworthy claims that a weeks mouthwash is not worth fighting over and has pledged his support to Ratrug.

B. Eggworthy claims that a week's mouthwash is not worth fighting over and has pledged his' support to Ratrug.

C. Eggworthy claims that a week's mouthwash is not worth fighting over and has pledged his support to Ratrug.

Resposta: a oração "C' está correta. Na oração "A" *a weeks* precisa de um apóstrofo porque a frase significa *a week of.* Na oração"B", *his'* não deve ter apóstrofo porque (repita em voz alta - na verdade, grite bem alto) nenhum pronome possessivo, jamais, possui apóstrofo.

Para mais informações sobre pronomes possessivos, veja o Capítulo 10.

Palavras Encurtadas para Pessoas Ocupadas: Contrações

Está com pressa? Provavelmente. Então, assim como quase todo mundo em nossa sociedade, você provavelmente usa contrações quando fala. Uma *contração* encurta uma palavra removendo uma ou mais letras e substituindo-a(s) por um apóstrofo. Por exemplo, tire *wi* de *I will*, jogue um apóstrofo e você vai ter *I'll*. A palavra resultante é mais curta e mais rápida para se dizer, com uma única sílaba (som) em vez de duas.

Dê uma olhada na Tabela 12-1 onde é apresentada uma lista de contrações comuns. Observe que algumas contrações são irregulares. (*Won't*, por exemplo, é a forma curta de *will not*).

Tabela 12-1 Contrações

Frase	*Contração*	*Frase*	*Contração*
are not	aren´t	she is	she´s
cannot	can´t	that is	that´s
could not	couldn´t	they are	they´re
do not	don´t	they will	they´ll
does not	doesn´t	they would	they´d
dis not	didn´t	we are	we´re
he will	he´ll	we will	we´ll
he would	he´d	we would	we´d
he is	he´s	we have	we´ve
is not	isn´t	what is	what´s
it is	it´s	who is	who´s
I am	I´m	will not	won´t
I will	I´ll	would not	wouldn´t
I would	I´d	you are	you´re
I have	I´ve	you have	you´re
she will	she´ll	you will	you´ll
she would	she´d	you would	you´d

Se você precisar fazer uma contração que não esteja na Tabela 12-1, consulte o seu dicionário para verificar se ela possível de acordo com as regras!

Erros comuns no uso de contrações

Se você já foi a um shopping center - qualquer um deles - provavelmente já viu algo escrito assim:

Doughnuts ‘N Coffee

ou

Skirts ‘N Shirts

ou

Broken Grammar Rules

Your ou you're right to use apostrophes

Você vai acabar tendo problemas se os seus apóstrofos estiverem no lugar errado, principalmente quando estiver escrevendo na segunda pessoa. (A segunda pessoa é a forma que utiliza *you, your* e *yours*, tanto no singular quanto no plural). *You're* significa *you are*. *Your* significa posse. Essas duas palavras não são intercambiáveis. Veja alguns exemplos:

"*You're* not going to eat that rotten pumpkin," declared Ratrug. (*Você não vai comer*).

"*Your* refusal to eat the pumpkin means that you will be given mystery meat instead," commented Cedric. (A recusa vem de *you* e, portanto, é necessária uma palavra possessiva).

"*You're* going to wear that pumpkin if you threaten me," said Lola. (*Você vai usar*).

"I'm not afraid of *your* threats!" stated Legghorn. (As ameaças vêm de *you* e, portanto, é necessária uma palavra possessiva)

Tudo bem, duvido que tenha visto o último, pelo menos em uma placa ou letreiro, mas já viu *'n* como contração de *and*. E, portanto, testemunhou a quebra de regras gramaticais no shopping center. Sei que estou travando uma batalha perdida e sei que deveria me preocupar com coisas mais importantes, como a economia e o meio ambiente. Ainda assim, também me preocupo com o ambiente gramatical e , assim, faço um pedido aos donos de lojas e pintores de letreiros no mundo da língua inglesa. Por favor, não coloquem *'n* em nada. Isso mais se parece com um resmungo e não uma palavra. Muito obrigado.

CUIDADO

Woulda, coulda, shoulda. Esses três "verbos" são como buracos na pista da estrada da gramática correta. Por quê? Porque eles não existem. Veja a receita para se cometer um crime gramatical. Comece com três frases verbais reais:

would have

could have

should have

E transforme-as em contrações:

would've

could've

should've

Agora, transforme-as novamente em palavras. Mas não as transforme nas palavras que elas realmente representam. Em vez disso, deixe-se guiar pelo seu ouvido. (O acúmulo de cera no seu ouvido pode acabar ajudando, já que os sons não são exatamente iguais). Agora, você diz o seguinte:

would of

could of

should of

Essas três frases nunca estão corretas. Não as use! Dê uma olhada nos seguintes exemplos:

ERRADO: If Lochness had asked me to join the spy ring, I would of said, “No way.”

CERTO: If Lochness had asked me to join the spy ring, I would have said, “No way.”

TAMBÉM CERTO: If Lochness had asked me to join the spy ring, I would’ve said, “No way”.

Veja outro exemplo:

ERRADO: In recruiting for the spy ring, Lochness could of been more polite.

CERTO: In recruiting for the spy ring, Lochness could have been more polite.

TAMBÉM CERTO: In recruiting for the spy ring, Lochness could’ve been more polite.

Observe mais um último exemplo:

ERRADO: When I heard about the spy ring, I should of told the Central Intelligence Agency.

CERTO: When I heard about the spy ring, I should have told the Central Intelligence Agency.

TAMBÉM CERTO: When I heard about the spy ring, I should’ve told the Central Intelligence Agency.

Qual das opções está correta?

A. Jane wouldnt go to the dentist even though she needed a new tooth.

B. Jane wouldn’t go to the dentist, even though she needed a new tooth.

Resposta: a oração “B” está correta. *Wouldn’t* é a contração de *would not*.

As perguntas nunca param, não é? Tente mais uma. Qual das opções está correta?

A. The new tooth would of been fine, but she’ll never learn.

B. The new tooth would’ve been fine, but she’ll never learn.

C. The new tooth wouldve been fine, but she’ll never learn.

Resposta: a oração “B” está correta. A oração “A” contém uma forma verbal incorreta, *would of*. Falta um apóstrofo no verbo na oração “C” (*wouldve*).

Contrações que você nunca usa, exceto em poesias

Poetas, muitas vezes, criam contrações pouco comuns quando precisam de um certo número de sílabas em uma linha. Na vida real, ninguém nunca diz:

o'er (over)	o' (of)	'gainst (against)
ne'er (never)	wi' (with)	ta'en (taken)
e'en (evening)	'twas (it was)	ow'st (owest)

e assim por diante. Mas em poemas, essas e outras contrações pouco usuais não são incomuns. Os poetas que escrevem em um formato restrito - a clássica linha com dez sílabas, o acento tônico em sílabas alternadas, forma de soneto, por exemplo - utilizam o apóstrofo quando precisam retirar uma sílaba da linha. (O contrário também se aplica. Para acrescentar uma sílaba extra, os poetas colocam um acento tônico sobre uma letra normalmente silenciosa - *markéd*, por exemplo, é pronunciado *mark-éd*). Eles estão fugindo à regra, mas, ora bolas, poesia é difícil de escrever.

Usando Apóstrofos com Símbolos e Números

Essa regra é fácil. Para formar o plural de um numeral ou de um símbolo, você pode acrescentar o apóstrofo e, em seguida, a letra *s*. Dê uma olhada nos seguintes exemplos:

Lulu's mother blushes whenever her daughter mentions the *1960's*.
The computer that Lochness rewired prints only *#'s*.

When Eggworthy writes *0's*, they have a curious oval shape.

Cedric thinks that *&'s* are acceptable in formal writing! (Mas não são).

Essa regra pode estar a caminho do seu final. Recentemente, muitos editores estão simplificando suas vidas acrescentando somente a letra *s*. Veja alguns exemplos:

Lola's mother turns pale when anyone mentions the 1950s.

Lochness writes #s on all his stolen microfilm.

Eggworthy's 0s seem fragile.

Cedric's teacher deducted points for all his &s.

DICA

Até então, esse choque não chegou a causar o fim da civilização. Fique ligado! Por enquanto, use o apóstrofo e o *s* quando você realmente precisar impressionar alguém com seu conhecimento gramatical.

Capítulo 13

Citações e o Uso de Aspas: Mais Regras do que a Declaração do Imposto de Renda

Neste capítulo

- Entendendo a diferença entre citar a fala de alguém diretamente e relatar as palavras de alguém de um modo geral;
- Pontuando citações;
- Usando aspas para gírias e palavras pouco comuns;
- Aprendendo a colocar títulos entre aspas.

Quando corrijo o emprego de aspas nas redações dos alunos, percebo que eles geralmente ficam intrigados. "Por que você trocou de lugar o ponto final?" eles perguntam. "Por que você trocou as aspas simples por aspas duplas? Preciso mesmo usar uma letra maiúscula aqui?" Eles têm um monte de perguntas para me fazer (incluindo a antiga favorita: "Por que eu tenho que saber isso?"). Sempre tenho uma para eles também. (Não, eu não pergunto "Você sabe o que precisa fazer para ficar de castigo depois da aula?" Sou mais boazinha do que isso). Na verdade, lhes pergunto quais regras estavam seguindo quando colocaram as aspas, as letras maiúsculas, os pontos finais e as vírgulas. Por incrível que pareça, eles sempre têm uma resposta. Em seguida, citam uma regra que justifica o que escreveram. Infelizmente, as regras que eles citam não existem; são mitos, e não regras. Mais infelizmente ainda, a gramática inglesa rege o uso de aspas através de uma imensidão de regras - mais do que a nossa amada Receita Federal com a sua Declaração do Imposto de Renda.

Neste capítulo, explico como citar a fala de alguém diretamente e como acertar os detalhes, incluindo pontuação, uso de letras maiúsculas, mudança de parágrafos e todas essas outras maravilhas. Sem mitos - apenas fatos.

E Citando Fulano de Tal...

Uma *citação* é uma repetição por escrito das palavras que alguém proferiu - pode ser uma única palavra, uma frase ou uma passagem inteira. Citações são encontradas em quase todas as formas escritas: jornais, revistas, romances, ensaios, cartas e assim por diante. Para ter uma noção de como identificar uma citação, observe a seguinte história:

Um dia, enquanto Felonia estava a caminho da sua aula de música, ela viu um magnífico piano de cauda através da vitrine de uma loja. Com seu coração batendo freneticamente só de pensar em tocar uma maravilha daquelas, ela se esqueceu de olhar para cima quando todo mundo começou a gritar ao seu redor. Alguns segundos mais tarde, outro piano - vertical, não de cauda - veio zumbindo pelo ar. Um dos funcionários da firma de mudanças resolveu dar uma mordida no seu sanduíche de atum, deixando que o piano se soltasse das cordas usadas para suspendê-lo até o terceiro andar. O piano acabou aterrissando a poucos centímetros de Felonia. O que Felonia disse?

> She said that she was relieved.

Essa oração lhe diz algo sobre Felonia e seu sentimento, mas não lhe fornece suas palavras exatas. É um relato das ideias de alguém, mas não um registro das palavras realmente proferidas ou escritas. Você poderia escrever exatamente a mesma oração se ouvisse Felonia dizer “Thank God it missed me. My knees are shaking! I could have been killed.”

Poderia também escrever a mesma oração se ouvisse Felonia dizer “Tomorrow’s the big concert! What if it had hit me! I’m so glad it missed. Now I can play and become a star. Recording companies will come to me on bended knee, and my name will be all over the Internet. I’ll even be a guest on Letterman.”

E, obviamente, poderia escrever a mesma oração se ouvisse Felonia dizer “I am relieved.” Como observador, você poderia também registrar a reação de Felonia escrevendo:

> She said that she was “relieved.”

Essa abordagem da reação de Felonia é um pouco mais exata. Parte da oração é generalizada, mas o leitor sabe que Felonia realmente disse a palavra “relieved” porque ela está entre aspas. As aspas são sinais para o leitor, significando que aquilo que está entre elas é exatamente o que foi dito.

> Felonia said, “I am so relieved that I could cry.”
>
> “I am so relieved that I could cry,” Felonia said.

Essas duas orações representam a fala de Felonia. As palavras entre aspas são exatamente o que Felonia disse. Foi acrescentado apenas um *identificador da fala* - uma frase que identifica quem disse as palavras (neste caso, Felonia). O identificador da fala pode ser colocado no início ou no final da oração. (Pode também ficar no meio, mas isso será discutido mais adiante neste capítulo). As aspas envolvem as palavras que foram ditas ou escritas.

Quais das seguintes orações são citações? Quais orações são relatos generalizados do que foi dito?

A. Blathersby doesn't get along with the conductor of the school orchestra, according to Lulu.

B. Besides placing exploding cushions on the conductor's chair, Blathersby has been heard talking about the conductor's "sentimental" choices of music for the next concert.

C. "I refuse to play anything that was composed before the twenty-first century," declared Blathersby.

Resposta: a oração "A" é um relato generalizado sem nenhuma das palavras exatas proferidas por Blathersby. A oração "B" diz ao leitor que Blathersby disse a palavra "sentimental". A oração "C" é uma citação.

Pontuando Citações

Eis um problema de matemática para você resolver:

Citação + Pontuação =?

Resposta: um milhão de regras idiotas. Sim, sou corajosa ao chamar essas regras de "idiotas", embora eu corra o risco de ser expulsa do sindicato dos gramáticos. De um modo geral, as regras para citações são simplesmente costumes. Colocar o ponto final dentro, colocar o ponto final do lado de fora - que diferença faz para o leitor? Não muita. Mas as regras ilógicas são tão importantes quanto as regras lógicas. É preciso segui-las, façam sentido ou não. Então, lá vai: o importantíssimo tópico da pontuação de citações.

Citações com identificadores da fala

REGRA IDIOTA 1: Quando o identificador da fala vem primeiro, coloque uma vírgula depois dele. O ponto final no final da oração fica *dentro* das aspas.

The gang remarked, "Lola's candidate is a sure bet."

Ludwig added, "I am an absolute ruler and I like Lola's candidate."

Lola replied, "Don't get personal."

REGRA IDIOTA 2: Quando o identificador da fala vem no final, coloque uma vírgula *dentro* das aspas e um ponto final no final da oração.

"Lola's candidate isn't a sure bet now," the gang continued.

"I declare war," screamed Lola.

"I have secret information about the election," said Lochness.

Agora, você já conhece as duas primeiras (entre as muitas) regras de citações. Tenha em mente que não importa onde você coloca o identificador da fala desde que você pontue a oração corretamente.

Qual das orações está correta?

A. Alonzo muttered, "I don't want to practice the piano".

B. Alonzo muttered, "I don't want to practice the piano."

Resposta: a oração "B" está correta, porque o ponto final está dentro das aspas.

Veja outro par. Qual das orações está correta?

A. "The equation that Agwamp wrote on the board is incorrect," trilled Analivia.

B. "The equation that Agwamp wrote on the board is incorrect", trilled Analivia.

Resposta: a oração "A" está correta, porque a vírgula está dentro das aspas.

Que falta de educação! Pontuar citações interrompidas com identificadores da fala

Às vezes, um identificador da fala aterrissa no meio de uma oração. Como exemplo deste tipo de colocação, vou voltar ao exemplo de Felonia. Sua saga continua com uma visita ao seu advogado.

"I think I'll sue," Felonia explained, "for emotional distress."

"You can't imagine," she added, "the feelings I felt."

"The brush of the piano against my nose," she sighed, "will be with me forever."

"The scent of tuna," she continued, "brings it all back."

"I can't go to the cafeteria," she concluded, "without suffering post-piano stress syndrome."

Em cada um desses exemplos de orações, o identificador da fala fica no meio da citação; ele interrompe a citação. Hora de mais algumas regras idiotas para a pontuação deste tipo de situação interrompida.

REGRA IDIOTA 3: Em uma oração com uma citação interrompida, a vírgula fica *dentro* das aspas na primeira metade da citação.

REGRA IDIOTA 4: Em uma oração com uma citação interrompida, o identificador da fala é seguido de uma vírgula *antes* das aspas.

REGRA IDIOTA 5: Em uma oração com uma citação interrompida, o ponto final no final da oração fica *dentro* das aspas.

REGRA IDIOTA 6: Em uma oração com uma citação interrompida, a segunda metade da citação *não* começa com letra maiúscula.

Qual das orações está correta?

A. “After the concert”, said Lulu, “the piano goes to the third floor.”

B. “After the concert,” said Lulu, “The piano goes to the third floor.”

Resposta: nenhuma delas está correta. Na oração “A”, a vírgula depois de *concert* está no lugar errado. Na oração “B”, a segunda metade da citação não deveria começar com letra maiúscula. Veja a oração correta:

“After the concert,” said Lulu, “the piano goes to the third floor.”

Tente mais uma. Qual das orações está correta?

A. “Although I am only a humble musician, said Felonia, “I have the right to a piano-free sidewalk.”

B. “Although I am only a humble musician,” said Felonia “I have the right to a piano-free sidewalk.”

C. “Although I am only a humble musician,” said Felonia, I have the right to a piano-free sidewalk.”

D. “Although I am only a humble musician,” said Felonia, “I have the right to a piano-free sidewalk.”

Resposta: a oração “D” está correta. Na oração “A”, deveria haver um sinal de aspas depois de *musician*. Na oração “B”, deveria ser colocada uma vírgula depois de Felonia. Na oração “C”, deveria ser colocado um sinal de aspas antes de *I*. (Regras chatas, não? São muitas as coisas que podem sair errado com esse tipo de oração).

Observe que em todas as citações interrompidas apresentadas nesta seção, o que está entre aspas se resume a uma única oração, embora esteja escrito em duas partes separadas.

Evitando orações “disparadas” com citações interrompidas

Quando você joga um identificador da fala bem no meio da conversa de alguém, tome cuidado para não criar uma oração “disparada”. Uma oração *disparada* é, na verdade, composta de duas orações que foram unidas sem nada para ligá-las. (Para mais informações sobre orações disparadas, veja o Capítulo 7). O simples fato de você estar usando citações não justifica ignorar as regras sobre união de orações. Observe os seguintes exemplos:

ERRADO: “When you move a piano, you must be careful,” squeaked Agwamp, “I could have been killed.”

CERTO: “When you move a piano, you must be careful,” squeaked Agwamp. “I could have been killed.”

O que está entre aspas forma duas orações completas:

ORAÇÃO 1: When you move a piano, you must be careful.

ORAÇÃO 2: I could have been killed.

Como o que está entre aspas forma duas orações completas, você deve escrever duas orações separadas. Se juntar o que está entre aspas em uma única oração, você obtém uma oração disparada. Veja outro exemplo:

ERRADO: "Felonia is my best friend," sobbed Agwamp, "on any other day I would have been walking with her and died instantly."

CERTO: "Felonia is my best friend," sobbed Agwamp. "On any other day I would have been walking with her and died instantly."

POR QUE ESTÁ CERTO: Sua citação é na verdade duas orações completas e, por isso, você não pode ligá-las em uma única oração. (Oração 1 = *Felonia is my best friend*. Oração 2 = *On any other day I would have been walking with her and died instantly.*)

Retire o identificador da fala e observe o que está entre aspas. O que sobrou? O suficiente para metade de uma oração? Sem problemas. O que está entre aspas não precisa expressar uma ideia completa. O suficiente para uma oração? Sem problemas. O suficiente para duas orações? Isso não pode, a não ser que você escreva duas orações.

Qual das opções está correta?

A. "A piano hits the ground with tremendous force," explained the physicist. "I would move to the side if I were you."

B. "A piano hits the ground with tremendous force," explained the physicist, "I would move to the side if I were you."

Resposta: a oração "A" está correta. O que está entre aspas forma duas orações completas e a pontuação deve ser feita como está. Oração 1 + *A piano hits the ground with tremendous force*. Oração 2 + *I would move to the side if I were you.*

Veja mais uma. Qual das opções está correta?

A. "I insist that you repeal the laws of physics, demanded Lola. "Pianos should not kill people."

B. "I insist that you repeal the laws of physics," demanded Lola, "Pianos should not kill people."

C. "I insist that you repeal the laws of physics," demanded Lola. "Pianos should not kill people."

Resposta: "C" está correta. Em "A", está faltando um sinal de aspas depois da palavra *physics*. A opção "B" é uma oração disparada. Em "C", as duas ideias completas são expressas em duas orações.

Citações sem identificadores da fala

Nem todas as orações com citações incluem identificadores da fala. As regras de pontuação e do uso de letras maiúsculas para essas orações são um pouco diferentes, embora não sejam mais lógicas que outros tipos de regras para o uso de aspas. Observe os seguintes exemplos:

> According to the blurb on the book jacket, Analivia's history of geometry is said to be "thrilling and unbelievable" by all who read it.
>
> Unaccustomed to Analivia's monster ego, Plurabelle did not hesitate to say that "the book stinks."
>
> When Legghorn said that the book "wasn't as exciting as watching paint dry," Analivia threw a pie in his face.
>
> Analivia later told the press that the pie was "barely warm" and "quite delicious."
>
> Legghorn's lawyer is planning a lawsuit for "grievous injury to face and ego."

REGRA IDIOTA 7: Se a citação não tiver um identificador da fala, a primeira palavra não é escrita com letra maiúscula.

REGRA IDIOTA 8: Se a citação não tiver um identificador da fala, não há nenhuma vírgula separando a citação do resto da oração.

Na verdade, as regras 7 e 8 não são completamente idiotas. As citações sem identificadores da fala não são separadas da oração; são embutidas nela. Você não colocaria uma letra maiúscula no meio da frase, que é onde as citações sem identificadores da fala geralmente aparecem. Além disso, a omissão da vírgula mantém a fluidez da oração.

DICA

Observe que citações sem identificadores da fala tendem a ser curtas - poucas palavras são usadas no lugar de uma frase inteira. Se você estiver reescrevendo uma frase muito comprida, talvez seja melhor usar um identificador da fala e a citação completa. Se desejar extrair somente algumas poucas palavras de mais relevância na fala de alguém, talvez não seja necessário usar um identificador da fala.

TESTE

Qual das opções está correta?

A. Eggworthy said that the latest nutritional research was "Suspect" because the laboratory was "Unfair."

B. Eggworthy said that the latest nutritional research was, "suspect" because the laboratory was, "unfair."

C. Eggworthy said that the latest nutritional research was "suspect" because the laboratory was "unfair."

A oração "C" está correta. Na oração "A", *suspect* e *unfair* não devem estar em letra maiúscula. Na oração"B", não deve ser colocada nenhuma vírgula depois de *was*.

Citações com pontos de interrogação

Você se lembra do piano de Felonia no exemplo dado anteriormente neste capítulo? Quando o piano quase esmagou Felonia, ela disse mais algumas coisas. (Nem todas podem ser impressas, mas vamos ignorar esses comentários). Veja alguns comentários adicionais da nossa pianista:

> "Are you trying to kill me?" asked Felonia as she shook her fist at the piano mover.
>
> "Didn't you watch what you were doing?" she added, squinting into the sun.
>
> "How could you eat a tuna sandwich while hoisting a piano?" she continued as she eyed his lunch.
>
> "Could I have a bite?" she queried.

Deixe-me explicar de outra forma:

> As she shook her first at the piano mover, Felonia asked, "Are you trying to kill me?"
>
> Squinting into the sun she added, "Didn't you watch what you were doing?"
>
> As she eyed his lunch she continued, "How could you eat a tuna sandwich while hoisting a piano?"
>
> She queried, "Could I have a bite?"

O que você observa nesses dois conjuntos de citações? Muito bem! As palavras entre aspas são perguntas. (Tudo bem, na verdade não escutei sua resposta, mas considero que como você foi inteligente o suficiente para comprar este livro, é também inteligente o suficiente para observar essas coisas). E citações que incluem perguntas seguem a:

REGRA NÃO TÃO IDIOTA 9: Se você citar uma pergunta, coloque o ponto de interrogação *dentro* das aspas.

Essa regra faz sentido; ela distingue uma pergunta que está entre aspas de uma citação embutida em uma pergunta. Hora de examinar mais uma parte do encontro de Felonia com o piano cadente. O funcionário da firma de mudanças respondeu a Felonia, mas ninguém conseguiu entender suas palavras. (Ele estava com a boca cheia de atum). Eu gostaria de saber que desculpa ele apresentou.

> Did he say, "I was just giving you a free piano"?
>
> Did he add, "I can't give you a bite of my sandwich because I ate it all"?

Did he continue, "I hope you're not going to sue me"?

Did he really declare, "It was just a piano"?

As palavras entre aspas neste conjunto não são perguntas. No entanto, cada oração inteira é uma pergunta. Hora de mais regras:

REGRA UM POUCO MENOS IDIOTA 10: Se as palavras entre aspas não forem uma pergunta, mas a oração inteira for uma pergunta, o ponto de interrogação fica *do lado de fora* das aspas. (Essa regra também faz sentido, você não acha?)

Para resumir as regras dos pontos de interrogação:

- Se as palavras que estão entre aspas forem uma pergunta, coloque o ponto de interrogação *dentro* das aspas.
- Se a oração inteira for uma pergunta, coloque o ponto de interrogação *do lado de fora* das aspas.

Sei que alguns de vocês, pessoas que adoram detalhes (OK, pessoas minuciosas), pensaram em mais uma possibilidade. E nas situações em que a citação e a oração são ambas perguntas? A gramática inglesa tem uma resposta.

REGRA IDIOTA 11: Para essas raras ocasiões em que as palavras entre aspas e a oração são perguntas, coloque o ponto de interrogação *dentro* das aspas.

Veja um exemplo dessa regra:

Did the mover really ask, "Is that lady for real?"

Independentemente da situação, nunca use dois pontos de interrogação:

ERRADO: Did Felonia ask, "What's the number of a good lawyer?"?

CERTO: Did Felonia ask, "What's the number of a good lawyer?"

TESTE

Qual das orações está correta?

A. Did Lulu say, "I wish a piano would drop on me so that I could sue?"

B. Did Lulu say, "I wish a piano would drop on me so that I could sue"?

Resposta: a oração "B" está correta. Como as palavras entre aspas não formam uma pergunta e a oração inteira é uma pergunta, o ponto de interrogação fica do lado de fora das aspas.

Citações com pontos de exclamação

Um detalhe sobre pontos de exclamação: esses sinais de pontuação seguem as mesmas regras gerais dos pontos de interrogação. Em outras palavras,

REGRA NÃO TÃO IDIOTA 12: Se a oração inteira é uma exclamação, mas as palavras entre aspas não o são, coloque o ponto de exclamação *do lado de fora* das aspas.

REGRA NÃO TÃO IDIOTA 13: Se as palavras que estão entre aspas formam uma exclamação, coloque o ponto de exclamação *dentro* das aspas.

Veja alguns exemplos de orações com pontos de exclamação:

> Ratrug said, "I can't believe it's not butter!" (As palavras entre aspas formam uma exclamação, mas este não é o caso da oração inteira).

> I simply cannot believe that Ratrug actually said, "No, thank you"! (Agora a oração inteira é uma exclamação, mas este não é o caso das palavras entre aspas).

Para quem gosta de colocar os devidos pingos nos is:

REGRA IDIOTA 14: Se a oração e a citação são exclamações, coloque o ponto de exclamação *dentro* das aspas.

Observe este exemplo:

> I simply cannot believe that Ratrug actually said, "Not if it were my mother's dying wish would I run for president!"

Independentemente da situação, não use dois pontos de exclamação:

> ERRADO: I refuse to believe that Ratrug said, "In your dreams!"!

> CERTO: I refuse to believe that Ratrug said, "In your dreams!"

Citações com sinais de ponto-e-vírgula

É possível que a cada 100 anos mais ou menos você escreva uma oração que tenha uma citação e um ponto-e-vírgula. (No Capítulo 15, explico as regras do ponto-e-vírgula com mais detalhes). Quando for necessário combinar ponto-e-vírgula e citações, a regra é a seguinte:

REGRA IDIOTA 15: Ao escrever uma oração que inclui uma citação e um ponto-e-vírgula, coloque-o *do lado de fora* das aspas.

Dê só uma olhada neste exemplo:

> Cedric thinks that polyester is a food group; "I can't imagine eating anything else," he said.

e

> Cedric said, "I can't imagine eating anything but polyester"; he must have the IQ of a sea slug.

Tudo bem, talvez a última frase seja um pouco maldosa. Peço desculpas a todos os caramujos por aí.

Citações dentro de citações

Agora o tema das citações fica um pouco mais complicado. Às vezes, você precisa colocar uma citação dentro de outra citação. Considere a seguinte situação:

Angwamp, presidente dos Futuros Engenheiros da América, se acha um modelo de perfeição em popularidade. Ele não quer que Archie faça parte do clube, porque Archie usa um estojo de bolso feito de plástico cheio de lápis e canetas. Angwamp quer que Archie jogue fora o estojo de bolso, mas Archie sente-se ultrajado pela exigência. Você está escrevendo uma história sobre Archie e os Futuros Engenheiros da América. Você está citando Archie, que está citando Angwamp. Como pontuar essa situação?

> Archie diz, "Agwamp had the nerve to tell me, 'Your pocket protector is nerd-city and dumpster-ready.'"

Uma oração como essa tem que ser dividida. Sem nenhuma pontuação, veja o que Angwamp disse:

> Your pocket protector is nerd-city and dumpster-ready.

Sem nenhuma pontuação, veja todas as palavras ditas por Archie:

> Agwamp had the nerve to tell me your pocket protector is nerd-city and dumpster-ready.

As palavras de Angwamp são uma citação dentro de outra citação. Portanto, suas palavras ficam entre aspas simples e as de Archie (como de costume) ficam em aspas duplas. O que me leva à

CUIDADO

Alerta para o inglês britânico!

Só para complicar mais um pouco as coisas para os escritores de inglês em todas as partes do mundo, veja este fato importante. Apesar de terem resolvido suas diferenças logo após a Festa do Chá de Boston, em algumas áreas (na gramática, por exemplo), britânicos e americanos continuam brigando. Tudo que eu lhe disse sobre regras de citações vale para a gramática inglesa americana. O inverso geralmente se aplica à gramática inglesa britânica. Os britânicos geralmente usam aspas simples quando estão fazendo uma citação e aspas duplas para uma citação dentro de outra citação. Assim, um livro em inglês britânico pode pontuar o comentário de Lulu da seguinte forma:

> Lulu says, 'As a strong opponent of piercing, I am sorry to tell you that Lola told me, "I'm thinking of piercing my tongue."'

O nome dos sinais usados para este tipo de pontuação também é diferente. No inglês britânico, esses risquinhos são chamados de "inverted commas". E o que um gramático confuso deve fazer? Siga o costume do país em que estiver.

REGRA IDIOTA 16: Uma citação dentro de outra citação recebe aspas simples.

Outro exemplo: Lola diz, "I'm thinking of piercing my tongue." Lulu conta à mãe de Lola sobre o plano de Lola, acrescentando um comentário. Veja a frase completa:

> Lulu diz, "As a strong opponent of piercing, I am sorry to tell you that Lola told me, 'I'm thinking of piercing my tongue.'"

As palavras de Lola estão dentro de aspas simples e a frase completa de Lulu está entre aspas duplas.

Vírgulas e pontos finais seguem as mesmas regras entre aspas simples e duplas.

TESTE

Qual das orações está correta?

A. Angel complained, "He said to me, 'You are a devil.'"

B. Angel complained, "He said to me, "You are a devil."

Resposta: a oração "A" está correta. Você deve colocar *You are a devil* entre aspas simples e a frase maior *He said to me you are a devil* entre aspas duplas. O ponto final no final da oração fica dentro dos dois tipos de aspas.

DICA

Quote ou *quotation*? Estou usando o termo *quotation* porque esta é a palavra correta. No inglês usado em conversação, *quote* e *quotation* são intercambiáveis. Estritamente falando, entretanto, *quote* é o que você faz (em outras palavras, é um verbo (citar)) e *quotation* é um objeto (isto é, um substantivo). Veja o Capítulo 1 para mais informações sobre quando o inglês informal é aceitável.

Quem Disse Isso? Identificando as Mudanças de Falantes

Em uma conversação, as pessoas se revezam ao falar. Observe essa discussão extremamente madura:

> "You sat on my tuna fish sandwich," Legghorn said.
>
> "No, I didn't," Ludmilla said.
>
> "Yes, you did," Legghorn said.
>
> "Did not!" Ludmilla said.
>
> "Did too!" Legghorn said.

Observe que todas as vezes que o falante muda é formado um novo parágrafo. Ao começar um novo parágrafo todas as vezes que há uma mudança no falante, fica fácil acompanhar a conversação: o leitor sempre sabe quem está falando.

Veja outra versão da briga do sanduíche de atum:

> "You sat on my tuna fish sandwich," Legghorn said.
>
> "No, I didn't," Ludmilla said.
>
> "Yes, you did."
>
> "Did not!"
>
> "Did too!"

Soa melhor, não é? Os identificadores da fala são excluídos nesta versão, depois da primeira parte do diálogo. Ainda assim, você consegue saber quem está falando por causa das quebras nos parágrafos.

REGRA IDIOTA 17: Todas as mudanças de falantes são indicadas por um novo parágrafo.

Esta regra se aplica até mesmo se o argumento se transformar em frases de uma única palavra, tais como:

> "Yes!"
>
> "No!"

ou algumas outras frases formadas por uma única palavra (não vou especificar aqui, porque este livro é voltado para famílias). Um novo parágrafo indica cada mudança de falante, independentemente do tamanho da citação. (A propósito, Ludmilla *realmente* sentou sobre o sanduíche de atum; sei que isso aconteceu por causa das manchas de maionese em sua saia. Entretanto, Legghorn deixou o sanduíche em cima da cadeira dela e, por isso, parte da culpa é dele).

Em romances, você pode ter uma citação de um falante que ocupe vários parágrafos. Romancistas iniciantes que estejam lendo este livro, por favor, tomem nota: a citação começa com um sinal de aspas. Não coloque nenhum sinal de aspas no final de qualquer parágrafo dentro da citação. Sempre que você começar um novo parágrafo, coloque um sinal de aspas. Quando a situação tiver terminado por completo (no final do último parágrafo), feche as aspas.

Quem disse o quê? Identifique cada frase, usando as dicas dos parágrafos.

"Are you in favor of piano-tossing?" asked Lochness curiously.

"Not really," replied Cedric. "I like my pianos to have all four feet on the floor."

"But there's something about music in the air that appeals to me."

"There's something about no broken bones, no concussions, and no flattened bodies that appeals to me."

"You really have no artistic instinct!"

Resposta: veja a passagem novamente, com os nomes dos falantes inseridos. (Observe a pontuação).

"Are you in favor of piano-tossing?" asked Lochness curiously.

"Not really," replied Cedric. "I like my pianos to have all four feet on the floor."

Lochness continued, "But there's something about music in the air that appeals to me."

Cedric countered, "There's something about no broken bones, no concussions, and no flattened bodies that appeals to me."

"You really have no artistic instinct!" shouted Lochness.

Usando Aspas para pôr Algo em Evidência

Possivelmente, o hábito gramatical mais incômodo (além daquele de usar *'n* quando você quer dizer and como em *Buns 'n Burgers*) é o uso de aspas *para pôr algo em evidência*. Essa pontuação diz ao leitor que você não aprova completamente as palavras que estão dentro das aspas. Para ter uma ideia melhor do que estou tentando descrever, leia o seguinte parágrafo:

> Quotation marks are a "necessary" part of writing. I don't like to look at little "squiggles" when I am concentrating on a story, but they show that I am a "hip" writer.

Agora, diga-me: por que essas três aspas estão neste parágrafo? Não faço a mínima ideia. Acho que as pessoas que escrevem parágrafos como este estão tentando bancar as engraçadinhas, correndo o risco de obter um belo desprezo caso o leitor não ache nada de engraçado. Essas aspas criam uma certa distância entre o escritor e o que ele diz. Eles dizem: - Eu sei que essa palavra é um pouco diferente ou polêmica. É por isso que a coloco entre aspas. Se você não gostar dela, não me culpe. Estou simplesmente citando algo. Meu conselho? Se o que você está escrevendo é o que realmente pensa, defenda a sua ideia. Evite usar aspas para pôr em evidência o que você está escrevendo.

Citando Gírias

A *gíria* é um tipo de fala extremamente informal que não se enquadra no discurso padrão. Todos os dias você escuta alguma gíria - ela se torna parte da sua cultura - em casa, no trabalho, na escola e assim por diante. (Para mais informações sobre gírias, veja o Capítulo 1). Se você estiver citando gírias e quiser mostrar que sabe que ela é uma gíria, as aspas são de grande utilidade. Observe este exemplo:

> Archie knew that the guys thought him "nerd-city," but he was determined not to abandon his beloved pocket protector just because it was considered "uncool."

O escritor sabe que "nerd-city" e "uncool" não estão corretas, mas essas palavras mostram as ideias dos colegas de trabalho de Archie. As aspas permitem que o escritor use gírias sem parecer ignorante. Essas aspas usadas para pôr algo em evidências são aceitáveis.

Não exagere no uso de aspas para pôr algo em evidência. Pense nelas como se fossem plutônio; basta um pouquinho para se chegar longe. Ou, para pôr essa frase em evidência, basta um pouquinho para chegar "longe". Conseguiu perceber o que quero dizer com algo que incomoda?

Uma palavrinha que ajuda muito é a palavra *sic*. Sic significa que você está citando exatamente o que foi dito ou escrito, embora você saiba que há algo de errado. Em outras palavras, você cria uma certa distância entre você e o erro mostrando ao leitor que a pessoa que você está citando cometeu aquele erro, e não você. Por exemplo, se estiver citando os trabalhos de Dan Quayle, ex-vice-presidente dos EUA (e *péssimo* em soletrar palavras), você pode escrever

> "I would like a potatoe [sic] for supper."

Pontuando Títulos: Quando Usar Aspas

Em sua escrita, às vezes é necessário incluir o nome de uma revista, a manchete de um artigo de jornal, o título de uma música ou de um filme e assim por diante. Ao pontuar esses nomes, manchetes e títulos, tenha em mente essas duas opções:

1. Coloque o título entre aspas. As aspas incluem títulos de trabalhos menores ou que sejam partes de um todo.

ou

2. Separe o título do restante do que está escrito, destacando-o em itálico ou grifando-o. Ao fazer isso, você separa títulos de trabalhos maiores ou de trabalhos completos.

Essas opções não são intercambiáveis. Cada opção tem um uso diferente. Para explicar de outra forma, aspas são usadas para jóqueis. Itálico e grifado são para jogadores de basquete. Uma é para coisa pequena, a outra para coisas grandes.

Use aspas para os títulos de

- poemas
- histórias
- ensaios
- músicas
- títulos de capítulos de um livro
- artigos de revista ou de jornal
- cada episódio de um seriado de televisão

Use itálico ou grife os títulos de

- coleções de poesias, histórias ou ensaios
- títulos de livros
- títulos de CDs ou fitas ou discos (ainda se fabricam discos?)
- revistas ou jornais
- programas de televisão
- peças de teatro

Veja alguns exemplos:

- "A Thousand Excuses for Missing the Tax Deadline" (um artigo de jornal) in *The Ticker Tape Journal* (um jornal)
- "Ode to Taxes Uncalculated" (um poema) in *The Tax Poems* (um livro de poesias)
- "I Got the W2 Blues" (título de uma música) on *Me and My Taxes* (um CD contendo várias músicas)
- "On the Art of Deductions" (um ensaio) in *Getting Rich and Staying Rich* (uma revista)
- "Small Business Expenses" (um episódio) on *The IRS Report* (um seriado de televisão)
- *April 15th* (uma peça de teatro)

É possível que você esteja se perguntando quais letras devem ser maiúsculas em um título. Para informações sobre como usar letras maiúsculas, veja o Capítulo 16.

TESTE

Coloque aspas e itálico no seguinte parágrafo.

Griselda slumped slowly into her chair as the teacher read The Homework Manifesto aloud in class. Griselda's essay, expressing her heartfelt dislike of any and all assignments, was never intended for her teacher's eyes. Griselda had hidden the essay inside the cover of her textbook, The Land and People of Continents You Never Heard Of. Sadly, the textbook company, which also publishes The Most Boring Mathematics Possible, had recently switched to thinner paper, and the essay was clearly visible. The teacher ripped the essay from Griselda's frightened hands. Griselda had not been so embarrassed since the publication of her poem I Hate Homework in the school magazine, Happy Thoughts.

Resposta: coloque "The Homework Manifesto" e "I Hate Homework" entre aspas, porque são títulos de um ensaio e de um poema. Coloque itálico em *The Land and People of Continents You Never Heard Of*, *The Most Boring Mathematics Possible* e *Happy Thoughts*, por que são títulos de livros e de uma revista.

Capítulo 14

Uma Pausa para Refrescar: Vírgulas

Neste capítulo

- Entendendo a importância das vírgulas;
- Usando vírgulas em série;
- Separando descrições com vírgulas;
- Colocando uma vírgula para indicar a pessoa a quem você se refere;
- Pontuando datas corretamente.

Em voz alta, as vírgulas são os sons do silêncio - pequenas pausas que contrastam com as pausas mais longas no final de cada oração. As vírgulas são, na verdade, sinais para o seu leitor. Pare aqui, elas dizem, mas não por muito tempo.

As vírgulas também destacam partes da oração de um todo, separando algo de tudo que está ao seu redor para mudar o significado da oração. Ao falar, você faz a mesma coisa com o seu tom de voz e o tempo de respiração.

Então, por que tantas vírgulas acabam caindo no lugar errado? Talvez porque alguns escritores as joguem em qualquer lugar que eles precisem parar e pensar. A solução é colocar as vírgulas onde o leitor precisa de uma pausa. As regras sobre uso de vírgulas não são muito difíceis. Na verdade, existe certa lógica. Neste capítulo, conduzo você através dessa lógica para que saiba onde colocar esses sinais de pontuação em várias situações comuns. Para mais informações sobre uso de vírgulas, veja os Capítulos 13 e 25.

Distinguindo Itens: Vírgulas em Série

Digamos que você tenha enviado o seu amigo Cedric à mercearia com uma imensa lista de compras. Como você tem apenas um pedacinho de papel, e como seu organizador eletrônico está sem bateria, você escreve tudo em uma única linha.

> flashlight batteries butter cookies ice cream cake

Quantas coisas Cedric tem que comprar? Talvez somente três:

> flashlight batteries
>
> butter cookies
>
> ice cream cake

Ou cinco:

> flashlight
>
> batteries
>
> butter cookies
>
> ice cream
>
> cake

Como Cedric vai saber? Ele não vai, a não ser que você use vírgulas. Veja o que Cedric realmente precisa comprar - todos os quatro itens:

> flashlight batteries, butter cookies, ice cream, cake

Para colocar isso em uma oração:

> Cedric has to buy flashlight batteries, butter cookies, ice cream, and cake.

As vírgulas entre esses itens são sinais. Quando você lê a lista em voz alta, as vírgulas se manifestam como uma respiração:

> Cedric has to buy flashlight batteries [respiração] butter cookies [respiração] ice cream [respiração] and cake.

DICA

Você precisa de vírgulas entre cada item da lista, com uma importante exceção. A vírgula na frente da palavra *and* é opcional. Por quê? Porque ao dizer *and*, você já separou os dois últimos itens. Mas se quiser colocar uma vírgula extra nesse local, não há problema em fazê-lo. A escolha é sua.

CUIDADO

Nunca coloque uma vírgula na frente do primeiro item da lista.

> ERRADO: Cedric has to buy, flashlight batteries, butter cookies, ice cream and cake.

> CERTO: Cedric has to buy flashlight batteries, butter cookies, ice cream and cake.

> TAMBÉM CERTO: Cedric has to buy flashlight batteries, butter cookies, ice cream, and cake.

TAMBÉM CERTO, MAS NÃO ACONSELHÁVEL: Cedric has to buy flashlight batteries and butter cookies and ice cream and cake.

Você não precisa de vírgulas na última oração por que a palavra *and* resolve a situação. Gramaticalmente, essa oração está correta. Na realidade, se você escrever uma oração com três *ands*, seu leitor vai pensar que você está falando igual a uma criança ou que o disco riscou.

Pontue a seguinte oração:

Jellibelle requested a jelly doughnut a silk dress four sports cars and a racehorse in exchange for the rights to the computer code she had written.

Resposta: Jellibelle requested a jelly doughnut, a silk dress, four sports cars, and a racehorse in exchange for the rights to the computer code she had written. Observação: a vírgula antes de *and* pode ser omitida.

Separando uma Lista de Descrições

Sua escrita depende de substantivos e verbos para expressar seu ponto de vista. Mas se for como a maioria das pessoas, você também enriquece suas orações usando descrições. Na terminologia gramatical, você acrescenta adjetivos e advérbios. (Para mais informações sobre adjetivos e advérbios, veja o Capítulo 8). Observe as descrições nas seguintes orações:

> "What do you think of me?" Jellibelle asked Jilly in an idle moment.
>
> Jilly took a deep breath, "I think you are a sniffling, smelly, pimple-tongued, frizzy-haired monster."
>
> "Thank you," said Jellibelle, who was trying out for the part of the wicked witch in the school play. "Do you think I should paint my teeth black too?"

Observe as vírgulas na resposta de Jilly. São apresentadas quatro descrições: sniffling, smelly, pimple-tongued, frizzy-haired.

Uma vírgula separa uma descrição da outra, mas não há nenhuma vírgula entre a última descrição (*frizzy-haired*) e a palavra que ela está descrevendo (*monster*).

As quatro descrições do exemplo anterior são adjetivos. Todos esses adjetivos descrevem o substantivo *monster*.

Veja um pouco mais da conversa entre Jellibelle e Jilly:

> "So do I get the part?" asked Jellibelle.
>
> "Maybe," answered Jilly. "I have four sniffling, smelly, pimple-tongued, frizzy-haired monsters waiting to audition. I'll let you know."

Agora observe bem a resposta de Jilly. Desta vez, há cinco descrições para a palavra *monster*: four, sniffling, smelly, pimple-tongued, frizzy-haired.

Há vírgulas depois de *sniffling, smelly* e *pimple-tongued*. Conforme mencionado anteriormente, não há nenhuma vírgula depois de *frizzy-haired* porque você não deve colocar uma vírgula entre a última descrição e a palavra que ela descreve. Mas por que não há nenhuma vírgula depois de *four*? Veja a resposta: *sniffling, smelly, pimple-tongued* e *frizzy-haired* são mais ou menos iguais em importância na oração. Possuem significados diferentes, mas desempenham o mesmo papel - dizer a você como é horrenda a fantasia de Jellibelle. *Four* é uma categoria diferente, que lhe dá informação diferente. (Ela lhe diz quantos monstros estão esperando e não como eles estão vestidos) e por isso, ela não se mistura com o resto da lista.

Números não são separados de outras descrições ou da(s) palavra(s) que eles descrevem. Não coloque nenhuma vírgula depois de um número. Além disso, não use vírgulas para separar outras descrições de palavras que indicam um número ou quantidade - *many, more, few, less* e assim por diante.

CERTO: Sixteen smelly, bedraggled, stained hats were lined up on the shelf marked, "WITCH COSTUME."

ERRADO: Sixteen, smelly, bedraggled, stained hats were lined up on the shelf marked, "WITCH COSTUME."

CERTO: Additional stinky, mud-splattered, toeless shoes sat on the shelf marked, "GOBLIN SHOES."

ERRADO: Additional, stinky, mud-splattered, toeless shoes sat on the shelf marked, "GOBLIN SHOES."

CERTO: No drippy, disgusting, artificial wounds were in stock.

ERRADO: No, drippy, disgusting, artificial wounds were in stock.

Outras palavras descritivas que não devem ser separadas de outras descrições ou das palavras que elas descrevem são: *other, another, this, that, these, those*.

CERTO: This green, glossy, licorice-flavored lipstick is needed for the witch's makeup kit.

ERRADO: This, green, glossy, licorice-flavored lipstick is needed for the witch's makeup kit.

CERTO: Those shiny, battery-powered, factory-sealed witches' wands are great.

ERRADO: Those, shiny, battery-powered, factory-sealed witches' wands are great.

Pontue a seguinte oração:

Jilly was worried about the musical number in which one hundred scraggly fluorescent flowing beards come to life and dance around the stage.

Resposta: Jilly was worried about the musical number in which one hundred scraggly, fluorescent, flowing beards come to life and dance around the stage.

Observação: não coloque nenhuma vírgula depois de um número (*one hundred*) ou depois da última descrição (*flowing*)

Em sua escrita, você pode criar outras orações em que as descrições não devam ser separadas por vírgulas. Por exemplo, às vezes algumas palavras descritivas parecem se combinar para criar uma descrição mais abrangente em que uma das palavras é nitidamente mais importante que o resto. Tecnicamente, a lista de descrições pode fornecer dois ou três fatos separados sobre a palavra que você está descrevendo, mas, na prática, elas não merecem atenção igual. Observe este exemplo:

> Jilly just bought that funny little French hat.

Você já sabe que não deve separar *that* de *funny* com uma vírgula. Mas, e no caso de *funny*, *little* e *French*? Se você escrever

> Jilly just bought that funny, little, French hat.

Você está dando peso igual a cada uma das três descrições. Realmente quer enfatizar todas as três qualidades? Provavelmente não. Na verdade, não está muito preocupado com o fato de que o chapéu seja *funny* e *little*. Pelo contrário, está enfatizando que o chapéu é *French*. Portanto, não é necessário colocar vírgulas entre as outras descrições.

Orações como a do exemplo exigem bom senso. Use essa regra como diretriz: se os itens de uma descrição não forem de igual importância, não os separe com vírgulas.

Tá Falando Comigo? Tratamento Direto

Ao escrever uma mensagem para alguém, é preciso separar o nome da pessoa do resto da oração com uma vírgula. Do contrário, seu leitor pode interpretar a mensagem erroneamente. Observe o bilhete que Legghorn deixou na porta:

> Lochness wants to kill Wendy. I locked him in this room.

Você pensa: Wendy está em perigo. Isso é terrível. Bom, acho que eu estou salvo. No entanto, ao destrancar a porta e sentar-se para um bate-papo agradável, Lochness dá um pulo e começa a correr atrás de você pela sala. Você escapa e corre gritando para Legghorn. "Why didn't you tell me that Lochness was violent!" Legghorn confessa ser culpado por um crime gramatical. Ele se esqueceu de colocar a vírgula! Veja o que ele queria dizer:

> Lochness wants to kill, Wendy. I locked him in his room.

Foi azar seu ler o bilhete destinado a Wendy. Na linguagem gramatical, Wendy está em uma oração de tratamento direto. Como você está falando com Wendy, o nome dela deve ser separado do resto da oração por uma vírgula. A colocação do tratamento direto também é possível no começo ou no meio de uma oração:

Wendy, Lochness wants to kill, so I locked him in his room.

Lochness wants to kill, Wendy, so I locked him in his room.

Qual das orações está correta:

A. The teacher called, Edwina, but I answered.

B. The teacher called Edwina, but I answered.

Resposta: depende. Se você estiver falando com Edwina, dizendo-lhe que Miss Sharkface telefonou para sua casa para dizer que o dever de casa dela não tinha sido feito, mas você, e não a sua mãe, atendeu ao telefone, então a oração "A" está correta. No entanto, se você estiver explicando que o professor gritou para Edwina "Bring your homework up here *this minute*!" e, em seu lugar, você respondeu "Miss Sharkface, Edwina asked me to tell you that a dog ate her homework", então a oração "B" está correta.

Usando Vírgulas em Endereços e Datas

As vírgulas são excelentes separadores, que servem a todos os propósitos. Não vão conseguir separar você do seu pior inimigo, mas fazem um ótimo trabalho com endereços e datas - principalmente quando os itens que são geralmente colocados em linhas separadas são colocados próximos um do outro na mesma linha.

Pontuando endereços

De onde você é? Jilly é de Marte, pelo menos de acordo com seus amigos. Jellibelle é de uma pequena cidade chamada Bellyjelly. Veja o seu endereço (fictício):

Ms. Jellibelle Tumtum

223 Center Street

Bellyjelly, New York 10001

Se você colocar o endereço de Jellibelle em uma oração, é preciso separar cada item do endereço, conforme mostrado abaixo:

Jellibelle Tumtum lives at 223 Center Street, Bellyjelly, New York 10001.

Veja o endereço (em estilo de envelope) para sua melhor amiga Jilly:

> Jilly Willy
>
> 53 Asimov Court
>
> Mars Colonial Hills Estate
>
> Mars 50001

E agora a versão em uma oração:

> Jilly Willy lives at 53 Asimov Court, Mars Colonial Hills Estate, Mars 50001.

DICA

Observe que o número da casa e a rua não são separados por vírgula, assim como o estado (ou planeta) e o código postal.

Se a oração continuar, você deve separar o último item do endereço e do resto da oração usando outra vírgula:

> Jellibelle Tumtum lives at 223 Center Street, Bellyjelly, New York 10001, but she is thinking of moving to Mars in order to be closer to her friend Jilly.
>
> Jilly Willy lives at 53 Asimov Court, Mars Colonial Hills Estate, Mars 50001, but she is thinking of moving to Venus in order to be closer to her friend Alex.

DICA

Se não houver endereço da rua - somente a cidade e o estado - coloque a vírgula entre a cidade e o estado. Se a oração continuar depois do nome do estado, coloque uma vírgula depois do estado.

> Jellibelle Tumtum lives in Bellyjelly, New York, but she is thinking of moving to a Martian colony.
>
> Jilly Willy used to live in Bellyjelly, New York, near the launch pad.

DICA

As vírgulas também são usadas para separar países da cidade/estado/província:

Lochness lives in Edinburgh, Scotland, near a large body of water. His brother Legghorn just built a house in Zilda, Wisconsin.

TESTE

Pontue a seguinte oração:

Police believe that the missing salamander ran away from his home at 77 Main Street Zilda Wisconsin because of a dispute over the number of insects he would receive for each meal.

Resposta: Police believe that the missing salamander ran away from his home at 77 Main Street, Zilda, Wisconsin, because of a dispute over the number of insects he would receive for each meal.

Veja outra oração que precisa de pontuação adicional:

Responding to a 553 (salamander in the garden) call on the radio, police cruisers proceeded to 99-09 Center Street Wilda Illinois where they discovered the missing animal.

Resposta: Responding to a 553 (salamander in the garden) call on the radio, police cruisers proceeded to 99-09 Center Street, Wilda, Illinois, where they discovered the missing animal.

Pontuando datas

Se eu clicar na barra de ferramentas do meu programa de processador de texto para inserir a data e a hora, vejo várias opções, incluindo:

> September 28, 2000
>
> 9/28/2000
>
> Sept. 28, 2000

Se não tiver certeza de como abreviar um determinado mês (ou qualquer outra palavra), consulte o seu dicionário.

Qualquer uma das três datas acima está correta para o início de uma carta. Quando a data está sozinha em uma linha, a única vírgula com que você tem que se preocupar é aquela que fica depois do dia do mês.

Em muitos países, o costume é colocar o dia antes do mês:

> 28 September, 2000

Neste caso, coloque a vírgula entre o mês e o ano, mas não entre o dia e o mês.

Para inserir uma data em uma oração, preciso de mais uma vírgula:

> On September 28, 2000, Lulu ate several thousand gummy candies.

ou

> Lulu was especially hungry on September 28, 2000, when she ate several thousand gummy candies.

Sempre use vírgulas para separar o ano do resto da oração.

Pontue a seguinte oração:

Lola testified under oath that on December 18 1999 she saw Lulu place a carton of gummy bears under the counter without paying for them.

Resposta: Lola testified under oath that on December 18, 1999, she saw Lulu place a carton of gummy bears under the counter without paying for them.

Tente mais uma:

Lulu's testimony was that on January 8 2001 Lola herself stole a carton of gummy bears.

Resposta: Lulu's testimony was that on January 8, 2001, Lola herself stole a carton of gummy bears.

Voando Sozinhas: Palavras Introdutórias

Sim, esta seção introduz uma regra para vírgulas. Não, ela não é opcional. Bem, você provavelmente já a conhece. Mas, de qualquer forma, vou explicar. A regra diz que você deve separar palavras que não façam parte da oração, mas, que, pelo contrário, sejam um comentário sobre o significado da oração. Vou tentar explicar de outra forma:

> yes
>
> no
>
> well
>
> oh
>
> okay

Essas palavras são conhecidas como palavras introdutórias. Frequentemente aparecem no início de uma oração e são separadas do que vem depois, por vírgulas. Se você omitir essas palavras, a oração continua tendo o mesmo sentido. Leia os exemplos a seguir duas vezes, uma vez com as palavras introdutórias e uma vez sem elas. Percebeu como o significado continua o mesmo?

> Yes, you are allowed to chew gum balls during class, but don't complain to me if you break a tooth.
>
> No, you are not allowed to write the exam in blood as a protest against the amount of studying you need to do in order to pass this course.
>
> Well, you may consider moving on to another topic if you have exhausted the creative possibilities of "My Favorite Lightbulb."
>
> Oh, I didn't know that you needed your intestine today.
>
> Okay, I'll try to hit the ball, not the catcher this time.

Para resumir a regra sobre palavras introdutórias: use vírgulas para separá-las do resto da oração ou omita-as por completo.

Qual das orações está correta?

A. Well Ludmilla plays the piano well when she is in the mood.

B. Well, Ludmilla plays the piano, well, when she is in the mood.

C. Well, Ludmilla plays the piano well when she is in the mood.

Resposta: a oração "C" está correta. Se você omitir a primeira palavra, a oração significa exatamente a mesma coisa. *Well* é uma palavra introdutória que deve ser separada do resto da oração por uma vírgula. Na oração "A", não há nenhuma vírgula depois de *well*. Na oração "B", a primeira vírgula está correta, mas o segundo *well* não deve ser separado do restante da oração, pois não é uma palavra introdutória.

Capítulo 15

Acrescentando Informações: Ponto-e-Vírgula, Travessão e Dois Pontos

Neste capítulo

- Ligando duas orações por ponto-e-vírgula;
- Usando ponto-e-vírgula com falsos ligadores e em listas;
- Identificando onde colocar um sinal de dois pontos em cartas comerciais, listas e citações;
- Separando duas partes de uma oração com dois pontos;
- Usando travessões de forma correta.

Em um clássico episódio de um antigo programa de detetive, The Rockford Files, o assistente do herói escreve um livro. Ele entrega uma pilha espessa de papel datilografado para Rockford e espera pela reação do leitor. Jim Rockford estuda o manuscrito por um momento e observa que tudo está escrito como se fosse uma única oração. Não há nenhuma pontuação. O autor então explica que vai colocar "esse negócio todo" mais tarde.

Muitos escritores simpatizam com a ideia do assistente do herói. "Esse negócio todo" é uma chateação. Quem tem tempo de se preocupar com pontuação quando a criatividade está pegando fogo? Mas a verdade é que, sem pontuação, você poderá não se fazer entender. Neste capítulo, explico três pequenos itens de grande utilidade - ponto-e-vírgula, dois pontos e travessões.

Unindo Ideias Completas: Ponto-e-Vírgula

O sinal de ponto-e-vírgula (;) pode ser usado para juntar uma oração completa a outra. Exemplo:

Oração 1: Arthur had only one shoelace left.

Oração 2: He went to the store.

Você pode unir essas duas orações através de um ponto-e-vírgula:

Arthur had only one shoelace left; he went to the store.

DICA

É possível também unir orações com palavras tais como *and*, *but*, *or*, *nor*, *since*, *because*, *so* e assim por diante. De um modo geral, o ponto-e-vírgula liga orações umas às outras sem unir palavras. As orações que são ligadas pelo ponto-e-vírgula devem ter uma relação lógica entre si. Para mais informações sobre como ligar orações e uma discussão completa sobre como fazer isso usando o ponto-e-vírgula, veja o Capítulo 7.

FAIXA PRETA

Palavras de ligação são chamadas de conjunções. *And*, *or*, *but*, *yet*, *nor*, *so* e *for* são chamadas de conjunções coordenativas. *Because*, *since*, *after*, *although*, *where*, *when* e outras são chamadas conjunções subordinativas. Para mais informações sobre conjunções, veja o Capítulo 7.

Usando o ponto-e-vírgula com falsos ligadores

Está quase na hora da maratona. Enquanto alonga seus músculos e concentra sua mente, você observa que a sola do seu tênis está querendo soltar. Um buraco na sola lhe oferece uma deslumbrante visão das suas meias todas suadas. O que fazer? Você corre até a loja mais próxima e pega um grampeador. Cinco rápidos cliques depois, você está a caminho da glória.

Acho que não é bem assim! O grampeador parece ser uma solução para o seu problema, mas, na verdade, ele não foi feito para unir a sola ao sapato. (O que realmente acontece? Seu tênis se desmancha em uma das curvas, um grampo espeta você e você abandona a corrida 26 milhas antes do final. E por fim, você é preso por roubar o grampeador).

Algumas palavras são como um grampeador em uma maratona. Pense nelas como falsos ligadores. À primeira vista, parecem conjunções. Ao analisar o significado de cada uma, você vê que elas relacionam uma ideia a outra. Mas, gramaticalmente, não são conjunções, e nunca foram feitas para ligar uma oração à outra. Esses falsos ligadores não servem para isso. Se você usá-los de forma incorreta, sua oração perderá a corrida. Veja um exemplo:

Maxwell ran into the house to get his silver hammer, however, the butler could not find it.

Por que a oração está incorreta? Você tem duas orações completas:

ORAÇÃO 1: Maxwell ran into the house to get his silver hammer.

ORAÇÃO 2: The butler could not find it.

However não é uma palavra de ligação, embora pareça ser. Portanto, as duas orações completas ficam emboladas em uma única oração comprida, sem nada que as una. Na linguagem gramatical, elas se transformaram em uma oração disparada. (Para mais informações sobre orações disparadas, veja o Capítulo 7). Se você quiser manter *however*, acrescente um ponto-e-vírgula. Veja uma combinação de acordo com a lei:

Maxwell ran into the house to get his silver hammer; however, the butler could not find it.

Ou, talvez, você resolva fazer duas orações:

Maxwell ran into the house to get his silver hammer. However, the butler could not find it.

Os falsos ligadores mais comuns são *however*, *consequently*, *also*, *moreover*, *therefore*, *nevertheless*, *besides*, *thus*, *indeed* e *then*. Não ponha essas palavras na sua lista de Proibidos, porque elas acrescentam bastante significado a uma oração. Simplesmente preste atenção e use-as com ponto-e-vírgula ou com uma única ideia. Nunca as use para combinar orações.

Os falsos ligadores apresentados na dica anterior são advérbios. (Para mais informações sobre advérbios, veja o Capítulo 8).

Algumas frases - *for example* e *for instance* - também parecem palavras de ligação, mas não são. Elas são frases preposicionais e não conjunções. Veja outro exemplo de oração disparada e a sua correção:

DISPARADA: Agwamp is noted for his temper tantrums, for example, he threw a lemon at Lulu when she refused to make him a glass of lemonade.

Este exemplo de oração é uma oração disparada porque contém duas orações completas:

ORAÇÃO 1: Agwamp is noted for his temper tantrums.

ORAÇÃO 2: He threw a lemon at Lulu when she refused to make him a glass of lemonade.

A expressão *for example* não é forte o suficiente para ligar essas ideias. Use um ponto-e-vírgula ou crie duas orações:

Agwamp is noted for his temper tantrums; for example, he threw a lemon at Lulu when she refused to make him a glass of lemonade.

ou

Agwamp is noted for his temper tantrums. For example, he threw a lemon at Lulu when she refused to make him a glass of lemonade.

Uma vírgula separa a maior parte desses falsos ligadores da segunda metade da oração. Se você tiver criado duas orações separadas, uma vírgula provavelmente separará o falso ligador do resto da oração.

Correto ou incorreto?

A. Aretha sang with all her heart; therefore, the glass in the recording booth shattered.

B. Aretha sang with all her heart, therefore, the glass in the recording booth shattered.

C. Aretha sang with all her heart. Therefore, the glass in the recording booth shattered.

Resposta: as orações "A" e "C" estão corretas, mas a oração "B" está incorreta. *Therefore* é um falso ligador. Se você quiser usá-lo, acrescente um ponto-e-vírgula ou uma verdadeira palavra de ligação (uma conjunção). Você pode também criar duas orações.

O importante é o seguinte: ao combinar duas orações completas, certifique-se de usar um ponto-e-vírgula ou uma conjunção. Não use uma vírgula, um advérbio ou uma frase preposicional.

Separando itens de uma lista com ponto-e-vírgula

Salamander está escrevendo sua lista de convidados para o baile anual dos Répteis e Anfíbios. Ele pretende convidar um número razoável de pessoas importantes. Veja, sem pontuação, alguns dos convidados felizardos:

> Oscar Diamondback the nation's leading reptile historian Annamaria Komodo the dragon expert a keeper from the local zoo the movie villain known as "The Snake" and of course Newt a former congressman

Confusa, não é? Talvez algumas vírgulas ajudem:

> Oscar Diamondback, the nation's leading reptile historian, Annamaria Komodo, the dragon expert, a keeper from the local zoo, the movie villain known as "The Snake," and of course, Newt, a former congressman

O dono do buffet quer saber quantas porções de comida para répteis são necessárias, mas a lista inclui alguns nomes e alguns títulos. Alguns nomes e títulos formam pares, indicando uma única pessoa. Outros não estão formando pares, indicando duas pessoas. Como é possível saber a diferença?

Se a lista não estiver pontuada ou estiver pontuada somente com vírgulas, é impossível saber a diferença. Todos esses nomes de títulos estão embolados. É preciso algo mais forte que uma vírgula para separar os elementos da lista. Você precisa - da super-vírgula! Bem, na verdade, você precisa do ponto-e-vírgula. Veja a versão correta:

Salamander is making out his guest list for the annual Reptile-Amphibian Ball. He plans to invite Oscar Diamondback; the nation's leading reptile historian; Annamaria Komodo, the dragon expert; a keeper from the local zoo; the movie villain known as "The Snake"; and of course, Newt, a former congressman.

A regra para o uso do ponto-e-vírgula em listas é bastante simples:

- Quando qualquer item de uma lista incluir vírgulas, separe todos os itens por ponto-e-vírgula;
- Não coloque um ponto-e-vírgula antes do primeiro item da lista;
- Coloque um ponto-e-vírgula entre os dois últimos itens da lista (antes da conjunção).

Qual das opções está correta?

A. During the race Festus the Frog vowed that he would invite all the lizards, who are notoriously picky eaters, to a barbecue, make speeches about the effect of swamp pollution on the wildlife habitat, and begin a petition to remove the word "amphibious" from all motor vehicles.

B. During the race Festus the Frog vowed that he would invite all the lizards, who are notoriously picky eaters, to a barbecue; make speeches about the effect of swamp pollution on the wildlife habitat; and begin a petition to remove the word "amphibious" from all motor vehicles.

Resposta: a pontuação da oração "B" está correta. Um dos itens da lista possui vírgulas:

> that he would invite all the lizards, who are notoriously picky eaters, to a barbecue

portanto, você deve separar os itens da lista por ponto-e-vírgula. Observe que é necessário um ponto-e-vírgula antes da palavra *and.*

Criando um Ponto de Parada: Dois Pontos

O sinal de dois pontos (:) aparece quando uma simples vírgula não é forte o suficiente. Este sinal mostra mais intensidade. (Ele aparece também naquelas carinhas sorridentes - também chamadas de *emoticons* - que as pessoas escrevem em seus e-mails). Nesta seção, explico o sinal de dois pontos em alguns de seus habitats naturais: cartas comerciais, listas e citações.

Uso em cartas comerciais

Os dois pontos aparecem em cartas comerciais, conforme visto nos seguintes exemplos:

Dear Mr. Ganglia:

You are getting on my nerves. You're fired.

Sincerely,

I.M. Incharj

To Whom It May Concern:

Everyone in the division is fired also.

Sincerely,

I.M. Incharj

O sinal de dois pontos torna uma carta comercial mais formal. O oposto de uma carta comercial é o que os professores de inglês chamam de *friendly letter* (carta de amizade ou informal), mesmo que ela diga algo como "I hate you". Ao escrever uma *friendly letter*, coloque uma vírgula depois do nome da pessoa que vai recebê-la.

Introduzindo listas

Ao inserir uma pequena lista de itens em uma oração, não é necessário usar dois pontos. (Para mais informações sobre como usar vírgulas em listas, veja o Capítulo 14). No entanto, quando estiver inserindo uma longa lista em uma oração, você talvez precise usar o sinal de dois pontos para introduzi-la. Pense neste sinal como se o leitor tomasse fôlego suficiente, preparando-se para ler uma lista de tamanho razoável. Este sinal precede o primeiro item. Veja algumas orações que utilizam dois pontos no início de listas longas:

> Ethelred needed quite a few things: a horse, an army, a suit of armor, a few million arrows, a map, and a battle plan.
>
> Lulu's trail plan was quite ambitious and included the following tasks: reach the summit of Mount Everest, create a storm shelter using only twigs, rebalance the ecology of the natural habitat, and chant "om" until world peace occurred.
>
> Lochness sent each spy away with several items: an excerpt from the encyclopedia entry on espionage, a collection of the essays of Mata Hari, a photocopy of the nation's policy on treason, and a poison pill.

Se você colocar um sinal de dois pontos na frente de uma lista, verifique o início da oração - a parte que fica antes do sinal. Ela faz sentido? Ela pode ficar sozinha? Em caso afirmativo, sem problemas. As palavras que ficam antes do sinal de dois pontos devem formar uma ideia completa. Se não, não os use. Veja alguns exemplos:

ERRADO: The problems with Ethelred's battle plan are: no understanding of enemy troop movements, a lack of shelter and food for the troops, and a faulty trigger for the retreat signal.

POR QUE ESTÁ ERRADO: As palavras que estão antes dos dois pontos (*The problems with Ethelred's battle plan are*), não podem ficar sozinhas. Elas formam uma ideia incompleta.

CERTO: The problems with Ethelred's battle plan are numerous: no understanding of enemy troop movements, a lack of shelter and food for the troops, and a faulty trigger for the retreat signal.

POR QUE ESTÁ CERTO: As palavras que estão antes dos dois pontos (*The problems with Ethelred's battle plan are numerous*) podem ficar sozinhas. Elas formam uma ideia completa.

Veja mais um exemplo:

ERRADO: You should: build a fire, arrest Lochness, sedate Lulu, and return to your grammar studies.

POR QUE ESTÁ ERRADO: As palavras que ficam antes dos dois pontos (*you should*), não formam uma ideia completa.

CERTO: You should accomplish the following: build a fire, arrest Lochness, sedate Lulu, and return to your grammar studies.

POR QUE ESTÁ CERTO: As palavras que ficam antes dos dois pontos formam uma oração completa. (Eu sei. Quando você diz *the following*, está esperando mais informações. Entretanto, gramaticalmente, elas formam uma oração completa. Para mais informações sobre orações completas, veja o Capítulo 5).

Introduzindo citações longas

A regra que trata de dois pontos em citações é relativamente fácil. Se a citação for curta, introduza-a com uma vírgula. Se a citação for longa, introduza-a com dois pontos. (Em outras palavras, você pode preceder praticamente tudo que um político diz com dois pontos, considerando que você cite cada uma das preciosas frases patrióticas e não se deixe levar pelos chavões. No entanto, você pode preceder tudo que seu amigo diz, quando ele estiver num daqueles dias e você estiver tentando arrancar informações, usando vírgulas). Observe e compare os dois exemplos a seguir.

O que Lola disse na reunião? Não muito.

Lola stated, "I have no comment on the bedbug incident."

Lola disse uma frase curta, introduzida por um identificador da fala (*Lola stated*) e uma vírgula.

O que Ethelred disse na entrevista coletiva? Ela falou demais.

> Ethelred explained: "The media has been entirely too critical of my preparations for war. Despite the fact that I have spent the last ten years and two million gold coins perfecting new and improved armor, I have been told that I am unready to fight."

Ethelred fez uma frase longa, precedida por um identificador da fala (*Ethelred explained*) e um sinal de dois pontos.

Ao escrever uma monografia ou uma redação, você pode inserir algumas citações curtas (até três linhas) no texto. Entretanto, não deve incluir nele citações que tenham mais que três linhas. Em vez disso, você deve usar margem dupla e espaço simples no material citado para que ele pareça ser um bloco separado de texto. Essas citações são chamadas de citações em bloco. Introduza a citação em bloco usando dois pontos, e não use aspas. (A criação desse bloco mostra que você está citando e, por isso, as aspas não são necessárias). Veja um exemplo:

Flugle, em sua redação intitulada "Why Homework is Useless", explica o seguinte ponto de vista:

Studies show that students who have no time to rest are not as efficient as those who do. When a thousand teens were surveyed, they all indicated that sleeping, listening to music, talking on the phone, and watching television were more valuable than schoolwork.

Se você estiver escrevendo sobre poesias, pode usar o mesmo formato em bloco:

The post-modern imagery of this stanza is in stark contrast to the imagery of the Romantic period:

> Roses are red,
>
> Violets are blue,
>
> Eggworthy is sweet,
>
> And stupid, too.

Ligando explicações

O sinal de dois pontos, às vezes, aparece dentro de orações, ligando uma oração completa a outra. Normalmente, palavras de ligação tais como *and*, *but* e *so* ligam uma oração a outra, ou um ponto-e-vírgula desempenha esse papel. (Veja "Juntando ideias completas: ponto-e-vírgula" apresentado anteriormente neste capítulo). Mas, em uma circunstância especial, o sinal de dois pontos pode assumir essa posição.

Quando a segunda oração explica o significado da primeira, você pode ligá-las por dois pontos.

> Smellyhead has only one problem: His new wig fell in a vat of perfume.

Observe que coloquei em letra maiúscula a primeira palavra depois dos dois pontos. Alguns escritores preferem letra minúscula neste caso.

Essa decisão é uma questão de estilo, e não de gramática. Consulte a autoridade responsável pela sua escrita (professor, chefe, supervisor, e assim por diante) e verifique o estilo oficialmente aprovado.

Observe que a primeira oração lhe diz que Smellyhead tem um problema. A segunda lhe diz o problema. Veja mais um exemplo:

> Lola has refused to take the job: She believes the media will investigate every aspect of her life.

A segunda metade da oração explica por que Lola não quer se candidatar a presidente. Na verdade, explica por que quase nenhum americano quer se candidatar a presidente.

TESTE

Quais orações estão corretas?

A. Lochness's portrayal of the monster was panned by the critics, they called his disappearance into the murky water "melodramatic."

B. Lochness's portrayal of the monster was panned by the critics; they called his disappearance into the murky water "melodramatic."

C. Lochness's portrayal of the monster was panned by the critics: They called his disappearance into the murky water "melodramatic."

Resposta: "B" e "C" estão corretas. A oração "A" é uma oração disparada, com duas ideias completas ligadas somente por uma vírgula. Isso é proibido! A oração "B" tem um ponto-e-vírgula, e a oração "C" tem um sinal de dois pontos. Ambas são aceitáveis.

Fornecendo Informações Adicionais - Travessões

DICA

Travessões desempenham dois papéis. Primeiro: eles dizem ao leitor que você passou para um novo assunto, só por um instante. Veja alguns exemplos:

> After we buy toenail clippers - the dinosaur in that exhibit could use a trim, you know - we'll stop at the doughnut shop.
>
> Standing on one manicured claw, the dinosaur - I forgot to tell you that the Creature Company finally delivered him to the museum - is the star of the exhibit.
>
> Oggle the Caveperson slinks in the background - painted in fluorescent orange by a curator who "wanted to liven the place up" - although everyone knows that dinosaurs and human beings never co-existed.

A informação que está dentro dos travessões foge ao tópico. Se você a remover, a oração continuará fazendo sentido. O material que está dentro dos travessões está relacionado às informações contidas no restante da oração, mas ele age como uma interrupção ao ponto principal que está sendo exposto.

Segundo papel: o travessão transforma algo geral em algo específico, ou introduz uma definição. Observe os seguintes exemplos:

> I think I have everything I need for the first day of camp - bug spray, hair spray, sun block, and DVD player.
>
> *Everything I need* é geral; *bug spray, hair spray, sun block, and DVD player* é específico.
>
> Goggle said that he would perform the *ugu-ug-ba* - the ritual unwrapping of the season's first piece of chewing gum.
>
> A definição de *ugu-ug-ba* é *the ritual unwrapping of the season's first piece of chewing gum.*

Gramaticalmente, você pode usar travessões pelos dois motivos que acabei de explicar. Existem várias outras razões para não usar travessões:

- Não use travessão para substituir um ponto final no fim de uma oração;
- Não use travessão para indicar que alguém está falando. (Diferente do português);
- Não use travessão para separar itens de uma lista;
- Não use travessão dentro de uma palavra. (Para dividir uma palavra, use hífen, aquele tracinho mais curto).

Veja alguns exemplos:

> ERRADO: With infinite slowness he raised his hand - he lifted an arm and tore off the bandage - he stood up.
>
> CERTO: With infinite slowness he raised his hand. He lifted an arm and tore off the bandage. He stood up.
>
> POR QUE ESTÁ CERTO: As três ideias completas agora são expressas como três orações completas.
>
> ERRADO: - I'm alive. I'm alive!
>
> CERTO: "I'm alive. I'm alive!"
>
> POR QUE ESTÁ CERTO: Qualquer material citado deve ser colocado entre aspas.
>
> ERRADO: When I grow up I'm going to become president - climb Mt. Everest - travel to Mars.
>
> CERTO: When I grow up I'm going to become president, climb Mr. Everest, and travel to Mars.
>
> POR QUE ESTÁ CERTO: Os itens de uma lista são separados por vírgulas e não por travessões.

Tente ler o parágrafo sobre Zangfroid em voz alta:

Zangfroid went to Ye Olde Doughnut Shoppe - he likes coconut twists - and plunked down five dollars - the cost of a dozen. The clerk - not a fan of doughnuts himself but working his way through journalism school - frowned. "Are you sure you want to eat those greasy globs - not that there's anything wrong with that - and raise your cholesterol level? Are you aware of the ingredients - oil, fat, a little more oil, and sugar?

Percebe como ele parece "picado"? Todas as vezes que você se depara com um travessão, sua voz provavelmente muda. É quase como se você estivesse se interrompendo. (Não conheço os seus amigos, mas se eles forem como os meus, eles interrompem o suficiente por todos. Não preciso piorar ainda mais fazendo minhas próprias interrupções). Travessões são uma tentação porque pulam facilmente da sua cabeça para o papel. Parecem ser o sinal de pontuação ideal. Uma nova ideia? Dá-lhe travessão em cima. Precisa explicar algo meio vago? Dá-lhe travessão na definição. Cansado daqueles velhos e incômodos sinais de pontuação? Experimente o novo e mais moderno travessão!

Travessões podem ser interessantes na hora da escrita, mas não na hora de ler. Usado dentro dos conformes (de acordo com as leis da gramática), os travessões não apresentam problemas. Para mudar um pouco o ritmo, coloque qualquer ideia nova entre travessões na sua oração. Só não exagere no seu uso!

A oração a seguir está dentro da lei ou é motivo de prisão pela polícia gramatical?

Smiling broadly and brushing his long ears with one paw, the rabbit - yes, there really is a rabbit - hurried down the rabbit hole.

Resposta: dentro da lei. Esta oração faz sentido sem as informações que estão entre os travessões. Essas informações são mudanças de tópico, mas não uma ideia completamente desassociada.

Veja mais uma. Essa oração está dentro da lei ou é motivo de prisão pela polícia gramatical?

The sweet sounds of a thousand tubas wafted through the air - she fell asleep.

Resposta: se disser "dentro da lei", você tira uma nota de 5 a 10 na penitenciária da pontuação. Você precisa de um ponto final depois de *air* porque *The sweet sounds of a thousand tubas wafted through the air* é uma oração completa. *She fell asleep* também é uma oração completa. Não é permitido ligar duas orações completas com um travessão. A oração correta é

The sweet sounds of a thousand tubas wafted through the air. She fell asleep.

Capítulo 16

Letras Maiúsculas

Neste capítulo

- Referindo-se a títulos de pessoas, membros da família e a Deus;
- Dando coordenadas de direção e nomes às áreas do país, estações do ano e outros períodos de tempo;
- Usando letras maiúsculas para cursos escolares, matérias e títulos de obras;
- Escrevendo épocas, eventos e abreviações;
- Usando letras maiúsculas nas linhas de uma poesia.

Felizmente, as regras para uso de letras maiúsculas são fáceis. Veja o conhecimento básico:

- Comece todas as orações com letra maiúscula. (Veja o Capítulo 5).
- O pronome *I* deve ser sempre escrito com letra maiúscula. (Veja o Capítulo 10).
- Comece citações com letra maiúscula, a não ser que você esteja pulando direto para o meio da citação. (Veja o Capítulo 13).

O restante deste capítulo trata de alguns pontos mais complicados sobre o uso de letras maiúsculas.

Usando (ou Não) Letras Maiúsculas ao se Referir a Pessoas

Se os seres humanos ficassem contentes por serem chamados apenas pelos seus nomes, a vida seria muito mais simples, pelo menos em termos de letras maiúsculas. Infelizmente, a maioria das pessoas acumula alguns títulos durante sua viagem pela vida. Mais infelizmente ainda, junto com os títulos vêm as regras para uso de letras maiúsculas. Nesta seção, explico o que acontece quando você se refere a pessoas.

Referindo-se ao chefe da carrocinha (Chief Dogcatcher) e a outros oficiais.

Permita que eu me apresente. Sou Ms. Woods, *Chief Grammarian* Woods e *Apostrophe-Hater-in-Chief* Woods (veja o Capítulo 12). Observou as letras maiúsculas? Todos esses títulos começam com o que os alunos do jardim de infância chamam de "letras grandes" porque elas estão atreladas ao meu nome. De certa forma, elas fazem parte do meu nome.

Permita que eu apresente meu amigo Eggworthy. Ele é *Mr.* Eggworthy Henhuff, *director of poultry* (diretor do abatedouro de aves) de uma fazenda próxima. No próximo ano, o *Director of Poultry* Henhuff pretende se candidatar a *state senator*, a não ser que o grupo de eleitores vegetarianos se oponha à sua candidatura. Eggworthy poderá então decidir por uma nomeação para o cargo de *sheriff* (xerife).

Espere aí, o que está acontecendo com as letras maiúsculas? O título *Mr.* começa com letra maiúscula porque está ligado ao último nome de Eggworthy. Outros títulos - *state senator* e *sheriff* - não estão. De um modo geral, escreva os títulos que não estão ligados a um nome com letra minúscula, ou o que os alunos do jardim de infância chamam de "letras pequenas".

Observe que *Director of Poultry* começa com letra maiúscula quando precede o último nome de Eggworthy, mas começa com letra minúscula quando vem depois do nome de Eggworthy. *Director of Poultry Henhuff* funciona como uma unidade. Se você estivesse falando com Eggworthy, poderia tratá-lo por *Director of Poultry Henhuff*. Portanto, o primeiro *Director of Poultry* do parágrafo acima funciona como parte do nome. Quando o título vem depois do nome, ele dá ao leitor mais informações sobre Eggworthy, mas já não age como parte do nome de Eggworthy. Daí, o segundo *director of poultry* do parágrafo acima começa com letra minúscula.

CUIDADO

Nenhuma regra que se preze permite que os outros aceitem-na como verdadeira; portanto, essa regra para uso de letras maiúsculas tem uma ou duas exceções, só para ter certeza de que você está prestando atenção. Você deve iniciar com letra maiúscula títulos muito importantes mesmo quando eles aparecem sem o nome da pessoa que os detém. O que vem a ser muito importante? Com certeza, os seguintes casos:

- President of the United States;
- Secretary-General of the United Nations;
- Chief Justice of the Supreme Court;
- Vice President of the United States;
- Prime Minister of Great Britain.

Veja um exemplo de um desses títulos, o Presidente dos EUA, em ação:

> The President of the United States addressed the nation tonight. In her address, the President called for the repeal of all illogical grammar rules.

Obviamente, há certa flexibilidade com a regra de títulos, ficando a decisão final a cargo do chefe, do editor ou do professor. (Quando em dúvida, consulte a autoridade em questão). Os títulos a seguir começam geralmente, mas nem sempre, com letra minúscula quando não estão acompanhados de um nome:

- senator
- representative
- ambassador
- consul
- justice
- cabinet secretary
- judge
- sheriff

Títulos sem nome que ficam ainda mais abaixo na escala de importância são estritamente escritos com letra minúscula:

- assistant secretary
- dogcatcher-in-chief
- officer
- ensign

DICA

Ao iniciar com letra maiúscula um título composto por duas palavras separadas por hífen, inicie ambas as palavras com letra maiúscula (*Chief Justice*) ou nenhuma delas (*assistant secretary*). Uma exceção (irk!) à regra são os *ex* e os *elects*:

- ex-President
- President-elect

Escrevendo sobre parentesco

Não é verdade que a *grandma* de Legghorn foi presa por crimes cometidos com o vocabulário. Sei com certeza que *Uncle Bart* foi julgado, embora Alfred, *brother* de Legghorn, tenha tentado desesperadamente convencer *Grandma* a se confessar. "Meu *son* merece cumprir a pena," disse *Grandma*, "porque ele separou o infinitivo quando era pequeno e não conseguiu escapar sem punição".

O que você percebe sobre títulos de família no parágrafo anterior? Alguns deles começam com letra maiúscula, e outros não. As regras para uso de letras maiúsculas em títulos de membros de uma família são simples. Se você estiver se referindo a um parente, não comece a palavra com letra maiúscula. (Estou falando de parentesco - *aunt*, *sister*, *son* e assim por diante - e não de defeitos de aparência ou personalidades - *tubby*, *sweet-face*, *dishonest* e assim por diante). Se os títulos tomam o lugar de nomes (como em *Uncle Bart*), inicie-os com letra maiúscula. Por exemplo:

Lulu's *stepsister* Sarah took care to pour exactly one cup of ink into every load of wash that Lulu did. (*stepsister* = identificação, e não um nome nesta oração).

Sarah's motivation was clear when she told *Mother* about the gallon of paint thinner that Lulu had tipped over Sarah's favorite rose bush. (*Mother* = nome, e não uma identificação nesta oração).

I was surprised when my *father* took no action; fortunately *Aunt Aggie* stepped in with a pail of bleach for Lulu. (*father* = identificação; *Aunt Aggie* = nome nesta oração).

DICA

Se for possível substituir um nome real - Mabel ou Jonas, por exemplo - na oração, você provavelmente vai precisar começar com letra maiúscula:

I told *Father* that he needed to shave off his handlebar moustache and put it on his bicycle. (oração original).

I told *Jonas* that he needed to shave off his handlebar moustache and put it on his bicycle. (A substituição parece não ter problema; portanto, comece com letra maiúscula *Father*).

Se a substituição parecer estranha, você provavelmente precisa começar com letra minúscula:

I told my *grandmother* that she should definitely not shave off her moustache for any reason. (oração original).

I told my *Mabel* that she should definitely not shave off her moustache for any reason. (A substituição não funciona porque você não diz my *Mabel*. Use letra minúscula para *grandmother*.)

DICA

A palavra *my* e outros pronomes possessivos (*your*, *his*, *her*, *our*, *their*) geralmente indicam que você deve começar o título com letra minúscula. (Para mais informações sobre pronomes possessivos, veja o Capítulo 17).

TESTE

Qual das orações está correta?

A. Ever since he heard that housework causes acute inflammation of elbow grease, Archie helps mother around the house as little as possible.

B. Ever since he heard that housework causes acute inflammation of elbow grease, Archie helps Mother around the house as little as possible.

Resposta: a oração "B" está correta. *Mother* é usado como nome e não como uma identificação; portanto, você deve começar com letra maiúscula. (Tente fazer o teste de *Mabel*; funciona!)

Deus com letra maiúscula

Tudo bem, tecnicamente um ser divino não é uma pessoa em si, mas as palavras que se referem a Deus ainda requerem uma regra especial para uso de letra maiúscula. Tradicionalmente, os fiéis usam letra maiúscula em todas as palavras que se referem ao ser que eles adoram, incluindo pronomes. Observe essa linha retirada de um cântico religioso famoso:

> *God* works in mysterious ways *His* wonders to perform.

Por outro lado, deuses mitológicos só são escritos com letra maiúscula quando você lhes dá nomes:

The Greeks offered tributes of wine to their *gods*, but the most lasting tribute is the collection of stories immortalizing their names. Who is not familiar with the stories of *Zeus*, *Hermes*, *Hera*, and other deities?

Letras Maiúsculas em Geografia: Coordenadas, Lugares e Idiomas

Se está acostumado a viajar pelo mundo, você lida com o uso de letras maiúsculas e geografia todos os dias. Mas, se somente a sua imaginação está acostumada a sair das quatro paredes que o cercam, ainda assim você precisa saber as regras para uso de letras maiúsculas em nomes de lugares, idiomas, características geográficas, regiões e coordenadas. Veja a seguir um guia completo sobre quando usar letras maiúsculas em geografia.

Coordenadas e áreas de um país

Alice e Archie, meus periquitos, não migram no inverno. (Em vez disso, eles ficam sentados na janela piando para os seus amiguinhos, os pombos de Nova York). No entanto, se eles resolvessem voar para algum lugar, para onde iriam - south ou South? Depende. A direção ou coordenada é *sul* (letra minúscula). A área do país onde eles pegam um bronze ganham plumagem nova e geralmente se divertem é *South* (letra maiúscula). Entendeu? De Nova York você vai rumo ao west para visitar o West (ou o Midwest).

Os nomes de outras áreas menores geralmente também são escritos com letra maiúscula. Encurralado no centro de New York City está o Central Park, ladeado pelo West Side e o East Side. Chicago tem o South Side e Londres tem Bloomsbury. Observe as letras maiúsculas usadas para se referir às áreas de uma cidade.

Letras maiúsculas em características geográficas

Localidades de um país devem ser descritas com letra maiúscula quando o nome próprio é fornecido (o nome de uma cidade ou de uma região, por exemplo). Comece com letra maiúscula todas as palavras que fazem parte do nome. Veja alguns exemplos:

- Mississippi River
- the Pyrenees
- Los Angeles
- the Congo

The faz parte do nome? Geralmente não, mesmo quando é difícil imaginar o nome sem o artigo. De um modo geral, não comece the com letra maiúscula.

Quando o nome não aparece, use letra minúscula para as características geográficas:

- mountain (montanha)
- valley (vale)
- gorge (desfiladeiro)
- beach (praia)

Uma exceção à regra dos nomes de países

De um modo geral, você deve começar os nomes de países e idiomas usando letra maiúscula. Uma exceção à regra é: alguns países generosamente emprestaram seus nomes a objetos de uso comum: *french fries*, *scotch whiskey*, *venetian blinds* e assim por diante. Ao se atrelar a um objeto comum, o nome do idioma ou do país assume um novo significado. O nome já não faz o leitor pensar no país ou no idioma. Em vez disso, o leitor simplesmente pensa em um objeto do dia-a-dia. Em situações como esta, o nome do país ou do idioma perde a letra maiúscula. Por exemplo:

The people of France speak French, but they eat *french fries*. (A expressão *french fries* refere-se a objetos comuns, associados mais a restaurantes de fast-food do que ao país França).

I love *French* food. (Agora *French* se refere ao país, e não a um objeto comum).

The people of China have probably never heard of *chinese checkers*. (A expressão *chinese checkers* refere-se a um jogo, e não ao país China).

I love *Chinese* food. (Agora, *Chinese* se refere ao país).

Do Turks dry themselves with *turkish towels*? (A expressão *turkish towels* refere-se a itens de uso doméstico, e não ao país Turquia).

Se não tiver certeza se deve ou não usar letras maiúsculas na parte de um item comum que se refere a geografia, use letra maiúscula.

Corrija o uso de letras maiúsculas neste parágrafo:

When Alex sent his little brother Abner to Italy, Abner vowed to visit mount Vesuvius. Alex asked Abner to bring back some venetian blinds, but Abner returned empty-handed. "Let's go out for chinese food," said Abner when he returned. "Some sesame noodles will cheer me up."

Veja a resposta, com as explicações entre parênteses:

When Alex sent his little brother Abner to Italy (correto - nome do país), Abner vowed to visit Mount Vesuvius (letra maiúscula no nome todo da montanha). Alex asked Abner to bring back some venetian blinds (correto - letra minúscula para o nome de um objeto comum), but Abner returned empty-handed. "Let's go out for Chinese food (como não é o nome de um item específico, tal como french fries, é melhor usar letra maiúscula)," said Abner when he returned. "Some sesame noodles will cheer me up."

Raças e etnias

Se você vem da Tasmânia, você é Tasmanian. Se você vem de Nova York, você é New Yorker. (Não me pergunte como se chama alguém que vem de Connecticut; nunca consegui obter uma resposta embora tenha perguntado a todos que moram naquele estado).

Estes exemplos de uso de letras maiúsculas são fáceis. Mas, e no caso de raças e etnias? À medida que os nomes mudam, mudam também os livros de gramática. Mas as autoridades gramaticais estão sempre um pouco atrasadas com relação a este assunto. Assim como todas as outras pessoas, os gramáticos lutam para superar os legados de uma sociedade racista e de seu idioma. Veja algumas diretrizes com relação ao uso de letras maiúsculas para se referir a raças:

- White e Black (ou white e black) são aceitáveis, mas mantenha a consistência. Não use letra maiúscula em um e letra minúscula no outro. Sempre use letra maiúscula em *Asian* porque o termo é derivado do nome de um continente.
- European American, Asian American, African American (e o menos popular Afro-American) devem ser escritos com letra maiúscula.
- Mexican American, Polish American e outras descrições de origem nacional são escritos com letras maiúsculas porque os termos são derivados dos nomes dos países.
- Usar ou não o hífen, eis a questão. *Afro-American* é geralmente escrito com um hífen. Já para os termos tais como *Asian American*, *Mexican American*, *African American* e outros parecidos, a resposta depende da sua política. Sem o hífen, *American* é a palavra principal, descrita pela palavra que a precede. Portanto, sem o hífen, você enfatiza a identidade de *American*. Com o hífen, as duas palavras são iguais e, por isso, ambas as partes da identidade têm igual importância.

Estações do Ano e Outros Períodos de Tempo

Lochness hates the *summer* because of all the tourists who try to snap pictures of what he calls "an imaginary monster." He's been known to roar something about "*winter's* peaceful *mornings*," even though he never wakes up before 3 p.m.

Depois de ler o exemplo acima, você pode provavelmente descobrir qual é a regra sem a minha ajuda. Escreva as estações do ano com letra minúscula, bem como as horas do dia. A única exceção é em poesia, mas todo mundo sabe que poetas criam suas próprias regras e, portanto, essas exceções não contam.

Tenho boas e más notícias sobre as abreviações para manhã e tarde - a.m. e p.m.. Alguns livros dizem que você deve colocá-las com letra maiúscula (A.M. e P.M.) e alguns especificam letra minúscula. Portanto, independentemente do que você quiser, metade dos seus leitores pensará que você está certo (a boa notícia) e metade pensará que está errado (a má notícia). A propósito, a.m. significa *ante meridian* (quando o sol ainda não atingiu seu ponto mais alto). O outro termo - p.m. - significa *post meridian*, quando o sol já passou do seu ponto mais alto no céu.

As abreviações de a.m. e p.m. vêm do latim, em que *ante* e *post* significam *antes* e *depois*.

Na Escola: Cursos, Séries e Matérias

Como todo estudante sabe, a escola é complicada. Assim também é a regra que diz respeito ao uso de letras maiúsculas em termos relacionados à escola. Não use letra maiúscula em matérias e áreas de estudo, a não ser que os nomes se refiram a um idioma. Veja estes exemplos:

- history;
- science;
- physics;
- mathematics;
- English;
- Spanish;
- physical education;
- economics.

Por outro lado, use letra maiúscula para títulos de cursos. Veja alguns exemplos:

- Economics 101;
- Math for Poets;
- Intermediate Chemistry;
- Physics for Nuclear Terrorists;
- Spanish Translation and You!;
- The Meaning of the Paper Clip in American History.

As séries escolares, embora intermináveis e extremamente importantes, não são escritas com letra maiúscula.

- seventh grader;
- eighth grader;
- freshman;
- sophomore;
- junior;
- senior.

Corrija o uso de letras maiúsculas no seguinte parágrafo:

Hurrying to his Chemistry class, Kneejerk slipped on the ice on the very first day of his Senior year. He was carrying a small jar of purple crystals, which, when added to water, were guaranteed to produce dense, purple smoke. Kneejerk wanted to impress the love of his life, Freshman Lilac Jones, who had enrolled in history of the ancient world with Professor Krater. Lilac's class, deep in the study of history, never knew the peril they had escaped.

Resposta: Veja a versão correta, com os motivos entre parênteses:

Hurrying to his chemistry (não use letra maiúscula em matérias) class, Kneejerk slipped on the ice on the very first day of his senior year (nunca use letra maiúscula para séries escolares). He was carrying a small jar of purple crystals, which, when added to water, were guaranteed to produce dense, purple smoke. Kneejerk wanted to impress the love of his life, freshman (nunca use letra maiúscula para séries escolares) Lilac Jones, who had enrolled in History of the Ancient World (use letra maiúscula em títulos de cursos) with Professor Krater. Lilac's class, deep in the study of history (esta está correta - letra minúscula para área de estudo), never knew the peril they had escaped.

Usando Letras Maiúsculas em Livros e Outros Títulos

Lochness está dando uma festa para celebrar a publicação do seu novo livro *I AM NOT A MONSTER*. Ele adiou a festa três vezes porque não conseguia decidir se deveria usar letra maiúscula no título. O que ele deve fazer?

Na verdade, ele deveria se livrar do livro, que tem 540 páginas de detalhes inacreditavelmente enfadonhos sobre a rotina de sua vida. Fora essa questão, veja o que ele deveria fazer:

- Usar letra maiúscula em *I* e *Monster*. *I* é sempre escrito com letra maiúscula e *Monster* é uma palavra importante. Além disso, *I* é a primeira palavra do título, e a primeira palavra do título é sempre escrita com letra maiúscula.
- Usar letra maiúscula em *Am* porque é um verbo, e verbos são a parte principal do significado de um título. (Veja o Capítulo 2).
- Usar letra maiúscula em *Not* porque ela altera o significado do verbo e, assim, tem uma função importante na oração.
- Usar letra minúscula somente na palavra que sobrou - *a*. Nunca use letra maiúscula em artigos (*a*, *an* e *the*), a não ser que eles sejam as primeiras palavras do título.

Conseguiu ver os princípios gerais que usei? Veja um resumo das regras para todos os tipos de títulos:

- Use letra maiúscula na primeira palavra do título.
- Use letra maiúscula em verbos e outras palavras importantes.
- Use letra minúscula nas palavras que não são importantes.

O problema, obviamente, é decidir o que é importante e o que não é importante. As opiniões variam a esse respeito. (Veja o quadro sobre manuais de estilo no final deste capítulo). Na lista a seguir, resumo os princípios gerais para decidir o que é ou não importante (para palavras que não estejam no início do título):

- Use letra minúscula para artigos (*a*, *an*, *the*).
- Use letra minúscula para conjunções, as palavras de ligação (*and*, *or*, *but*, *nor*, *for*).
- No geral, use letra minúscula para preposições. Alguns manuais de estilo dizem que você deve usar letra maiúscula em preposições longas - aquelas com mais de quatro letras. Outros dizem para usar letra minúscula em todas as preposições, mesmo as maiores (*concerning*, *according to* e assim por diante). Para ver uma lista de preposições comuns, consulte o Capítulo 9.

O importante é o seguinte: consulte a autoridade mais próxima de você (editor, chefe, professor e assim por diante) para ter certeza de que você está escrevendo no estilo com o qual ele está acostumado.

CUIDADO

Ao escrever o título de uma revista ou de um jornal, deve-se usar letra maiúscula na palavra *the*? Sim, se the fizer parte do nome oficial, como em *The New York Times*. Não, se a publicação não incluir *the* em seu nome oficial, como em the *Daily News*.

TESTE

Quais palavras devem ser escritas com letra maiúscula nesses títulos?

the importance of being lochness

romeo and lulu

slouching towards homework

Respostas:

The Importance of Being Lochness (*The* é a primeira palavra do título. *Importance*, *Being* e *Lochness* são palavras importantes. Use letra minúscula para of porque ela não é uma palavra importante).

Romeo and Lulu (*Romeo* é a primeira palavra do título e também é um nome. Da mesma forma, *Lulu* é um nome. Use letra minúscula para *and* porque ela não é uma palavra importante).

Slouching Towards Homework (*Slouching* é a primeira palavra do título. *Homework* é importante. *Towards* pode ser escrita de qualquer uma das formas. Ela é uma preposição - uma palavra que indica relação - e, assim, pode ser escrita com letra minúscula, pelo menos de acordo com alguns gramáticos. Ela também é uma palavra longa, o que, de acordo com a opinião de alguns gramáticos, justifica sua escrita com letra maiúscula).

Letra Maiúscula para Épocas e Eventos Históricos

Bobo entered her time machine and set the dial for the *Middle Ages*. Because of a tiny glitch in the power supply, Bobo instead ended up right in the middle of the *Industrial Revolution*. Fortunately for Bobo, the *Industrial Revolution* did not involve a real *war*. Bobo still shudders when she remembers her brief stint in the *Civil War*. She is simply not cut out to be a fighter, especially not a fighter in the *nineteenth century*. On the next *Fourth of July*, Bobo plans to fly the bullet-ridden flag she brought back from the *Battle of Gettysburg*.

A história das aventuras de Bobo deve facilitar a compreensão das regras sobre uso de letras maiúsculas para épocas e eventos históricos. Use letra maiúscula nos nomes de períodos de tempo específicos e eventos, mas não em palavras com sentido geral. Logo,

- Letra maiúscula: Middle Ages, Industrial Revolution, Civil War, Fourth of July, Battle of Gettysburg
- Letra minúscula: war, nineteenth century

DICA

Alguns gramáticos usam letra maiúscula em *Nineteenth Century* porque entendem esse caso como um período de tempo específico. Outros dizem que você deve usar letras minúsculas para se referir a séculos. Pessoalmente, prefiro usar letra minúscula.

TESTE

Corrija o uso de letras maiúsculas no seguinte parágrafo:

Bobo has never met Marie Antoinette, but Bobo is quite interested in the French revolution. With her trusty time-travel machine, Bobo tried to arrive in the Eighteenth Century, just in time for Bastille Day. However, once again she missed her target and landed in the middle of the first crusade.

Resposta, com as explicações entre parênteses:

Bobo has never met Marie Antoinette, but Bobo is quite interested in the French Revolution. (letra maiúscula no nome da uma guerra). With her trusty time-travel machine, Bobo tried to arrive in the eighteenth century, (opcional, mas a maioria dos gramáticos escreve séculos com letra minúscula) just in time for Bastille Day. (Correto. Use letra maiúscula em nomes de dias importantes). However, once again she missed her target and landed in the middle of the First Crusade. (Use letra maiúscula no nome de uma guerra).

Se Vc Pd Lr Isso, Vc Pd Abreviar

Mais rápido! Mais rápido! Você está ficando para trás! Essa mensagem lhe parece familiar? Ou será que sou a única que vê a vida como um trem fora de controle? Desconfio que todo mundo, de vez em quando, sente a necessidade de acelerar as coisas - por exemplo, ao escutar uma palestra sobre as maravilhas da gramática.

Não posso citar a fonte histórica, mas desconfio que as abreviações tenham sua origem na necessidade de dar cabo de alguma coisa rapidamente. Por que gastar onze letras quando duas resolvem o problema? Por que escrever *New York City* quando você pode escrever *N.Y.C.*?

Por quê? Bem, por vários motivos. Primeiro de tudo, você quer que as pessoas o entendam. Quando viu *e.g.* pela primeira vez, você sabia que significava *for example*? Em caso afirmativo, sem problemas. Em caso negativo, você provavelmente não entendeu o que o autor estava tentando dizer. Segundo, abreviações vão contra a escrita formal. Esse tipo de escrita, implica raciocínio e cuidado, e não pressa.

Agora que você já sabe por que não deve abreviar, veja como fazê-lo de forma correta:

- Use letra maiúscula nas abreviações de títulos e termine a abreviação com um ponto final. Por exemplo, *Mrs.* Snodgrass, *Rev.* Tawkalot, *Sen.* Veto, Jeremiah Jones, *Jr.* e *St.* Lucy.
- Na Inglaterra, é aceitável omitir o ponto final depois de *Mr*, *Mrs* e *Ms*.
- Use letra maiúscula nas abreviações geográficas quando fizerem parte de um nome, mas não quando estiverem sozinhas. Coloque um ponto final no término da abreviação: Appalachian Mts. ou Amazon R., por exemplo. Em mapas, você pode escrever mt. (mountain).
- O serviço de correios dos EUA criou uma lista de abreviações, ou siglas, para cada estado usando duas letras. Não coloque pontos nessas abreviações. Exemplos: *AZ* (Arizona), *CO* (Colorado), *WY* (Wyoming) etc.
- Escreva medidas com letra minúscula e termine a abreviação com um ponto. (Abreviações no sistema métrico são, às vezes, escritas sem pontos). Por exemplo:
  - yds. (yards) (jardas)
  - ft. (foot or feet) (pés)
  - lbs. (pounds) (libras)
  - km (kilometer) (quilômetro)
  - cm (centimeter) (centímetro)
  - g (gram) (grama)

Não confunda abreviações com acrônimos. Abreviações geralmente cortam algumas letras de uma única palavra. Acrônimos são novas palavras criadas com as primeiras letras de cada palavra de um título que contém várias palavras. Alguns acrônimos incluem os seguintes:

NATO: North Atlantic Treaty Organization

OPEC: Organization of Petroleum Exporting Countries

AIDS: Acquired Immune Deficiency Syndrome

Geralmente, as abreviações são escritas com pontos, mas os acrônimos não.

Quer deixar seu professor maluco? Escreva uma redação formal usando &, w/, w/o ou b/c. (Para aqueles que não entendem abreviações muito bem, & significa *and*, w/ significa *with*, w/o significa *without*, b/c significa *because*). Estes símbolos são aceitáveis para suas anotações, mas não para o seu produto acabado.

Corrija o dever de casa de Legghorn.

Yesterday (Tues.) I went in the a.m. to CO. I saw Mr. Pimple, who told me that the EPA had outlawed his favorite pesticide. I have three gal. in the basement, & I'll have to discard it.

Resposta:

Yesterday (Tuesday) I went in the morning to Colorado. I saw Mr. Pimple, who told me that the EPA had outlawed his favorite pesticide. I have three gallons in the basement, and I'll have to discard it.

Explicação: não abrevie em tarefas de casa, exceto títulos (Mr. Pimple) e acrônimos facilmente identificáveis (EPA, ou Environmental Protection Agency). Entretanto, se este fosse um bilhete para um amigo, as abreviações seriam perfeitamente aceitáveis.

A Última Palavra é do Poeta

One summer's morn

Upon the lawn

Did Legghorn cry,

"Forlorn! Forlorn

Am I and so shall sigh

Until I die. Goodbye."

Uma das vantagens da poesia é que você pode, normalmente, convencer as pessoas de que os seus erros gramaticais são opções artísticas. (Tente fazer isso com seu professor, mas não dou nenhuma garantia). Porém, existem cinco regras para uso de letras maiúsculas em poesias:

- Em poemas formais, você geralmente usa letra maiúscula na primeira palavra de cada linha.
- Independentemente de onde você esteja na linha, comece uma nova oração com letra maiúscula.
- Ao citar uma poesia, use letra maiúscula em tudo que o poeta tenha usado letra maiúscula. Use uma barra (/) para indicar onde a linha termina.

O que as vírgulas estão usando este ano: Manuais de estilo

Não tão deslumbrante como a coleção de um estilista é a moda da gramática. Sim, moda. Uma vírgula aqui, uma vírgula ali. Um ponto de um lado do Atlântico, mas não do outro lado. Letras maiúsculas para abreviar alguns séculos, e depois, letra minúscula.

Neste redemoinho de mudanças de regras gramaticais, como é possível que escritores conscientes tenham certeza de que estão seguindo um estilo? Fácil. Basta consultar o manual. Várias instituições publicam manuais de estilo; cada manual relaciona as preferências de uma instituição por certa pontuação, uso de letras maiúsculas, citações e um monte de outras coisas de que você nunca ouviu falar. Tudo que você tem a fazer é consultar o índice para achar a resposta para seu dilema gramatical. (Você teria que ser contratado pela instituição se decidisse sentar-se e ler tudo. *Chato* é pouco para descrever esses manuais, mas eles são bons como referência).

Seu professor/chefe/editor (seja lá quem estiver julgando a sua escrita) poderá lhe dizer qual manual de estilo ele prefere. Assim, você vai ter certeza de que o seu trabalho está na moda, ou pelo menos na moda preferida pelo sujeito que detém a autoridade em questão.

Alguns manuais de estilo bastante conhecidos são Modern Language Association (MLA) Handbook for Writers of Research Papers (Modern Language Association of America), The Chicago Manual of Style (The University of Chicago Press) e The New York Times Manual of Style and Usage (Crown).

Parte IV

Polindo Sem Cera - os Pontos Mais Refinados da Gramática

A 5ª onda por Rich Tennant

"Ok pessoal, lembre-se: quando escrever suas cartas de extorção, coloque o pronome perto o suficiente do seu antecedente para garantir a clareza".

Nesta parte...

Pense nesta parte do livro como se fosse uma lixa, um conjunto de regras incômodas que ficam arranhando e se esfregando contra as bordas mal aparadas da sua escrita. Depois de lixar, ou polir, um parágrafo, segundo as informações fornecidas nesta parte, o produto acabado contará com os pronomes corretos (Capítulo 17), o tempo verbal adequado (Capítulo 18) com todas as descrições colocadas no lugar certo (Capítulo 19). Todas as suas comparações serão lógicas e completas (Capítulo 20) e todas as suas orações estarão em perfeito equilíbrio (Capítulo 21). Continue lendo e descubra os pontos mais refinados da gramática.

Capítulo 17

Os Pronomes e Seus Casos

Neste capítulo

- Escolhendo o pronome correto como sujeito e entendendo sujeitos compostos e apostos;
- Escolhendo o pronome correto para fazer uma comparação;
- Escrevendo orações com verbos de ligação usando o pronome correto;
- Usando o pronome objeto adequado e indicando posse através de pronomes;
- Escolhendo o pronome correto para alguns substantivos que terminam em *–ing*.

Tarzan, o famoso personagem de Edgar Rice Burroughs, é um cara esperto. Ele não só consegue sobreviver no mundo selvagem, mas também é capaz de aprender por conta própria um número razoável de palavras em inglês, salvar sua amada Jane da areia movediça e - quando viaja à Inglaterra - aprender a amarrar seus sapatos. Apesar de todas essas conquistas, há um negócio que o enrola direitinho. Ele simplesmente parece não entender o par pronomes-verbos. "Me Tarzan, you Jane", ele não se cansa de repetir. "I am Tarzan" está aparentemente além das suas possibilidades.

Milhões de alunos sofredores que estudam gramática sabem exatamente como o Tarzan se sente. Escolher a palavra correta é o suficiente para fazer nascer alguns cabelos brancos até mesmo em um menino de 13 anos de idade. (Eu mesma tenho uma enorme mecha em meus cabelos causada pela questão do *who/whom*). Mas, na verdade, existe uma lógica com relação a pronomes e algumas dicas ajudam bastante para tornar suas escolhas mais óbvias. Neste capítulo, explico os três conjuntos, ou casos, de pronomes - sujeito, objeto e possessivo. Agarre-se então ao seu cipó e embarque nessa viagem pela floresta de pronomes.

Me Like Tarzan: Escolhendo os Pronomes Sujeito

O sujeito é a pessoa ou objeto sobre quem ou o que falamos na oração. (Para saber mais sobre como identificar o sujeito, veja o Capítulo 4). É praticamente impossível cometer um erro quando você conhece o nome verdadeiro da pessoa, do lugar ou do objeto que desempenha o papel de sujeito da oração - em outras palavras, o substantivo -,mas já os pronomes são outra história.

FAIXA PRETA

Diz-se que um pronome sujeito está no *caso nominativo*.

DICA

Os pronomes sujeito legítimos incluem *I*, *you*, *he*, *she*, *it*, *we*, *they*, *who* e *whoever*. Se você quiser evitar um crime gramatical, afaste-se de *me*, *him*, *her*, *us*, *them*, *whom* e *whomever* quando estiver escolhendo um sujeito.

Veja alguns exemplos de pronomes que funcionam como sujeito de uma oração:

> I certainly did tell Lulu not to remove her nose ring in public! (*I* é o sujeito do verbo *did tell*).

> Agwamp and *she* will bring the killer bees to the next Unusual Pets meeting. (*She* é o sujeito do verbo *will bring*).

> *Whoever* marries Ludwig next should negotiate a good prenuptial agreement. (*Whoever* é o sujeito do verbo *marries*).

Pares de sujeitos ou sujeitos compostos

A maioria das pessoas consegue se sair bem com um sujeito, mas orações com dois sujeitos são outra história. Por exemplo, muitas vezes ouço meus alunos supostamente gramaticalmente corretos dizerem coisas como

> *Him* and *me* are going to the supermarket for some chips.

> Although *her* and *I* haven't met, we plan to have dinner soon.

Conseguiu perceber o problema? No primeiro exemplo de oração, o verbo *are going* expressa a ação. Para identificar o sujeito, pergunte *who* ou *what are going*. A resposta agora é *him and me are going*, mas him e me não são pronomes sujeito. Veja a versão correta:

> *He* and *I* are going to the supermarket for some carrots and celery. (Não resisti e corrigi o conteúdo nutricional também).

No segundo exemplo de oração, a ação - o verbo - é *have met*. (*Not* não faz parte do verbo). *Who or what have met*? A resposta, por enquanto, é *her* e *I*. *I* é um pronome sujeito legítimo, mas *her* não é. A versão correta é a seguinte:

> Although *she* and *I* haven't met, we plan to have dinner soon.

Pares, ou até mesmo grupos maiores, de sujeitos são chamados de *sujeitos compostos*. Cada uma das orações acima tem um sujeito composto.

Uma boa maneira de conferir os seus pronomes é examinar cada um separadamente. Se você tiver desenvolvido razoavelmente bem o seu ouvido para o inglês correto, isolar o pronome ajuda você a decidir se fez a escolha correta. Talvez seja necessário ajustar o verbo um pouquinho quando estiver falando sobre um sujeito em vez de dois, mas o princípio é o mesmo. Se o pronome não soar bem como sujeito sozinho, ele também não estará correto como parte do par. Veja um exemplo:

> ORAÇÃO ORIGINAL: *Ludmilla* and *her* went to the spitball-shooting contest yesterday.
>
> VERIFICAÇÃO 1: *Ludmilla* went to the spitball-shooting contest yesterday. Veredicto: sem problemas.
>
> VERIFICAÇÃO 2: *Her* went to the spitball-shooting contest yesterday. Veredicto: soa terrível. Substitua por *she*.
>
> VERIFICAÇÃO 3: *She* went to the spitball-shooting contest yesterday. Veredicto: bem melhor.
>
> ORAÇÃO CORRIGIDA E RECOMBINADA: *Ludmilla* and *she* went to the spitball-throwing contest yesterday.

Qual das orações está correta?

A. Mudbud, you, and me appointed the judges for the spitball-shooting contest, so we have to live with their decisions, however wrong.

B. Mudbud, you, and I appointed the judges for the spitball-shooting contest, so we have to live with their decisions, however wrong.

Resposta: a oração "B" está correta. *I* é um pronome sujeito, e *me* não é. Se você analisar as partes do sujeito separadamente, poderá "ouvir" a resposta correta.

Apostos

Você quer dizer a mesma coisa duas vezes? Use um aposto. Um *aposto* é um substantivo ou um pronome que é exatamente o mesmo substantivo ou pronome que o precede na oração. Veja só estes exemplos:

> Raven, the girl whose hair matches her name, is thinking of changing her name to Goldie.
>
> Tee Rex, holder of the coveted Dinosaur of the Year trophy, has signed an endorsement deal with a company that makes extra-large sneakers.

> Lochness, the Spy of the Month, will hold a press conference tomorrow at 10 a.m.
>
> Lola, a fan of motorcycles, acknowledges that life in the fast lane is sometimes hard on the complexion.

Você consegue ver o par de idéias correlacionadas em cada oração? Na primeira, *Raven* e *the girl whose hair matches her name* são a mesma pessoa. Na próxima oração, *Tee Rex* e *holder of the coveted Dinosaur of the Year trophy* formam um par. Na terceira, the *Spy of the Month* é o mesmo que *Lochness*. Na última oração, *Lola* e *a fan of motorcycles* são a mesma pessoa. A segunda metade de cada par (*the girl whose hair matches her name*, *holder of the coveted Dinosaur of the Year trophy*, *the Spy of the Month* e a *fan of motorcycles*) é o que chamamos de aposto.

Os apostos se acomodam naturalmente na fala e na escrita da maioria das pessoas, talvez porque os seres humanos sintam uma grande necessidade de se explicarem. Provavelmente, você não vai cometer nenhum erro com apostos, a não ser que um pronome ou uma vírgula esteja envolvido. (Veja o Capítulo 25 para mais informações sobre apostos e vírgulas).

Os pronomes podem funcionar como apostos, que aparecem principalmente quando você tem duas ou mais pessoas ou objetos a serem mencionadas. Veja algumas orações com apostos e pronomes:

> The winners of the raffle - Ali and he - will appear on the *Tonight Show* tomorrow. (Aposto = *Ali* e *he*)
>
> The judges for the spitball contest, Saliviata and she, wear plastic raincoats. (Aposto - *Saliviata* e *she*)
>
> The dancers who broke their toenails, Lulu and I, will not appear in the closing number. (Aposto = *Lulu* e *I*)

Por que *he*, *she* e *I* estão corretos? Nestes exemplos de oração, os apostos formam um par com os sujeitos da oração (*winners*, *judges*, *dancers*). De certa forma, os apostos são substitutos potenciais para o sujeito. Logo, você deve usar um pronome sujeito.

DICA

O pronome do aposto deve sempre combinar com seu parceiro; se você o combinar com um sujeito, o aposto deve ser um pronome sujeito. Se você o combinar com um objeto, ele deve ser um pronome objeto.

Para confirmar a escolha do pronome você pode usar o mesmo método descrito na seção anterior. Analise cada parte do par (ou do grupo) separadamente. Ajuste o verbo, se necessário, e, em seguida, "ouça" a oração. Veja a verificação de uma das orações usada anteriormente:

VERIFICAÇÃO 1: The judges for the spitball contest wear plastic raincoats. Veredicto: sem problemas.

VERIFICAÇÃO 2: Saliviata wears plastic raincoats. (É preciso ajustar o verbo porque *Saliviata* está no singular, e não no plural, mas o pronome parece não ter problema).

VERIFICAÇÃO 3: She wears plastic raincoats. (Novamente, é preciso ajustar o verbo, mas o pronome parece não ter problema).

O importante é o seguinte: isolar o pronome e "ouvir". Se soar bem, provavelmente não há problemas.

Escolhendo pronomes para fazer comparações

Preguiçosos que somos, tendemos a tomar atalhos, cortando palavras de nossas orações e correndo para chegar ao final. Essa prática é evidente em comparações. Leia os seguintes exemplos de orações:

> Lulu denied that she had more facial hair than he.

Esta oração realmente significa

> Lulu denied that she had more facial hair than he had.

Se você disser a comparação inteira, como no exemplo anterior, a escolha do pronome é fácil. Entretanto, ao eliminar o verbo (*had*), você pode se sentir tentado a usar o pronome errado, como na seguinte oração:

> Lulu denied that she had more facial hair than him.

Aparentemente, ela soa correta, não é? Mas a oração está errada. As palavras que você diz devem combinar com as palavras que você não diz. Obviamente, você não vai aceitar.

> Lulu denied that she had more facial hair than him had.

Him had é um erro grosseiro demais. O motivo técnico? *Him* é um pronome objeto, mas você o está usando como sujeito de *had.*

DICA

Sempre que você tiver uma comparação implícita - uma comparação que a oração sugere, mas não expressa por completo - termine a oração na sua cabeça. O pronome correto torna-se óbvio.

Comparações implícitas muitas vezes contêm a palavra *than* (como nos exemplos de orações anteriores). As palavras *so* e *as* também freqüentemente fazem parte de uma comparação implícita:

> The sponges that Legghorn grew do not sop up so much moisture as they.
>
> Eggworthy gave Ludwig as much trouble as her.
>
> Ratrug, live in concert on Broadway, is as entertaining as she.

As comparações completas são as seguintes:

> The sponges that Legghorn grew do not sop up so much moisture as they do.
>
> Eggworthy gave Ludwig as much trouble as Eggworthy gave her.

> Ratrug, live in concert on Broadway, is as entertaining as she is.

Em algumas comparações incompletas pode haver mais de uma palavra faltando. Por exemplo:

> Grandmother gives my sister more souvenirs than me.

Significa:

> Grandmother gives my sister more souvenirs than Grandmother gives to me, because my sister is a spoiled brat and is always flattering the old bat.

e

> Grandmother gives my sister more souvenirs than I.

Significa:

> Grandmother gives my sister more souvenirs than I do because I have better things to do with my allowance.

Pense antes de tomar uma decisão, porque a escolha do pronome determina o significado da oração.

Qual das orações está correta?

A. Tee Rex broke more claws than I during the fight with Godzilla.

B. Tee Rex broke more claws than me during the fight with Godzilla.

Resposta: a oração "A" está correta. Leia a oração dessa forma: Tee Rex broke more claws than *I did* during the fight with Godzilla. Você não pode dizer *me did*.

A última! Qual está correta?

A. Lochness told me more atomic secrets than she.

B. Lochness told me more atomic secrets than her.

Resposta: ambas estão corretas, dependendo da situação. A oração "A" significa que Lochness me contou mais segredos atômicos do que *she told me*. A oração "B" significa que Lochness me contou mais segredos atômicos do que *he told her*.

Ligando pronomes a verbos de ligação

Pense em verbos de ligação como se fossem gigantescos sinais de igual, equiparando duas metades da oração. Todas as formas do verbo *to be* são verbos de ligação, bem como *seem*, *appear*, *smell*, *sound* e *taste*. O tipo de pronome que começa a igualdade (o sujeito) também deve ser o tipo de pronome que termina a igualdade. (Para mais informações sobre como identificar verbos de ligação e os pronomes que combinam com eles, veja o Capítulo 2). Nesta seção, falo sobre pares de pronomes sujeito com verbos de ligação. Examinar os pares de palavras é bastante útil porque a escolha dos pronomes para sujeitos compostos é sempre difícil. Observe a seguinte oração:

> The new champions, who spelled "sassafras" correctly for the first and only time, are him and me.

Correta ou incorreta? Veja como verificar. Pense no sinal de igual (o verbo de ligação). Se os pronomes estiverem corretos, você deverá conseguir inverter a oração. Afinal de contas, 2 + 2 = 4 e 4 = 2 + 2.

Se eu inverter o exemplo da oração anterior, obtenho

> Him and me are the new champions who spelled "sassafras" correctly for the first and only time.

Opa! *Him and me are*. Nada boa essa idéia. O que você realmente diria? *He and I are*. Então, volte à oração original. Mude os pronomes. Agora, a oração diz:

> The new champions, who spelled "sassafras" correctly for the first and only time, are he and I.

Na conversação, muitas pessoas ignoram a *regra da inversão* e escolhem um pronome objeto. Para conversação, você pode até se dar bem com essa escolha, mas na escrita formal as regras são muito mais rígidas. Se você tiver um verbo de ligação seguido de um pronome, faça sua escolha usando o conjunto de sujeitos.

Qual das orações está correta?

> A. The students voted "Most Likely to Go to Jail Before Graduation" are Lizzy and I.
>
> B. The students voted "Most Likely to Go to Jail Before Graduation" are Lizzy and me.

Resposta: no inglês formal, a oração "A" está correta. Inverta a oração: *Lizzy and I are* the students voted "Most Likely to Go to Jail Before Graduation". Veredicto: Correto. Se você inverter a oração "B", obterá *Lizzy and me are*. Essa frase não é uma boa ideia, embora seja aceitável no inglês de conversação. (Veja o Capítulo 1 para mais informações sobre o inglês formal e de conversação).

Usando Pronomes como Objetos Direto e Indireto

Anteriormente neste capítulo, concentrei-me em pronomes sujeito, mas agora é hora de nos voltarmos para o receptor da ação da oração - o objeto. Especificamente, é hora de nos voltarmos para os pronomes objeto. (Para mais informações sobre como identificar o objeto, veja o Capítulo 6). Os pronomes que podem funcionar legitimamente como objetos incluem *me, you, him, her, it, us, them, whom* e *whomever*. Veja alguns exemplos de pronomes objetos direto e indireto, todos destacados em itálico:

> Ticktock smashed *him* right on the nose for suggesting that "the mouse ran down the clock." (*Smashed* é o verbo; *Ticktock* é o sujeito; *him* é o objeto).
>
> Archie married *us*, despite our parents' objections, in a quadruple ring ceremony. (*Married* é o verbo; *Archie* é o sujeito; *us* é o objeto).
>
> Olivier, president and chief operating officer of Actors Inc., sent *me* a horrifying *letter.* (*Sent* é o verbo; *Olivier* é o sujeito; *letter* e *me* são objetos).

O *objeto direto* recebe a ação diretamente do verbo, respondendo às perguntas *whom* ou *what* depois do verbo. O *objeto indireto* recebe a ação indiretamente (inteligentíssimos, esses termos gramaticais), respondendo às perguntas *to whom* ou *to what* depois do verbo. No exemplo de oração anterior, *letter* é o objeto direto e *me* é o objeto indireto. Para mais informações sobre objetos diretos e indiretos, veja o Capítulo 6.

Qual das orações está correta?

A. After a great deal of discussion, the principal punished we, the innocent, for the small nuclear device that disrupted the cafeteria yesterday.

B. After a great deal of discussion, the principal punished us, the innocent, for the small nuclear device that disrupted the cafeteria yesterday.

Resposta: a oração "B" está correta. *Us* é o objeto do verbo *punished.*

Escolhendo objetos para preposições

Preposições - palavras que expressam relações, tais como *about, after, among, by, for, behind, since*, dentre outras - também podem ter objetos. (Para obter uma lista mais completa de preposições, veja o Capítulo 9). Veja alguns exemplos:

> Pinkworm, fearful for his pet tarantula, gave his dog *to us* yesterday.
>
> Jellibelle's dance solo is a problem *for her* because she can't find a suitable costume.
>
> Legghorn's latest play received a critical review *from them.*
>
> Archibald didn't like the window so he simply plastered *over it.*

Observe que a palavra do objeto responde às perguntas comuns para objeto (*whom*? *what*?):

> Pinkworm, fearful for his pet tarantula, gave his dog to whom? Resposta: to *us*.
>
> Jellibelle's dance solo is a problem for whom? Resposta: for *her*.
>
> Legghorn's latest play received a critical review from whom? Resposta: from *them*.
>
> Archibald didn't like the window, so he simply plastered over what? Resposta: over *it*.

Observe também que todos os pronomes - *us*, *him*, *her*, *them*, *it* - vêm do conjunto de pronomes objeto.

Qual das orações está correta?

A. The conversation between Agwamp and I always revolves around piano-throwing.

B. The conversation between Agwamp and me always revolves around piano-throwing.

Resposta: a oração "B" está correta. *Between* é uma preposição. *Between* whom? *Between Agwamp and me*. *Me* é um dos objetos da preposição *between*.

Por algum motivo, a frase *between you and I* virou moda. No entanto, é hora de dar uma virada! *Between* é uma preposição e, por isso, deve ser seguida por pronomes objeto. O pronome *I* é usado para sujeitos, e *me* é usado para objetos. Portanto, cá entre nós, ou *between you and me*, *me* é a palavra que você procura.

Enxergar dois causa problemas

Provavelmente, você escolherá o pronome objeto correto quando houver somente um deles na oração, mas compostos (pares ou grupos ainda maiores) causam problemas. A solução é relativamente fácil: verifique cada parte do composto separadamente. Seu ouvido o ajuda a identificar a escolha certa. Veja alguns exemplos:

> ORAÇÃO ORIGINAL: Paris, pleading poverty, presented Perry and me with a check for fifteen cents.
>
> VERIFICAÇÃO 1: Paris, pleading poverty, presented Perry with a check for fifteen cents. Veredicto: A oração soa correta.
>
> VERIFICAÇÃO 2: Paris, pleading poverty, presented me with a check for fifteen cents. Veredicto: A oração soa correta. Quando você isola o

pronome, *me* é obviamente a escolha correta. É improvável que você aceite *Paris, pleading poverty, presented I with a check for fifteen cents.*

Tente mais uma.

ORAÇÃO ORIGINAL: Perry, claiming to be far richer than Ted Turner, presented the government and he with a billion dollars.

VERIFICAÇÃO 1: Perry, claiming to be far richer than Ted Turner, presented the government with a check for a billion dollars. Veredicto: A oração está correta.

VERIFICAÇÃO 2: Perry, claiming to be far richer than Ted Turner, presented he with a check for a billion dollars. Veredicto: *presented he*? Não. A oração não funciona.

VERIFICAÇÃO 3: Perry, claiming to be far richer than Ted Turner, presented him with a check for a billion dollars. Veredicto: Agora, a oração soa correta.

ORAÇÃO RECOMBINADA: Perry, claiming to be far richer than Ted Turner, presented the government and him with a check for a billion dollars.

Pronomes Possessivos: Sem Necessidade de Exorcistas

Pronomes possessivos indicam (que rufem os tambores!) posse. Não posse no sentido de estar possuído por algo, mas no sentido de que você possui alguma coisa. Pronomes possessivos incluem *my*, *your*, *his*, *her*, *its*, *our*, *their*, *mine*, *yours*, *hers*, *ours*, *theirs* e *whose*. Observe os seguintes exemplos de oração:

Legghorn took *his* apple out of the refrigerator marked "Open Only in Case of Emergency."

Sure that the computer had beeped *its* last beep, Lola shopped for a new model.

To our dismay, Lochness and Lulu opened *their* birthday presents two days early.

Vengeance is *mine*.

Lester slapped the dancer *whose* stiletto heels had wounded Lola's big toe.

Os pronomes possessivos destes exemplos mostram que a maçã pertence a Legghorn, o "bip" pertence ao computador, a decepção pertence a nós, e os presentes pertencem a Lochness e Lulu. A vingança pertence a *me*. (*Mine* é o pronome possessivo que se refere a algo que *eu possuo*, algo que pertence a *me*). A última oração é um pouco mais complicada. A palavra *whose* refere-se à dancer. O salto agulha pertence à dançarina. O dedão do pé pertence a Lola, mas a posse é indicada neste exemplo através de um substantivo possessivo (*Lola's*) e não um pronome possessivo (*her*).

DICA

Observe que nenhum dos pronomes possessivos possui apóstrofos. Isso nunca acontece! Nunca! Jamais! Colocar apóstrofos em pronomes possessivos é um dos erros mais comuns. (*It's* não significa belongs to *it*. *It's* significa *it is*).

Por que os pronomes possessivos não têm apóstrofos? Não faço a mínima ideia. Logicamente, você espera que pronomes possessivos tenham apóstrofos, porque os apóstrofos indicam posse para substantivos (*Angie's mug*, por exemplo). Mas a lógica e a gramática nem sempre são amigas ou até mesmo conhecidas e (como você já deve ter notado) pronomes possessivos não têm apóstrofos. Nunca.

TESTE

Qual das orações está correta?

A. Smashing the pumpkin on his mother's clean floor, Rocky commented, "I believe this gourd is yours."

B. Smashing the pumpkin on his mother's clean floor, Rocky commented, "I believe this gourd is your's."

Resposta: A oração "A" está correta. Nenhum pronome possessivo tem apóstrofo, e *yours* é um pronome possessivo.

Lidando com Pronomes e Substantivos com "-Ing"

A regra para pronomes possessivos e substantivos com "-ing" é quebrada com tanta frequência que esta pode ser uma batalha perdida. Contudo, a regra não é totalmente inútil, como muitas das outras regras que as pessoas quebram. Além disso, esta regra na verdade tem uma lógica. Alguns substantivos que terminam em *-ing* são criados a partir de verbos. (na linguagem gramatical, eles são chamados de gerúndios. Veja o Capítulo 24 para mais informações). Ao colocar um pronome na frente de um desses substantivos, você deve ter certeza de que o pronome é possessivo. Veja alguns exemplos:

> Just because I once got a speeding ticket, my parents object to *my taking* the car for even short drives. (e não *me taking*).
>
> Lola knows that *their* creating a dress code has nothing to do with the fact that she recently pierced her toes. (e não *them* creating).
>
> Eggworthy likes *his* singing in the shower. (e não *him* singing).

> The goldfish accept *our* placing food in the tank so long as we don't try to shake their fins. (e não *us* placing).

Por que possessivo? Veja o raciocínio. Se você colocar um pronome possessivo na frente do substantivo, o substantivo passa a ser a ideia principal. Logo:

> My parents object to the *taking* of the car. They don't object to *me*.
>
> Lola knows something about the *creating* of a dress code. She may not know anything about *them*.
>
> Eggworthy likes the *singing*. Eggworthy may not like *him*.
>
> The goldfish accept *placing* food. They don't accept *us*.

DICA

Algumas palavras com *-ing* não são criadas a partir de verbos e algumas não são substantivos. Não se preocupe em distinguir entre uma e outra. Simplesmente aplique este teste simples: você precisa de um possessivo se o significado da oração mudar radicalmente quando você eliminar a palavra com *-ing*. Observe este exemplo:

> Lochness loves me singing and always invites me to perform at his concerts.

Se eu eliminar a palavra com *-ing*, a oração fica

> Lochness loves me.

Agora há uma mudança radical de significado. Obviamente, a oração está incorreta. A versão correta é

> Lochness loves my singing.

Agora o foco está em *singing*, e não em *me*.

TESTE

Qual das orações está correta?

A. Stunned by my low batting average, the coach forbade my swinging at every pitch.

B. Stunned by my low batting average, the coach forbade me swinging at every pitch.

Resposta: A oração "A" está correta. O técnico falou sem parar sobre *my swinging at every pitch* e nunca mencionou nada sobre minha vida pessoal. (Na oração "B", ele está proibindo *me*, por completo).

Capítulo 18

Ajustando os Verbos

Neste capítulo

- Distinguindo entre voz ativa e passiva;
- Escolhendo o verbo correto para descrever eventos diferentes em tempos diferentes;
- Relatando informações com o tempo verbal adequado;
- Descrevendo ideias que são sempre verdadeiras.

Você já escreveu uma carta e, depois de lê-la, voltou atrás e saiu riscando metade das palavras? Os verbos dão um nó na sua língua (quer dizer, na sua caneta)? Você se vê constantemente reeditando o que escreveu para evitar problemas verbais? Em caso afirmativo, este capítulo foi feito para você.

Dando Voz aos Verbos

Os verbos podem ter dois tipos de voz. Não, nada de soprano ou tenor. Os verbos podem ser ativos ou passivos. Dê só uma olhada nesses dois exemplos:

"The window *was broken yesterday*," reported Eggworthy, carefully tucking his baseball bat under the sofa.

"*I broke* the window yesterday," reported Eggworthy, carefully tucking his baseball bat under the sofa.

Que diferença você nota entre as duas versões? Gramaticalmente, a frase de Eggworthy, na primeira versão, se concentra no receptor da ação, a *window*, que recebeu a ação de *breaking*. O verbo está na voz *passiva* por que o sujeito não é a pessoa ou o objeto que executa a ação, mas, pelo contrário, é a pessoa ou o objeto que recebe a ação. Na segunda versão, o verbo está na voz *ativa*, porque o sujeito (*I*) executou a ação (*broke*). Quando o sujeito está agindo ou é alguma coisa, o verbo está na voz *ativa*.

DICA

Para identificar o sujeito de uma oração, localize o verbo e pergunte quem? ou o quê? antes do verbo. Para mais informações sobre sujeitos, veja o Capítulo 4. Para mais informações sobre noções básicas sobre verbos, veja o Capítulo 2.

Veja alguns verbos na voz ativa e na voz passiva:

Lulu *gives* a free-tattoo coupon to Lola. (ativa).

Lola *is convinced* by Lulu to get a tattoo. (passiva).

Lochness *slaps* Lulu. (ativa).

Lulu *is tattooed* by Lola. (passiva).

Fazendo a Melhor Escolha: Voz Ativa

A não ser que você esteja tentando esconder alguma coisa ou, a não ser que realmente não conheça os fatos, você deve fazer com que a sua escrita seja o mais específica possível. Falar especificamente é falar em voz ativa. Compare esses dois pares de orações:

The president of the Egg-Lovers' Club *was murdered* yesterday. (Os policiais ainda estão procurando pelo vilão que sentou o martelo e rachou a testa do presidente como - bem, como uma casca de ovo).

Murgatroyd murdered the president of the Egg-Lovers' Club yesterday. (Murgatroyd está foragido).

It *is recommended* that the furnace not be cleaned until next year. (Alguém quer economizar dinheiro, mas ninguém está se responsabilizando por essa ação. Se o aquecedor quebrar quando o termômetro chegar aos 20° abaixo de zero porque está entupido, a culpa não poderá ser colocada em ninguém).

The superintendent *recommends* that the furnace not be cleaned until next year. (Agora os moradores do prédio podem invadir o escritório do síndico quando os pêlos do nariz começarem a congelar).

Percebe como as orações em voz ativa oferecem uma informação extra? No primeiro par de exemplos, sabemos o nome do assassino. No segundo, sabemos quem recomenda o adiamento da manutenção do aquecedor. Saber (na vida, bem como na gramática) é sempre melhor do que não saber e a voz ativa é geralmente melhor do que a voz passiva.

A voz ativa também é melhor que a voz passiva por que utiliza menos palavras para dizer a mesma coisa. Compare as seguintes orações:

Murdlock was failed by the teacher because the grammar book was torn up by Murdlock before it was ever opened. (20 palavras).

The teacher failed Murdlock because Murdlock tore up the grammar book before opening it. (14 palavras).

Tudo bem, seis palavras não vão fazer grande diferença num romance de 900 ou numa história de três páginas, mas essas palavrinhas vão se acumulando. Se você estiver escrevendo uma carta ou uma redação, o fato de deixar a voz passiva de lado e usar a voz ativa pode lhe poupar um terço das suas palavras - e, daí, um terço da energia e da paciência do leitor. Exatamente agora é possível que você esteja se lembrando de um antigo dever de casa: o professor pediu que você escrevesse uma redação de 500 palavras sobre Hamlet e seu conhecimento sobre a peça é mínimo. Provavelmente, você pensou que encher lingüiça seria uma boa ideia! Errado. Seu professor (ou chefe) tem discernimento para saber que naquele monte de parágrafos você colocou o mínimo possível de ideias. Além de perder pontos por saber muito pouco, provavelmente você vai perder pontos por desperdiçar o tempo do leitor. A solução? Escreva na voz ativa e não encha lingüiça quando estiver escrevendo.

TESTE

Nestas orações, identifique se o verbo está na voz ativa ou passiva:

A. The omelet was made with egg whites, but the yolks were discarded.

B. Eggworthy slobbers when he eats eggs.

Resposta: A oração "A" está na voz passiva (*was made*, *were discarded*), e a oração "B" está na voz ativa (*slobbers*, *eats*).

Tente mais uma. Qual das opções está na voz ativa e qual está na voz passiva?

A. The nail was hammered into that sign by Lochness.

B. Lochness is building a tank for his pet piranhas.

Resposta: A oração "A" está na voz passiva (*was hammered*), e a oração "B" está na voz ativa (*is building*).

Colocando em Ordem: Seqüência de Tempos Verbais

Todos os verbos expressam informações sobre três períodos de tempo: presente, passado e futuro. Infelizmente, os seres humanos têm uma tendência a querer informações mais específicas sobre o tempo. Adicionar um milhão de tons ao significado é adicionar um milhão de regras.

Para informações sobre os tempos verbais básicos, veja o Capítulo 3. Neste capítulo, concentro-me em alguns casos especiais - quais verbos usar quando há mais de uma ação acontecendo.

DICA

Para esclarecer o que está acontecendo e quando, alguns exemplos desta seção são dados junto com uma linha do tempo. Combine os eventos que estão na linha do tempo com os verbos da oração para ver em que período cada tempo verbal coloca uma ação.

1° caso: Eventos simultâneos - verbos principais

Observe os verbos destacados em itálico em cada um dos exemplos de orações:

> Trueheart *swiped* a handkerchief and daintily *blew* her noise. (*swiped* e *blew* = 2 eventos que acontecem praticamente ao mesmo tempo; ambos os verbos estão no passado)

> Trueheart *will* be in court tomorrow, and the judge *will* rule on her case. (*will be* e *will rule* = 2 eventos que acontecem ao mesmo tempo; ambos os verbos estão no futuro)

> Trueheart *is* extremely sad about the possibility of a criminal record, but she *remains* hopeful. (*is* e *remains* = estados ou modos de ser que existem ao mesmo tempo; ambos os verbos estão no presente)

Se duas ações acontecem ao mesmo tempo (ou praticamente ao mesmo tempo), use o mesmo tempo verbal para cada verbo.

2° caso: Eventos simultâneos - verbals

O verbo não expressa todas as ações de uma oração. Algumas formas verbais não agem como o verbo oficial da oração; na verdade, não agem como verbos, embora lhe forneçam algumas informações sobre um evento. Essas formas verbais são chamadas, em inglês, de *verbals*. Nas orações a seguir, observe as palavras destacadas em itálico. A primeira é um *verbal* e a segunda é o verbo principal. Observe que o mesmo *verbal* combina com verbos no presente, passado e futuro, e coloca as duas ações acontecendo ao mesmo tempo muito próximas, de forma que a diferença seja irrelevante. Observe também que nenhum dos *verbals* é formado com as palavras *have* ou *had*. (*Have* e *had* ajudam a expressar ações que acontecem em tempos diferentes. Veja o 6° caso mais adiante nesta seção).

> *Swiping* a handkerchief, Trueheart daintily *blows* her nose. (O *swiping* e o *blowing* acontecem praticamente ao mesmo tempo no presente).

> *Swiping* a handkerchief, Trueheart daintily *blew* her nose. (O *swiping* e o *blowing* aconteceram praticamente ao mesmo tempo no passado).

> *Swiping* a handkerchief, Trueheart *will* daintily *blow* her nose. (O *swiping* e o *blowing* vão acontecer praticamente ao mesmo tempo - no futuro).

> Outra variação:

> *To blow her nose daintily*, Trueheart *swipes* a handkerchief. (O *blowing* e o *swiping* acontecem praticamente ao mesmo tempo - no presente).

> *To blow her nose daintily*, Trueheart swiped a handkerchief. (O *blowing* e o *swiping* aconteceram praticamente ao mesmo tempo - no passado).
>
> *To blow her nose daintily*, Trueheart *will* swipe a handkerchief. (O *blowing* e o *swiping* vão acontecer praticamente ao mesmo tempo - no futuro).

O *particípio* é uma forma verbal que pode agir como adjetivo. Nos exemplos de orações anteriores, *swiping* é um particípio presente e *swiping a handkerchief* é uma frase no particípio que descreve *Trueheart*. A ação expressa pelo particípio presente acontece ao mesmo tempo (ou praticamente ao mesmo tempo) que a ação expressa pelo verbo principal. Para mais informações sobre particípios, veja o Capítulo 24. *To blow* é um infinitivo, a forma básica de um verbo. Os infinitivos nunca funcionam como verbos na oração. Nos exemplos de orações anteriores, *to blow her nose daintily* é uma frase infinitiva que descreve *Trueheart*. Para mais informações sobre infinitivos, veja o Capítulo 2. Para dicas sobre como usar infinitivos com criatividade, veja o Capítulo 24.

3° caso: Eventos que acontecem em dois momentos diferentes no passado

Tudo que está no passado aconteceu exatamente no mesmo momento, certo? Quem dera essa frase fosse verdadeira! As provas de história seriam muito mais fáceis e também as de gramática. Infelizmente, muitas vezes você precisa falar sobre eventos que aconteceram em tempos diferentes no passado. Os tempos verbais que você usa criam uma ordem de eventos - uma linha do tempo - para o seu leitor. Observe os verbos destacados em itálico nesta oração:

> Trueheart *had* already *swiped* the handkerchief when she d*iscovered* the joys of honesty.

Há dois eventos a serem analisados, um acontecendo antes do outro. (Infelizmente para Trueheart, a virtude da honestidade veio depois do roubo, pelo qual ela está pagando com dez a vinte anos na penitenciária). Observe a linha do tempo:

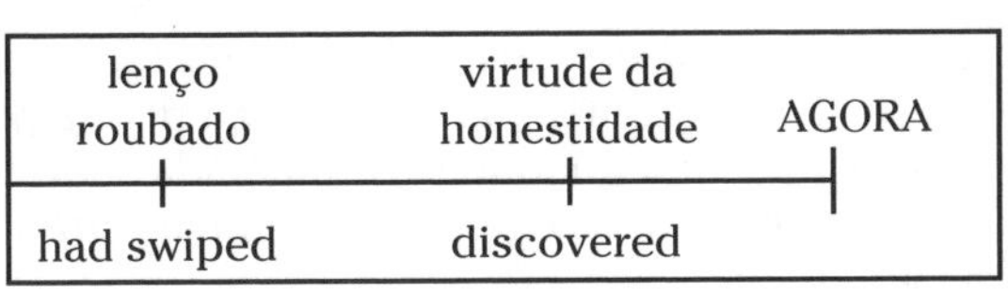

Para dois eventos no passado, escreva o primeiro evento com *had* e o evento mais recente no Simple Past (sem *had*). Essa é só para os amantes da gramática: dizemos que verbos escritos com *had* estão no Past Perfect. (Veja as definições dos tempos verbais no Capítulo 3).

Observe estes exemplos:

> Because of Lulu's skill with a needle, where a hole in the sock *had gaped*, a perfect heel now *enclosed* her tender foot. (1° evento: o buraco da meia aumenta; 2° evento: a meia remendada cobre o pé).
>
> When Lochness *had inserted* the microfilm, he *sewed* the hole in the now illegal teddy bear. (1° evento: Lochness insere o microfilme; 2° evento: Lochness costura o ursinho).
>
> Though she *had lost* her wallet, Ludmilla kept a tight grip on her sanity. (1° evento: Ludmilla perde sua carteira; 2° evento: Ludmilla não perde sua cabeça).
>
> After the song *had* been *played* at least twelve times, Legghorn *shouted*, "Enough!" (1° evento: a música é tocada doze vezes; 2° evento: Legghorn perde a paciência).

Um erro comum é usar *had* para tudo. Errado! Só use *had* se você estiver conscientemente colocando eventos em ordem:

> ERRADO: Trueheart had dried her eyes, and then she had gone to see the judge.
>
> CERTO: After Trueheart had dried her eyes, she went to see the judge.

Além disso, às vezes é possível que você queira falar sobre eventos no passado sem se preocupar com tempos específicos. You *went* on vacation, *had* a great time, *sent* some postcards, *ate* a lot of junk food, and *came* home. Não há necessidade de *had* nessa descrição porque a ordem não é o principal. Você está simplesmente fazendo uma lista geral. Use *had* quando é importante saber a sequência do tempo. Não exagere em seu uso.

Observação: você poderá encontrar outro uso de *had*, o subjuntivo. Veja o Capítulo 22 se for absolutamente necessário que você saiba tudo sobre *had* - e acredite em mim, você não precisa.

Qual das orações fala sobre eventos que aconteceram em tempos diferentes?

A. Slipping the judge a fifty-dollar bill, Trueheart hoped for mercy.

B. Although she had slipped the judge only one fifty-dollar bill, Trueheart hoped for mercy.

Resposta: A oração "B" relata eventos em tempos diferentes. Trueheart tentou o suborno às 10 da manhã e passou o resto do dia planejando uma viagem ao Rio (cancelada quando foi anunciada sua sentença de prisão de dez a vinte anos). Na oração "A", Trueheart suborna e tem esperança ao mesmo tempo.

Mais uma pergunta. Qual das orações relata eventos que acontecem em dois tempos diferentes?

A. To prepare for her trial, Trueheart bought a copy of *Be Your Own Lawyer*!

B. Trueheart had bought a copy of *Be Your Own Lawyer*! when the trial began.

Resposta: A oração “B” tem dois eventos, um acontecendo antes do outro. A compra do livro (*had bought*) aconteceu antes do julgamento (began). Na oração “A”, os dois eventos (*to prepare, bought*) acontecem ao mesmo tempo.

4° caso: Mais de dois eventos no passado, todos em tempos diferentes

Esta regra é semelhante à descrita no 3° caso. Aplique-a quando estiver falando sobre mais de dois eventos no passado:

> Trueheart *had baked* a cake and *had inserted* a sharp file under the icing before she *began* her stay in jail.

Agora, a linha do tempo é a seguinte:

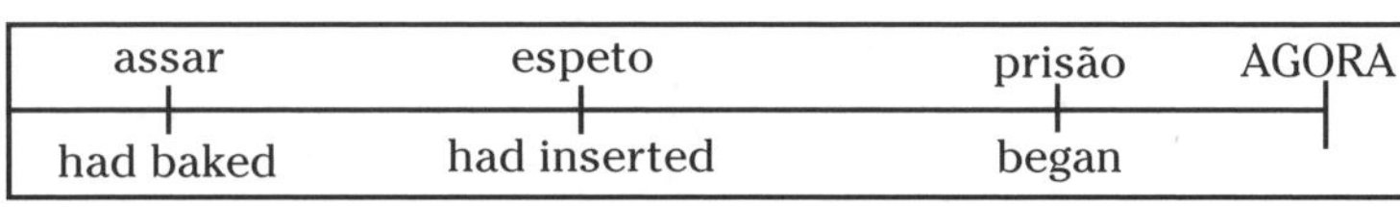

O que você observa? O evento mais recente (*began her stay in jail*) está escrito sem *had*. Em outras palavras, o evento mais recente está no Simple Past. Tudo que aconteceu antes está escrito com *had* - isto é, no Past Perfect. Para mais informações sobre tempos verbais, veja o Capítulo 3.

Veja alguns exemplos:

> Murgatroyd *had bent* his knees and *had bowed* his head before he *shot* the spitball. (1° e 2° eventos: Murgatroyd tenta mostrar respeito. 3° evento: Murgatroyd lança a bola de papel molhado, provando de uma vez por todas que não consegue mostrar respeito).

> Legghorn *had planned* the shower, and Lola *had* even *planned* the wedding by the time Ludmilla *agreed* to marry Ludwig. (1° e 2° eventos: Legghorn e Lola visitam o organizador do casamento. 3° evento: Ludmilla comete o maior erro da sua vida).

> Felonia *had composed* a sonata, *played* it for royalty, and *signed* a recording contract before she *reached* her tenth birthday. (1°, 2° e 3° eventos: Felonia compõe a música, toca-a e ganha muito dinheiro. 4° evento: a mãe de Felonia coloca dez velas no bolo).

DICA

No último exemplo, três verbos - *composed*, *played* e *signed* - formam uma lista das ações que Felonia executou antes do seu décimo aniversário. Todas elas têm o mesmo sujeito (Felonia). A palavra *had* precede somente composed, o primeiro verbo dos três. Você pode omitir a palavra *had* na frente de *played* e *signed*, porque elas não fazem parte da mesma lista, e todas têm o mesmo sujeito. O leitor sabe que a palavra *had* se aplica a todos os três verbos. Em outras palavras, ele entende que Felonia *had composed*, *had played* e *had signed*.

Identifique os eventos nesta oração e coloque-os em ordem:

Where patriots had fought and wise founders had written a constitution, a fast-food catfish restaurant stood.

Resposta: 1° e 2° eventos: as pessoas com uma ideia melhor lutam contra o antigo governo e traçam um plano para um novo governo. 3° evento: na sociedade livre e bem sucedida que é criada, alguém constrói um restaurante depois de processar a comissão de preservação de patrimônio para obter o direito de demolir um prédio histórico.

5° caso: Dois eventos no futuro

Deixando o passado para trás, é hora de encarar o futuro. Leia a seguinte oração:

> Ratrug *will have completed* all 433 college applications before they are due.

A papelada que Ratrug preencheu para entrar na universidade vai estar repleta de erros - em pelo menos três, ele escreveu seu nome errado (*Ratrig*) - mas os formulários serão entregues dentro do prazo. *Prazo* é uma palavra importante aqui, pelo menos com relação a tempos verbais. A forma *have* no futuro, também chamada *Future Perfect*, envolve um prazo. Você não tem necessariamente dois verbos na oração, mas tem dois eventos:

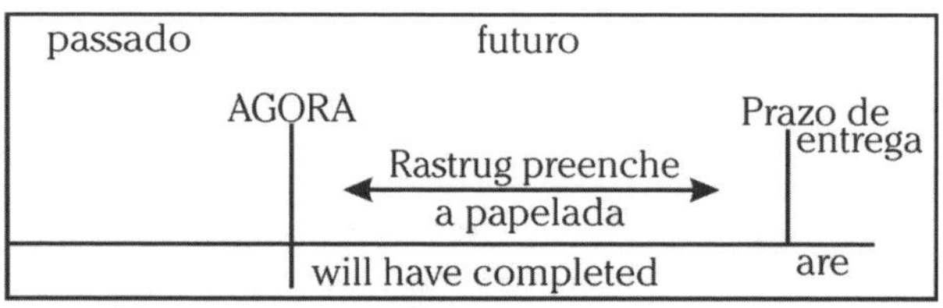

Use o tempo Future Perfect para falar sobre o evento que acontecerá primeiro entre os dois eventos.

Veja alguns exemplos:

> Ms. Trueheart *will have served* all of her sentence before the parole board meets. (O prazo na oração é a reunião do Juizado que decidirá sobre a liberdade condicional).

> By nine tonight, Eggworthy *will have* successfully *scrambled* the secret message. (O prazo na oração termina às 9 horas).

> Analivia *will have left* for Lulu's trip up Mount Everest by the time the mountaineering supply company sends her gear. (O prazo na oração é a entrega dos suprimentos para a escalada da montanha).

Qual das orações está correta?

A. Shakey will have tossed the salad tonight.

B. Shakey will have tossed the salad out the window before anyone has a chance to taste it.

Resposta: A oração "B" está correta. O Future Perfect envolve um prazo, que, nesta oração, é *before anyone has a chance to taste it.*

6° caso: Tempos diferentes, formas verbais diferentes

Você se lembra daquelas formas verbais estranhas do 2° caso, apresentado anteriormente no capítulo? Os *verbals*? Quando elas expressam tempos diferentes, há o envolvimento de um verbo auxiliar (*having* ou *have*). Observe a seguinte oração:

> *Having sealed* the letter containing his job application, Nobrain *remembered* his name.

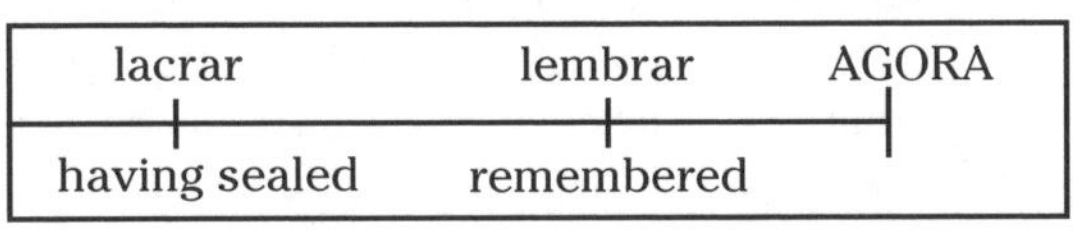

Em outras palavras, a carta de apresentação de Nobrain - a não ser que ele rasgue o envelope - está anônima por que o *sealing* da carta aconteceu antes do *remembering* do seu nome.

Veja mais alguns exemplos:

> *Having finished* her homework, Felonia *turned* on the television to watch the oatmeal-wrestling tournament. (1° evento: Felonia termina seu dever de casa às duas da manhã. 2° evento: o torneio começa às 3 da manhã. Por algum motivo, as redes de TV estão relutando em transmitir o evento no horário nobre).

> *Having won* all the votes, Lola *named* herself "Empress-in-Chief." (1° evento: Lola recebe 100 por cento dos votos. 2° evento: Lola perde a cabeça).

> *Having exhibited* the painting in Mudbud's new gallery, Felonia considered herself an all-around artistic genius. (1° evento: Felonia convence Mudbud a exibir seu quadro de natureza morta Homework Blues. 2° evento: Felonia adiciona um link de artes em sua página da Web).

O particípio presente (*finishing*, por exemplo) é usado com verbos no presente, passado e futuro para mostrar dois eventos que acontecem ao mesmo tempo ou praticamente ao mesmo tempo. A forma Present Perfect do particípio (*having finished*) é usado com verbos no presente, passado e futuro para mostrar dois eventos que acontecem em tempos diferentes.

She done him wrong

A palavra *done* nunca é um verbo por si só. Amante da gandaia, esta forma verbal insiste em ser acompanhada por verbos auxiliares. Na linguagem gramatical, *done* é o particípio passado do verbo *to do*. Particípios sozinhos, nus e crus nunca funcionam como verbos. Veja alguns exemplos:

ERRADO: He done all he could, but the sky fell anyway.

CERTO: He had done all he could, but the sky fell anyway.

ERRADO: She done him wrong.

CERTO, MAS RUIM: She has done him wrong.

MELHOR: What she has done to him is wrong.

Você pode pôr a culpa no fato de várias pessoas criarem orações como a do primeiro exemplo (*He done all he could*) nas muitas maravilhas da gramática inglesa. Alguns particípios passados - os de verbos regulares - são exatamente iguais ao Simple Past. Considere o verbo *to walk*:

SIMPLE PAST: I *walked* twenty miles.

PRESENT PERFECT: I *have walked* twenty miles.

O QUE HÁ EM COMUM ENTRE ESSAS DUAS ORAÇÕES: A palavra *walked*, que é um verbo no primeiro exemplo e um particípio passado - parte de um verbo - no segundo exemplo.

PORQUE ISSO ACONTECE EM INGLÊS: não faço a mínima ideia.

O IMPORTANTE É O SEGUINTE: Você pode usar *walked* sozinho ou com um auxiliar, porque a mesma palavra pode ser um verbo no passado ou um particípio. Você não pode usar *done* sozinho como verbo, entretanto, porque ele não é o passado de *to do*. O passado de *to do* é *did*.

Outra forma verbal que não é um verbo, o infinitivo, também pode mostrar eventos que acontecem em dois tempos diferentes. O Present Perfect Infinitive (*to have finished*, por exemplo) é que desempenha essa função. Não se preocupe com o nome; basta procurar pelo *have*. Veja um exemplo:

> It was helpful *to have bought the cookbook* before the dinner party. (1° evento: período pré-festa, ida em pânico até a livraria. 2° evento: os convidados chegam, sem saber o que estão prestes a comer. Surpresa de Vagem com Alfafa).

A forma *have* (a forma do Present Perfect) do infinitivo sempre coloca um evento antes de outro no passado. Só use a forma *have* se estiver colocando eventos em ordem:

> ERRADO: I was sorry to have attended the party.
>
> CERTO: I was sorry to attend the party. The music was terrible and there was nothing to eat but vegetables.
>
> TAMBÉM CERTO: I was sorry to have attended the party before I got a chance to investigate the menu. Shakey's salad was terrible.

Qual das orações mostra dois eventos que acontecem ao mesmo tempo e qual mostra dois eventos que acontecem em tempos diferentes?

A. Running up the clock, the mouse spoke with his friends.

B. Having run up the clock, the mouse spoke with his friends.

Resposta: A oração “A” mostra dois eventos que acontecem ao mesmo tempo. O ratinho está correndo e falando com seus amiguinhos. A oração “B” mostra dois eventos que acontecem em tempos diferentes. O ratinho chegou ao topo do relógio e agora está falando com seus amiguinhos (observe que a palavra *having* está envolvida, indicando que eventos diferentes estão ocorrendo em tempos diferentes).

Relatando Informações: O Verbo Conta a História

Flipping his hair over each of his three shoulders, the alien *told* us about the explosion on his planet. The gas of three rocket tanks *caught* fire and *destroyed* the spaceport terminal, he said. He went on to explain that almost everyone on the planet *was affected*, including the volleyball team, which *sustained* significant losses. All their courts, he *said*, *were covered* with rubble, and they *forfeited* the intergalactic tournament.

A história do alienígena é um resumo do discurso. Não estou citando suas palavras diretamente. Se estivesse, eu inseriria algumas palavras exatamente como ele as usou:

> “Oh, the humanity!” he cried.

No resumo anterior, os verbos estão todos no passado. Embora raro, é possível resumir o discurso também no presente. O presente acrescenta uma dose a mais de drama:

> Flipping his hair over each of his three shoulders, the alien *tells us* about the explosion on his planet. The gas of three rocket tanks *catches* fire and *destroys* the spaceport terminal, he *says*. He *goes* on to explain that almost everyone on the planet *is affected*, including the volleyball team, which *sustains* significant losses. All their courts, he *says*, *are covered* with rubble, and they *forfeit* the intergalactic tournament.

Ao relatar informações, tanto o presente quanto o passado são aceitáveis. Entretanto, não é aceitável misturar os tempos verbais. Não passe de um para outro, exceto em um caso especial, descrito na próxima seção “Reconhecendo as Verdades Eternas: Frases Que Estão Sempre No Presente”.

> ERRADO: Shakey *said* that he *had tossed* the salad out the window. It *hits* a pedestrian, who *sues* for lettuce-related damages. (Os dois primeiros verbos estão no passado, e os dois seguintes estão no presente).

> CERTO: Shakey *said* that he *had tossed* the salad out the window. It *hit* a pedestrian, who *sued* for lettuce-related damages. (Todos os verbos estão na forma do passado).

Corrija o tempo verbal neste parágrafo. Os verbos estão destacados em itálico.

> Lola *testified* that she excavated at the town dump every Tuesday afternoon before she *attends* choir practice. She often *found* arrow heads, broken pottery, discarded automobile tires, and other items of interest. One day she *discovers* a metal coil about two feet long. On one end of the coil was a piece of gum. As she thoughtfully *removes* the gum and *starts* to chew, a whistle blew. Lochness *sprinted* into the dump at top speed. "Get your hands off my gum," he *exclaims.* Lochness smiles. His anti-gum-theft-alarm *had worked* perfectly.

Resposta: A história está em dois tempos diferentes: no passado e no presente. Para corrigi-la, escolha um dos dois. Veja a versão no passado, onde os verbos alterados encontram-se sublinhados:

> Lola testified that she excavated at the town dump every Tuesday afternoon before she *attended* choir practice. She often *found* arrow heads, broken pottery, discarded automobile tires, and other items of interest. One day she *discovered* a metal coil about two feet long. On one end of the coil was a piece of gum. As she thoughtfully *removed* the gum and *started* to chew, a whistle *blew.* Lochness sprinted into the dump at top speed. "Get your hands off my gum," he *exclaimed.* Lochness *smiled.* His anti-gum-theft-alarm *had worked* perfectly.

Veja a versão no presente, onde os verbos alterados encontram-se sublinhados:

> Lola *testifies* that she *excavates* at the town dump every Tuesday afternoon before she *attends* choir practice. She often *finds* arrow heads, broken pottery, discarded automobile tires, and other items of interest. One day she *discovers* a metal coil about two feet long. On one end of the coil *is* a piece of gum. As she thoughtfully *removes* the gum and *starts* to chew, a whistle *blows.* Lochness *sprints* into the dump at top speed. "Get your hands off my gum," he *exclaims.* Lochness *smiles.* His anti-gum-theft-alarm *has worked* perfectly.

Observação especial: quando não estiver relatando o que alguém diz, você pode criar uma frase geral sobre algo que sempre acontece (os costumes ou os hábitos de alguém) usando o presente. É fácil combinar essa frase com uma história que se concentra em um determinado incidente no passado. Logo, a história precedente pode começar no presente e passar para o passado da seguinte forma:

> Lola *excavates* at the town dump every Tuesday afternoon before she *attends* choir practice. She often *finds* arrow heads, broken pottery, discarded automobile tires, and other items of interest.

Até essa parte da história, todos os verbos estão no presente, pois a história fala sobre os hábitos de Lola. A história não está relatando o que alguém disse. Na próxima oração, a história passa para o passado porque ela examina um determinado dia no passado.

> One day she *discovered* a metal coil about two feet long. On one end of the coil *was* a piece of gum. As she thoughtfully *removed* the gum and started to chew, a whistle *blew*. Lochness *sprinted* into the dump at top speed. "Get your hands off my gum," he *exclaimed*. Lochness *smiled*. His anti-gum-theft-alarm *had worked* perfectly.

Reconhecendo as Verdades Eternas: Frases Que Estão Sempre no Presente

O que está errado nessas orações?

> Analivia explained that one plus one *equaled* two.
>
> Ms. Belli said that the earth *was* round.
>
> She added that diamonds *were made* of carbon.

Bom, provavelmente você está pensando:

> *Equaled* two? É igual ao quê agora? Três?
>
> *Was* round? E agora, é cúbica?
>
> *Were made* of carbon? Agora eles fazem diamantes de salaminho?

Em outras palavras, o tempo verbal está errado. Todas essas frases representam verdades eternas - frases que nunca vão mudar. Ao escrever esse tipo de frase, você sempre deve escrever no tempo presente, mesmo que a frase tenha sido feita no passado:

> Analivia explained that one plus one *equals* two.
>
> Ms. Belli told us that the earth *is* round.
>
> She went on to say that diamonds *are made* of carbon.

TESTE

Qual das orações está correta?

A. Legghorn said that Lulu had a cold.

B. Leggorn said that Lulu has a cold.

Resposta: A oração "A" está correta. O resfriado de Lulu não é uma verdade eterna, embora tenha durado três semanas e não apresente sinais de melhora. Seja consistente ao usar tempos verbais.

Capítulo 19

Dizendo o Que Você Quer Dizer: Palavras e Frases Descritivas

Neste capítulo

- Colocando descrições de forma que a oração diga o que você quer dizer;
- Começando uma oração com uma descrição;
- Usando infinitivos como descrições;
- Evitando sentido duplo em palavras descritivas;
- Omitindo palavras sem perder sentido.

Há muito tempo, o ancestral do Inglês Moderno, o Inglês Antigo, era o idioma predominante. A maioria das palavras tinha várias formas: uma para mostrar que a palavra recebia a ação e outra para mostrar que ela executava a ação. Como as próprias palavras traziam consigo tantos aspectos de sentido, você podia dispô-las de várias formas e ainda assim dizer a mesma coisa. A ordem das palavras era menos importante no Inglês Antigo do que no Inglês Moderno.

A boa notícia é que os falantes do Inglês Moderno não precisam aprender dezenas de formas de palavras. A má notícia é que os falantes do Inglês Moderno têm que tomar cuidado com a ordem das palavras. A maioria das pessoas não tem problemas com substantivos e verbos, mas palavras descritivas já são outros quinhentos. Neste capítulo, mostro alguns erros comuns de colocação. Especificamente, mostro como a colocação de uma descrição no lugar errado pode destruir a sua oração por completo.

Arruinando uma Oração Perfeita: Descrições Mal Colocadas

Você conseguiria identificar o que está errado nesta oração?

Lulu put a ring into her pierced nose that she had bought last week.

As palavras descritivas *that she had bought last week* vêm depois de nose. Da forma em que a oração se encontra agora, *that she had bought last week* descreve *nose*. A Internet vende uma grande quantidade de itens pouco comuns, mas não narizes (por enquanto), embora, pessoalmente, eu imagino que exista um endereço por aí na Web onde cirurgiões plásticos ofereçam desconto para dar um jeitinho no seu nariz.

Veja a oração depois de corrigida:

Into her pierced nose Lulu put a ring that she had bought last week.

Agora *that she had bought last week* vem depois de *ring*, que Lulu realmente comprou na semana passada.

A descrição *that she bought last week* é uma oração adjetiva. Ela modifica o substantivo *ring*. Para mais informações sobre orações adjetivas, veja o Capítulo 24.

Veja outra descrição que acabou indo parar longe demais de casa:

Lulu also bought a genuine, 1950-model, fluorescent pink hula-hoop with a credit card.

De acordo com algumas notícias recentes, bebês e cães já receberam formulários para cartão de crédito, mas não com brinquedos de plástico - pelo menos até onde eu sei. No entanto, a oração diz que o bambolê vem com um cartão de crédito. Como corrigi-la? Mude a descrição de lugar:

With a credit card Lulu also bought a genuine, 1950-model, fluorescent pink hula-hoop.

A maioria das pessoas consegue entender o significado da oração, mesmo quando a descrição está no lugar errado. A lógica é uma força poderosa. Mas, provavelmente, o seu leitor ou ouvinte vai ter que fazer uma pausa por um momento para desvendar o que você está dizendo. O próximo par de orações pode ser um fracasso se o seu público estiver distraído.

A regra para colocação de descrições é simples: coloque a descrição o mais próximo possível da palavra que ela descreve.

Qual das orações está correta?

A. Lochness put the paper into his pocket with atomic secrets written on it.

B. Lochness put the paper with atomic secrets written on it into his pocket.

Resposta: A oração "B" está correta porque o papel tem segredos atômicos escritos nele e não no bolso.

With atomic secrets é uma frase preposicional, especificamente, uma frase preposicional adjetiva (esses termos gramaticais realmente saem rolando língua afora, não é?) que descreve *paper. Written on it* é um particípio, uma forma verbal que não é usada como verbo. Os particípios descrevem substantivos e pronomes. Nesta oração, *written on it* descreve o substantivo *secrets*. Para mais informações sobre frases preposicionais, veja o Capítulo 9. Para mais informações sobre particípios, veja o Capítulo 24.

Tente mais uma. Qual das orações está correta?

A. Analivia peddled to the Mathematics Olympics on her ten-speed bicycle with a complete set of differential equations.

B. Analivia peddled on her ten-speed bicycle to the Mathematics Olympics with a complete set of differential equations.

C. With a complete set of differential equations, Analivia peddled on her ten-speed bicycle to the Mathematics Olympics.

Resposta: A oração "C" está correta. Na oração "A", a bicicleta possui dez velocidades, dois pneus e um conjunto de equações diferenciais - não muito úteis para subir ladeira e desviar de táxis! Na oração "B", a olimpíada de matemática tem um conjunto completo de equações diferenciais. Talvez, mas a oração gira em torno de Analivia, e, por isso, o significado mais provável é que Analivia tenha as equações. Somente na oração "C" é que Analivia tem as equações. A propósito, ela ganhou medalha de prata nos problemas que envolvem velocidade.

Deixando o Seu Público Indeciso: Danglers

Como descrever algo que não está lá? As descrições devem ter algo para descrever. Leia a seguinte oração:

Munching a buttered sausage, the cholesterol really builds up.

Quem está mascando? Você? Eggworthy? Todos os sócios do clube de dieta? Na oração acima, não há ninguém mascando. As formas verbais descritivas que não possuem nada adequado para descrever são chamadas *danglers*. Para corrigir a oração, acrescente um "mascador":

Munching a buttered sausage, Eggworthy smiled and waved to his cardiologist.

Algumas orações começam com uma forma verbal - um particípio ou um infinitivo, para quem gosta de termos gramaticais - que não age como verbo, mas descreve um substantivo ou um pronome. (Para mais informações sobre particípios e infinitivos, veja o Capítulo 24). Em orações que começam com uma forma verbal descritiva, o sujeito da oração deve executar a ação mencionada na forma verbal descritiva. No exemplo de oração, Eggworthy é o sujeito da oração. A oração começa com uma forma verbal descritiva, *munching a buttered sausage*. Assim, Eggworthy é quem está mascando. (Para mais informações sobre como identificar o sujeito de uma oração, veja o Capítulo 4). Se você quiser que o cardiologista seja quem masca a salsicha, diga:

> Munching a buttered sausage, the cardiologist returned Eggworthy's wave.

Munching a buttered sausage é um *particípio introdutório*. Ele modifica o sujeito *cardiologist* do exemplo anterior. O particípio introdutório sempre descreve o sujeito da oração.

Veja outro exemplo:

> Sitting on the park bench, the speeding space shuttle briefly delighted the little boy.

É mesmo? A nave espacial está sentada no banco e acelerando ao mesmo tempo? Um desafio às leis da física, você não acha? Tente novamente:

> Sitting on the park bench, the little boy was briefly delighted by the speeding space shuttle.

Agora *little boy* é o sujeito da oração; portanto, a descrição introdutória se aplica a ele, e não à nave espacial. Outra correção poderia ser:

> The speeding space shuttle briefly delighted the little boy who was sitting on the park bench.

Agora as palavras descritivas *sitting on the park bench* são colocadas próximas ao menino, que, na verdade, é quem está sentado, encantado com a velocidade da nave espacial.

Qual das orações está correta?

A. Sailing swiftly across the sea, Samantha's boat was surely a beautiful sight.

B. Sailing swiftly across the sea, the sight of the beautiful boat made Samantha sob.

Resposta: A oração "A" está correta. *Sailing swiftly across the sea* descreve o barco de Samantha. O barco de Samantha está executando a ação. A oração "B" está errada porque nela *sight*, o sujeito, é que está navegando. (E, obviamente, um *sight* não pode navegar).

Um *dangler* comum é um infinitivo (to + verbo) que começa uma oração.

> To sew well, strong light is necessary.

Essa oração pode lhe parecer correta. Afinal de contas, costurar no escuro é difícil. Mas pense em seu sentido por um momento. Quem está costurando? Ninguém, pelo menos da forma em que a oração está escrita. Mudar o infinitivo de lugar pode fazer com que a oração soe melhor aos seus ouvidos, mas a mudança não resolve o problema:

A strong light is necessary to sew well.

Não há ninguém costurando e, por isso, a oração continua incorreta. Para corrigir o problema, você deve acrescentar uma pessoa:

To sew well, you need a strong light. (*You* está costurando).

To sew well, sit near a strong light. (*You* está subentendido neste comando).

To sew well, everyone needs a strong light. (*Everyone* está costurando).

To sew well, Felonia insists on at least a 75-watt bulb. (*Felonia* está costurando).

Qual das orações está correta?

A. To enjoy a good cup of coffee, a clean coffee pot is essential.

B. A clean coffeepot is essential to enjoy a good cup of coffee.

Resposta: Nem "A" nem "B". (Coloquei uma daquelas pegadinhas que os professores adoram só para ver se você estava prestando atenção). Nenhuma das orações diz quem está bebendo o café. Então, quem está saboreando o café? Ninguém. Uma verdadeira correção deve acrescentar uma pessoa:

To enjoy a good cup of coffee, *you* start with a clean coffeepot.

To enjoy a good cup of coffee, caffeine *addicts* start with a clean coffeepot.

To enjoy a good cup of coffee, *Analivia* starts with a clean coffeepot.

To enjoy a good cup of coffee, start with a clean coffeepot. (Agora *you* [subentendido neste comando] é quem bebe o café).

Evitando Descrições Confusas

Dê uma olhada no seguinte exemplo:

The teacher that Lochness annoyed often assigned detention to him.

O que a oração significa? Lochness costumava irritar o professor frequentemente? Talvez o professor é quem frequentemente determinava um castigo para Lochness.

O problema com este exemplo de oração é que *often* está entre *annoying* e *assigning* e pode estar ligado a qualquer uma dessas duas ações. A oração viola a regra básica de descrições: todas as descrições devem ser claras. Você não deve colocar uma descrição onde ela possa ter dois significados possíveis.

Como corrigir a oração? Mude *often* de lugar para que ele fique mais próximo de um dos verbos, mostrando, assim, ao leitor, qual das duas palavras é descrita por *often*. Veja duas versões corrigidas, cada qual com um significado diferente:

> The teacher that Lochness often annoyed assigned detention to him.

Nesta oração *often* está mais próximo de *annoyed*. Logo, *often* descreve *annoyed*. A oração comunica ao leitor que depois de 514 bolas de papel molhado, o professor finalmente virou para trás e resolveu dar um castigo para Lochness.

Veja a segunda possibilidade:

> The teacher that Lochness annoyed assigned detention to him often.

Agora, *often* está mais próximo de *assigned*. O leitor entende que often descreve *assigned*. A oração diz ao leitor que o professor prometeu "não aceitar nada daquele pestinha" e pôs Lochness de castigo todos dias do ano letivo, incluindo feriados.

Correto ou incorreto? Você decide.

The pig chewing on pig chow happily burped and made us all run for gas masks.

Resposta: Incorreto. Você não sabe se o porco está *chewing happily* ou *burping happily*. Veja como corrigir a oração:

The pig chewing happily on pig chow burped and made us all run for gas masks.

ou

The pig chewing on pig chow burped happily and made us all run for gas masks.

É possível que você se sinta tentado a corrigir uma descrição enfiando-a no meio de um infinitivo:

> Felonia's song is strange enough to *intensely* captivate creative musicians.

Tecnicamente, você não deve dividir um infinitivo (to + verbo; nesta oração, *to captivate*).

> Certo: to captivate intensely
>
> Errado: to intensely captivate

Esta regra é geralmente ignorada e provavelmente está a caminho do seu fim nos livros de gramática. Mas se você estiver escrevendo para um leitor super-rígido, tenha cuidado ao separar infinitivos.

As descrições que são mais frequentemente colocadas em lugar errado são as palavras *only*, *just*, *almost* e *even*. Veja o Capítulo 8 para uma explicação completa sobre como colocar essas palavras descritivas corretamente.

Identificando o Sujeito Quando Faltam Palavras na Oração

Na interminável busca humana por economizar tempo, muitas vezes palavras são cortadas das orações. Para isso, entretanto, considera-se que a oração ainda possa ser compreensível porque o ouvinte ou o leitor fornece o trecho que está faltando. Uma consideração nada má, desde que você entenda o que pode cortar da oração e o que precisa deixar nela. Observe estes exemplos:

After sleeping for exactly 33 minutes, Johann yawned and woke up.

Although screaming in rage, Lola managed to keep an eye on the clock.

If caught, Lochness will probably deny everything.

Calla Lily snored when dreaming of little sheep.

Você consegue entender o que estas ações querem dizer? Com todas as palavras presentes, as orações são as seguintes:

After *he had been* sleeping for exactly 33 minutes, Johann yawned and woke up.

Although Lola was screaming in rage, *she* managed to keep an eye on the clock.

If *Lochness is* caught, he will probably deny everything.

Calla Lily snored when *she was* dreaming of little sheep.

DICA

Nos exemplos de orações, a parte que está faltando é o sujeito. Às vezes, parte do verbo também está faltando. É necessário lembrar-se de apenas uma regra para essas orações: o sujeito que está faltando deve ser o mesmo sujeito que está presente. Em outras palavras, se na sua oração faltam mais informações, o leitor ou o ouvinte considerará que você está falando sobre a mesma pessoa ou objeto em ambas as partes da oração. Veja alguns exemplos:

ERRADO: While missing a shovel, the hole in Lulu's backyard was dug by a backhoe.

SENTIDO NÃO PRETENDIDO: Estando sem uma pá, o buraco no quintal de Lulu foi cavado com uma escavadeira.

CORREÇÃO: While missing a shovel, Lulu rented a backhoe to dig a hole in her backyard.

SENTIDO DA ORAÇÃO CORRIGIDA: Estando ela sem uma pá, Lulu alugou uma escavadeira para cavar um buraco em seu quintal.

EFEITO ADICIONAL NÃO PRETENDIDO: Lulu, sem saber operar uma escavadeira, atingiu a linha de transmissão de energia e cortou todo o sistema elétrico da região Nordeste. A Internet ainda não conseguiu ser reconectada.

TESTE

Qual das orações está correta?

A. Since conducting the leak test, Dripless's pipe has been watertight.

B. Since conducting the leak test, Dripless reported that the pipe was watertight.

C. Since he conducted the leak test, Dripless's pipe has been watertight.

Resposta: As orações "B" e "C" estão corretas. O sujeito que está faltando nas orações "A" e "B" é *Dripless*. Na oração "A", *Dripless's pipe* é o sujeito da segunda parte da oração, e, portanto, não há nada de errado na combinação entre as duas partes da oração. Na oração "B", *Dripless* é o sujeito da segunda parte da oração. As duas metades da oração combinam. Na oração "C", é fornecido um sujeito (*he*), e, portanto, as duas metades das orações não precisam ter o mesmo sujeito.

Capítulo 20

Bom, Melhor, O Melhor: Comparações

Neste capítulo

- Acrescentando *-er* e *-est* a descrições;
- Usando *more/less* e *most/least* corretamente;
- Entendendo algumas comparações irregulares;
- Identificando palavras que não podem ser comparadas;
- Evitando comparações ilógicas;
- Escrevendo comparações duplas corretamente.

Como é o seu conhecimento em comparações: *more better* ou *less worse*? Se você escolheu uma das duas alternativas, este capítulo foi feito para você, porque tanto *more better* quanto *less worse* estão errados. Em inglês, existem duas formas de fazer comparações, mas não é possível usá-las juntas e elas não são intercambiáveis. Neste capítulo, mostro como saber a diferença entre os dois tipos de comparações, como usar cada uma corretamente e como evitar alguns dos erros comuns em comparações. No entanto, não digo quais comparações devem ser totalmente evitadas, tais como *Which dress makes me look fat*? e *Am I a better dancer than your last date*? Estes dilemas você terá que descobrir por conta própria.

Terminando com -Er ou Usando More

Lochness's smile is *more evil* than Legghorn's, but Legghorn's giggle sounds *cuter*.

Eggworthy searched for the *least efficient* sports utility vehicle, believing that global warming is *less important* than having the *raciest* image in the parking lot.

Felonia's *most recent* symphony was *less successful* than her *earlier* composition.

Analivia's *older* sister is an even *greater* mathematician than Analivia herself, though Analivia has the edge in geometry.

Lulu's *latest* tattoo is *grosser* than her first, but Lulu, not the *shyest* girl in the class, is looking for the *most extreme* design for her next effort.

O que você observou nessas comparações dos exemplos anteriores? Veja uma lista resumida: *more evil, cuter, least efficient, less important, raciest, most recent, less successful, earlier, older, greater, grosser, latest, shyest, most extreme.*

Algumas das comparações foram expressas acrescentando-se *–er* ou *-est*, e algumas *more*, *most*, *less* ou *least* à qualidade que está sendo comparada. Como saber qual delas está correta? (Ou, para usar uma comparação, como saber em qual delas é *better*?) O dicionário é a autoridade final e você deve consultá-lo se estiver em dúvida sobre uma determinada palavra. No entanto, existem algumas diretrizes gerais:

- Acrescente *-er* e *-est* à maioria das palavras monossilábicas.
- Se a palavra já terminar com a letra *e*, não repita a letra e quando acrescentar *-er* ou *-est*. Basta acrescentar *-r* ou *-st*.
- O uso das terminações *-er* e *-est* geralmente não é adequado para palavras que terminam em *-ly*.

Seu amigo dicionário

Você pode aprender muito com o dicionário, sem que o tédio chegue a tomar conta de você. A lista a seguir mostra o que uma típica entrada em um dicionário lhe diz sobre cada palavra:

- a parte do discurso;
- a pronúncia;
- as definições da palavra, relacionadas em ordem de importância;
- algumas expressões comuns utilizando a palavra;
- outras formas da palavra;
- algo sobre a história da palavra
- suas formas anteriores ou seus ancestrais linguísticos;
- uma explicação se a palavra é aceitável no inglês formal.

Todas essas informações são compactadas em frases bastante curtas! Mas para que tudo caiba na explicação, os editores contam com as abreviações. Logo, ler uma entrada em um dicionário pode parecer uma viagem a outro país - onde todos parecem saber a língua e os costumes e ficam contentes em deixá-lo excluído do ambiente.

Deixe-me colocar você dentro do ambiente. Veja uma entrada de dicionário bastante especial, com as partes decifradas para um leitor comum. (A propósito, não procure essa palavra em um dicionário verdadeiro; eu a inventei). Simplesmente combine as letras mostradas no dicionário com as explicações abaixo.

A. chukblok B. (chuckblahk) **C.** n. **D.** *pl.* chukbloks. **E.** 1. The state currency of Ludwig's country. 2. The national bank of Ludwig's country. 3. In economics, a very high protective tariff: a *chukblok* against imported bananas. **F.** 4. *Informal* extremely rich person: he's a walking *chukblok.* **G.** 5. obs. A coin made of chewing gum. **H.** - *adj.* 1. rich: She put a *chukblok* icing on that cake. 2. illegal: The *chukblok* plan was bound to backfire. **I.** [<O.L. chublah<ML. chubare a coin.] **J. Syn.** n. coins, money, moolah, spending green. *adj.* well-heeled, well-off, illicit. **K.** - **to see chukbloks in the trees Slang.** To assume that one is about to get rich. - **to flip one's chukblok** *Informal.* To bet all of one's money on the throw of the dice.

Veja as identificações das letras:

A. A palavra

B. A pronúncia. Os símbolos aqui são pouco confusos, mas a maioria dos dicionários fornece uma legenda no início do livro. A legenda explica os símbolos de pronúncia mostrando o mesmo som em algumas palavras facilmente reconhecíveis.

C. A parte do discurso.

D. A abreviação *pl.* significa *plural*, e essa parte da entrada diz como formar o plural dessa palavra.

E. As definições. Primeiro são dadas as definições mais comumente usadas.

F. *Informal* diz que você não deve usar este determinado significado na escrita formal. Se a palavra não contiver essa indicação, é porque ela é aceitável na escrita formal.

G. *Obs.* significa *obsoleto* e diz que aquele significado já não é usado.

H. Outra parte do discurso. A abreviação *adj.* diz que você pode também usar *chukblok* como adjetivo, além de usá-la como substantivo. Os significados relacionados depois de *adj.* explicam o que a palavra significa quando usada como adjetivo. Novamente, as definições estão em ordem de uso do mais comum para o mais raro.

I. Estes símbolos lhe dizem a árvore genealógica da palavra *chukblok.* A abreviação *O.L.* se refere a *Old Ludwig*, uma língua inventada por mim. *ML* é uma abreviação, que se refere a *Middle Lolean*, outra língua inventada por mim. Entre colchetes, você aprende que pode remontar a história da palavra *chukblok* à palavra *chublah* em *Old Ludwig*, que, por sua vez, pode ser remontada à palavra *chubare* em *Middle Lolean*, cujo significado é *coin.*

J. Syn. significa *synonym* (sinômino). Após este símbolo estão palavras que têm o mesmo significado das versões de *chukblok* como substantivo e como adjetivo.

K. O significado de expressões comuns com a palavra *chukblok.* Um deles é uma gíria e o outro seu uso informal; nenhum deles é aceitável na escrita formal.

A Tabela 20-1 é um quadro das descrições mais comuns que se aplicam a Lola, nas formas com *-er* e com *-est*. Observação: para entender a personalidade de Lola, é preciso saber a quê (e a quem) ela está sendo comparada; por isso, incluí algumas dicas.

Tabela 20-1 Descrições comuns

Descrição de Lola	***forma com -ER***	***forma com -EST***
able	able than Lulu	ablest of all the budding scientist in her ato-spltting class
bald	blader than an eagle	baldest of the moldels
cute	cuter than an elf	cutest of all the assassins
dumb	dumber than a sea slug	dumbest of the presidential candidates
edgy	eddgier than caffeine	edgiest of the atom splitters
friendly	friendlier than a grizzly bear	friendilest person on the block
glad	gladder than the loser	gladdest of all the lottery winners
heavy	heavier than before ad for a diet book	heaviest of all the sumo wrestlers
itchy	itchier than she was before she sat in poison ivy	itchiest of all the patients in the skin clnic

DICA

Observe que quando a última letra é um *y*, geralmente é necessário mudar o *y* para *i* antes de acrescentar a terminação.

A Tabela 20-2 contém ainda mais descrições referentes a Lola, desta vez usando *more*, *less*, *most* e *least*.

Tabela 20-2 Descrições com duas palavras

Descrição de Lola	***forma com More/Less***	***forma com Most/Least***
(Lola runs) jerkily	more jerkily than the old horse	most jerkiliy of all the racers
knock-kneed	less knock-kneed than an old sailor	least knock-kneed of all the beauty pageant contestants
lily-livered	less lily-livered than the sallon owner in an old movie	least lily-livered of all the florist
magnificient	more magnificient than a work of art	most magnificient of all the ninjas
notorious	more notorius than a work	most notorious of the florist
oafish	less oafish than the young prince	least oafish of all the cab drivers
prune-faced	less prune-faced than her teacher	least prune-faced of the grammar students

queenly	more queenly than Queen Elizabeth	most queenly of all the models
rigid	less rigid than a grammarian	least rigid of the trafics cops

Estas duas tabelas lhe dão uma dica sobre outra importante característica das comparações. Você observou que a segunda coluna é sempre uma comparação entre Lola e outra pessoa ou objeto? O acréscimo de *-er* ou *more* ou *less* é feito para comparações que envolvem duas coisas. Na última coluna de cada quadro, Lola é comparada a um grupo com mais de dois membros. Quando o grupo tem mais de dois membros, a comparação é feita com *-est* ou *most* ou *least* identificando-se o extremo.

Para resumir as regras:

- Use *-er* ou *more/less* ao comparar apenas duas coisas.
- Use *-est* ou *most/least* ao destacar o extremo de um grupo com mais de dois componentes.
- Nunca use dois métodos de comparação ao mesmo tempo na mesma palavra, tais como *-er* e *more*.

A forma de comparação com *-er* ou *less/more* é chamada comparativo e a forma com *-est* ou *least/most* é chamada *superlativo*.

Qual das orações está correta?

A. Lola, fresh from drinking a cup of cream, was the more cheerful of all her friends in the dairy bar.

B. Lola, fresh from drinking a cup of cream, was the most cheerful of all her friends in the dairy bar.

Resposta: A oração "B" está correta. A oração destaca Lola como o extremo de um grupo; portanto, neste caso, você precisa de *most*, e não de *more*.

Tente mais um:

Qual das orações está correta?

A. Eggworthy's design for a new egg carton is simpler than the one his competitor hatched.

B. Eggworthy's design for a new egg carton is more simpler than the one his competitor hatched.

Resposta: A oração "A" está correta. Nunca use duas formas de comparação ao mesmo tempo. A oração "B" combina a forma *-er* com a palavra *more* .

A última. Qual das orações está correta?

A. Of all the cars in the parking lot, Eggworthy's is the newer.

B. Of all the cars in the parking lot, Eggworthy's is the newest.

Resposta: A oração "B" está correta. O carro de Eggworthy é comparado a mais de um carro.

Quebrando as Regras: Comparações Irregulares

Sempre que a gramática inglesa lhe der um conjunto de regras que fazem sentido, você sabe que é hora de aparecerem as situações irregulares. Portanto, como era de se esperar, existem algumas comparações comuns que são feitas sem *er*, *-est*, *more/less* ou *most/least*. Observe os seguintes exemplos:

> Legghorn's trumpet solo is *good*, but Lochness's is *better*, and according to Lulu, her trumpet solo is the *best* of all.
>
> Lulu's habit of picking at her tattoo is *bad*, but Ratrug's constant sneezing is *worse*. Eggworthy's tendency to crack jokes is the *worst* habit of all.
>
> Mudbud has a *good* earthquake prevention kit. The kit made by Mudbud's major competitor is *better* than Mudbud's. The kit sold by a little-known Parisian company is the *best* of all the brands now on the market.

Entendeu a ideia? Veja uma lista de comparações irregulares:

- good, better, best;
- bad, worse, worst;
- well, better, best.

Da mesma forma, veja mais duas que também usei:

- little, less, least;
- many (ou much), more, most.

Esses casos irregulares quebram as regras, mas são fáceis de lembrar. Três deles julgam qualidade (good, bad e well) e dois julgam quantidade (little, many). A forma comparativa compara uma coisa com outra e a forma superlativa identifica o extremo do grupo.

TESTE

Responda à seguinte pergunta usando inglês correto (e, em seguida, corrija a própria pergunta).

Who's the baddest kid in the playground?

Resposta: The *worst* (e não *baddest*) kid in the playground is Lochness, unless Lola is in one of her moods. A pergunta correta é *Who's the worst kid in the playground*?

Veja mais uma:

Who plays more better blues?

Resposta: Ninguém. Use *more* ou *better*, mas não ambos, para fazer a comparação. Outras maneiras de expressar a pergunta são:

Who plays better blues - Legghorn or Lulu?

Who plays the best blues?

Who plays the blues best?

Of the two saxophonists, who plays better blues?

A última. Qual das orações está correta?

A. Legghorn says that he is feeling worse today than yesterday, but his statement must be considered in light of the fact that today is the algebra final.

B. Legghorn says that he is feeling more bad today than yesterday, but his statement must be considered in light of the fact that today is the algebra final.

Resposta: A oração "A" está correta. *More bad* é incorreto; use *worse*.

Nunca More Perfect: Usando Palavras que Não Podem Ser Comparadas

Este capítulo é more unique que o anterior? Não, de forma alguma. Por quê? Porque nada é *more unique*. A palavra *unique* significa "o único daquele tipo". Ou uma coisa é única daquele tipo, ou não é. Sim ou não, verdadeiro ou falso, um ou zero (quando você está falando em código computacional). Não há meio-termo, nenhum grau de uniqueness, nenhum ... bem, você entendeu a ideia. Não é possível comparar algo que seja único, ou exclusivo, com nada, a não ser consigo mesmo. Observe os seguintes exemplos:

> ERRADO: The vase that Eggworthy cracked was more unique than the Grecian urn.
>
> TAMBÉM ERRADO: The vase that Eggworthy cracked was fairly unique.
>
> TAMBÉM ERRADO: The vase that Eggworthy cracked was almost unique.
>
> NOVAMENTE ERRADO: The vase that Eggworthy cracked was very unique.

CERTO: The vase that Eggworthy cracked was unique.

TAMBÉM CERTO: The vase that Eggworthy cracked was unique, as was the Grecian urn.

NOVAMENTE CERTO: The vase that Eggworthy cracked was more unusual than the Grecian urn.

PORQUE ESTÁ CERTO: *Unusual* não é um termo absoluto; portanto, você pode usá-lo em comparações.

A palavra *unique* não é a única. Existem várias outras palavras que compartilham dessa qualidade absoluta. Uma delas é *perfect*. Algo é perfeito ou não é perfeito; nada é *very perfect* ou *unbelievably perfect* ou *quite perfect*. (Como americana patriota, tenho que citar uma exceção: a constituição americana contém uma declaração de intenção citando a necessidade de se criar "a more perfect union"). Outra palavra absoluta é *round*. Você tem uma forma *round* ou *not round*. Seu formato não é a *bit round*, *rounder* ou *roundest*. Veja alguns exemplos:

ERRADO: "Lola is *extremely perfect* when it comes to grammar, as I am," said Lulu.

PORQUE ESTÁ ERRADO: *Perfect* é absoluto. Não há graus de perfeição.

CERTO: "Lola is *nearly perfect* when it comes to grammar, as I am," said Lulu.

PORQUE ESTÁ CERTO: você pode chegar perto de uma qualidade absoluta, comparando até que ponto alguém ou algo chega próximo daquela qualidade. Lola se aproxima da perfeição (assim como Lulu), mas nenhuma realmente a atinge.

TAMBEM CERTO: "Lola is *perfect* when it comes to grammar, as I am," said Lulu.

PORQUE ESTÃO CERTAS: você pode chegar perto de *perfect*, como em *nearly perfect*. Você pode também ser *perfect*, sem nenhum qualificador.

ERRADO: Of the two circles drawn on the chalkboard, mine is *rounder*.

PORQUE ESTÁ ERRADO: A forma é redonda ou não é redonda. Ela não pode ser *rounder*. Além disso, por definição, os círculos são *round*.

CERTO: Of the two shapes drawn on the chalkboard, mine *is more nearly round*.

NOVAMENTE CERTO: Nenhuma das duas formas desenhadas no quadro de giz é *round*, mas a minha chega perto de *roundness*.

DICA

Conforme ilustrado por algumas das orações "CERTAS" nos exemplos anteriores, não é possível comparar qualidades absolutas, mas você pode comparar até que ponto as pessoas ou os objetos conseguem ter essas qualidades. Observe os seguintes exemplos:

Lola thinks that her latest nose ring is an *almost perfect* accessory.

Ratrug's new hooked rug is more *nearly circular* than his previous effort.

Lulu's style of relaxation *approaches uniqueness.*

Existe outra palavra que também causa todos os tipos de problemas em comparações: *equally*. Você escuta a expressão *equally* as com bastante frequência. Não é necessário usar as, pois a palavra *equally* contém a ideia de comparação. Por exemplo:

> ERRADO: Lochness got a lighter sentence than Lulu, but he is *equally* as guilty because of the nature of his doughnut-based terrorism.
>
> CERTO: Lochness got a lighter sentence than Lulu, but he is *equally* guilty because of the nature of his doughnut-based terrorism.
>
> TAMBÉM CERTO: Lochness got a lighter sentence than Lulu, but he is as guilty as she is because of the nature of his doughnut-based terrorism.

Qual das orações está correta?

A. Legghorn's recent drama is even more unique than his last play.

B. Legghorn's recent drama is even more unusual than his last play.

C. Legghorn's recent drama is unique, as was his last play.

Resposta: As orações "B" e "C" estão corretas. A oração "A" compara incorretamente uma palavra absoluta (*unique*). Na oração "B", *more unusual* expressa uma comparação correta. A oração "C" lhe diz que a recente peça de teatro de Legghorn é única e que sua última peça também era única. A palavra absoluta não está sendo comparada, mas simplesmente aplicada a duas coisas diferentes.

Qual das opções está correta?

A.Analivia's last chess move, when compared to the grandmaster's, is equally mistaken.

B.Analivia's last chess move, when compared to the grandmaster's, is equally as mistaken.

Resposta: A oração "A" está correta. Não diga *equally as*, porque a palavra *equally* expressa o conceito de comparação.

Deixando seu Público em Suspense: Comparações Incompletas

O que há de errado nesta oração?

> Octavia screamed more chillingly.

Talvez essas dicas o ajudem:

> Octavia screamed more chillingly. Hmm, pensou Olivier, ontem eu pensei que ela ia estourar meus tímpanos. Se ela gritasse mais as-

> sustadoramente hoje, seria melhor pegar meus protetores de ouvido antes que chegue a hora do festival de gritos de amanhã.

ou

> Octavia screamed more chillingly. Olivier, correndo desesperadamente para socorrer Hypatia, cujo grito de terror fez gelar seu coração, ficou parado sem se mexer. O grito de Octavia parece pior, pensou ele. É melhor ir até ela primeiro.

ou

> Octavia screamed more chillingly. Por favor, disse o diretor. Sei que você acabou de concluir o take 99 deste exercício verbal extremamente cansativo, mas se vai estrelar em meu filme de terror, você vai ter que se dedicar um pouco mais. Tente novamente!

Agora o problema fica claro. A comparação dos exemplos está incompleta. Octavia gritou mais assustadoramente que... que o quê? Até que você termine a oração, seus leitores terão tantas possibilidades quantas puderem imaginar. O importante é o seguinte: não pare de explicar a sua comparação até que você consiga transmitir a sua ideia. Observe o seguinte exemplo:

> ERRADO: Octavia screamed more chillingly.
>
> CERTO: Octavia screamed more chillingly than the cat did the day Lulu drove a truck over its tail.
>
> TAMBÉM CERTO: Octavia screamed more chillingly than she ever had before, and Olivier resolved to come to her aid as soon as he had finished all five courses of his lunch.
>
> NOVAMENTE CERTO: Octavia screamed more chillingly than she had in the previous takes, but the director still decided to go with the mute actress who had brought so many fans into the theater for the previous twelve installments of the horror series.

Veja outra comparação com um erro fatal. Você consegue identificar o problema?

> Lulu loved sky-diving more than Lola.

Precisa de outra dica? Continue lendo:

> Lulu loved sky-diving more than Lola. Lola sobbed uncontrollably as she realized that Lulu, whom she had always considered her best friend, was on the way to the airport instead of on the way to Lola's house. What a disappointment!

ou

> Lulu loved sky-diving more than Lola. Lola was fine for the first 409 jumps, but then her enthusiasm began to flag. Lulu, on the other

hand, was climbing into the airplane eagerly, as if it were her first jump of the day and as if the rattler had not crawled into her parachute on the last landing.

Viu o problema? *Lulu loved sky-diving more than Lola* está incompleta. O seu leitor pode entender a comparação de duas formas, conforme ilustrado pelas duas histórias. A regra é simples: não omita palavras que sejam necessárias ao sentido da comparação.

ERRADO: Lulu loved sky-diving more than Lola.

CERTO: Lulu loved sky-diving more than she loved Lola.

TAMBÉM CERTO: Lulu loved sky-diving more than Lola did.

Mais uma vez. Qual é o problema agora?

"My life is the best," explained Ratrug.

Esta é tão fácil que você não precisa de histórias. *Best* como assim? Em dinheiro, fama, amor, saúde, ausência de odores corporais, sorte em bilhetes da loteria, acesso a shows de bandas de música formadas só por garotos? Os amigos de Ratrug até podem entender sua declaração, mas ninguém mais conseguirá.

Lembre-se: ao fazer uma comparação, seja claro e completo.

TESTE

Qual das orações está correta?

A. My cat Agatha slapped her tail more quickly.

B. My cat Agatha slapped her tail more quickly than Dorothy.

Resposta: Ambas estão erradas. (Desculpe-me! Uma daquelas pegadinhas). O sentido não está claro em "A" nem em "B". Na oração "A", o leitor fica perguntando *more quickly than what*? Em "B", a oração pode significar *my cat Agatha slapped her tail more quickly than she slapped Dorothy* ou *my cat Agatha slapped her tail more quickly than Dorothy slapped the cat's tail.* Nenhuma das comparações está completa.

Tente mais uma. Qual das orações está correta?

A. Felonia played that piano concerto as emotionally as Legghorn did, but with fewer mistakes.

B. Felonia played that piano concerto just as emotionally, despite the fact that she has no real feeling for "The Homework Blues #3."

Resposta: A oração "A" está correta. Na oração "B", o leitor se pergunta qual é a base de comparação para as emoções da apresentação de Felonia ao piano. Ela apresentou o concerto *as emotionally as the other works on her program, such as "The Falling Piano Concerto"*? Ou ela apresentou o concerto *as emotionally as Lochness, who has less technical skill but a deep-seated hatred of homework*? A oração "A" expressa a base da comparação.

Joe DiMaggio Played Better Than Any Baseball Player: Comparações Ilógicas

Antes de começar, veja uma explicação sobre a frase acima para quem (que pena!) não gosta de beisebol. Joe DiMaggio era um jogador de beisebol. Na verdade, um grande jogador de beisebol - um dos melhores, e um New York Yankee. Então, o que há de errado com a oração? Ela exclui (não acredito!) Joe do grupo de jogadores de beisebol. Ela faz com ele deixe de ser (que tristeza!) um jogador de beisebol. Para manter Joe no esporte, acrescente a palavra *other*:

ERRADO: Joe DiMaggio played better than any baseball player.

CERTO: Joe DiMaggio played better than any other baseball player.

TAMBÉM CERTO: The Yankees rule! (Desculpe-me, não pude evitar. Sou uma torcedora.)

Neste caso, a regra para comparações é bastante simples: use a palavra *other* ou *else* ao comparar alguém ou algum objeto a outros membros do mesmo grupo. Observe os seguintes exemplos:

ERRADO: The star soprano of the Santa Lola Opera, Sarah Screema, sings louder than anyone in the cast.

PORQUE ESTÁ ERRADO: A oração deixa claro que Sarah faz parte do grupo, mas a comparação implica que ela não está no grupo. Sem lógica!

CERTO: The star soprano of the Santa Lola Opera, Sarah Screema, sings louder than anyone *else* in the cast.

ERRADO: That robot short-circuits more frequently than any mechanical device.

PORQUE ESTÁ ERRADO: Um robô é, por definição, um dispositivo mecânico, mas a comparação exclui o robô do grupo de dispositivos mecânicos.

CERTO: That robot short-circuits more frequently than any *other* mechanical device.

Veja outro exemplo. Você consegue achar o que há de errado?

Mudbud's nose is longer than Legghorn.

Tudo bem, antes que você diga qualquer coisa, devo mencionar que Legghorn é alto - não tão alto quanto um arranha-céu, mas pelo menos 1,90 m. Agora, consegue ver o que há de errado na oração? O nariz de Mudbud, uma verdadeira atração turística pelo seu tamanho *e* largura (sem contar a espinha na ponta) tem quase 10 cm. Ele *não* é mais comprido que Legghorn. Ele é mais comprido que o *nariz* de Legghorn.

ERRADO: Mudbud's nose is longer than Legghorn.

CERTO: Mudbud's nose is longer than Legghorn's nose.

TAMBÉM CERTO: Mudbud's nose is longer than Legghorn's.

Mais um exemplo:

Ahab's toe ring is as wide as Dmitri.

Creio que não. Dmitri é um sujeito que se preocupa com o que veste, mas mesmo assim sua cintura mede 84 cm. Se Ahab usasse um anel com toda essa largura nos dedos do pé, não haveria sapato que lhe servisse, e andar seria uma verdadeira aventura. Logo,

ERRADO: Ahab's toe ring is as wide as Dmitri.

CERTO: Ahab's toe ring is as wide as Dmitri's toe ring.

TAMBÉM CERTO: Ahab's toe ring is as wide as Dmitri's.

O importante é o seguinte:

- Confira se suas comparações são lógicas.
- Verifique se você comparou o que deseja comparar - duas coisas que sejam pelo menos remotamente relacionadas.
- Se a primeira parte da comparação envolver um substantivo ou um pronome possessivo (indicando posse), a segunda parte da comparação provavelmente também vai precisar de um possessivo. Para mais informações sobre substantivos possessivos, veja o Capítulo 12. Para mais informações sobre pronomes possessivos, veja o Capítulo 17.

Levando Dois pelo Preço de Um: Comparações Duplas

Ninguém vai entender errado se você quebrar esta regra, mas todos os gramáticos vão sair à sua caça e mandá-lo para o espaço sideral: ao fazer duas comparações ao mesmo tempo, termine a primeira antes de começar a segunda. Em outras palavras, não diga:

Dubdub is as dumb, if not dumber than Elvin.

Na oração anterior, você está realmente tentando dizer duas coisas diferentes:

1. Dubdub is as dumb as Elvin.
2. Dubdub may be dumber than Elvin.

Em primeiro lugar, deixando a gramática de lado, você deve tomar uma decisão. Tão bobo quanto? Mais bobo que? Não deixe o seu leitor em suspense. Mergulhe fundo e expresse sua verdadeira opinião. Gramaticalmente, você pode ficar em cima do muro, mas só se terminar a primeira comparação antes de passar para a segunda. Veja como terminá-la:

> Dubdub is as dumb as Elvin, if not dumber.

Que diferença faz um *as*! Agora a oração está completa depois da palavra *Elvin*, e, por isso, a oração que contém *if* é um complemento, como deveria ser. Na versão incorreta, está faltando um *as*. (Eu avisei que só os gramáticos se importariam com isso, lembra?).

Capítulo 21

Paralelas sem Retas

Neste capítulo

- Construindo orações paralelas;
- Mantendo a consistência na forma, tempo verbal e voz;
- Usando pares de conjunções corretamente;
- Mantendo comparações em paralelo.

Na aula de desenho, você traça paralelas. Na aula de matemática, você as coloca em um gráfico. Em gramática, você cria construções paralelas. Quando digo construções paralelas, estou falando sobre retas que se parecem com trilhos de uma ferrovia. Estou falando sobre a necessidade de equilíbrio na fala e na escrita, a necessidade de criar orações simétricas, que não pareçam pender para um dos lados. Estou falando sobre o motivo que levou Hamlet a dizer "To be or not to be" em vez de "Being or not to be". Neste capítulo, mostro como evitar vários erros de paralelismo no dia-a-dia, ou o que os gramáticos mais rígidos chamam de construção deficiente.

Construindo Orações Equilibradas

Ludwig wanted with all his heart to find a bride who was smart, beautiful, and had millions of chukbloks, the currency of his native land.

Sem contar as ideias matrimoniais de Ludwig, a oração possui outro problema: ela não é paralela. Concentre-se na parte da oração depois da palavra *was*. A noiva dos sonhos de Ludwig deveria ter três características:

- smart;
- beautiful;
- had millions of chukbloks.

Você percebe que essas três descrições não combinam? As duas primeiras são adjetivos. A terceira consiste em um verbo (had) e um objeto (*millions of chukbloks*). (Para mais informações sobre adjetivos, veja o Capítulo 8. Para mais informações sobre verbos e objetos, veja os Capítulos 2 e 6). Mas todas as três descrições estão desempenhando o mesmo papel na oração - descrevendo a noiva dos sonhos de Ludwig. Por estarem desempenhando o mesmo papel, elas devem combinar, pelo menos no sentido gramatical. Veja uma lista revisada:

- smart;
- beautiful;
- rich in chukbloks;
- nearsighted (Acrescentei esta (míope) porque conheço e já vi Ludwig).

Veja mais uma:

- intelligence;
- beauty;
- millions of chukbloks;
- bad eyesight.

Ambas as listas estão corretas. Na primeira, todas as características da noiva de Ludwig são adjetivos. Na segunda, todas as características são substantivos. Você pode usar qualquer uma das listas. Só não use alguns elementos de uma e outros da outra. Veja as orações revisadas:

> Ludwig wanted with all his heart to find a bride who was smart, beautiful, nearsighted, and rich in chukbloks, the currency of his native land.

> Ludwig wanted with all his heart to find a bride with intelligence, beauty, bad eyesight, and millions of chukbloks, the currency of his native land.

Veja mais uma oração assimétrica. Você consegue identificar o problema?

> To visit the stately dome, swimming the sacred river Alph, and becoming CEO of Kubla Khan, Inc. were Ludwig's goals.

Talvez uma lista o ajude. Os objetivos de Ludwig são os seguintes:

- to visit the stately dome;
- swimming the sacred river Alph;
- becoming CEO of Kubla Khan, Inc.

Quais deles não combinam? To visit the stately dome.

FAIXA PRETA

To visit é um infinitivo, mas os dois próximos itens da lista não são. *Swimming* e *becoming* são gerúndios. Gerúndios e infinitivos são todos *verbals* - formas de um verbo que não funcionam como verbos na oração. Para mais informações sobre *verbals*, veja o Capítulo 24.

Todos os três objetivos de Ludwig são sujeitos da oração. Por estarem desempenhando o mesmo papel na oração, eles devem ser iguais gramaticalmente. Veja duas possíveis correções:

- visiting the stately dome;
- swimming the sacred river Alph;
- becoming CEO of Kubla Khan, Inc.

ou

- to visit the stately dome;
- to swim the sacred river Alph;
- to become CEO of Kubla Khan, Inc.

Veja as duas orações corrigidas:

> To visit the stately dome, to swim the sacred river Alph, and to become CEO of Kubla Khan, Inc. were Ludwig's goals.
>
> Visiting the stately dome, swimming the sacred river Alph, and becoming the CEO of Kubla Khan, Inc. were Ludwig's goals.

DICA

Itens de uma oração que desempenham o mesmo papel (função) devem ter a mesma identidade gramatical. Sempre que você tiver mais de um sujeito, objeto, verbo ou outro elemento da oração, faça uma lista e confira-a duas vezes, independentemente de você acreditar ou não em Papai Noel.

Veja alguns outros exemplos:

> NÃO PARALELA: Analivia said that whenever anything went wrong, whenever someone let us down, or in case of disaster, she would "feel our pain."
>
> O QUE ESTÁ ERRADO: As três coisas que Analivia disse não são paralelas. Duas têm combinações sujeito-verbo (*anything went*, *someone let*) e uma (*in case of disaster*) não.
>
> PARALELA: Analivia said that whenever anything went wrong, whenever someone let us down, or whenever disaster struck, she would "feel our pain."
>
> PORQUE ELA É PARALELA: Agora todas as três coisas que Analivia disse são combinações sujeito-verbo.
>
> TAMBÉM PARALELA: Analivia said that in the event of mistakes, disloyalty, or disaster, she would "feel our pain."
>
> PORQUE ELA É PARALELA: Agora todas as coisas que Analivia disse são expressas como substantivos: *mistakes*, *disloyalty*, *disaster*.

Tente outro exemplo:

> NÃO PARALELA: Eggworthy, a gourmet cook and renowned for his delicious no-cholesterol omelets, thinks that French cooking is "overrated."
>
> O QUE ESTÁ ERRADO: O *and* une duas descrições de Eggworthy. Uma é um substantivo (*cook*) e a outra é uma forma verbal (*renowned for his delicious no cholesterol omelets*).

PARALELA: Eggworthy, a gourmet cook renowned for his delicious no-cholesterol omelets, thinks that French cooking is "overrated."

PORQUE ELA É PARALELA: Uma vez removida a palavra *and*, o problema está resolvido. Agora a forma verbal descritiva (*renowned*) descreve o substantivo (*cook*).

Qual das opções está correta?

A. Ludwig found the honeymoon suite restful, exotic, tasteful, and in the less-populated section of his kingdom.

B. Ludwig found the honeymoon suite restful, exotic, and tasteful. It was located in the less-populated section of his kingdom.

C. Ludwig found the honeymoon suite restful, exotic, tasteful, and remote.

Resposta: As orações "B" e "C" estão corretas. Se você relacionar as qualidades do quarto onde Ludwig passou a lua-de-mel conforme expresso na oração "A", você obtém

- restful;
- exotic;
- tasteful;
- in the less-populated section of his kingdom.

Os três primeiros são adjetivos, mas o último é uma frase preposicional. (Para mais informações sobre frases preposicionais, veja o Capítulo 9). Como eles não combinam, a oração não é paralela. Na oração "B", os três adjetivos estão sozinhos em uma oração. A frase preposicional possui a sua própria oração. A oração "C" expressa, em forma de adjetivos, todas as características do quarto onde Ludwig passou a lua-de-mel.

Para evitar erros de paralelismo, não é necessário saber os termos gramaticais corretos. Mesmo sem os nomes gramaticais sofisticados, a lista mostra quem é o "esquisitão". Basta usar o bom senso e "ouvir". Uma oração paralela tem equilíbrio, o que não acontece com uma oração não-paralela.

Engatando a Marcha da Gramática: Evitando Afogar o Motor das Orações

Se você já tiver prestado atenção ao câmbio de marchas do seu carro, provavelmente sabe que as mudanças raramente são suaves (pelo menos quando eu estou dirigindo). Qualquer erro no engate da marcha, o carro relincha como uma mula. O mesmo acontece em orações. Você pode, às vezes, mudar o tempo verbal, a voz ou a pessoa, mas até mesmo o menor erro afoga o motor da sua oração. Nesta seção, explico como evitar mudanças desnecessárias e como verificar a consistência da sua oração.

Longe de situações tensas com tempos verbais

Observe esta oração composta por vários verbos:

> Ludwig begs Ludmilla to marry him, offers her a crown and a private room, and finally won her hand.

Agora faça uma lista dos verbos da oração:

- begs;
- offers;
- won.

Os dois primeiros estão no presente, mas o terceiro muda para o passado sem nenhum motivo válido. Afogamento! Se os verbos dessa oração fossem as marchas do seu carro, ele afogaria. Todos os três verbos devem estar no presente, ou todos os três devem estar no passado. Veja as versões corrigidas da oração:

> Ludwig begs Ludmilla to marry him, offers her a crown and a private room, and finally wins her hand. (Todos os três verbos estão no presente).

ou

> Ludwig begged Ludmilla to marry him, offered her a crown and a private room, and finally won her hand. (Todos os três verbos estão no passado).

Às vezes, ao contar uma história, você deve mudar o tempo verbal porque a ação da história requer uma mudança no período de tempo. Por exemplo:

> Felonia always practices for at least ten hours a day, unless she is giving a concert. Last week she flew to Antarctica for a recital. When she arrived, the piano was frozen. Nevertheless, the show went on. Next week Felonia will practice twelve hours a day to make up for the time she lost last week.

A história de Felonia tem tempos verbais no presente (*practices*), Present Progressive (*is giving*), passado (*flew*, *arrived*, *was frozen*, *went*, *lost*) e futuro (*will practice*). Cada mudança no tempo verbal é justificada pela informação fornecida na história. (Para mais informações sobre tempos verbais, veja os Capítulos 3 e 18).

> ERRADO: Ratrug slips on the ice, and after obsessively checking every inch of his skull in the mirror, decided that had hurt his head.
>
> PORQUE ESTÁ ERRADO: O primeiro verbo está no presente. A oração muda para o passado sem motivo algum.
>
> CERTO: Ratrug slipped on the ice, and after obsessively checking every inch of his skull in the mirror, decided that he had hurt his head.
>
> ORAÇÃO QUE PARECE ESTAR ERRADA MAS NÃO ESTÁ: Murgatroyd needs a loan because he bet his entire paycheck on a horse that

came in first in the eighth race. (Infelizmente, o cavalo estava disputando a sétima corrida).

PORQUE ELA PARECE ESTAR ERRADA: O primeiro verbo está no presente, e os dois seguintes estão no passado.

PORQUE ELA ESTÁ CERTA: Ambos os tempos verbais são justificados. A primeira parte fala sobre Murgatroyd agora, explicando sua condição presente com uma referência ao passado. A mudança é aceitável porque o significado da oração torna a mudança necessária.

Qual das orações está correta?

A. Eggworthy scrambled to the finish line a nano-second before the next fastest racer and then raised his arms in victory.

B. Eggworthy scrambles to the finish line a nano-second before the next fastest racer and then raises his arms in victory.

Resposta:Ambas as orações estão corretas. (Você não odeia pegadinhas?). Na oração "A", *scrambled* e *raised* estão no passado. Nenhuma mudança, nenhum problema. Na oração "B", *scrambles* e *raises* estão no presente. Novamente, nenhuma mudança, novamente nenhum problema.

Mantendo sua voz firme

A voz de um verbo - nada de barítonos e tenores - é ativa ou passiva. (Para mais informações sobre voz ativa e passiva, veja o Capítulo 18). Assim como os tempos verbais, a voz dos verbos em uma oração deve ser consistente, a não ser que haja um bom motivo para mudança. Ressalto aqui que uma mudança no tipo de voz não é um crime gramatical; pense em termos de uma contravenção, ou talvez uma multa por estacionar em lugar errado. Contudo, evite mudanças desnecessárias, se possível, desde que você não fique num beco sem saída. Veja uma oração com uma mudança de voz não justificada:

> Ludwig polished the diamond engagement ring, rechecked the certificate of authenticity, and was completely demolished when his intended bride said no.

Viu só o problema? Uma lista de verificação deixa clara a situação:

- polished;
- rechecked;
- was demolished;
- said.

Os dois primeiros verbos e o último estão na voz ativa, mas o terceiro está na voz passiva.

Várias alterações podem solucionar o problema:

> Ludwig polished the diamond engagement ring, rechecked the certificate of authenticity, and cried like a baby when his intended bride said no.

ou

> Ludwig polished the diamond engagement ring and rechecked the certificate of authenticity. His intended bride completely demolished him with her refusal.

Observe na lista que os verbos corrigidos estão todos na voz ativa: *polished*, *rechecked*, *cried* e *polished*, *rechecked*, *demolished.*

Qual das opções está correta?

A. Lulu popped the cork from the champagne, reached for the chilled glasses, and was shocked to learn that the caviar had been confiscated by customs officials.

B. Lulu popped the cork from the champagne, reached for the chilled glasses, and was shocked to learn that customs officials had confiscated the caviar.

C. Lulu popped the cork from the champagne, reached for the chilled glasses, and staggered in shock when she heard that customs officials had confiscated the caviar.

Resposta: A oração "C" é a melhor, pois todos os verbos (*popped*, *reached*, *staggered*, *heard* e *had confiscated*) estão na voz ativa.

Sabendo que é a pessoa certa

Ah, lealdade. Uma das virtudes mais celebradas na vida bem como na gramática! Lealdade em gramática está relacionada à consistência da pessoa. Não se deve começar falando sobre uma pessoa e, em seguida, mudar para outra em uma oração, a não ser que você tenha um motivo justo para fazê-lo. Veja um exemplo de mudança desnecessária na pessoa:

> To celebrate his marriage, Ludwig promised amnesty to all the bigamists currently in his jails because you need to do something spectacular on such occasions.

A primeira parte da oração fala sobre Ludwig. A segunda, que começa com a palavra *because*, muda para *you.* A correção é simples:

> To celebrate his marriage, Ludwig promised amnesty to all the bigamists currently in his jails because he needs to do something spectacular on such occasions.

ou

> To celebrate his marriage, Ludwig promised amnesty to all the bigamists currently in his jails because everyone needs to do something spectacular on such occasions.

ou

To celebrate his marriage, Ludwig promised amnesty to all the bigamists currently in his jails because rulers need to do something spectacular on such occasions.

Todas as três orações anteriores estão corretas. Por quê? Na primeira, *Ludwig* é o sujeito da primeira parte da oração, e *he* é o da segunda parte. Sem problemas. A segunda e terceira correções são um pouco mais complicadas. Os gramáticos se referem a três pessoas. Na primeira, o sujeito narra a história: em outras palavras, *I* ou *we* agem como sujeito da oração. Na segunda, fala-se com o sujeito, e *you* (no singular ou no plural) é o sujeito. Na terceira, fala-se sobre o sujeito, usando *he*, *she*, *it*, *they* ou qualquer outra palavra de que fale sobre alguém ou alguma coisa. Na segunda correção, *Ludwig* (terceira pessoa) combina com *everyone* (um pronome na terceira pessoa). No terceiro exemplo de correção, *Ludwig* combina com *rulers*, um substantivo.

Veja outro exemplo:

> ERRADO: I am planning to pick up some of those coins; you can't pass up a chance for free money!

PORQUE ESTÁ ERRADO: A primeira parte da oração está na primeira pessoa (*I*) e a segunda muda para *you*, a forma da segunda pessoa. Por que mudar?

> CERTO: I am planning to pick up some of those coins; I can't pass up a chance for free money!

Certifique-se de que suas orações sejam consistentes na pessoa. A não ser que haja um motivo lógico para a mudança, use as seguintes diretrizes:

- Se você começar com a primeira pessoa (*I* ou *me*) continue na primeira pessoa.
- Se você começar com a segunda pessoa (*you*) continue na segunda pessoa.
- Se você começar com a terceira pessoa, falando sobre alguém ou algo, continue falando sobre alguém ou algo.

TESTE

Qual das orações está correta?

A. Whenever a person breaks a grammar rule, you get into trouble.

B. Whenever a person breaks a grammar rule, he or she gets into trouble.

C. Whenever a person breaks a grammar rule, they get into trouble.

Resposta: A oração "B" está correta. A *person* combina com *he* ou *she* porque ambos falam sobre alguém. Na oração "A", *a person* não combina com *you*. A oração "A" muda da terceira para a segunda pessoa, sem nenhum motivo lógico. A oração "C" fica na terceira pessoa, falando sobre alguém, mas a *person* é singular e *they* é plural - um erro de combinação. (Para mais informações sobre pronomes no singular e no plural, veja o Capítulo 10).

Tente mais um. Qual das opções está correta?

A. Everybody loves somebody sometime because all you need is love.

B. Everybody loves somebody sometime because all anybody needs is love.

Resposta: A oração "B" está correta. A oração "A" muda da terceira pessoa (*everybody*) para a segunda (*you*) sem nenhum motivo, a não ser uma patética tentativa de imitar as letras de uma música. A oração "B" fica na terceira pessoa (*everybody*, *anybody*).

Enxergando Duplo: Pares de Conjunções

A maioria das palavras de ligação anda sozinha. Palavras simples como *and*, *but*, *nor*, *or*, *because*, *although*, *since*, e assim por diante, ligam orações ou partes de orações. Algumas palavras de ligação, entretanto, vêm em pares. (Na linguagem gramatical, palavras de ligação são chamadas de conjunções. Em inglês, conjunções duplas são chamadas *correlatives*). Veja algumas conjunções duplas de uso mais freqüente:

- *not only/but also*;
- either/or;
- neither/nor;
- whether/or;
- both/and.

CUIDADO

Algumas dessas palavras aparecem em orações sem seus parceiros. Não há problema algum! Às vezes, elas aparecem e não agem como conjunções. Novamente, sem problemas. Mas, quando agirem como conjunções, verifique se elas se comportam adequadamente. A regra é a seguinte: independentemente do que possa preencher os espaços em branco depois desses pares de conjunções, estes espaços devem ser preenchidos formando uma combinação. As conjunções possuem parceiros, assim como acontece com os objetos que elas unem. Você pode ligar dois substantivos, duas orações, duas frases preposicionais - dois elementos quaisquer! Mas certifique-se de que o que você está unindo forme uma combinação. Observe este exemplo:

> Not only Ludwig but also his bride yearned for a day at the beach. (O par de conjunções une dois substantivos *Ludwig* e *his bride*).
>
> Either you or I must break the news about the backhoe encounter to Ludwig. (O par de conjunções une dois pronomes *you* e *I*).

DICA

Substantivos e pronomes são iguais quando se trata de paralelismo. Como os pronomes tomam o lugar de substantivos, você pode misturá-los sem causar danos:

> Neither Murgatroyd nor he has brought a proper present to Ludwig's wedding. (O par de conjunções une um substantivo, *Murgatroyd*, e um pronome, *he*).

Veja outro exemplo:

> Both because he stole the garter and because he lost the ring, (Este par de conjunções une duas combinações sujeito-verbo).

Because he stole the garter e *because he lost the ring* são orações subordinadas adverbiais. Para mais informações sobre orações, veja o Capítulo 24.

Para ajudá-lo a identificar erros de paralelismo em orações com pares de conjunções, veja algumas combinações indevidas, junto com suas correções:

> NÃO PARALELA: Either *Lulu will go with Ludwig to the bachelor party* or *to the shower*, but she will not attend both.
>
> PORQUE NÃO É PARALELA: O primeiro trecho, destacado em itálico, é uma combinação sujeito-verbo. O segundo trecho destacado em itálico é uma frase preposicional.
>
> PARALELA: Lulu will go with Ludwig *either to the bachelor party* or *to the shower*, but she will not attend both. (Agora, ambas são frases preposicionais).
>
> NÃO PARALELA: *Both her lateness* and *that she was dressed in white leather* insulted the royal couple.
>
> PORQUE NÃO É PARALELA: O primeiro trecho destacado em itálico é um substantivo, mas o segundo é uma combinação sujeito-verbo.
>
> PARALELA: Both *the fact that she was* late and *the fact that she was dressed in white leather* insulted the royal couple. (Agora ambos os trechos destacados em itálico são combinações sujeito-verbo).
>
> PARALELA: Both *her lateness* and *her white leather clothing* insulted the royal couple. (Agora ambos os trechos destacados em itálico são substantivos).

Qual das orações está correta?

A. Lulu neither needled Ludwig nor his bride about the fact that Mrs. Ludwig has a slight but noticeable moustache.

B. Lulu needled neither Ludwig nor his bride about the fact that Mrs. Ludwig has a slight but noticeable moustache.

Resposta: A oração "B" está correta. Na oração "A", *neither* precede um verbo (*needled*), mas nor precede um substantivo (*his bride*). Na oração "B", *neither* precede um substantivo (*Ludwig*), e o mesmo acontece com *nor* (*his bride*) .

Tente mais uma. Qual das orações está correta?

A. Both the way she danced and the way she sang convinced Legghorn to award Lola a starring role in Legghorn's new musical, The Homework Blues.

B. Both the way she danced and her superb singing convinced Legghorn to award Lola a starring role in Legghorn's new musical, The Homework Blues.

Resposta: A oração "A" está correta. Na oração "B", a primeira metade do par de conjunções (*both*) é seguido de um substantivo (*way*) e depois, por uma combinação sujeito-verbo (*she danced*). A segunda parte do par de conjunções (*and*) é seguida apenas por um substantivo (*singing*). Na oração "A", uma combinação substantivo-sujeito-verbo (*the way she danced, the way she sang*) vem depois das duas conjunções.

Either way I need a verb: sujeitos em afirmativas e interrogativas com *either/or* e *neither/nor*

Suponha que você esteja falando sobre Ludwig e as pobres pessoas que têm o azar de viver em seu país:

> Either Ludwig or his browbeaten subjects ...

O que vem depois? *Is* ou *are*? Em uma oração com apenas um sujeito - Ludwig, por exemplo - a escolha é fácil. Ludwig *is*, pois Ludwig é um sujeito no singular; ou, se a oração tiver apenas um sujeito, e o sujeito estiver no plural - por exemplo, *his browbeaten subjects* - a escolha também é fácil. *His browbeaten subjects* are. Mas, e se um sujeito no singular e um no plural estiverem na mesma oração? O que fazer?

Quando houver um par de sujeitos, um no singular e outro no plural pegue uma régua. Na verdade, você não precisa de uma régua, mas é preciso fazer uma medição. Qual dos sujeitos está mais próximo do verbo? O sujeito que está mais próximo determina o tipo de verbo de que você precisa. Se o sujeito mais próximo estiver no singular, use um verbo no singular. Se o sujeito mais próximo estiver no plural, use um verbo no plural. Logo,

> Either Ludwig or his browbeaten subjects are going to regret this marriage.

O sujeito mais próximo é *subjects*, no plural; por isso, você precisa do verbo no plural *are*. (O sujeito é *subjects*? Cuidado para não confundir - foi só coincidência).

Se reescrever a oração de outra forma, você obtém o seguinte:

> Either his browbeaten subjects or Ludwig is going to regret this marriage.

O sujeito mais próximo agora é Ludwig, no singular; por isso, você precisa do verbo no singular *is*.

O mesmo macete funciona para pares de sujeitos ligados por *neither* e *nor*

Passemos para as interrogativas. Para transformar uma frase na afirmativa em interrogativa em inglês, é preciso brincar com a ordem das palavras na oração. Além disso, interrogativas em inglês são geralmente construídas com verbos formados por duas palavras - um verbo principal e um verbo auxiliar. O difícil é quando você está escolhendo um sujeito para uma interrogativa onde há um par *either/or*. Essas orações possuem dois sujeitos. E se um sujeito estiver no singular e o outro no plural? Com qual deles deve ser feita a combinação? A resposta é fácil. Pegue sua régua. Ache o sujeito que está mais próximo da parte do verbo que muda (o verbo auxiliar) e faça a combinação. Por exemplo:

> Does either Ludwig or his ex-wives live in a castle?

O sujeito *Ludwig* no singular está mais próximo do verbo auxiliar *does*. *Does* é a parte do verbo que combina com um sujeito no singular.

Veja outra versão da mesma pergunta, com a ordem alterada:

> Do either his ex-wives or Ludwig live in a castle?

O sujeito *ex-wives* no plural está mais próximo do verbo auxiliar *do*. *Do* é a parte do verbo que combina com o sujeito no plural.

Teoricamente, você pode usar o mesmo macete quando estiver escrevendo uma pergunta com *neither/nor*. Ao escrever estes exemplos, entretanto, devo lhe dizer que nunca ouvi ninguém fazer uma pergunta com *neither/nor*. Mas, se você estiver morrendo de curiosidade e quiser fazer uma pergunta com *neither/nor*, aí vão dois exemplos:

> Do neither the students nor the teacher know anything at all about grammar?
>
> Does neither the teacher nor the students know anything at all about grammar?

Evitando Comparações Impróprias

A polícia gramatical vai chegar, com mandado de busca em mãos, se as suas comparações não forem paralelas. Fique alerta às seguintes comparações:

- more/than;
- but not;
- as well as.

Comparações com essas palavras são complicadas, mas não impossíveis. Mas fique atento se os elementos que você está comparando combinam gramaticalmente. Observe estes exemplos:

> Lulu was more *conservative* than *daring* in her choice of clothes for Ludwig's wedding.
>
> Even so, Ludwig liked *the way Lulu moved* but not *the way she looked.*
>
> Lulu enjoyed the ceremonial *dancing* as well as the ritual *bonfire.*

As palavras destacadas em itálico em cada oração formam um par perfeito. No primeiro exemplo de oração, *conservative* e *daring* são descrições. No segundo exemplo, *the way Lulu moved* e *the way she looked* são construções semelhantes - substantivos descritos por orações adjetivas, caso você queira mesmo saber. Na terceira oração, *dancing* e *bonfire* são substantivos.

Para ilustrar um pouco mais as comparações paralelas, veja alguns pares incorretos com suas devidas correções:

ERRADO: Lola sang more forcefully than with the correct notes.

PORQUE ESTÁ ERRADO: *forcefully* e *with the correct notes* não combinam.

CERTO: Lola sang more forcefully than correctly.

PORQUE ESTÁ CERTO: A oração compara dois advérbios.

Veja outro exemplo:

ERRADO: Ludmilla assumed *that she would live in a separate castle* but not *spending every hour with Ludwig.*

PORQUE ESTÁ ERRADO: As palavras *but not* unem uma combinação sujeito-verbo e uma forma verbal.

CERTO: Ludmilla assumed *that she would live in a separate castle* but not *that she would spend every hour with Ludwig.*

PORQUE ESTÁ CERTO: A oração compara duas combinações sujeito-verbo.

É possível que uma pergunta lhe tenha ocorrido: como saber quantas palavras da oração estão sendo ligadas? Em outras palavras, nos exemplos de orações anteriores, como saber até onde destacar em itálico? A decisão é baseada no sentido da oração. Esqueça a gramática por um momento e ponha-se em modo Interpretação de Texto. O que você está comparando? Decida o que está comparando com base nas ideias da oração. Agora, verifique as duas ideias que estão sendo compradas e volte ao modo Gramática. As ideias combinam *gramaticalmente*? Em caso afirmativo, não há problema algum. Em caso negativo, reestruture sua oração.

Qual das orações está correta?

A. Legghorn told Ratrug that the ceremony was canceled but not that the couple planned to elope.

B. Legghorn told Ratrug that the ceremony was canceled but not about the elopement.

Resposta: A oração "A" está correta. *That the ceremony was canceled* combina com *that the couple planned to elope*. Na oração "B", *that the ceremony was canceled* possui um par sujeito-verbo, mas *about the elopement* é uma frase preposicional sem nenhum par sujeito-verbo.

Parte V

Regras que até o Professor de Gramática da sua tia-avó não Conhecia

A 5ª onda por Rich Tennant

Nesta parte...

Os grandes filósofos da Idade Média costumavam discutir sobre o número de anjos que poderia caber na cabeça de uma agulha. Esse debate era só um pouquinho menos complicado que as regras gramaticais apresentadas nesta parte do livro. O Capítulo 22 explica os modos verbais (sim, eles têm modos). O Capítulo 23 mostra como escolher o pronome adequado para os mais variados tipos de orações esquisitas. O capítulo seguinte lida com os trâmites mais internos da oração - orações dependentes, independentes e *verbals*. O Capítulo 25 lhe confere o grau de mestre em pontuação.

O importante é o seguinte: se o que você deseja é aprender regras gramaticais cheias de detalhes, esta parte foi feita para você.

Capítulo 22

A Última Palavra em Verbos

Neste capítulo

- Entrando em contato com seu modo indicativo;
- Dando ordens no imperativo;
- Usando verbos no subjuntivo para condições contrárias ao fato;
- Evitando o uso de construções comuns com duplas negativas.

Murgatroyd stomps in, slams the door, and grabs the remote. As he raises the volume on the wrestling match to supersonic level, Lola asks politely, "Is anything wrong?" In reply, Murgatroyd lowers his eyebrows to the tip of his nose and glares silently. Lola shrugs and goes out to spread the word: Murgatroyd is in one of his Moods. Beware.

Os verbos também têm modos, mas são muito mais educados que Murgatroyd na forma de se expressarem. Uma pequena mudança na forma e pronto, o verbo está agindo de modo diferente.

O inglês moderno possui três modos básicos para verbos: indicativo, imperativo e subjuntivo. O indicativo é o mais comum; os dois outros modos - imperativo e subjuntivo - só entram no discurso e na escrita ocasionalmente. Neste capítulo, apresento um resumo sobre esses três tipos verbais para que você tenha certeza do modo de qualquer verbo sem ter que consultar um psicólogo.

Entendendo os Verbos do Dia-a-Dia: Modo Indicativo

Quase todos os verbos estão no modo indicativo. O *indicativo* é o modo do dia-a-dia, do tipo "é isso aí mesmo o que eu estou dizendo", excelente para uso em perguntas e afirmativas. Todas as lições sobre verbos neste livro - com exceção daquelas apresentadas mais adiante neste capítulo - discutem verbos no modo indicativo. (Este fato, aliás, não tem utilidade alguma. Esqueça-o imediatamente).

Pense em verbos no indicativo como o elenco permanente de um programa de TV. Eles sempre estão na área e são conhecidos de todo mundo.

Nas orações a seguir, os verbos no indicativo foram destacados em itálico:

> Felonia *displayed* her musical range when she *played* a Bach concerto and a heavy-metal hit in the same concert.
>
> Ludwig *will be* the principal tenant of the honeymoon hotel as soon as Ludmilla *agrees* to marry him.
>
> Eggworthy often *dreams* about bacon.

Dando Ordem para Seus Verbos: Modo Imperativo

Não se preocupe com o imperativo; ele é bastante simples. *Verbos no imperativo* dão ordens. A maioria dos verbos no imperativo não possui um sujeito escrito (ou falado). Em vez disso, subentende-se que o sujeito em uma oração no imperativo seja *you*. A palavra *you* geralmente não aparece antes do verbo no imperativo. O leitor ou o ouvinte simplesmente subentende que *you* esteja implícito.

Veja alguns exemplos:

> *Eat* a balanced diet.
>
> *Climb* every mountain.

Rise x Raise

Rise e *raise* são dois verbos que causam confusão. *Rise* significa "levantar-se", "sair da cama" ou "mover-se para uma classe mais alta" de acordo com a vontade da própria pessoa. *Raise* significa "levantar algo ou alguém" ou "criar filhos ou animais". Em outras palavras, Eggworthy *rises* sempre que qualquer tipo de ave entra no quarto. Ele *raises* galos em sua fazenda. Quando um ninho está muito baixo, Eggworthy *raises* o ninho para um nível mais alto.

Veja outra maneira de analisar essas duas palavras: *Rise* é uma ação realizada pelo sujeito e é refletida no próprio sujeito. Ele age sobre si mesmo. *Raise* é uma ação que começa com uma pessoa (ou objeto) e passa para outra pessoa ou objeto. Você *rise* por si mesmo; você *raise* alguém ou algo.

Calculate the odds.

No matter what happens, *hit* the road.

Fake a sincere smile and you've got it made.

DICA

Pense em verbos no imperativo como artistas que são sempre convidados a participarem de programas humorísticos, aqueles personagens que aparecem a cada três ou quatro episódios só para dar um gostinho a mais.

Praticamente, não há nada de errado que possa acontecer ao se criar uma oração no imperativo; portanto, este tópico tem passe livre. *Saia* para pescar, ou se estiver a fim de se torturar, *passe* para o subjuntivo.

Descobrindo as Possibilidades: Modo Subjuntivo

Hora de dor de cabeça! O modo subjuntivo é raro, mas atrai erros como um ímã. Dominando este tópico, você pode se qualificar com o título de "O Gramático do Ano". Verbos no subjuntivo aparecem quando você diz algo que é contrário ao fato. Eles também podem expressar ordens e desejos indiretos. Nas próximas seções, explico cada uma dessas situações.

DICA

Verbos no subjuntivo, como uma estrela de cinema em participação especial em um filme, só aparecem de vez em quando. Como um artista bajulado, o subjuntivo aparece somente na hora certa.

Usando substantivos com "were"

Tevye, o personagem principal do musical *Fiddler on the Roof*, canta "If I Were a Rich Man" com a tristeza de um homem que sabe que nunca deixará de ser pobre. A canção de Tevye fala sobre uma *condição contrária ao fato* - algo que não é verdade. Observe o verbo que aparece no título: *were*. Normalmente (isto é, em uma oração no indicativo), o par sujeito-verbo seria *I was*. Mas Tevye canta *If I were* porque ele não é um homem rico. O verbo *were* está no modo subjuntivo.

DICA

A não ser que alguém vá questioná-lo sobre este assunto, não se preocupe com a terminologia. Basta saber que se você estiver expressando uma condição contrária ao fato, você precisa do verbo *were* para ideias no presente e no futuro. (No passado, é diferente. Veja a próxima seção "Usando subjuntivos com "had""). Veja alguns exemplos no presente e no futuro:

SUBJUNTIVO: If Lochness *were* an honorable spy, he would not reveal the atomic secret hidden in the bean burrito.

PORQUE ESTÁ NO SUBJUNTIVO: Lochness não é um espião respeitável, e vai dar com a língua nos dentes.

QUAL SERIA NORMALMENTE O PAR SUJEITO-VERBO: Lochness was.

SUBJUNTIVO: If Analivia *were* less talented in mathematics, she would have taken fewer algebra courses.

PORQUE ESTÁ NO SUBJUNTIVO: Analivia é um gênio em matemática, o tipo de aluna que sempre diz que a prova foi "tão difícil" e depois consegue uma nota 96.

QUAL SERIA NORMALMENTE O PAR SUJEITO-VERBO: Analivia was.

Em suma, em orações no subjuntivo, *were* é geralmente tudo que você precisa (ao contrário da música dos Beatles que diz que amor é tudo que você precisa ("*love is all you need*")). Veja alguns detalhes sobre o subjuntivo em orações no presente ou no futuro com condições contrárias ao fato:

- Use *were* para todos os sujeitos que estão na parte da oração que expressa o que não é verdade. (If she *were* entranced by Ratrug's explanation)
- Na outra parte da oração, use o verbo auxiliar *would*. (Lola *would stare* at him in silence)
- Nunca use o verbo auxiliar *would* na parte da oração que não é verdadeira. Por exemplo:

  ERRADO: If I would have been president, I would ask the Martian colony to secede.

  CERTO: If I were president, I would ask the Martian colony to secede.

  ERRADO: Murgatroyd acted as though he would have been grammarian-in-chief.

  CERTO: Murgatroyd acted as though he were grammarian-in-chief.

Qual das orações está correta?

A. Ludmilla would have been happier if she would have been in the Marines.

B. Ludmilla would have been happier if she were in the Marines.

Resposta: A oração "B" está correta. A parte da oração que contém *if* também contém um verbo no subjuntivo (*were*) porque ela expressa algo que não é verdade. A parte da oração que contém *if* nunca deve conter o verbo auxiliar *would*.

Usando subjuntivos com "had"

O outro subjuntivo que aparece de vez em quando é criado com o verbo auxiliar *had*. Para orações no passado, *had* pertence à parte da oração que é contrária ao fato. A parte da oração que é contrária ao fato (isto é, a mentira) pode começar com *if*, ou o *if* pode estar subentendido.

Now I lie me down to sleep...

Seja lá quem inventou os verbos *lie* e *lay* tinha um senso de humor macabro. *Lie* significa "não dizer a verdade", mas este significado não apresenta nenhum problema. *Lie* também significa "deitar-se ou estar na posição horizontal, pronto para uma soneca" ou " permanecer" . *Lay* significa "colocar ou pôr algo". Veja alguns exemplos:

> Scintilla likes to *lie* down for an hour after lunch. Before she hits the couch, she *lays* a soft sheet over the upholstery.

> Lochness *lies* in wait behind those bushes. When unsuspecting tourists *lay* down their picnic blankets, he swoops in and steals their lunches.

Até então, este tópico não apresenta grandes complicações. O problema - a parte realmente diabólica - vem no passado. O passado de *lie* (descansar, deitar-se, permanecer) é *lay*. O passado de *lay* (colocar ou pôr) é *laid*. Observe estes exemplos:

> Scintilla *lay* down yesterday, but a car alarm disturbed her rest. She immediately went to the street and *laid* a carpet of nails in front of the offending vehicle.

> Yesterday, while Lochness *lay* in wait, a police officer *laid* a hand on Lochness's shoulder. "You are under arrest," intoned the cop.

Mais uma complicação: quando você acrescenta *has, had* ou *have* ao verbo *lie* (descansar, deitar-se, permanecer), você diz *has lain, had lain, have lain*. Quando você acrescenta *has, had* ou *have* ao verbo *lay* (colocar ou pôr), você diz *has laid, had laid, have laid*. Em outras palavras:

> Scintilla *has lain* in the hammock for most of the morning, and her brothers *have laid* a basket of red ants on the ground beneath her. When Scintilla gets up, she is in for a big surprise!

> Lochness *has lain* in the lumpy jail bunk for an hour, but no one *has laid* a sheet over him to keep him warm.

Normalmente - ou seja, em orações que não estão no subjuntivo - o passado seria expresso por uma única palavra. A forma *had*, em uma oração que não está no subjuntivo, é usada somente para mostrar que uma ação acontece antes da outra. (Veja o Capítulo 18 para mais informações). Veja alguns exemplos do subjuntivo no passado:

> SUBJUNTIVO COM A PALAVRA *IF*: If Lola *had known* about the atomic secret, she would not have eaten that burrito.

> SUBJUNTIVO SEM A PALAVRA *IF*: Had Lola *known* about the atomic secret, she would not have eaten that burrito.

> PORQUE ESTÁ NO SUBJUNTIVO: Lola não sabia nada sobre o segredo atômico; Lochness lhe disse que a parte crocante dentro do burrito vinha de um novo tipo de feijão.

> QUAL SERIA NORMALMENTE O PAR SUJEITO-VERBO: Lola knew.

SUBJUNTIVO COM A PALAVRA *IF*: If Ludwig *had married* less often, he would have enjoyed the ceremony more.

SUBJUNTIVO SEM A PALAVRA *IF*: *Had* Ludwig *married* less often, he would have enjoyed the ceremony more.

PORQUE ESTÁ NO SUBJUNTIVO: Ludwig já se casou mais vezes do que pode contar.

QUAL SERIA NORMALMENTE O PAR SUJEITO-VERBO: Ludwig has married.

Qual das orações está correta?

A. If Felonia would have played the tuba, the gang would have listened to her CD more often.

B. If Felonia had played the tuba, the gang would have listened to her CD more often.

Resposta: A oração "B" está correta. Felonia tocou o piano, e não a tuba; por isso, o subjuntivo está certo. A palavra *would* nunca faz parte de uma oração com *if*.

Usando subjuntivos com "as though"

Às vezes, as condições contrárias ao fato são expressas usando as palavras *as though*. Observe os seguintes exemplos:

SUBJUNTIVO: Eggworthy hurtled through the air *as though* giant metal devices had intended to scramble him.

PORQUE ESTÁ NO SUBJUNTIVO: Eggworthy não estava sendo perseguido por batedores de ovos gigantes. Ele estava, na verdade, se movendo pelo ar em alta velocidade porque Murgatroyd estava de mau humor e Eggworthy estava tentando fugir em um skate com uma roda quebrada.

QUAL SERIA NORMALMENTE O PAR SUJEITO-VERBO: Giant metal devices intended.

Quando "if" não indica o substantivo

Ao ler sobre o subjuntivo com o uso de *if*, você pode pensar que todas as orações com a palavra *if* precisem de um verbo no subjuntivo. Nada disso. Algumas orações com *if* não expressam uma condição contrária ao fato; expressam uma possibilidade, algo que pode acontecer. As orações com *if* que expressam possibilidade usam o bom e velho verbo no indicativo. Veja alguns exemplos:

ORAÇÃO NÃO-SUBJUNTIVA COM *IF*: If Lochness goes to prison, he will take a burrito cookbook with him.

PORQUE NÃO ESTÁ NO SUBJUNTIVO: Prison is a possibility. A prisão é uma possibilidade.

ORAÇÃO NÃO-SUBJUNTIVA COM *IF*: If Ludwig divorces, he will remarry within a year.

PORQUE NÃO ESTÁ NO SUBJUNTIVO: O divórcio é uma possibilidade. Na verdade, Ludwig já está dando uma olhada nisso.

Em uma oração com *if*, se algo for possível, use um verbo normal do dia-a-dia para expressar isso. Se algo não for verdade, use o verbo no subjuntivo.

Usando subjuntivos para dar ordens, expressar desejos e fazer solicitações

Ludwig adora exercitar seu poder de rei:

His Majesty decrees that all his subjects *be* counted and then beheaded.

His Majesty asks that the governor of each province *climb* the nearest Alp and jump off the top.

His Majesty further insists that his favorite wedding planner *remain* in the palace.

Os verbos destacados em itálico estão todos no subjuntivo. Essas orações precisam do subjuntivo porque expressam desejos, solicitações ou ordens indiretas. (Ordens que são dadas diretamente à pessoa que supostamente deve segui-las são expressas no modo imperativo. Veja "Dando Ordens para Seus Verbos: Modo Imperativo", apresentada anteriormente neste capítulo).

Nos exemplos de orações anteriores, os pares normais formados por sujeito-verbo (os pares indicativos) seriam *subjects are*, *governor climbs*, *wedding planner remains*. Nessas orações no subjuntivo, todos os sujeitos têm a mesma forma do verbo - o infinitivo sem o *to*. (Para mais informações sobre o infinitivo, veja o Capítulo 2). Logo, você tem

to sleep: subjuntivo = sleep

to slobber: subjuntivo = slobber

to sneak: subjuntivo = sneak

e assim por diante.

Na comunicação do dia-a-dia, muitas pessoas que falam inglês perfeitamente correto evitam o subjuntivo e utilizam um verbo no infinitivo ou o auxiliar *should*. Veja as solicitações de Ludwig usando infinitivos ou *should* no lugar dos verbos no subjuntivo:

His Majesty wants his subjects to *be counted* and then *beheaded*.

His Majesty says that the governor of each province *should climb* the nearest Alp and *jump* off the top.

His Majesty wants his favorite wedding planner to *remain* in the palace.

Try and figure these out: verbos e infinitivos

Lendo o título acima, você consegue ver o que há de errado? *Try and* significa que você vai fazer duas coisas diferentes: *try* (primeira tarefa) e *figure out* (segunda tarefa). Mas você não tem duas tarefas em mente, tem? *Try and* é uma expressão comum, mas não está correta. Veja o que você realmente quer dizer: *try to figure this one out. Try to* segue o padrão normal de um verbo e um infinitivo na língua inglesa:

Lochness *plans* to go to the moon next week. (*plans* = verbo, *to go* = infinitivo)

Ludmilla *likes* to speak in monosyllables. (*likes* = verbo, *to speak* = infinitivo)

Ratrug *hates* to cry in public. (*hates* = verbo, *to cry* = infinitivo)

A propósito, os infinitivos parecem verbos, mas nunca agem como verbos na oração. Nos exemplos de orações acima, todos os infinitivos são objetos diretos. (Para mais informações sobre objetos diretos, veja o Capítulo 6; para mais informações sobre infinitivos, veja o Capítulo 24).

Resumindo: *Try to remember* a regra para verbos e infinitivos e *try to forget* sobre *try and*.

Qual das orações está correta?

A. Ludwig requests that his honeymoon attendants are paid by the hour.

B. Ludwig requests that his honeymoon attendants be paid by the hour.

Resposta: A oração "B" está correta. O verbo no subjuntivo (*be*) expressa a solicitação. (O infinitivo *to be* sem o *to* é igual ao subjuntivo).

Usando subjuntivos com "let us"

Você foi à igreja recentemente? Em caso afirmativo, talvez o líder religioso tenha dito "Let us pray" ou "Let us sing all 5,987 verses of hymn

#2". A oração com *let us* está, na verdade, no modo subjuntivo. Depois de *let us* use a forma do verbo no subjuntivo: o infinitivo sem a palavra *to*. Em cada um dos exemplos a seguir, o verbo no subjuntivo está destacado em itálico:

> Let us *gather* together.
>
> Let us *eat* salad.
>
> Let us *ban* iceberg lettuce from Shakey's salad.

Se tiver lido todas as seções anteriores sobre o modo subjuntivo, provavelmente você já deve estar perdendo seus modos. Coragem! Embora possa parecer que o subjuntivo esteja em todas as partes na língua inglesa, na verdade você só precisa dele ocasionalmente. Se você fala outro idioma - espanhol ou francês, por exemplo - provavelmente já deve ter notado que o subjuntivo tem uma importância muito maior e um uso muito mais comum nesses idiomas. Última coisa: se as regras do subjuntivo neste capítulo parecem estarrecedoras, esqueça-as. A polícia gramatical não vai executá-lo se você ignorar o subjuntivo completamente. Muitas pessoas educadas e letradas o evitam, e erros no subjuntivo não chegam a ser tão sérios, como, por exemplo, atravessar uma rua fora da faixa de pedestre.

I Can't Help But Think This Rule Is Crazy: Excluindo as Duplas Negativas

Em alguns idiomas de sorte, quanto mais negativas houver, melhor. Em inglês, porém, é proibido o uso de duas negativas. No Capítulo 8, explico várias formas básicas de duplas negativas. Aqui, explico algumas das formas menos óbvias que causam duplos problemas.

Uma das duplas negativas mais comuns não parece ser um caso de duplas negativas: *cannot help but*. Quantas vezes você já ouviu alguém dizer algo do tipo:

> Eggworthy *cannot help but* act in that dramatic style because he was trained by a real ham.

Às vezes, *help* é deixado de fora:

> Eggworthy *cannot but* think that it is his job to bring home the bacon.

Infelizmente, essas duas orações estão erradas, pois contêm duplas negativas. O *not* e o *but* expressam ideias negativas. Use um ou outro. Veja as versões corretas:

> Eggworthy *cannot help acting* in that dramatic style because he was trained by a real ham.

Eggworthy *can but* think that it is his job to bring home the bacon.

A última oração soa terrível, não é? A versão a seguir é bem melhor:

Eggworthy *can* think only that it is his job to bring home the bacon.

ou

Eggworthy *cannot help* thinking that it is his job to bring home the bacon.

Você também pode escrever:

Eggworthy *thinks* that it is his job to bring home the bacon.

Ironicamente, duplas negativas em inglês formam uma afirmativa. Portanto, ao dizer *cannot help but*, você realmente comunica o oposto do que imagina estar dizendo (ou escrevendo). Por exemplo:

Ratrug told his boss, "I cannot help but ask for a raise."

O QUE ELE PENSA TER DITO: I have to ask for a raise.

O QUE ELE REALMENTE DISSE: I can't ask for a raise.

The boss told Ratrug, "I cannot help but say no."

O QUE O CHEFE PENSA TER DITO: No.

O QUE O CHEFE REALMENTE DISSE: Yes.

Qual das orações está correta?

A. I cannot help but think that this double negative rule is ridiculous.

B. I cannot help thinking that this double negative rule is ridiculous.

Resposta: A oração "B" está correta. Além disso, a ideia da oração também está correta! A regra das duplas negativas é meio idiota.

Can't Hardly Understand This Rule: Mais Uma Dupla Negativa

Independentemente do que você faça, evite dizer ou escrever *can't hardly* quando estiver usando inglês formal. *Can't* é a forma contraída de *cannot*, que contém a negativa *not*. *Hardly* é outra palavra negativa. Se você combiná-las, de acordo com a lógica gramatical, terá dito o oposto do que pretendia - o afirmativo em vez do negativo. Veja alguns exemplos:

Legghorn commented, "Lulu can't hardly count her tattoos."

O QUE LEGGHORN PENSA TER DITO: Lulu can't count her tattoos.

O QUE LEGGHORN REALMENTE DISSE: Lulu can count her tattoos.

> According to Lola, Ludmilla can't hardly wait until her divorce becomes final.
>
> O QUE O ESCRITOR PENSA QUE A ORAÇÃO SIGNIFICA: Ludmilla is eager for her divorce to become final.
>
> O QUE A ORAÇÃO REALMENTE SIGNIFICA: Ludmilla can wait. (O palácio é confortável e Ludwig fica lá muito pouco).

Uma variação dessa dupla negativa é *can't scarcely*, *aren't scarcely* ou *isn't scarcely*. Novamente, *can't* é a forma contraída de *cannot*, nitidamente uma negativa. *Aren't* e *isn't* são as formas negativas de *are* e *is*. *Scarcely* também é negativa. Se você usá-las juntas, vai acabar expressando algo afirmativo e não uma super-negativa.

Veja outra dupla negativa, em algumas formas diferentes: *hadn't only*, *haven't only*, *hasn't only*, *hadn't but*, *haven't but* e *hasn't but*. Todas expressam ideias afirmativas, pois a parte do verbo com *not* (*n't*) e o *only* ou o *but* são negativos:

> ERRADO: Agwamp *hadn't but* ten seconds to defuse the bomb before civilization as we know it ended.
>
> PORQUE ESTÁ ERRADO: Como está agora, a oração diz que Agwamp tinha mais que 10 segundos para desarmar a bomba, mas os números vermelhos no detonador já estavam em sete e diminuindo rapidamente.
>
> CERTO: Agwamp *had but* ten seconds to defuse the bomb before civilization as we know it ended.
>
> TAMBÉM CERTO: Agwamp *had only* ten seconds to defuse the bomb before civilization as we know it ended.

DEMÔNIOS

Basta ter dois ou "two" para cometer um erro

Em inglês, existem três palavras com sons que se aproximam de "*tu*" em português, todas com sons parecidos, mas escritas de forma diferente. (Palavras que têm sons parecidos, mas são escritas de forma diferente são conhecidas como *homônimos*). E não, elas não somam a seis. *To* pode ser parte de um infinitivo (*to speak*, *to dream*) ou pode mostrar o movimento em direção a alguém ou algo (*the store*, *to me*). *Two* é um número (*two eyes*, *two ears*). *Too* significa "também" (*Are you going too*?) ou mais que suficiente (*too expensive*, *too wide*). Em outras palavras:

If you *two* want to skip school and go *to* the ball game, today's a good day because the teacher will be *too* busy to check.

The *two* basketballs that hit Ludwig in the head yesterday were *too* soft *to* do such damage, but Ludwig is suing anyway.

Two things you should always remember before you decide *to* break a grammar rule: it is never *too* late *to* learn proper English and you are never *too* old *to* get in trouble with your teacher.

ERRADO: Lochness *hasn't only* ten nuclear secrets.

PORQUE ESTÁ ERRADO: A oração agora diz que Lochness tem mais de dez segredos, mas ele acabou de nos contar que só existem dez.

CERTO: Lochness *has only* ten nuclear secrets.

Qual das orações está correta?

A. Ubetcha can't hardly understand those pesky grammar rules.

B. Ubetcha can't help but be confused by those pesky grammar rules.

Resposta: Ambas estão erradas. (O manual oficial do professor pede que os professores usem pegadinhas para testar os alunos). Na oração "A", *can't hardly* é uma dupla negativa. Na oração "B", *cannot help but* é uma dupla negativa. Agora observe:

A. Ubetcha can scarcely understand those pesky grammar rules.

B. Ubetcha can't help being confused by those pesky grammar rules.

Resposta: As orações "A" e "B" estão corretas. Ubetcha está cumprindo de cinco a dez anos na penitenciária por quebrar as regras gramaticais. Na oração "A", ele tem somente um pouco de conhecimento da gramática. Na oração "B", ele está confuso.

Capítulo 23

A Última Palavra em Pronomes

Neste capítulo

- Decidindo entre who/whoever e whom/whomever;
- Combinando pronomes com os substantivos que eles substituem;
- Entendendo o uso de pronomes em orações complicadas;
- Decifrando o significado de *who*, *which* e *that*;
- Escolhendo o pronome adequado para grupos;
- Evitandopronomes vagos

Finalmente, você chegou ao terrível capítulo sobre pronomes onde você descobre os detalhes complexos de who/whom e seus semelhantes. Aviso: em três nanossegundos, você pode facilmente achar algo para fazer que seja mais interessante que esses conceitos - adestrar pulgas para trabalhar no circo, por exemplo, ou limpar a sujeira acumulada em seu umbigo.

Quis continuar lendo, não é? Tudo bem, você é quem pediu. Eis a última palavra em pronomes, incluindo orações com who/whom e uma variedade de outros detalhes realmente minuciosos sobre pronomes. Até hoje, as pessoas têm vidas perfeitamente agradáveis (embora gramaticalmente incorretas) sem ter conhecimento dessas coisas. Mas, se você insiste...

Entendendo a Diferença Entre Who e Whom

A regra para saber quando usar *who* e *whom* é simples; mas sua aplicação não. Primeiro, a regra:

- *Who* e *whoever* são usados para sujeitos.
- *Who* e *whoever* também vêm depois de verbos de ligação e completam o significado. Na linguagem gramatical, *who* e *whoever* servem como complementos do verbo de ligação.
- *Whom* e *whomever* são usados para objetos - todos os tipos de objetos (direto, indireto, de preposições, de infinitivos, e assim por diante).

Para mais informações sobre sujeitos, veja o Capítulo 4. Para mais informações sobre objetos e complementos de verbos de ligação, veja o Capítulo 6.

Antes de aplicar a regra de *who/whoever* e *whom/whomever*, observe os seguintes exemplos:

> Whoever needs help from Lochness is going to wait a long time. (*Whoever* é o sujeito do verbo *needs*).
>
> Who is calling Lulu at this time of night? (*Who* é o sujeito do verbo *is calling*).
>
> "I don't care whom you ask to the prom," exclaimed Legghorn unconvincingly. (*Whom* é o objeto direto do verbo *ask*).
>
> The mustard-yellow belt is for whomever she designates as the hot dog eating champion. (*Whomever* é o objeto direto do verbo *designates*).
>
> For whom are you bellowing? (*Whom* é o objeto da preposição *for*).

Agora que você já conhece a regra e viu as palavras em ação, veja dois macetes para decidir entre o uso de *who/whoever* e *whom/whomever*. Se um dos macetes parece funcionar, use-o e ignore o outro. Lá vai...

Macete n° 1: Feijão com arroz

Feijão com arroz, goiabada com queijo são pares que sempre combinam. Como era de se esperar, os gramáticos haveriam de inventar um par perfeito: sujeito e verbo. Eles também sempre andam juntos (só não são tão gostosos). Para usar o Macete n°1, faça da seguinte forma:

1. Identifique todos os verbos da oração.

2. Não separe os verbos auxiliares do verbo principal. Conte o verbo principal e seus auxiliares como se fossem um único verbo.

3. Agora combine cada verbo com um sujeito.

4. Se houver um verbo perdido sem nenhum sujeito, provavelmente *who* ou *whoever* é o sujeito que está faltando.

5. Se todos os verbos tiverem sujeitos, confira mais uma vez. Existe algum verbo de ligação sem complemento? (Para mais informações sobre complementos, veja o Capítulo 6). Se houver um verbo de ligação sozinho sem nenhum complemento em vista, você precisa de *who* ou *whoever*.

6. Se todos os sujeitos tiverem seu par e você não precisar de nenhum complemento para o verbo de ligação, você chegou à resposta final: *whom* ou *whomever* é a única possibilidade.

Veja um exemplo de oração, analisado segundo o Macete n°1:

ORAÇÃO: *Who/Whom* shall I say is calling?

Os verbos = *shall say, is calling.*

O sujeito de *shall say* = I.

O sujeito de *is calling* = OK, lá vamos nós. Você precisa de um sujeito para *is calling*, mas as palavras se esgotaram. Resta apenas uma escolha: *who*.

ORAÇÃO CORRETA: *Who* shall I say is calling?

TESTE

Agora é sua vez de tentar: qual das palavras está correta?

Agnes buys detergent in one-ton boxes for Lochness, *who/whom* she adores in spite of his odor problem.

Resposta: *Whom*, pois este é o objeto direto de *adores*. *Agnes buys, she adores* - pares "sujeito-verbo". Ambos são verbos de ação, e, por isso, não é necessário nenhum complemento do sujeito.

Macete n°2: entrando no ritmo

Este macete conta com seu ouvido apurado para gramática. A maioria das orações em inglês segue um determinado padrão: sujeito-verbo-objeto ou complemento do sujeito. O Macete n°2 é dizer as partes da oração nesta ordem, mesmo que você tenha que arrumar as palavras um pouquinho. Veja os passos a serem seguidos:

1. Identifique o verbo da oração que parece estar ligado à escolha de *who/whom*. Geralmente, é o verbo mais próximo de *who/whom*. É também o verbo logicamente ligado por sentido - isto é, com a mesma ideia de *who/whom*.

2. Diga (em voz alta, se não se importar em assustar seus colegas de classe ou de trabalho, ou em voz baixa, se pretende manter sua reputação de pessoa sã) as três partes da oração.

Tudo que estiver antes do verbo é *who* ou *whoever*.

Se estiver trabalhando com um verbo de ação, tudo que estiver depois do verbo provavelmente é *whom* ou *whomever*.

Se estiver trabalhando com um verbo de ligação, tudo que estiver depois do verbo provavelmente é *who* ou *whoever*.

Veja um exemplo de oração analisada através do Macete n°2:

Who/Whom will Lochness choose for the vacancy in his nuclear spy ring?

O verbo é *will choose*.

Will choose é um verbo de ação; portanto, esqueça-se de complementos de verbos de ligação.

Diga em voz alta: Lochness will choose *who/whom*.

Opção = *whom* porque a palavra está depois do verbo.

Whom = objeto direto de *will choose*.

ORAÇÃO CORRETA: *Whom* will Lochness choose for the vacancy in his nuclear spy ring?

Qual palavra está correta?

Who/Whom do you like better, Lochness or Legghorn?

Resposta: *Whom* está correta. Mude a ordem das palavras para *you do like whom*. Escolha *whom* depois de um verbo de ação. Nesta oração, *whom* é o objeto direto. (A propósito, a resposta é Legghorn, sem sombra de dúvida. Ele é muito mais simpático que Lochness).

Estudando Antecedentes Impróprios

O *antecedente* de um pronome é a palavra substituida por ele. O antecedente e o pronome devem ser totalmente intercambiáveis. Em outras palavras, você deve conseguir substituir o pronome pelo seu antecedente (ou o antecedente pelo pronome) sem alterar o sentido da oração. Para seguir esta regra, é preciso certificar-se de que o pronome tenha um antecedente para substituir. Se o pronome não tiver nenhum antecedente, ele ficará solto na frase. Um pronome solto é um pronome infeliz. Além disso, o pronome é uma parte do discurso com a qual é preciso tomar cuidado. Ele se recusa a substituir qualquer palavra. Se um antecedente estiver quase, mas não totalmente, certo, todo pronome que se dê o respeito arrebita o nariz para o antecedente e chama a polícia gramatical. (Para mais informações sobre pronomes e seus antecedentes, veja o Capítulo 10). Veja alguns exemplos de orações corretas e incorretas:

ERRADO: She's a lawyer, and I want to study it.

O que *it* está substituindo? *Law*, suponho eu. Mas a palavra *law* não está na oração; a palavra é *lawyer*. *Law* e *lawyer* são próximas, mas não próximas o suficiente.

CERTO: She's a lawyer, and I want to be one also.

PORQUE ESTÁ CERTO: *One* refere-se a *lawyer*.

TAMBÉM CERTO: I'd like to study law, as she did.

PORQUE TAMBÉM ESTÁ CERTO: Não há nenhum pronome na oração.

TAMBÉM CERTO: I want to make a lot of money, so I'm going to law school.

Outro exemplo (mais complicado) é:

ERRADO: In Murgatroyd's poetry, he frequently uses cow imagery.

Quem é *he* ? Murgatroyd, imagino. Mas *Murgatroyd* não está na oração. *Murgatroyd's* - o pronome possessivo - está na oração. Você pode substituir *Murgatroyd's* por *his* (porque *his* é um pronome possessivo), mas não por *he*.

CERTO: Murgatroyd frequently writes poetry with cow imagery.

PORQUE ESTÁ CERTO: Não há nenhum pronome na oração.

TAMBÉM CERTO: Stay away from Murgatroyd's poetry readings unless you are really, really, really fond of cows.

TESTE

Qual das orações está correta?

A. Lola has always been interested in archaeology because she thinks they spend a lot of time in the dirt.

B. Lola has always been interested in archaeology because she thinks archaeologists spend a lot of time in the dirt.

A oração "B" está correta. Na oração "A", não há nenhum antecedente adequado para *they*. A oração "B" substitui *they* pelo substantivo *archaeologists*.

Combinando Verbos com Pronomes em Orações Complicadas

Pronomes no singular devem ser combinados com verbos no singular, e pronomes no plural devem ser combinados com verbos no plural. Regrinha fácil, certo? *He says. They say*. Sem problemas. Mas nem todos os pronomes são tão simples quanto *he* e *they*. Alguns pronomes - *who*, *which* e *that* são como camaleões. (Veja o Capítulo 25 onde podem ser obtidos detalhes sobre como pontuar orações com *which* e *that*). Eles sempre parecem iguais, mas podem se referir ao singular ou plural dependendo de seus antecedentes. É preciso decifrar a oração para decidir se o antecedente é singular ou plural. Em seguida, você deve combinar o verbo com o antecedente. Em algumas orações com estrutura simples, a escolha é relativamente óbvia. Por exemplo:

English Grammar for Dummies is the book that you're reading. (*that* = *book* = singular)

The tax guides that fell off the shelf cost me a million dollars. (*that* = *tax guides* = plural)

Em orações complicadas, aquelas que destacam algo ou alguém de um grupo, a escolha não é tão óbvia assim. Para combinar o pronome com o verbo correto, use suas habilidades de interpretação de texto para descobrir o sentido do pronome. Uma vez descoberto o sentido do pronome, a escolha entre um verbo no singular e no plural fica clara. Observe os seguintes exemplos:

ORAÇÃO A: Lulu is one of the few choir members who *has/have* more than 11 tattoos.

A frase com *who* fala sobre ter mais de 11 tatuagens.

Segundo a oração, quantos membros do coral estão naquela categoria? Um ou mais de um? Mais de um.

Who refere-se a *choir members*.

Escolha o verbo no plural (*have*).

ORAÇÃO CORRETA: Lulu is one of the few choir members who *have* more than 11 tattoos.

ORAÇÃO B: Lulu is the only one of the choir members who *has/have* a tattoo of a motorcycle on her arm.

A frase com *who* fala sobre ter uma tatuagem de uma motocicleta.

A oração deixa claro que Lulu é a única pessoa com aquela tatuagem.

Who é singular, referindo-se a Lulu.

Escolha o verbo no singular (*has*).

ORAÇÃO CORRETA: Lulu is the only one of the choir members who *has* a tattoo of a motorcycle on her arm.

Qual palavra está correta?

Ratrug claims he is one of the many men who has/have been unfairly rejected by Lola.

Resposta: *Have*. Lola rejeitou mais de um homem, de acordo com a oração; portanto, o verbo deve estar no plural.

This, That e the Other: Esclarecendo Referências a Pronomes Vagos

Um único pronome pode se referir a um único substantivo. Um pronome no plural pode se referir a mais de um substantivo. Mas nenhum pronome pode se referir a uma oração inteira ou a um parágrafo inteiro. Considere a seguinte situação:

Lulu likes to arrive at school around 11 each day because she thinks that getting up at any hour earlier than 10 is barbaric. The principal, not surprisingly, thinks that arriving at school over two hours late each day is not a good idea. *This* is a problem.

This certamente é um problema, e não por causa dos hábitos de dormir que Lulu tem ou da opinião do diretor. Este é um problema porque o antecedente da palavra *this* não está claro. O que *this* significa? O fato de que Lulu chega por volta das 11? Que Lulu acha que se levantar antes das 10 está fora de questão? Ou que o diretor e Lulu não estão – para pegar leve – em sintonia? Ou todas as opções acima?

O escritor provavelmente gostaria que *this* se referisse a *all of the above*, uma resposta perfeitamente correta naqueles terríveis testes de múltipla escolha que você tem que fazer com bastante frequência hoje em dia. Infelizmente, *all of the above* não é uma boa resposta à pergunta "O que significa o pronome?"

Logo,

> ERRADO: The orange dye looks horrible, and the cut looks as though it were done with pinking shears. *This* persuaded Lola to attend the dance wearing her purple wig.
>
> PORQUE ESTÁ ERRADO: *This* está se referindo às 17 palavras da oração anterior, e não a um único substantivo.
>
> CERTO: Because the orange dye looks horrible and the cut looks as thought it were done with pinking shears, Lola decided to attend the dance wearing her purple wig.
>
> TAMBÉM CERTO: The fact that the orange dye looks horrible and the cut looks as though it were done with pinking shears persuaded Lola to attend the dance wearing her purple wig.
>
> PORQUE ESTÁ CERTO: A eliminação de *this* elimina o problema.

Na fala do dia-a-dia (inglês informal), você pode ocasionalmente usar *this*, *which* ou *that* para se referir a mais de uma palavra, desde que o sentido que você pretende transmitir fique claro. Por exemplo:

> Lochness refused to defuse the explosive postage stamp, which angered all the postal workers.

O pronome *which* no exemplo anterior refere-se ao fato de que Lochness recusou-se a desarmar o selo explosivo. Seu público entende o sentido facilmente. Entretanto, gramaticalmente, a oração está incorreta porque *which* deve substituir apenas um substantivo. O importante é o seguinte: na escrita formal, você deve seguir a regra. Rejeite a oração. Em situações informais, vá em frente e use-a.

DICA

Tanto no inglês informal quanto no formal, evite deixar o sentido vago. Nunca use um pronome que possa se referir a duas ou mais ideias; não deixe que o seu leitor ou ouvinte fique se perguntando o que você quer dizer. Por exemplo:

> Lulu's history term paper was ten days late and ten pages short. This earned her an F on the assignment.

O que convenceu o professor a dar a Lulu uma nota baixa? O fato de ela ter entregado o trabalho depois do prazo ou o fato de ela ter escrito exatamente 34 palavras sobre "A Revolução Francesa: suas causas e efeitos com relação ao conceito de democracia"? Um desses fatores? Em caso afirmativo, qual deles? Ou ambos? As mentes inquisitivas querem saber e o pronome não diz. Veja algumas possíveis correções:

Because Lulu's history term paper was ten days late and ten pages short, the teacher failed her. (Agora você sabe que ambos os fatores influenciaram a nota recebida).

> Lulu's history term paper was ten days late, so the teacher failed her. Even if it had arrived on time, the fact that it was ten pages short would have earned her an F on the assignment anyway.

Resumindo essa regrinha simples: seja claro ao usar pronomes.

Qual das orações está correta?

A. The roof leaked and the floor creaked, which kept Ratrug up all night.

B. The leaky roof and the creaky floor kept Ratrug up all night.

Resposta: A oração "B" está correta. Na oração "A", *which* se refere a duas ideias, e não a um substantivo.

Its ou Their? Escolhendo Pronomes para Substantivos Coletivos

Substantivos coletivos apresentam um problema quando se trata de escolher os pronomes corretos. Substantivos coletivos (*committee*, *team*, *squad*, *army*, *class* e outros mais) referem-se a grupos. Quando o grupo está agindo como uma unidade - fazendo a mesma coisa ao mesmo tempo - o substantivo é singular e os pronomes que se referem a ele também ficam no singular. Quando a oração se refere a membros do grupo, use um pronome no plural.

> The audience rises and is ready to leave after a stirring performance of Legghorn's new play. (Na verdade, o público estava pronto para ir embora já depois do primeiro ato, mas Lulu tinha trancado as portas).

Nesta oração, combinei o sujeito, *audience*, com verbos no singular - *rises*, *is* e *was*. Estes verbos estão corretos, porque o público age como um todo – um conjunto de pessoas como se fosse uma unidade. Para colocar o conceito em linguagem gramatical, *audience* é um substantivo coletivo.

Então, sendo uma unidade, o público deveria aplaudir com *its* hands ou com *their* hands? À primeira vista, *its* pareceria correta, porque *its* está no singular e *audience* combina com verbos no singular. Entretanto, o público não possui uma única mão, enorme e coletiva. Cada pessoa que faz parte do público tem suas próprias mãos (todos, exceto Ludmilla, que tem três, mas não vou entrar em detalhes sobre isso, pois

O jornal diz que...

Você está escrevendo sobre literatura ou até mesmo uma matéria sensacionalista para um tablóide? Em caso afirmativo, tome cuidado com *it* e *they*. Alguns erros comuns acompanham esses pronomes. Observe os seguintes exemplos:

> In *Hamlet*, it says that Claudius is a murderer.

É mesmo? O que significa *it*? A peça não pode falar e o autor da peça (Shakespeare) é um *who*. Na verdade, em *Hamlet*, o fantasma diz que Claudius é um assassino, mas mesmo fantasma é um *he*. Em outras palavras, *it* não tem nenhum antecedente. Reestruture a oração:

> In *Hamlet* Claudius is a murderer.

> In *Hamlet* the ghost declares that Claudius is a murderer.

My teacher says that in *Hamlet* Claudius is a murderer, but I'm not sure, because I never understand Shakespeare's plays anyway. Why couldn't he write in plain English? What's up with that?

Veja outro exemplo:

> In today's paper *they* say that more and more schools are dropping Shakespeare's plays because of incomprehensible language.

(Devo dizer, antes de voltar à gramática, que, na verdade, *gosto* das peças de Shakespeare, e não só porque sou professora de inglês. Agora, voltemos aos pronomes). Quem é *they*? Talvez os autores de um artigo, mas a oração não deixa claro este fato. É mais provável que o autor da oração pense que *they* é um bom pronome, que serve a todos os propósitos, para falar sobre autores anônimos ou desconhecidos. Em outras palavras, o antecedente de *they* é "não sei e não quero saber". Errado! O antecedente de *they* deve ser um grupo real e identificável de pessoas. Veja algumas possíveis correções:

> Today's paper reports that more and more schools are dropping Shakespeare's plays because of incomprehensible language.

> In today's paper, education critic I. M. Ignorentz explains that more and more schools are dropping Shakespeare's plays because of incomprehensible language.

ela é muito sensível quanto à imagem do seu corpo). Partes do corpo, independentemente de quão unificado o grupo seja, devem pertencer a pessoas separadas. Deixe o substantivo coletivo de lado e substitua por *members of the audience*. Agora, insira *their*. Logo,

> The members of the audience rise to *their* feet and clap *their* hands.

Agora o sujeito é *members*. *Members* está no plural e, por isso, os verbos e os pronomes também estão todos no plural.

Há alguma oração em que *its* seja correto? Sim. Veja uma:

> The cast will hold *its* annual Thank-God-Legghorn's-Latest-Play-Is-Over Party tomorrow.

Its está correto nesta oração, porque a festa pertence ao elenco como um todo e não a cada membro do elenco.

Observe esta outra oração:

> As the orchestra raises *its/their* instruments, Lochness searches for the sheet music.

Orchestra é outro substantivo coletivo. O verbo está no singular, porque a orquestra age em uníssono, mas *its instruments* soa estranho. Tudo bem, talvez a *orchestra* seja a dona de todas as tubas, violinos e outros instrumentos de destruição. (Você devia ouvi-los tocar). Portanto, se a oração estivesse falando sobre posse, *its* estaria certo:

> The orchestra insures *its* instruments with Lloyds of Topeka.

No entanto, a orquestra não pode levantar um instrumento de posse coletiva. Cada músico levanta o seu próprio instrumento. Portanto, *their* e *musicians* fazem mais sentido:

> The musicians in the orchestra raise *their* instruments and prepare to demolish Beethoven.

Resumindo as regras gerais sobre pronomes que se referem a grupos:

- Substantivos coletivos que executam uma ação como se fossem uma unidade pedem um verbo no singular.
- Pronomes possessivos que se referem a substantivos coletivos ficam no singular se o item possuído pertence ao grupo inteiro.
- Se os membros do grupo estiverem agindo como indivíduos, esqueça o pronome coletivo. Pronomes possessivos que se referem aos membros do grupo ficam no plural.
- Partes do corpo sempre pertencem a indivíduos, e não a grupos.

TESTE

Qual das orações está correta?

A. The class will hold its annual picnic during the monsoon season because of poor planning by the administration.

B. The class will hold their annual picnic during the monsoon season because of poor planning by the administration.

Resposta: A oração "A" está correta. O piquenique pertence a todos como um grupo.

Pronomes Ltda: Usando Pronomes com Nomes de Empresas

E quando se trata de empresas? A Bloomingdale's está fazendo *its* ou *their* liquidação? (Vou responder daqui a pouquinho. Primeiro, tenho que ir dar uma olhada na liquidação. Estou precisando de toalhas novas). Pense na questão da seguinte maneira: mesmo que o nome da empresa pareça estar no plural (*Bloomingdale's*, *Sears*, *AT&T* e assim por diante), a empresa é um substantivo no singular, pois uma empresa é, afinal de contas, apenas uma empresa. Consequentemente, o verbo fica no singular. Agora, passemos aos pronomes: a empresa é um *it* e não um *they*, pois a empresa é, como acabei de mencionar, uma empresa. Assim, posse com relação a empresas é sempre expressa com *its*. Assim,

> Bloomingdale's is having *its* sale today.
>
> Sears is having *its* sale tomorrow.

Qual das orações está correta?

A. The sales personnel at Gumley Brothers always say that their water filters are the absolute best.

B. The sales personnel at Gumley Brothers always say that its water filters are the absolute best.

Resposta: A oração "B" está correta, considerando que a equipe de vendas esteja se referindo aos filtros de água que estão sendo vendidos na loja. Se, porém, a equipe de vendas estiver se referindo a filtros que eles próprios compraram e instalaram (nas casas de cada um) para eliminar substâncias tóxicas, escolha a oração "A".

Uma historic occasion ou uma historical occasion?

Se algo é *historical*, é porque já aconteceu e agora faz parte da história. Se algo é *historic*, é porque já aconteceu e foi importante. De uma forma ou outra, um evento *historic* influenciou o curso da história como você sabe agora. Considere o seguinte:

> The little-known American labor leader, Junius P. Legghorn, shaved at least three times a day because of accusations that he had sabotaged the disposable razor industry by promoting the five-o'clock-shadow look.

Essa informação é *historical*; você pode conferir na autobiografia de Legghorn intitulada *My Life in the Fast Lane with No Turn Signal.* Outros eventos *historical* na vida tumultuada de Legghorn incluem sua viagem de jet ski pelo Erie Canal e sua visita de uma semana à Casa Branca, onde ele não foi convidado para dormir no quarto de Lincoln.

Apesar de sua longa vida no serviço público, Junius P. Legghorn não se envolveu em um evento *historic* de espécie alguma. Nada do que ele fez merece um momento de consideração por historiadores sérios. (Mesmo quando estava presente às cerimônias importantes ou debates do Congresso, ele tinha a mania de sair correndo para o banheiro masculino no momento crucial, possivelmente devido ao seu hábito de beber grandes quantidades de chá). Assim, Junius P. Legghorn foi um personagem *historical*, não imaginário, que não participou de nenhum evento *historic*.

Capítulo 24

A Última Palavra em Estrutura de Orações

Neste capítulo

- Diferenciando orações independentes e subordinadas;
- Separando uma oração da outra;
- Usando orações subordinadas para dar maior fluidez à sua escrita;
- Identificando *verbals* e usando-os para variar o estilo da sua escrita.

Digamos que eu lhe dê um carro novo. O que você faz? Abre o capô e confere o motor, ou entra nele logo e sai dirigindo? Os que ficam conferindo o motor e os que saem dirigindo são os dois subgrupos de proprietários de carros. O primeiro grupo precisa saber o que está acontecendo dentro da máquina. O outro não quer nem saber o que está acontecendo dentro da máquina; só quer que o carro ande.

Você também pode dividir os falantes de inglês em dois grupos. Algumas pessoas querem entender o que está acontecendo dentro da oração, mas a maioria só quer se comunicar. Neste capítulo, forneço algumas informações para cada tipo - o grupo que quer abrir o capô das orações e o que quer sair conduzindo o inglês. A primeira parte deste capítulo vai a fundo na estrutura da oração, definindo orações e *verbals*. A segunda parte do capítulo mostra como tornar sua escrita mais interessante através da variação no padrão das orações. Para criar esses padrões, você usa orações e *verbals*, mas cuidado para não ficar obcecado pela terminologia.

Entendendo os Fundamentos das Orações e Seus Efeitos

Independentemente do que você coloca entre duas fatias de pão, você obtém um sanduíche. Essa é a definição de *sanduíche*: pão com recheio.

As orações também têm uma definição simples: sujeito mais verbo. Qualquer combinação sujeito-verbo cria uma oração. O inverso também se aplica: nenhum sujeito ou nenhum verbo, nenhuma oração. Você pode adicionar alguns extras (descrições, palavras de ligação, alface, tomate... qualquer coisa), mas a combinação básica sujeito-verbo é essencial. Alguns períodos têm só uma oração, em cujo caso o período inteiro é a oração e alguns têm mais de uma.

DICA

Não se esqueça de verificar se suas orações estão completas. Cada período deve conter pelo menos uma ideia completa, expressa de forma que ela possa ficar sozinha. Na linguagem gramatical, cada período deve conter pelo menos uma oração independente (consulte "Desvendando o Caso das Orações Subordinadas e Independentes" mais adiante neste capítulo). Para mais informações sobre períodos completos, veja o Capítulo 5.

Veja alguns exemplos de períodos formados por uma única oração:

> Has Eggworthy cracked the Case of the Missing Chicken? (sujeito = *Eggworthy*, verbo = *has cracked*)
>
> Lulu crossed the Alps in the dead of winter without help from a single elephant. (sujeito = *Lulu*, verbo = *crossed*)
>
> Cedric and his enemies have reached an agreement about the number of spitballs thrown each day. (sujeitos = *Cedric and his enemies*, verbo = *have reached*)
>
> Agwamp swam for 15 minutes and rowed for an hour before nightfall. (sujeito = *Agwamp*, verbos = *swam*, *rowed*)

Observe que algumas das orações possuem dois sujeitos e algumas possuem dois verbos, mas cada uma expressa uma ideia principal. Veja alguns exemplos de períodos com mais de uma oração:

> PERÍODO: Legghorn struggled out from under the blankets, and then he dashed for the secret microfilm.
>
> ORAÇÃO 1: Legghorn struggled out from under the blankets (sujeito = *Legghorn*, verbo = *struggled*)
>
> ORAÇÃO 2: then he dashed for the secret microfilm (sujeito = *he*, verbo = *dashed*)
>
> PERÍODO: After Cedric had developed the secret microfilm, Eggworthy sent it to whatever federal agency catches spies.
>
> ORAÇÃO 1: After Cedric had developed the secret microfilm (sujeito = *Cedric*, verbo = *had developed*)
>
> ORAÇÃO 2: Eggworthy sent it to whatever federal agency catches spies (sujeito = *Eggworthy*, verbo = *sent*)
>
> ORAÇÃO 3: whatever federal agency catches spies (sujeito = *agency*, verbo = *catches*)

Há algo de estranho no último exemplo. A oração n°3 é, na verdade, parte da oração n°2. Não há nenhum erro de impressão. Às vezes, uma oração está amarrada a outra. (Este tópico fica bem no fundo das florestas sem trilhas da gramática! Saia agora, enquanto ainda pode!)

Veja mais um exemplo realmente complicado:

PERÍODO: Whoever ate the secret microfilm is in big trouble.

ORAÇÃO n°1: Whoever ate the secret microfilm (sujeito = *whoever*, verbo = *ate*)

ORAÇÃO n°2: Whoever ate the secret microfilm is in big trouble. (sujeito = *whoever ate the secret microfilm*, verbo = *is*)

Sim, uma oração é o sujeito da outra oração. Caramba! Que sistema! (Para quem realmente ama a gramática: a oração sujeito é uma oração substantiva. Para mais informações, veja "Conhecendo os Três Empregos Legais de Orações Subordinadas" mais adiante neste capítulo).

Desvendando o caso das orações subordinadas e independentes

Algumas orações são adultos maduros. Possuem seu próprio apartamento, pagam seu próprio aluguel e lavam seus pratos com frequência suficiente para evitar uma visita da vigilância sanitária. Essas orações fizeram de suas vidas um sucesso; elas são *independentes.*

Outras orações são como a figura do cunhado em várias piadas. Eles ainda moram na casa dos pais, ou se instalam no sofá de alguém. Estão sempre filando o rango, e nunca visitam suas mães sem lhes entregar um saco cheio de roupa suja. Essas orações não são maduras; não conseguem se sustentar. São dependentes. Essas orações podem ser chamadas de *orações dependentes* ou *orações subordinadas*. (Tanto faz usar um ou outro termo).

Veja os dois conjuntos de orações a seguir. Ambos possuem pares sujeito-verbo, mas o primeiro conjunto faz sentido sozinho, o que não acontece com o segundo. O primeiro conjunto consiste em orações independentes, e o segundo em orações subordinadas.

Orações independentes:

Cedric blasted Blathersby with a radar gun.

Blathersby was going 50 m.p.h.

The cougar could not keep up.

Did Blathersby award the trophy?

Orações subordinadas

After Cedric had complained to the race officials.

> Because Blathersby had installed an illegal motor on his skateboard.
>
> Which Eggworthy bought from an overcrowded zoo.
>
> Whoever ran the fastest.

Orações independentes ficam bem sozinhas, mas, ao escrever muitas delas, uma seguida da outra, o seu parágrafo parece cortado em pedaços e fica monótono. As orações subordinadas, entretanto, não ficam bem sozinhas, pois não formam períodos completos. Para se tornarem completas, elas têm que se agarrar a orações independentes. Orações subordinadas dão vida aos períodos e os tornam mais interessantes (assim como o cara deitado no seu sofá dá um pouco mais de alegria à casa). Mas não os deixe sozinhos, pois eles são sinais de desastre. Uma oração subordinada sozinha é um crime gramatical.

Os melhores períodos são aqueles que combinam diferentes elementos em todos os tipos de padrões. No exemplo a seguir, junto orações independentes e subordinadas para criar períodos mais longos e mais interessantes:

> After Cedric had complained to the race officials, he blasted Blathersby with a radar gun.
>
> Because Blathersby had installed an illegal motor on his skateboard, he was going 50 m.p.h.
>
> The cougar, which Eggworthy bought from an overcrowded zoo, could not keep up.
>
> Did Blathersby award the trophy to whoever ran the fastest?

Combine as ideias em cada um desses exemplos formando um único período.

Exemplo A:

Felonia screamed at the piano mover.

The mover dropped the piano on the delicate foot of the vivacious violinist.

Exemplo B:

Analivia solved a quadratic equation.

The equation had been troubling the math major.

Exemplo C:

Legghorn gave special trophies.

Some people wanted those trophies.

Those people got the trophies.

Resposta: Veja três das várias combinações possíveis:

A. Felonia screamed at the piano mover who dropped the piano on the delicate foot of the vivacious violinist.

B. Analivia solved a quadratic equation that had been troubling the math major.

C. Legghorn gave special trophies to whoever wanted them.

Conhecendo os três empregos legais das orações subordinadas

Tudo bem, orações subordinadas não podem ficar sozinhas. Então, o que elas podem fazer? Na verdade, elas têm três propósitos principais na vida, conforme será visto nas próximas seções.

Descrevendo substantivos e pronomes

Exato, orações subordinadas podem descrever substantivos e pronomes; isto é, a oração subordinada pode dar ao seu ouvinte ou leitor mais informações sobre um substantivo ou pronome que aparece no período. Veja alguns exemplos com a oração subordinada destacada em itálico:

> The book *that Legghorn wrote* is on the best seller list. (*that Legghorn wrote* descreve o substantivo *book*)

> Anyone *who knows Legghorn* well will read the book. (*who knows Legghorn well* descreve o pronome *anyone*)

> The book includes some information that *will prove embarrassing to Legghorn's friends*. (*that will prove embarrassing to Legghorn's friends* descreve o substantivo *information*)

Orações subordinadas que descrevem substantivos ou pronomes são chamadas de *orações adjetivas*.

Descrevendo verbos, adjetivos ou advérbios

Orações subordinadas também podem descrever verbos, adjetivos ou advérbios. As orações subordinadas lhe dizem *how*, *when*, *where* ou *why*. Alguns exemplos, com a oração subordinada destacada em itálico, incluem:

> *Because Legghorn censored himself*, the book contains nothing about the exploding doughnut. (*Because Legghorn censored himself* descreve o verbo *contains*)

> We may find out more *when the movie version is released*. (*when the movie version is released* descreve o verbo *find*)

> The government may prohibit sales of the book *wherever international tensions make it dangerous*. (*wherever international tensions make it dangerous* descreve o verbo *may prohibit*)

> Legghorn is so stubborn *that he may sue the government*. (*that he may sue the government* descreve o advérbio *so*)

Orações subordinadas que descrevem verbos são chamadas de *orações adverbiais*. Orações subordinadas que descrevem adjetivos ou advérbios (principalmente em comparações) também são chamadas *orações adverbiais*. Orações adverbiais desempenham o mesmo papel que os advérbios formados por uma única palavra. Elas descrevem verbos, adjetivos ou outros advérbios.

Agindo como sujeitos ou objetos dentro de outra oração

Este caso é um pouco mais complicado: orações subordinadas podem desempenhar qualquer papel que um substantivo tenha em um período. Orações subordinadas, às vezes, agem como sujeitos ou objetos dentro de outra oração. Veja alguns exemplos com a oração subordinada destacada em itálico:

> *When the book was written* is a real mystery. (*When the book was written* é o sujeito do verbo *is*)
>
> No one knows *whom Legghorn hired to write his book*. (*whom Legghorn hired to write his book* é o objeto do verbo *knows*)
>
> Legghorn signed copies for *whoever bought at least five books*. (*whoever bought at least five books* é o objeto da preposição *for*)

Orações substantivas são orações subordinadas que desempenham as mesmas funções que substantivos - sujeitos, objetos, apostos, e assim por diante.

Observe a oração destacada em itálico em cada período. Subordinada ou independente? Você decide.

A. *Even though he had hit a home run*, Legghorn's team lost by more than 50 runs.

B. *Eggworthy danced for a while*, but then he said that his head was splitting and sat down.

Resposta: Na oração "A", a oração destacada em itálico é subordinada. Na oração "B", a oração destacada em itálico é independente.

Separando as Orações Subordinadas das Independentes

Ocasionalmente, é necessário separar uma oração de outra - ao decidir qual pronome ou verbo você precisa ou se está correto o uso de vírgulas. (Veja a próxima seção "Decidindo Quando Separar Orações" para obter mais informações). Quando você realmente tiver que separá-las, siga estes passos:

1. Identifique os pares sujeito-verbo;

2. Use suas habilidades de interpretação de texto para determinar se os pares sujeito-verbo pertencem à mesma ideia ou a ideias diferentes;

3. Se os pares pertencerem a ideias diferentes, é porque eles estão provavelmente em orações diferentes;

4. Se os pares pertencerem à mesma ideia, é porque eles estão provavelmente na mesma oração.

Existe outro método que também conta com habilidades de interpretação de texto. Pense sobre as ideias que estão no período e as separe. Ao fazer isso, você provavelmente também acabará separando as orações.

Observe estes exemplos:

PERÍODO: The acting award that Lola received comes with a hefty check.

PARES SUJEITO-VERBO: *award comes*, *Lola received*

IDEIAS SEPARADAS: 1.) The award comes with a hefty check 2.) Lola received the award.

ORAÇÕES: 1.) *The acting award comes with a hefty check*. (oração independente) 2.) *that Lola received* (oração subordinada)

PERÍODO: When Lulu tattoos someone, they stay tattooed.

PARES SUJEITO-VERBO: *Lulu tattoos*, *they stay*

IDEIAS SEPARADAS: 1.) Lulu tattoos someone 2.) they stay tattooed

ORAÇÕES: 1.) *When Lulu tattoos someone* (oração subordinada) 2.) *they stay tattooed* (oração independente)

Separe as orações deste período:

Lola's last motorcycle, which she bought second-hand, was once owned by Elvis.

Resposta: Oração n°1: *Lola's last motorcycle was once owned by Elvis.* Oração n°2: *which she bought second-hand.*

Tente mais uma. Separe as orações do seguinte período:

No one knows when Analivia sleeps.

Resposta: Oração n°1: *no one knows*. Oração n°2: *When Analivia sleeps.*

Decidindo quando separar orações

Por que separar orações? Claro que não é só porque você não tem nada melhor para fazer. Separar orações é necessário quando você estiver escolhendo pronomes, verbos e pontuação. Continue lendo para conhecer a história completa.

Ao escolher um pronome

Ao decidir se você precisa de um pronome sujeito ou de um pronome objeto, verifique a oração que contém a palavra. Não se preocupe com o que a oração inteira está fazendo no período. Separe a oração e ignore o resto. Em seguida, decida de qual pronome você precisa para aquela determinada oração.

Muitas das decisões sobre pronomes envolvem *who* e *whom*. (Para alguns macetes que o ajudam a fazer a escolha entre *who/whom*, veja o Capítulo 23. Para uma discussão geral de como escolher o pronome correto, veja os Capítulos 10 e 17).

Veja um exemplo de separação de orações com as opções de pronomes entre parênteses:

> PERÍODO: Ludmilla wasn't sure (who/whom) would want a used engagement ring.
>
> SEPARADO EM ORAÇÕES: Oração n°1: *Ludmilla wasn't sure.* Oração n°2: *(who/whom) would want a used engagement ring.*
>
> ORAÇÃO RELEVANTE: *(who/whom) would want a used engagement ring.*
>
> PRONOME CORRETO: *who* (sujeito de *would want*)

Ao decidir sobre o verbo correto

Ao decidir sobre a concordância sujeito-verbo em uma oração, as outras orações funcionam como distrações. Na verdade, se você estiver escrevendo (e não falando), recomendo riscar ou cobrir as outras orações por um instante. Verifique a oração que lhe preocupa. Decida a questão da concordância sujeito-verbo e, em seguida, apague o risco que você fez ou retire sua mão. (Para mais informações sobre concordância de sujeito-verbo, veja o Capítulo 11).

Veja um exemplo de separação de orações com as opções de verbos entre parênteses:

> PERÍODO: Ludwig, whose brides are all thrilled to marry into the royal family, (needs/need) no introduction.
>
> SEPARADO EM ORAÇÕES: Oração n°1: *Ludwig (needs/need) no introduction.* Oração n°2: *whose brides are all thrilled to marry into the royal family.*
>
> ORAÇÃO RELEVANTE: *Ludwig (needs/need) no introduction.*
>
> VERBO CORRETO: *needs* (*Ludwig* = singular, *needs* = singular)

Ao decidir onde colocar as vírgulas

Às vezes, é necessário separar orações para decidir se você deve ou não usar vírgulas. Siga os mesmos passos de separação de orações discutidos anteriormente no capítulo (veja "Separando as Orações Subordinadas das Independentes") e vá até o Capítulo 25 para ver como usar vírgulas corretamente.

Colocando suas orações subordinadas no lugar certo

Encontrar o lugar certo para colocar as suas orações subordinadas é simples. Orações que agem como sujeitos ou objetos quase sempre se encaixam automaticamente no lugar certo. Não se preocupe com elas!

Coloque a oração subordinada que descreve um substantivo ou pronome próximo da palavra que ela descreve. (Para muito mais detalhes sobre colocação de descrições nos lugares certos, veja os Capítulos 8 e 18).

Se a oração subordinada descrever o verbo, ela pode ficar no início ou no final do período. Em raras ocasiões, a oração se acomoda no meio do período. Veja alguns exemplos com a oração subordinada destacada em itálico:

> *Although Analivia understood the equation*, she chose to put a question mark on her answer sheet.
>
> She wrote the question mark *because she wanted to make a statement about the mysteries of life.*
>
> Analivia failed the test; but *until her mother found out about the question mark*, Analivia was not distressed.

Uma regra de pontuação inacreditavelmente obscura que nenhuma pessoa normal segue, pede um sinal de ponto-e-vírgula na frente de uma conjunção quando uma vírgula já aparece em outra parte do período. (Para mais informações sobre conjunções, veja o Capítulo 7). Segui essa regra (uma atitude que de uma vez por todas responde à questão sobre minha normalidade) no exemplo de oração anterior. Por causa da vírgula depois de *mark*, coloquei um ponto-e-vírgula na frente da conjunção *but*. Atenção: saiba que se seguir essa regra, a maior parte dos seus leitores pensará que você cometeu um erro. No entanto, alguns gramáticos mais intransigentes vão se desmanchar em lágrimas de gratidão por haver mais alguém no mundo que sabe usar ponto-e-vírgula corretamente. (Desculpe-me por um instante enquanto enxugo minhas lágrimas).

Escolhendo o conteúdo das suas orações subordinadas

Embora esse tópico seja razoavelmente fácil, existem algumas armadilhas aqui e ali. Por exemplo, o que colocar em cada oração é geralmente uma questão de escolha pessoal. A maioria dos escritores acredita ser melhor colocar a ideia importante na oração independente e as outras ideias nas orações subordinadas. Veja alguns exemplos:

IDEIA IMPORTANTE: Godzilla ate my mother.

IDEIA MENOS IMPORTANTE: My mother was wearing a green dress.

BOA ORAÇÃO: Godzilla ate my mother, who was wearing a green dress.

ORAÇÃO NÃO TÃO BOA: My mother was wearing a green dress when Godzilla ate her.

IDEIA IMPORTANTE: Agwamp just won a trillion dollars

IDEIA MENOS IMPORTANTE: His name means "ancient bettor" in an obscure language.

BOA ORAÇÃO: Agwamp, whose name means "ancient bettor" in an obscure language, just won a trillion dollars.

ORAÇÃO NÃO TÃO BOA: Agwamp, who just won a trillion dollars, says that his name means "ancient bettor" in an obscure language.

Para mais discussões sobre como ligar orações independentes e subordinadas, veja o Capítulo 7.

Verbals

Oh, diversidade. O mundo não seria um lugar chato se todas as pessoas e todas as coisas fossem iguais? Oh, harmonia. Não é maravilhoso quando pessoas de formações diferentes unem forças para criar uma nova solução mais avançada?

Na gramática, essa nova solução mais avançada entre duas partes do discurso é chamada de *verbal*. *Verbals* são misturas extremamente úteis. Nesta seção, vou explicar o que é o quê e, em seguida, mostrar como usar *verbals*.

Apreciando os gerúndios

O substantivo e o verbo se casam, mudam para uma casinha no campo e, em pouco tempo, o zum-zum-zum de pequenas sílabas é ouvido pelas ondas do ar. Os filhos deste feliz casamento são os *gerúndios*. Gerúndios herdam algumas características de sua mãe, o verbo:

- Eles terminam em *-ing* e parecem verbos - *swimming, dripping, being, bopping, bribing* e assim por diante.
- Eles podem ser descritos por palavras ou frases que geralmente descrevem verbos - swimming *swiftly*, dripping *noisily*, being *in the moment*, bopping to *the rhythm of a great new song*, bribing *yesterday* e assim por diante.
- O tipo de oração que geralmente descreve verbos também pode descrever gerúndios - swimming *after the race ends*, dripping

when the cap is not tightened, being *wherever you should be*, bopping *although you are tired*, bribing *whenever you want something*.

- Eles podem ter complementos de objetos ou de sujeito - swimming *laps*, dripping *drops of gooey glop*, being *president*, bopping *Lochness on the nose*, bribing *public officials and umpires* e assim por diante.

Do pai, o substantivo, os gerúndios herdam somente duas características, mas uma delas é de grande importância:

- IMPORTANTE: eles agem como substantivos na oração. Portanto, gerúndios podem ser sujeitos, objetos e qualquer outra coisa que um substantivo possa ser.
- NÃO-IMPORTANTE: palavras que geralmente descrevem substantivos ou pronomes - adjetivos - também podem descrever gerúndios - *my* swimming, *noisy* dripping, *illegal* bribing, e assim por diante. (Existe algum tipo de *legal bribing*?)

Veja alguns exemplos, com o gerúndio e todas as palavras associadas a ele (uma *frase de gerúndio*, na linguagem gramatical) destacada em itálico:

> *Swimming the Atlantic Ocean* was not exactly what Ludmilla had in mind when she married Ludwig. (*swimming the Atlantic Ocean* = sujeito do verbo *was*)
>
> Analivia, a neat person in every possible way, hates *my dripping ice cream on the rug*. (*my dripping ice cream on the rug* = objeto direto do verbo *hates*)
>
> The importance of *being earnest in one's playwriting* cannot be overemphasized. (*being earnest in one's playwriting* = objeto da preposição *of*)
>
> After *bopping Lochness on the nose*, Legghorn took off at about 100 m.p.h. (*bopping Lochness on the nose* = objeto da preposição *after*)
>
> Felonia gave *bribing the umpire* serious consideration when her team lost its 450th game in a row. (*bribing the umpire* = objeto do verbo *gave*)

Trabalhando com infinitivos

O *infinitivo* é outro filho feliz de duas partes diferentes do discurso. (Veja o Capítulo 2 para mais informações sobre infinitivos). A mãe do infinitivo é o verbo, e dela, os infinitivos herdam várias características importantes:

- Os infinitivos parecem verbos, com a palavra *to* colocada em sua frente - *to dance*, *to dream*, *to be*, *to dally*, *to prosecute*, e assim por diante.
- Palavras ou frases que geralmente descrevem verbos também podem descrever infinitivos (to dance *divinely*, to dream *daily*,

to be *in the kitchen*, to dally *for hours*, to prosecute *ferociously*, e assim por diante).

- Analogamente, o tipo de oração que geralmente descreve verbos também pode descrever infinitivos (to dance *until the cows come home*, to dream *when your heart is breaking*, to be *wherever you want to be*, to dally *even though homework awaits*, to prosecute *because justice demands it*, e assim por diante).
- Infinitivos podem ter objetos ou complementos do sujeito - to dance *a jig*, to dream *an impossible dream*, to be *silly*, to prosecute *Lochness* for high crimes and misdemeanors, e assim por diante.

O infinitivo herda do pai seu papel na oração. Quem, você deve estar se perguntando, é o pai do infinitivo? Bem, a mãe do infinitivo é "viajada", e o pai pode ser qualquer uma entre as três partes do discurso (chocante, não?).

- A maioria dos infinitivos age como sujeitos, objetos ou complementos do sujeito. (O pai é um substantivo).
- Alguns infinitivos descrevem substantivos. (O pai é um adjetivo).
- Alguns infinitivos descrevem verbos. (O pai é um advérbio).

Veja alguns exemplos de infinitivos em seu habitat natural, o período. Destaquei em itálico o infinitivo e as palavras associadas a ele (a *frase infinitiva*, na linguagem gramatical):

> *To dance on Broadway* is Lola's lifelong dream. (*to dance on Broadway* = sujeito do verbo *is*)
>
> During cabinet meetings, Ludwig likes *to dream with his eyes open*. (*to dream with his eyes open* = objeto do verbo *likes*)
>
> Lulu's lifelong goal is *to be silly* when everyone else is serious. (*to be silly* = complemento do sujeito do verbo *is*)
>
> Ludmilla went to that nightclub just *to dally*. (*to dally* descreve o verbo *went*)
>
> The case *to prosecute* is the one about the exploding doughnut. (*to prosecute* descreve o substantivo *case*)

Participando com um particípio

O último, mas não menos importante, dos *verbals* (uma palavra que é uma mistura de duas partes diferente do discurso) é o particípio. *Particípios* são na verdade partes de verbos (daí, o nome surpreendentemente original). Em algumas orações, eles agem como parte do verbo, mas nessas situações, não são chamados de *verbals*. Aqui, ignoro os particípios que agem como verbo, mas se você quiser mais informações sobre eles, veja o Capítulo 3. Quando os particípios são *verbals*, eles, como os outros dois *verbals*, herdam alguns traços importantes de sua mãe, o verbo:

- Particípios se parecem com partes de um verbo, embora possam ter várias formas diferentes. Alguns terminam com *-ing*, outros com *-ed*, e alguns com outras letras. Além disso, podem ter verbos auxiliares.
- *Driven*, *coping*, *elevated*, *having crossed* e *gone* são alguns exemplos de particípios.
- Palavras ou frases que geralmente descrevem verbos também podem descrever particípios (driven *home*, coping *bravely*, elevated *to the position of Emperor*, having crossed *illegally*, gone *with the wind*, e assim por diante).
- Analogamente, o tipo de oração que geralmente descreve verbos também pode descrever particípios: driven *although he has two perfectly good feet*, coping *bravely when tragedy strikes*, elevated *because he bribed three officials*, having crossed *where no man has crossed before*, gone *after the sun sets*, e assim por diante.
- Particípios podem ter objetos ou complementos do sujeito - driven *mad*, elevated *Ludmilla to the position of Empress*, having crossed *the road*, e assim por diante.

Do pai, o adjetivo, os particípios herdam uma característica: eles descrevem substantivos e pronomes. Os particípios podem aparecer em vários locais diferentes no período:

- Eles podem preceder o substantivo ou o pronome que descrevem: *tired* feet (o particípio *tired* descreve o substantivo *feet*), *sneezing* dwarves (o particípio *sneezing* descreve o substantivo *dwarves*), *burped* baby (o particípio *burped* descreve o substantivo *baby*).
- Eles podem vir depois de um verbo de ligação; neste caso, descrevem o sujeito. (Um verbo de ligação é uma forma do verbo *to be* ou um verbo que expressa sentido. Veja o Capítulo 2 para mais informações):

  Ludmilla is exhausted. (O particípio *exhausted* vem depois do verbo de ligação *is* e descreve *Ludmilla*).

  Felonia's concerto sounds enchanting. (O particípio *enchanting* vem depois do verbo de ligação *sounds* e descreve *concerto*).
- Eles podem vir depois do substantivo ou do pronome que descrevem. Nessa posição, os particípios geralmente incluem palavras descritivas ou objetos. Os particípios e as palavras associadas a eles - as *frases no particípio* - estão destacadas em itálico:

  Someone, *having angered the herd of cattle*, is running for the fence at the speed of light. (*Having angered the herd of cattle* descreve *someone*).

  I want to read the new anti-bubble gum law *passed by the senate*. (*Passed by the senate* descreve *law*).
- Particípios podem começar o período; neste caso, devem descrever o sujeito da oração:

> *Poked in the tummy*, the doll immediately said, "Watch it, Buster!" (*Poked in the tummy* descreve *doll*).
>
> *Smashed against the picture window*, Lola's nose looked sore. (*Smashed against the picture window* descreve *nose*).

Usando Orações e Verbals para Dar um Pouquinho Mais de Vida aos Períodos Monótonos

Qual desses parágrafos soa melhor?

> Legghorn purchased a new spy camera. The camera was smaller than a grain of rice. Legghorn gave the camera to Lola. Lola is rather forgetful. She is especially forgetful now. Lola is planning a trip to Antarctica. Lola accidentally mixed the camera into her rice casserole along with bean sprouts and orange marmalade. The camera baked for 45 minutes. The camera became quite tender. Legghorn unknowingly ate the camera.
>
> Legghorn purchased a new spy camera that was smaller than a grain of rice. Legghorn gave the camera to Lola, who is rather forgetful, especially now that she is planning a trip to Antarctica. Accidentally mixed into Lola's rice casserole along with bean sprouts and orange marmalade, the camera baked for 45 minutes. Legghorn unknowingly ate the camera, which was quite tender.

Vou tentar adivinhar; você disse que o segundo parágrafo era melhor, não foi? É um pouco mais curto (62 em vez de 69), mas a extensão não vem ao caso. O primeiro parágrafo é composto de orações curtas e "picadas". O segundo flui melhor. Gramaticalmente, a diferença entre os dois é simples. O segundo parágrafo tem mais orações subordinadas e *verbals* que o primeiro.

Você não precisa necessariamente saber como identificar ou que nome dar às orações ou *verbals*. No entanto, você deve ler o que escreveu em voz alta de vez em quando para verificar se soa bem. Suas orações estão monótonas? Elas têm mais ou menos a mesma extensão? Todos os seus períodos seguem o mesmo padrão? Tudo é sujeito-verbo ou sujeito-verbo-complemento? Você amarrou vários períodos curtos com *and* ou uma palavra de ligação semelhante? Em caso afirmativo, seus períodos precisam de um kit de primeiros socorros. Nesta seção, evitando ao máximo usar termos gramaticais, apresento algumas sugestões para dar mais vida a esses períodos "desanimados".

A oração que refresca

Você já viu aqueles anúncios de dieta em programas de televisão que são exibidos tarde da noite? Antes, eles mostram a imagem de alguém que aparentemente comeu um elefante, e, depois, a imagem de um corpo afinado como um palito de dentes. Nesta seção, mostro alguns períodos no seu "antes" e no "depois". Mas sem nada de dieta - só uma mudança de monótono para interessante. Para quem ama dar nome às coisas, acrescentei orações subordinadas, destacadas em itálico.

> VERSÃO MONÓTONA "ANTES": Ratrug sat on a tuffet. Ratrug did not know that he was sitting on a tuffet. Ratrug had never seen a tuffet before. He was quite comfortable. Then Ms. Muffet came in and caused trouble.

> VERSÃO INTERESSANTE "DEPOIS": Ratrug, *who was sitting on a tuffet*, did not *know what a tuffet was because he had never seen one before*. *Until Ms. Muffet came in and caused trouble*, Ratrug was quite comfortable.

O parágrafo do "depois" não soa melhor? Ele tem duas palavras a menos (33 em vez de 35), mas mais importante que a sua extensão é o número de períodos. O parágrafo do "antes" tem cinco, e o parágrafo do "depois" tem dois. Encaixar mais de uma ideia em um período economiza palavras e evita que sua escrita fique "picada".

Falando em verbals

Verbals conseguem colocar um número grande de informações em apenas uma caixinha. Afinal de contas, eles representam uma mistura de duas partes do discurso e, por isso, oferecem duas perspectivas diferentes em uma única palavra. Observe este período, retirado da seção sobre gerúndios, apresentada anteriormente neste capítulo:

> Felonia gave *bribing the umpire* serious consideration when her team lost its 450th game in a row.

Sem o gerúndio, você usa mais palavras para dizer a mesma coisa:

> Felonia's team just lost its 450th game in a row. Should she bribe the umpire? Felonia thought seriously about that possibility.

Tudo bem, você economizou quatro palavras. Grande coisa! Bem, é uma grande coisa no decorrer de um parágrafo ou de uma monografia inteira. Mas, mais importante que a contagem de palavras é a estrutura do período. *Verbals* são apenas uma cor a mais na sua caixa de lápis coloridos quando você está criando um desenho. Quem quer usar sempre as mesmas oito cores? Não é bom experimentar algo diferente? Gerúndios, infinitivos e particípios ajudam você a variar o padrão dos seus períodos. Veja um exemplo antes e depois:

> VERSÃO MONÓTONA "ANTES": Lulu smacked Ludwig. Ludwig had stolen the sacred toe hoop from Lulu's parrot. The sacred toe hoop was discovered 100 years ago. Lulu's parrot likes to sharpen his beak on it.

> VERSÃO INTERESSANTE "DEPOIS": *Smacking Ludwig* is Lulu's way of telling Ludwig that he should not have stolen the sacred toe hoop

from her parrot. *Discovered 100 years ago*, the toe ring serves *to sharpen the parrot's beak*.

NOME DAS COISAS A QUEM POSSA INTERESSAR: *Smacking Lulu* = gerúndio, *discovered 100 years ago* = particípio, *to sharpen the parrot's beak* = infinitivo.

Combine essas ideias formando um ou mais períodos.

Ludwig bakes infrequently. He does bake with enthusiasm. His best recipe is for king cake. King-cake batter must be stirred for three hours. Ludwig orders his cook to stir the batter. The cook stirs and Ludwig adds the raisins. Sometimes he throws in a spoonful of tuna fish.

Resposta: São possíveis várias combinações, incluindo as seguintes:

Ludwig's *baking* is infrequent but enthusiastic. His best recipe, king cake, requires three hours of *stirring*, which Ludwig orders his cook to do. Adding raisins and the occasional spoonful of tuna fish is Ludwig's job. (As palavras destacadas em itálico são gerúndios).

Ludwig, who bakes infrequently but enthusiastically, excels at cooking king cake, which requires three hours of stirring. Ordering his cook to stir, Ludwig adds raisins and the occasional spoonful of tuna fish. (*who bakes infrequently but enthusiastically* = oração subordinada, *cooking king cake* = gerúndio, *which requires three hours of stirring* = oração subordinada, *ordering his cook* = particípio, *to stir* = infinitivo)

You're hanged, but a picture is hung

No novo filme de Legghorn, Lulu estrela como a líder rebelde e justa *hanged* pela oposição. Depois da terrível cena da execução, os rebeldes gritam em protesto inspirados por uma foto de Lulu que alguém *hung* no muro da sede da organização.

To hang é um verbo que dá a ideia de suspender. No presente, o verbo desempenha papel duplo. Você *hang* um quadro e também *hang* um assassino, pelo menos em países que tenham esse tipo de pena de morte. No passado, é diferente; de um modo geral, as pessoas são *hanged* (enforcadas) e os objetos são *hung* (pendurados).

Capítulo 25

A Última Palavra em Pontuação

Neste capítulo

- Entendendo vírgulas;
- Usando reticências corretamente;
- Simplificando o uso de hífens;
- Diferenciando parênteses e colchetes;
- Identificando quando o uso do sinal de barra (/) é apropriado.

Pontuação é um tópico com o qual você não precisa se preocupar quando estiver falando. Mas como essas manchinhas de tinta acabam com a sua vida quando você está escrevendo! Vírgulas, reticências, hífens, parênteses e colchetes podem causar um grande estrago na sua mente. (Quem inventou isso tudo, afinal de contas?) E isso sem falar na barra, que não chega a nos fazer sair correndo, mas com certeza costuma dar alguns sustos por aí.

Apesar do terror que a maioria das pessoas sente quando se depara com os dilemas da pontuação, as regras, na verdade, seguem um padrão lógico. Neste capítulo, explico algumas regras de pontuação avançadas. (Para noções básicas sobre o uso de vírgulas, veja o Capítulo 14. Para informações sobre os sinais de ponto-e-vírgula, dois pontos e travessões, veja o Capítulo 15). Com apenas um pouco de esforço, você vai perceber a grande melhora em sua pontuação e o gigantesco passo que a sua escrita dá rumo ao nirvana gramatical.

Fazendo-se Entender com Vírgulas

Quando estiver escrevendo, tenha em mente que cada vírgula da sua oração deve ter um motivo para estar lá. O motivo mais importante, obviamente, é tornar mais claro o que você pretende dizer. As vírgulas agem como um sinal para o seu leitor. Cada vírgula pede uma pequena pausa - não tão longa quanto um ponto final, mas, ainda assim, uma pausa. As vírgulas também separam algumas palavras do resto da oração. O leitor sabe que as palavras entre vírgulas não fazem parte da ideia principal da oração.

Essencial ou extra? Suas vírgulas que o digam

Para começar, veja a regra que lhe diz quando usar vírgulas em descrições: se uma descrição for essencial ao sentido da oração, não coloque a oração entre vírgulas. Se a descrição for algo extra, informações não essenciais, separe-as por vírgulas. Considere a seguinte situação:

Em sua luta para reformar o governo de Ludwig, Ludmilla fez a seguinte declaração:

> Taxes, which are a hardship for the people, are not acceptable.

Eggworthy, que é um dos membros do Parlamento de Ludwig, se declarou em total acordo com a declaração de Ludmilla. No entanto, sua versão não tinha vírgulas:

> Taxes which are a hardship for the people are not acceptable.

Qual é a diferença? Será que as vírgulas realmente fazem alguma diferença? Sim. Elas fazem uma grande diferença. Veja só: *which are a hardship for the people* é uma descrição. Se a descrição for separada do resto da oração por vírgulas, a descrição é algo extra - não essencial ao sentido da oração. Você pode eliminá-la e a oração continua tendo o mesmo significado. Porém, se as vírgulas não separarem a descrição, ela se torna essencial ao sentido da oração. Ela não pode ser removida sem que seja alterado o que você está dizendo. Depois dessa explicação, será que você conseguiria ver a diferença entre a declaração de Ludmilla e a Eggworthy? Veja a versão original e a expandida de cada uma:

> DECLARAÇÃO ORIGINAL DE LUDMILLA: Taxes, which are a hardship for the people, are not acceptable.
>
> SIGNIFICADO DA DECLARAÇÃO DE LUDMILLA: O governo não deve criar impostos. Os impostos são um problema para as pessoas. Na atual situação, elas têm pouco dinheiro. Podemos administrar o governo perfeitamente bem, vendendo selos postais para turistas estrangeiros. Sugiro um maravilhoso auto-retrato da noiva imperial (eu) no novo selo. Nada de impostos – isso é o que importa.

Como o período original de Ludmilla inclui vírgulas, a descrição *which are a hardship for the people* é uma informação extra. Você pode omiti-la da oração. Logo, Ludmilla é contra qualquer tipo de imposto.

> DECLARAÇÃO ORIGINAL DE EGGWORTHY: Taxes which are a hardship for the people are not acceptable.

SIGNIFICADO DA DECLARAÇÃO DE EGGWORTHY: O governo é contra qualquer imposto que traga opressão ao povo.

Obviamente, não queremos colocar um peso sobre as famílias trabalhadoras da nossa grande nação. No entanto, o novo imposto de 90% sobre a renda não é uma opressão; ele permite que o povo desta grande nação demonstre seu patriotismo contribuindo para o governo e pagando o meu salário. Esse imposto específico sobre a renda é aceitável.

A proposta de Eggworthy é muito menos extrema que a de Ludmilla. Sem vírgulas a descrição é uma parte necessária da oração. Ela dá ao leitor informações essenciais sobre o sentido de *taxes*. Eggworthy se opõe somente a alguns impostos - aqueles que ele considera um peso. Ele não é contra todos os impostos. Essa descrição não acrescenta simplesmente o motivo, como no caso de Ludmilla. Pelo contrário, ela identifica os impostos a que Eggworthy se opõe.

Os pronomes *which* e *that* podem ajudá-lo a decidir se você deve ou não usar vírgulas. *That* geralmente introduz informações sem as quais a oração não pode existir - informações essenciais que não são separadas por vírgulas. O pronome *which*, por outro lado, geralmente introduz informações não-essenciais que podem estar entre vírgulas. Tenha em mente, entretanto, que essas distinções nem sempre se aplicam a 100% dos casos. Às vezes, *which* introduz uma descrição que é essencial e, por isso, não precisa de vírgulas. O pronome *that* quase nunca introduz algo não-essencial.

Observe estes outros exemplos, com a descrição destacada em itálico:

ORAÇÃO: The students *who are planning a sit-in tomorrow* want to be paid for doing homework.

ANÁLISE DA PONTUAÇÃO: A descrição não está separada por vírgulas; portanto, você não pode omiti-la.

O QUE A ORAÇÃO SIGNIFICA? Alguns estudantes - aqueles que estão planejando uma manifestação - querem ser pagos para fazer seus deveres de casa. Nem todos querem ser pagos. O resto está perfeitamente contente em resolver problemas de matemática sem receber dinheiro algum.

ORAÇÃO: The senators, planning to revolt, have given the television network exclusive rights to cover their rebellion.

ANÁLISE DA PONTUAÇÃO: As vírgulas indicam que a descrição é algo extra, uma informação não-essencial.

O QUE A ORAÇÃO SIGNIFICA: Todos os senadores estão envolvidos. Eles estão bastante irritados, e todos prepararam seus chavões.

Qual das orações significa que você não pode ir de avião a Cincinnati para o casamento do seu primo?

A. The pilots who are going on strike demand that mood music be piped into the cockpit.

B. The pilots, who are going on strike, demand that mood music be piped into the cockpit.

Resposta: A oração "B" significa que todos os pilotos estão entrando de greve. A descrição entre vírgulas pode ser omitida sem alterar o sentido da oração. Na oração "A", somente os pilotos que gostam de heavy metal estão entrando de greve.

Os elementos da oração que discuti nos exemplos anteriores são orações adjetivas e particípios. Veja o Capítulo 24 para mais informações sobre orações e particípios.

Aposto que as vírgulas têm influência sobre os apostos

Se você está enxergando duplo ao ler uma oração, provavelmente encontrou um aposto. Um aposto é um substantivo ou um pronome que é exatamente o mesmo substantivo ou pronome que o precede na oração. Alguns apostos são separados por vírgulas e outros não. A regra que diz respeito à vírgulas e apostos é a seguinte:

se o aposto for mais específico, não utilize vírgulas; se o aposto for menos específico, utilize vírgulas.

Agora, ponha a regra em prática: qual é a diferença entre essas duas orações?

> Legghorn's play *Dinner at the Diner* is the least understandable of all that he has written.
>
> *Dinner at the Diner*, Legghorn's play, is the least understandable of all that he has written.

No primeiro exemplo de oração, *Dinner at the Diner* é o aposto de *Legghorn's play*. No segundo exemplo de oração, *Legghorn's play* é o aposto de *Dinner at the Diner*.

Explicando a regra de outra forma: se você tiver certeza de que o seu leitor vai saber sobre o que você está falando antes que ele chegue ao aposto, separe o aposto com vírgulas. Se você não tiver certeza de que o seu leitor vai saber exatamente sobre o que você está falando quando chegar ao aposto, evite usar vírgulas. (Essa regra é uma variação da regra que expliquei na seção anterior). Se o aposto fornecer informações identificadoras e essenciais, não utilize vírgulas. Se o aposto fornecer informações extras, use vírgulas.

No primeiro exemplo de oração, o leitor não sabe qual das peças de Legghorn está sendo discutida. O aposto fornece o nome. Daí, o aposto é essencial e não é separado por vírgulas. No segundo exemplo, o leitor já sabe o nome da peça. O fato de Legghorn ter escrito a peça é uma informação extra e deve, portanto, ser colocada entre vírgulas.

Veja mais alguns exemplos:

ORAÇÃO: Lulu has five sisters, but her sister Mary is definitely her favorite.

APOSTO: *Mary* é o aposto de *sister.*

ANÁLISE DA PONTUÇÃO: Como Lulu tem cinco irmãs, você não sabe qual delas está sendo discutida até que seja fornecido o nome. *Mary* identifica a irmã e não deve ser colocado entre vírgulas.

ORAÇÃO: Lochness has only one sibling. His sister, *Mary*, does not approve of Lochness's espionage.

APOSTO: *Mary* é o aposto de *sister.*

ANÁLISE DA PONTUÇÃO: Como Lochness só tem um *sibling* (irmão ou irmã), o leitor sabe que ele só pode ter uma irmã. Assim, as palavras *his sister* identificam a pessoa que está sendo discutida na oração. O nome é uma informação extra e não uma informação identificadora. Logo, você deve colocar o nome entre vírgulas.

Qual das orações está correta?

A. Lola's mother, Lala, doesn't approve of her daughter's pierced toe.

B. Lola's mother Lala doesn't approve of her daughter's pierced toe.

Resposta: A oração "A" está correta. Lola só tem uma mãe; portanto, o nome é algo extra, e não uma informação identificadora.

Tente mais uma. Qual das orações está correta?

A. Lochness's book *I Am Not a Monster* sold only three copies.

B. Lochness's book, *I Am Not a Monster*, sold only three copies.

Resposta: Essa questão é um pouco complicada. Quantos livros Lochness escreveu? Se ele tiver escrito apenas um, a oração "B" é aceitável. Se ele tiver escrito mais de um, a oração "A" é a melhor opção, pois o título fornece a informação identificadora.

Pontuando independentemente

Ao ligar duas orações completas com as conjunções *and*, *or*, *but*, *nor*, *yet*, *so*, *or for*, coloque uma vírgula antes da conjunção. Veja alguns exemplos:

Ratrug robbed the bank, and then he went out for a hamburger.

Analivia recorded the measurements in her notebook, and then she wrote a computer program to calculate the amount of orange shag carpeting needed to cover the floors of Ludwig's new castle.

Lochness spies, but apart from that lapse he is not a bad fellow.

The pumpkin that Lulu carved will win first prize, or Lulu will demand to know the reason why.

Cedric bribed the judges of this year's state spitball contest, for he is determined to qualify for the national tournament.

Para mais informações sobre conjunções, veja o Capítulo 7. Para mais informações sobre orações completas, veja o Capítulo 5.

Algumas orações possuem um sujeito (de quem ou do que você está falando) e dois verbos ligados por *and*, *but*, *or* e *nor*. Não coloque vírgulas entre os dois verbos. Você não está ligando duas orações completas, apenas duas palavras ou grupos de palavras. Veja alguns exemplos:

ERRADO: Ludmilla wrote a statement for the media, and then screamed at Ludwig for an hour.

POR QUE ESTÁ ERRADO: A oração possui um sujeito (*Ludmilla*) e dois verbos (*wrote*, *screamed*). Você não está ligando duas orações completas; portanto não deve colocar uma vírgula antes de *and*. De qualquer forma, Ludmilla deve aprender a controlar seu temperamento.

CERTO: Ludmilla wrote a statement for the media and then screamed at Ludwig for an hour.

ERRADO: Ludwig has proposed a toast to his bride, but has given her nothing but a headache.

POR QUE ESTÁ ERRADO: A oração possui um sujeito (*Ludwig*) e dois verbos (*has proposed*, *has given*). A palavra *but* liga os dois verbos e não duas orações completas. Você não precisa de uma vírgula. Além disso, Ludwig deveria dar a elas um presente de casamento.

CERTO: Ludwig has proposed a toast to his bride but has given her nothing but a headache.

Qual das orações está correta?

A. Agwamp slits the envelope with his teeth, but Eggworthy opens the mail with a fork.

B. Agwamp answers every letter on the day he receives it but doesn't pay any bills.

Resposta: Ambas as orações estão corretas. Na oração "A", a conjunção *but* liga duas orações completas. Deve haver uma vírgula precedendo a conjunção *but*. Na oração "B", *but* liga dois verbos (*answers*, *does pay*). Nenhuma vírgula precede a conjunção.

Usando Aqueles Três Pontinhos

Você anda vendo pontinhos à sua frente? Esses pontinhos são chamados *reticências*. As reticências são formadas por três pontinhos e mostram ao leitor onde você omitiu uma palavra ou palavras no meio ou no final de uma citação. (Não as use no início de uma citação). As reticências também podem mostrar que a pessoa que você está citando está hesitando.

Indicando que estão faltando palavras

Ao citar as palavras de outra pessoa, coloque reticências sempre que tiver excluído palavras do original. Se você tiver retirado palavras do final de uma oração, coloque quatro pontos - três como reticências e um como ponto final na conclusão da oração.

Veja um trecho extraído da autobiografia de Lochness, revisada por seu editor, que não queria que as mentes inocentes das crianças se corrompessem com as palavras de Lochness:

> As I slowly swam towards the... I saw... and decided then and there to take... if I could get it. The path of my life became clear. I would... and then retire to my estate in Antarctica, where I would write my memoirs and breed penguins. Soon after that decision I took action....

O que você observa com relação à citação do livro de Lochness, fora a terrível censura? As palavras que estão faltando, é claro! Observe como as reticências tomam o lugar de uma ou mais palavras.

Alguns exemplos adicionais:

> ORAÇÃO COM RETICÊNCIAS: Lola cried, "I can't take that math exam! I studied the equations for hours... and had no time for the geometry chapter."
>
> ANÁLISE DA PONTUAÇÃO: As reticências tomam o lugar das palavras que faltam.
>
> O QUE ESTÁ FALTANDO: *last year, but last night I went to the movies*

Mostrando hesitação

Você também pode usar reticências para demonstrar hesitação, principalmente em diálogos:

> What shall I do about that atomic bomb? It's... ticking and I....

O uso de reticências desta forma pode se tornar cansativo rapidamente. Pense nesses pontinhos como aquelas piadas de "O que é? O que é?". Não exagere no seu uso!

TESTE

Veja a explicação que Lola deu para o fato de não ter o dever de casa pronto. As partes que ela deixa de fora estão destacadas em itálico. Pontue a situação corretamente.

I sat down at the computer last night to write the essay. I truly love writing essays, and I certainly want to do well in this class. I began to write shortly before eight o'clock. *The phone rang almost immediately. I spoke with Lulu for no more than three hours. Then my mother asked me if I wanted a snack. I said yes. I ate four or five buckets of popcorn and settled down at the computer.* My stomach hurt, and I was very tired. I went to bed. I will do the essay tonight.

Resposta: Use quatro pontinhos. Um é o ponto final no final da oração (*I began to write shortly before eight o'clock*) e três pontinhos são as reticências.

I sat down at the computer last night to write the essay. I truly love writing essays, and I certainly want to do well in this class. I began to write shortly before eight o'clock.... My stomach hurt, and I was very tired. I went to bed. I will do the essay tonight.

Estou me divertindo com os exemplos e deixando de lado algumas informações importantes. Não siga o meu exemplo! Uma das questões mais importantes na escrita é a credibilidade. Se você mudar o sentido do que está citando e deixando de fora detalhes cruciais, seu leitor vai perder a confiança em tudo que você diz. (Além disso, seu professor pode reprová-lo). Confira o trecho que você está citando antes e depois de ter cortado. Os trechos continuam transmitindo a mesma mensagem? Em caso negativo, não corte nada.

S-i-m-p-l-i-f-i-c-a-n-d-o o Uso de Hífens

Hífens são necessários para ajudá-lo a dar um jeito nas quebras de linha inesperadas e por mais alguns motivos também - para separar partes de palavras compostas, escrever certos números e criar uma descrição a partir de duas palavras. Esta seção lhe oferece um guia sobre como cuidar e alimentar o humilde hífen.

Entendendo a grande divisão

Usuários de computadores não precisam se preocupar tanto com hífens como outros escritores. Na maioria das vezes, o programa de processamento de texto move a palavra para a próxima linha se não houver espaço suficiente no final da atual. Mas, às vezes, quando você está escrevendo à mão ou usando uma antiga máquina de datilografar, por exemplo, é preciso separar uma palavra. E, às vezes, até mesmo os usuários de computador precisam separar uma palavra.

Por que separar uma palavra? Principalmente para que a sua escrita tenha um melhor aspecto. O computador permite que a margem direita fique desalinhada, mas se você tiver uma palavra muito longa - *antidisestablishmentarianism*, por exemplo - o computador vai movê-la para a próxima linha sendo que você digitou apenas metade da linha anterior.

O sistema britânico

A prática de dividir uma palavra em sílabas é típica dos EUA. Na Inglaterra, as palavras são geralmente divididas de acordo com sua derivação (árvore genealógica), e não de acordo com o som. Por exemplo, no sistema americano, *democracy* é separada em quatro partes - *de-moc-ra-cy* - porque é assim que ela soa. No sistema britânico, a mesma palavra é separada em duas partes - *demo-cracy* - porque a palavra é derivada de duas formas do grego, *demos* e *kratia.* Considere o dicionário do país em que você está como a autoridade final sobre separação de palavras.

(A propósito, *antidisestablishmentarianism* é uma palavra verdadeira. Consulte seu significado, mas não em um dicionário de bolso. Ela é longa demais e pouco importante para constar em um dicionário já em versão resumida).

Se for preciso separar uma palavra, siga essa regra simples:

- Coloque o hífen entre as *sílabas*, ou sons, de uma palavra. (Se não tiver certeza onde exatamente separar a sílaba de uma palavra, consulte o dicionário).
- Não deixe apenas uma letra em uma linha. Se tiver a opção, separe a palavra mais ou menos no meio.
- Não separe palavras que tenham apenas uma sílaba.
- Para separar uma palavra, use um hífen, que é um tracinho curto. Não use um travessão, que é um traço mais comprido e um sinal de pontuação completamente diferente. (Veja o Capítulo 15 para mais informações sobre travessões).

Usando hífens em palavras compostas

Hífens também separam partes de palavras compostas, tais como *ex-wife pro-choice one-way* e assim por diante. Ao digitar ou escrever essas palavras, não coloque um espaço antes ou depois do hífen. Se você não souber se uma determinada expressão é uma palavra composta, uma palavra única ou duas palavras separadas, consulte o dicionário.

Por acaso você está se perguntando onde colocar letras maiúsculas em palavras compostas? Na maioria das vezes, é preciso usar letra maiúscula nas duas palavras. Todas as partes que compõem o nome de pessoa são escritas com letra maiúscula, exceto preposições e artigos: Secretary-General, Commander-in-Chief. Não use letra maiúscula no prefixo ex-: ex-President Carter, ex-Attorney-General. Palavras que são escritas com letra maiúscula por algum motivo (talvez porque sejam parte do título de um livro ou uma manchete) seguem uma regra diferente. Sempre use letra maiúscula na primeira metade. Use letra maiúscula na segunda metade da palavra composta se ela for um substantivo ou se tiver a mesma importância da primeira metade: Secretary-General Lola, President-elect Lulu. (Para mais informações sobre uso de letras maiúsculas, veja o Capítulo 15).

Colocando hífens em números

As decisões sobre se você deve escrever o numeral ou a palavra são questões de estilo e não de gramática. A figura de autoridade na sua vida - professor, chefe, policial de guarda, qualquer coisa - vai lhe dizer o que ele prefere. No geral, números maiores são representados por numerais:

Lochness has been arrested 683 times, counting last night.

No entanto, em várias ocasiões, talvez você precise escrever a palavra e não o numeral. Se o número estiver no início de uma oração, por exemplo, você deve usar palavras, pois nenhuma oração deve começar com um numeral. É possível também que você tenha que escrever uma quantia fracionária. Veja como usar o hífen:

- Ponha o hífen em todos os números de twenty-one a ninety-nine
- Ponha o hífen em todas as frações usadas como descrições (three-quarters full, por exemplo).
- Não ponha hífen em frações usadas como substantivos (three quarters of the money; one third of all registered voters).

Utilizando o hífen bem colocado

Veja outra regra simples sobre hífens, mas que pode estar a caminho da extinção. (Uma pequena história pessoal aqui: um jovem senhor que conheço ficou extremamente contente em ser aceito no grupo que faria a revisão de leis da sua escola. Na primeira reunião, o editor falou aos novos participantes sobre a questão do hífen, explicando que a revista havia decidido eliminar o hífen de descrições compostas por duas palavras. “Foi quando percebi que seria um longo ano”, suspirou ele). De qualquer forma, se você quiser seguir a regra, veja aqui: se duas palavras estão sendo usadas como uma única descrição ponha o hífen entre elas, se a descrição vier antes da palavra que ela está descrevendo. Por exemplo:

a well-placed hyphen - BUT - the hyphen is well placed.

CUIDADO

Não ponha hífen em descrições formadas por duas palavras se a primeira palavra terminar em *-ly*:

> nicely drawn rectangle;
>
> fully understood idea;
>
> completely ridiculous grammar rule.

TESTE

Ponha hífens onde forem necessários.

Lulu was recently elected secretary treasurer of her club, the All Star Athletes of Antarctica. Lulu ran on an anti ice platform that was accepted by two thirds of the members.

Resposta: Veja o parágrafo com os hífens inseridos, junto com as explicações em parênteses:

Lulu was recently elected secretary-treasurer (hífen necessário para títulos compostos) of her club, the All-Star (hífen necessário para descrições formadas por duas palavras) Athletes of Antarctica. Lulu ran on an anti-ice (hífen necessário para descrições formadas por duas palavras) platform that was accepted by two thirds (nenhum hífen para frações não utilizadas como descrições) of the members.

Salpicando sua Escrita com Parênteses e Colchetes

Qual é a diferença entre colchetes e parênteses? *Colchetes* são retos e *parênteses* são curvos, obviamente. Ambos desempenham a mesma função: separar informações do resto da oração. Se você tiver estudado matemática, sabe que as expressões ficam dentro de parênteses, que ficam dentro de colchetes. Em um dos costumes mais irritantes da gramática inglesa, o oposto se aplica à escrita. Se você tiver algo entre parênteses e precisar separar parte disso da ideia principal, use colchetes:

> Ludwig declared that the new tax rate would be 95 percent (not 90 percent as had been reported earlier [see "Tax Rate Rises" in last week's issue]).

Colchetes também são necessários quando você faz uma citação e quer mostrar um comentário que você, o escritor, inseriu nas palavras de alguém. Os escritores muitas vezes utilizam colchetes dessa forma para incluir uma palavrinha muito útil - *sic*. Quando você cita algo que está soletrado de forma errada, é dito de forma errada, ou está simplesmente totalmente errado, a palavra *sic* significa que o erro foi feito pela pessoa que você está citando, e não por você. Veja um exemplo:

> Eggworthy declared, "I shall not surrender the presidentiary [sic] until all the ballots are counted."

Mais algumas regras (suspiro) sobre parênteses:

- Não exagere em seu uso. (Parênteses espalhados por todo o parágrafo entediam e irritam). Tente colocar o que está entre parênteses como parte do fio principal e lógico, do parágrafo (se possível). (Viu só o que quero dizer com irritante?)
- Se a expressão entre parênteses precisar de qualquer pontuação, ponha *dentro* dos parênteses.
- Se o resto da oração (o que está fora dos parênteses) precisar de qualquer pontuação, ponha *fora* dos parênteses.

Usando Barras nas Orações

Se houver algum gramático que esteja preocupado com o uso das barras, ele/ela deve simplesmente relaxar. A barra raramente aparece na sua escrita, e/ou você provavelmente não vai precisar dela. O computador provavelmente fez mais para aumentar o número de barras do que qualquer outra máquina/evento/aplicação. Você já está cansado/irritado/nervoso com esse parágrafo? Responda sim/não.

CUIDADO

Tudo bem, o lance é o seguinte. Use a barra quando você precisar apresentar duas ou mais alternativas, mas finja que ela é a pimenta malagueta mais picante possível de se imaginar e que você tenha acabado de fazer uma cirurgia nos dentes. Quantas pimentas você quer na sua comida? É esse o número de barras que você deve colocar na sua escrita - pouquíssimas.

As barras apresentam outra função importante. Se você estiver escrevendo sobre poesia e citando algumas linhas, a barra mostra ao leitor onde o poeta terminou uma linha e começou outra. Veja um trecho extraído de uma redação de Legghorn sobre um poema escrito por Lulu:

The exertion of mountain climbing has contributed to the imagery Lulu employs in her poem "Everest or Nothing": "and then the harsh/breath of the mountain/meets the harsh/breath of the climber/I am/the climber."

As barras nos dizem que as linhas do poema de Lulu foram dispostas da seguinte forma:

> and then the harsh
>
> breath of the mountain
>
> meets the harsh
>
> breath of the climber
>
> I am
>
> the climber.

Parte VI

A Parte dos Dez

A 5ª onda por Rich Tennant

"Oh, ele é brilhante. Mas você já notou a gramática nos seus memorandos? 'ORG precisa helicon antena... Org precisa ion exclotron... Org precisa analisador de neutron...'"

Nesta parte...

Esta seção abre as portas para a vida gramatical que está além da "Gramática Inglesa para Leigos". Depois de ter absorvido as regras gramaticais, é preciso aplicá-las. O Capítulo 26 apresenta dez estratégias para melhorar sua revisão de texto. (Depois de ler este capítulo, você nunca mais vai assinar uma carta com "Yurs truly"). O Capítulo 27 relaciona dez maneiras para você apurar o seu ouvido para o inglês correto, um processo que inevitavelmente aprimora a sua fala e a sua escrita. Você pode até não seguir todas as sugestões que dou (principalmente a que diz para você começar a andar com os *nerds*), mas, pelo menos algumas, hão de ser interessantes.

Capítulo 26

Dez Maneiras de Melhorar sua Revisão de Texto

Neste capítulo

- Conferindo o seu trabalho com a ajuda de um computador;
- Revisando seu texto com mais eficiência.

Depois de ler o seu texto 50 vezes, finalmente você o despacha pelo correio. O momento era de tal importância que você não pôde conter as lágrimas quando o funcionário do correio jogou o envelope na caixinha e amassou sua borda. Secando suas lágrimas, você voltou para casa e, incapaz de se relaxar, sentou-se para ler o texto pela 51ª vez. E foi quando finalmente viu o que não queria - um erro. Não um errinho qualquer, mas um erro gigantesco. Constrangedor. O equivalente a uma mancha de tinta na ponta do seu nariz.

Isso lhe parece familiar? Em caso afirmativo, você precisa de um pouquinho de ajuda em revisão de texto. Neste capítulo, apresento dez dicas para melhorar essa importantíssima conferência final.

Leia de Trás para Frente

Tudo bem, eu sei que ler de trás para frente parece coisa de louco, mas o sucesso na revisão de texto tem a ver com a quebra de hábitos. Ao ler algo várias vezes, depois de um certo tempo, você entra no piloto automático. Seu olho salta exatamente no mesmo local simplesmente porque é aí que ele saltou antes. Logo, se você não notou o erro pela primeira vez, vai passar por cima dele novamente. É preciso fazer algo diferente para quebrar a monotonia de revisar o seu trabalho. Se você ler de trás para frente (palavra por palavra e não as letras que formam a palavra), você está na situação ideal de identificar erros de ortografia, pois a leitura feita no sentido contrário significa que você deve conferir cada palavra separadamente. Ao ler de trás para frente, você não consegue passar por uma oração pulando de cinco em cinco ou de seis em seis palavras.

Dê um Tempo

Seu trabalho está pronto, você o leu e fez as correções. E agora, o que fazer? Guarde-o e vá fazer outra coisa. Vá praticar esqui aquático, candidatar-se a presidente ou limpar o armário e depois volte a escrever - relaxado e com um novo ponto de vista. Você verá o seu trabalho com novos olhos e encontrará erros.

Obviamente, este método só funciona se você tiver deixado um tempo de sobra antes do prazo de entrega. Se tiver terminado seu relatório alguns segundos antes do chefe vê-lo, você terá que abrir mão deste método de revisão.

Leia em Voz Alta

Eu sei, eu sei. Você não quer parecer um idiota. Mas a leitura em voz alta ajuda a ouvir a sua escrita de forma diferente. Portanto, ligue o rádio ou tranque-se no banheiro. Pegue os papéis e comece a ler as palavras em tom normal de conversação. Você tropeçou em alguma parte? Em caso afirmativo, é possível que você tenha encontrado um erro. Pare, circule o trecho e continue. Mais tarde, verifique todos os círculos que você fez. Provavelmente, vai achar algo que deve ser modificado.

Exclua Metade das Vírgulas

Durante as duas últimas semanas de provas e entrega de trabalhos, os alunos me visitam com seus rascunhos na mão para dar uma última conferência antes da entrega final. Pessoalmente, considero essa época de a *Estação das Vírgulas*. Passo a maior parte do dia excluindo centenas de sinais de pontuação. (E também acrescento alguns). Se você for como a maioria das pessoas e sua escrita tem vírgulas onde elas não são necessárias, volte e confira cada uma. Será que existe motivo para a existência daquela vírgula? Se você não conseguir identificar o motivo, elimine a vírgula.

Troque seu Trabalho com o de um Amigo

A melhor revisão de texto é feita por um novo par de olhos. Depois de escrever sua redação, relatório, petição ou seja lá o que for, troque seu trabalho com o de um amigo. Você verá possíveis erros na escrita do seu amigo e ele encontrará alguns no seu. Cada um de vocês deverá grifar os possíveis erros antes de devolver o trabalho. Confira esses trechos com atenção especial.

Aceite a Ajuda do Computador

Mesmo não sendo à prova de falhas, o computador é bastante útil. Depois de terminar a sua escrita, volte ao início e verifique as linhas em vermelho e em verde (ou qualquer outro sinal fornecido pela verificação de gramática e ortografia). Não confie no computador nem espere que ele vá fazer as correções para você; a máquina comete vários erros. O computador identifica somente possíveis erros e passa por cima de vários outros (homônimos, por exemplo). Deixe que o seu próprio conhecimento de gramática e um bom dicionário, o ajudem a decidir se é necessário fazer alguma alteração.

Confira os Verbos

Armadilhas espalhadas por todas as orações - é assim que você deve ver os verbos. Faça uma conferência adicional nos verbos antes de declarar o seu trabalho terminado. Considere o número: o verbo deve estar no singular ou no plural? Considere o tempo verbal: você escolheu o correto? Há alguma oração sem verbo? Em caso afirmativo, resolva o problema.

Confira os Pronomes

Pronomes representam possíveis armadilhas e também são dignos de atenção especial. Confira o seu trabalho por completo, pelo menos uma vez, dessa vez conferindo todos os pronomes. Singular ou plural - você escolheu o número adequado? Cada pronome se refere a um substantivo específico? Você evitou o uso de pronomes machistas? Há algum pronome sujeito desempenhando a função de um pronome objeto ou vice-versa?

Conheça o seu Estilo de Digitação

Tenho a tendência de manter a tecla Shift pressionada por mais tempo do que o devido, e por isso, muitas das minhas palavras acabam ficando com duas letras maiúsculas: THe, KNow,e assim por diante.

Você tem algum erro proveniente do seu estilo de digitação? Observe as vezes em que você dá Backspace ao digitar e verifique a existência de erros semelhantes ao terminar de digitar.

Os Suspeitos Usuais

Examine algo que você tenha escrito anteriormente, preferivelmente que tenha sido corrigido por um professor ou outra pessoa que possa apontar-lhe os erros. Onde está concentrada a tinta vermelha? Essas áreas destacadas em vermelho são os suspeitos usuais que você deve identificar nos seus futuros trabalhos. Por exemplo, se houver um número muito grande de orações "disparadas" em um trabalho antigo, há grande probabilidade de que você volte a fazer a mesma coisa no novo trabalho. Acrescente "disparadas" à sua lista pessoal de erros comuns. Não deixe que qualquer coisa que você tenha escrito saia da sua mesa de trabalho sem que tenha procurado resolver especificamente aqueles erros.

Capítulo 27

Dez Maneiras de Melhorar sua Gramática

Neste capítulo

- Indo além do "Gramática Inglesa para Leigos" para melhorar a sua gramática;
- Usando recursos da vida real para apurar o seu ouvido para o uso da gramática correta.

Sim, admito. Este livro o ajuda a aprender gramática, mas (não acredito!) não é a única maneira de melhorar suas capacidades de comunicação. Alguns outros recursos também podem ajudá-lo na busca da linguagem perfeita. Neste capítulo, sugiro dez maneiras de melhorar sua gramática.

Leia Bons Livros

Você provavelmente não vai chegar muito longe com livros como *Biker Babes and Their Turn-ons* ou *You're a Butthead: The Sequel to Snot-Nose*. Mas, bons livros geralmente contêm boa escrita e se você ler alguns, em breve sua própria fala e escrita vão apresentar sinais de melhoria. Como saber se um determinado volume contém uma boa escrita? Leia as críticas, pergunte ao atendente da livraria ou leia os comentários que estão na capa do livro. Clássicos são sempre boas escolhas, mas é possível também achar textos modernos, de ficção ou não, escritos de acordo com as melhores regras gramaticais.

O importante é expor sua mente ao inglês correto. Ao ler, você ouve a voz do autor e se acostuma com a linguagem correta. Depois de certo tempo, a gramática correta lhe soará natural e você conseguirá detectar com maior facilidade o inglês considerado não-convencional.

Assista a Bons Programas de TV

Quando falo assistir a bons programas de TV, não estou me referindo a programas com trilhas de áudio que são praticamente berros e gritos, tais como as lutas livres. Estou me referindo a programas em que as pessoas realmente conversam. Programas nas redes educativas são excelentes opções. Você sabe de quais programas estou falando; os produtores partem do princípio de que o público quer aprender algo. A tela da TV mostra muitas cabeças falantes com as devidas legendas explicando porque eles são especialistas. Assista aos programas em segredo, caso você tenha medo de arruinar a sua reputação e preste atenção às palavras. Não espere conseguir pegar os pontos mais refinados da gramática na TV, mas é possível ter uma noção dos fundamentos.

Leia as Notícias com Atenção

Os noticiários de rádio, televisão e a Internet são boas fontes de modelos bem escritos (OK, mais ou menos bem escritos em algumas redes). Você pode apurar o seu ouvido para gramática ao mesmo tempo em que aprende muito sobre os atuais acontecimentos. Pense na vantagem que você terá quando precisar dar uma "cantada" em alguém. Em vez de "Você vem sempre aqui?" ou "Qual o seu signo?", você poderá mencionar a política russa no Afeganistão. (Pensando bem, talvez seja melhor continuar com a astrologia).

Leia o Jornal

Bem, leia alguns jornais. Anos atrás, comecei a dar um ponto de graça aos meus alunos para cada erro que eles encontrassem em artigos nor jornais. Por fim, tive que excluir algumas publicações porque se tornou fácil demais colher material. Evite publicações sobre as visões de Elvis e que tenham manchetes do tipo "Homem com quatro braços vive de testar desodorantes". Leia com o olho de um gramático (caso isso não seja assustador demais para você), absorvendo como o escritor expressa uma ideia.

Folheie Revistas

Se todas as palavras de uma revista estiverem escritas em pequenos balões acima de desenhos todos coloridos, possivelmente você não vai encontrar orações completas e o uso adequado de pronomes. No entanto, a maioria dos escritores publicados possui pelo menos o conhecimento básico da boa gramática e você pode aprender muito lendo publicações voltadas para um público instruído. Como saber se uma publicação é voltada para um público instruído? Verifique os artigos. Se eles aparentemente tratam de questões que você associa a leitores sérios, você achou o que queria. Se eles tratam de questões que não estão associadas a leitores sérios, ainda assim você pode ter achado o que queria. A leitura de artigos de revista bem escritos dá a você alguns modelos de gramática razoavelmente correta. E como efeito colateral, você ainda aprende algo a mais.

Visite os Pontos de Encontro de Nerds

Antes de qualquer coisa, deixe-me mencionar que *nerd* é uma palavra baseada no julgamento de valores. O que a grande maioria das pessoas considera típico de um *nerd* (ou qualquer outra gíria equivalente), os outros podem chamar de *instruído*. Não estou dizendo que o vestiário de esportes ou o bar da esquina está cheio de pessoas sem instrução. Estou dizendo que você deve procurar alguns locais onde as pessoas se reúnem quando estão a fim de conversar num nível acima de "a defesa nos tirou de cena (no jogo de) ontem à noite". Tente uma livraria, um laboratório científico ou um concerto. Ouça o que outras pessoas ao seu redor estão dizendo e como elas o estão dizendo. Com o tempo, seu ouvido para a gramática correta começará a se apurar.

Consulte o Livro de Strunk e White

O melhor livro já publicado sobre como escrever bem, em minha humilde opinião, é *The Elements of Style* (Allyn and Bacon). Este livro é tão pequeno que cabe no bolso da sua camisa. Os autores William Strunk, Jr. e E.B. White (sim, o cara que escreveu *Charlotte's Web* e *Stuart Little*) explicam algumas questões gramaticais e destacam pontos importantes sobre o estilo. Você não gasta mais que uma hora para ler o livro e terá uma vida inteira para absorver suas lições.

Ouça as Autoridades

Ouça! Seu professor ou chefe provavelmente diz essa palavra com bastante frequência e você deve (pequena pausa para achar uma expressão merecida) sempre fazer o que a sua figura de autoridade diz. Fora todas as outras razões, você deve ouvir para melhorar a sua gramática. Ao falar corretamente, essa autoridade provavelmente está lhe dando aulas de inglês junto com descrições do Ato de Tarifas Seja-Lá-O-Que-For, as projeções de vendas e assim por diante.

Consulte Manuais de Estilo

Não, os manuais de estilo não vão lhe dizer se *eggplant* (berinjela) é uma das cores da moda ou qual tipo de *piercing* Hollywood aprovou para ser usado no nariz. No entanto, eles vão lhe dizer em detalhe suficiente onde colocar cada sinal de pontuação já inventado, o que escrever com letra maiúscula, como se dirigir a um embaixador e várias outras coisas que você, na verdade, nunca quis saber. Algumas universidades e alguns grupos de criadores de regras reconhecidos publicam manuais de estilo. Se estiver escrevendo uma monografia ou um relatório comercial, pergunte ao seu professor ou chefe qual manual de estilo ele indica. Use o livro recomendado como referência para aquelas partes mais minuciosas e como guia para as questões de escrita mais importantes.

Navegando na Internet

Não poderia deixá-la de fora, embora a Internet sirva para lhe criar armadilhas tanto quanto para oferecer a ajuda de que precisava. Digite *grammar* no provedor de buscas e tecle Enter. Sente-se, relaxe e se prepare para uma enxurrada de sites explicando regras gramaticais. Alguns são muito bons; outros terríveis. Procure por URLs (endereços da Internet) de universidades ou patrocinadas por escolas.

Índice Remissivo

Simbolos

120 formas diferentes, 31

• A •

abreviação, 67
abreviações, 203
absolutamente necessário, 238
ação, 50
aceitáveis, 158
acrescentar a terminação, 258
acréscimo, 259
Acrônimos, 215
adequado de pronomes, 344
adjetivos, 269
adjetivos e advérbios, 108
Adjetivos que descrevem substantivos, 97
adultos maduros, 311
Afeganistão, 344
AIDS, 216
álgebra, 17
algo em evidência, 178
algo extra, 326
alta velocidade, 69, 290
ambas as orações, 330
ambiente gramatical, 162
Analogamente, 320
Anglo-saxão, 44
antecedentes impróprios, 300
A Oração Completa, 59
aparece no período, 313
aparências, 50
aplicar a regra, 298
Apostos, 223
apóstrofos, 151
appears, 19
Apreciando os gerúndios, 318
apurado para gramática, 299
área de estudo, 147
Armadilhas espalhadas, 341
arremessador, 71
artigos de revista bem escritos, 345
artista bajulado, 287
assustadoramente, 264
atenção especial, 341
atomic bomb, 331
atração turística, 266
audiências solenes, 14
aula de inglês,, 10
aumentar o número, 336
Aunt Aggie, 206
autobiografia, 331
autoridade final, 256
autoridades gramaticais, 209

• B •

Backspace, 342
bad fellow, 329
barco de Samantha, 250
barras nas orações, 336
bate papo na Internet, 13
bebês e cães, 248
become, 19
being verbs, 17
belongs to it, 231
bicycle, 249
Bilhetes e e-mails, 12
Bloomsbury, 208
boa escrita, 343
boa notícia, 247
breed penguins, 331
brinquedos de plástico, 248
broke, 70
buttered sausage, 250
Butthead, 343

• C •

cântico religioso, 207
capô das orações, 309
característica, 259
características geográficas, 207, 208
características importantes, 319
cardiologist, 249
cartas comerciais, 195
cases, 25
caso das orações, 311
caso especial, 243
caso negativo, 281
caso nominativo, 222
caso positivo, 292, 304, 339, 341
casos especiais, 235
casos irregulares, 260
castigo, 252
causar interrupções, 141
celebrar a publicação, 212
centrais de energia, 84
chamadas de conjunções, 192
chamar de instruído, 345
Charlotte's Web, 345
CHEFE REALMENTE DISSE, 294
chemistry, 212
Cincinnati, 327
cinco regras, 216
cirurgiões plásticos, 248
citações, 195
citações em bloco., 198
citações longas, 197
Citações sem identificadores, 171
Citando gírias, 178
citar as palavras, 331
civilização, 164
classe gramatical, 10
Clássicos, 343
cleaned, 234
código postal, 187
coffee, 251
coloque reticências, 331
Combinação, 131
combinação básica, 310
combinação substantivo, 279
combinações indevidas, 278
combinando o verbo, 114
combinar sujeitos, 135
combinei o sujeito, 304
Combine os eventos, 235
cometer um erro, 295
Commander-in-Chief, 333
comparação, 221, 265
comparação implícita, 225
comparações, 255
comparações duplas, 255, 267
comparações em paralelo, 269
comparações ilógicas, 266
comparações impróprias, 280
comparações incompletas, 263
comparações irregulares, 260
comparações paralelas, 281
complemento do sujeito, 21, 299
complemento em vista, 298
complementos, 21
Complementos, 69
complementos de verbos, 298
complementos do sujeito, 321
composed, 239
composto de orações, 322
compreensão das regras, 214
computer, 332
comunicados escabrosos, 91
comunidade hippie, 25
conceito, 113
conceitos, 297
conclusão da oração, 331
concordância, 131, 316
concordância do sujeito, 133
concordância sujeito-verbo, 142
condição contrária, 287
condições contrárias, 290
conduzindo o inglês, 309
conferência final, 339
Confira os pronomes, 341
conhecimento básico da boa gramática, 344
conhecimento da gramática, 296
conhecimento gramatical, 164
conhecimento humano, 15
conjunção, 195
conjunções, 192, 329
conjunções coordenativas, 84
conjunções subordinativas, 192
conjuntos de orações, 311
considerarão, 253
Consulte manuais, 346

Consulte o livro, 345
conta própria, 255
contexto de uma conversa, 62
contrária ao fato, 288
conversação, 176, 340
conversa pessoal, 12
cookbook, 242
copulative, 19
correções, 340
correctly, 227
correlacionadas, 224
corretamente, 255, 317
corrompessem, 331
cortado em pedaços, 312
cortar da oração, 253
costurar no escuro, 250
credibilidade, 332
crime gramatical, 312

• D •

Daily News, 213
dancers, 224
decifrador, 125
decifrar a oração, 301
decisão final, 205
declaração de Ludmilla, 326
deep in the study, 211
defeitos de aparência, 206
delighted, 250
demo-cracy, 333
descrever infinitivos, 320
descrever particípios, 321
descrever substantivos, 313
descrição which, 326
descrições, 23
descrições compostas, 334
Descrições comuns, 258
descrições confusas, 251
descrições formadas, 335
desempenhando, 270
desempenhando a função, 341
deslumbrante visão, 192
destacada em itálico, 313
destroyed, 243
detalhes complexos, 297
detention, 251
diagramas, 16
dicionário, 129, 256
dicionário de bolso, 333
did, 226
diferenças de significado, 39
diferentes do discurso, 319
dilemas, 255
dinner party, 242
diplomas na parede, 10
diretrizes gerais, 256
discernimento, 235
discovered, 244
discurso, 256
discussão completa, 192
discussão geral, 316
discutidos, 316
dispositivos mecânicos, 266
distância maior, 110
Distinguindo itens, 181
does pay, 330
dois grupos, 309
dor de cabeça, 287
drasticamente, 134
Dripless, 254
duas alternativas, 255
Dubdub, 268
duplas negativas, 285, 293
duplos problemas, 293
dúvidas aparecerão, 10

• E •

economiza palavras, 323
editor de textos, 10
Eggworthy, 327
eleitores sérios, 345
elemento da oração, 271
elementos da oração, 328
elementos desiguais, 83
elementos iguais, 83
Elements of Style, 345
Elements of Style (Allyn and Bacon), 345
elenco permanente, 286
eliminar o verbo, 225
embaixador, 346
embolados, 194
Empress-in-Chief, 241

encontro de nerds, 345
endereços da Internet, 346
enérgicos, 25
ênfase, 50
Entendendo a diferença, 297
Entendendo vírgulas, 325
entrevistas de trabalho, 14
equação, 74
equação de álgebra, 18
equação de verbo, 23
equações diferenciais, 249
erro de impressão, 311
erro grosseiro, 225
erros, 231
erros comuns, 342
erros de ortografia, 339
escavadeira, 253
esclarecendo referências, 302
escola de gramática, 11
Escolhendo o conteúdo, 317
Escolhendo pronomes, 304
Escrevendo épocas,, 203
escrever inglês, 9
escrever inglês corretamente, 9
escrita cotidiana, 42
escrita formal, 303
espaço suficiente, 332
especialistas, 344
esqui aquático, 340
Estação das Vírgulas, 340
estar no plural, 307
estate in Antarctica, 331
estilo de digitação, 341
estrutura da oração, 78
estrutura do período, 323
estrutura simples, 301
estudar Gramática, 9
eventos diferentes, 233
eventos históricos, 214
eventos no futuro, 240
eventos simultâneos, 236
Everest or Nothing, 336
evitam o subjuntivo, 292
Evitando erros, 127
exactly, 253
exatamente, 328
excavates, 244
excluído palavras, 331
executando a ação, 250
executou, 239
exemplo de correção, 276
exemplo de oração, 120, 145, 299
exemplos de orações, 300
exemplos de terminologia, 25
existência da sentença, 31
existência de erros, 342
existência solitária, 45
expressão boa, 11
expressão merecida, 345
expressar claramente, 10
expressar desejos, 291
expressas, 256
expressões comuns, 256

• F •

fala e escrita formal, 13
falante nativo, 131
Falar em específico, 234
falsas ligações, 90
falsificações, 51
falsos ligadores, 193
faltando palavras, 331
fase de treinamento, 123
fast-food, 209
fato errados, 15
favorite, 329
fazer solicitações, 291
Felonia, 166, 168, 172
figura de autoridade, 334
finishing, 241
fio principal, 336
flexibilidade, 205
fluorescent, 248
Folheie revistas, 344
fonte histórica, 215
food in the tank, 232
forma contraída, 294
forma de atenção, 50
forma encurtada, 18
Formando o Plural, 54
formando pares, 194
forma progressiva, 32
formas da palavra, 256
formas diferentes, 295

formas diferentes., 321
formas do verbo to be, 19
formas escritas, 166
formas verbais, 241
formato restrito, 164
forma verbal, 249, 250
fornecer informações, 328
fornecido um sujeito, 254
fragmentos de oração, 59
frase de gerúndio, 319
frase preposicional, 113, 194, 249, 272
Frases interrogativas, 140
Frases negativas, 139
frases patrióticas, 197
frases preposicionais, 111, 113
Freqüentemente aparecem, 189
função na oração, 10
funcionários, 166
fundamentos das orações, 309
futuro da civilização, 58
Futuro Simples, 33
futuros trabalhos, 342

• G •

gênio em matemática, 288
genuínos, 51
geometry chapter, 331
Gerúndios e infinitivos, 270
Gettysburg, 214
gigantesco passo, 325
gíria, 9, 15, 17
gíria equivalente, 345
glance, 99
Godzilla, 226
governo de Ludwig, 326
grafias diferentes,
gramática correta, 345
gramática descritiva, 10
Gramática do Inglês, 10
gramática formal, 10
gramática funcional, 11
gramática global, 11
gramática inglesa, 335
Gramaticalmente, 233
Gramaticalmente,, 29
gramaticalmente correta, 13
gramaticalmente incorretas, 297
gramáticos, 268
grande divisão, 332
grande estrago, 325
grande probabilidade, 342
grande quantidade, 248
grupo de computadores, 128
grupos de palavras, 330
guaranteed, 211
guerreando, 130

• H •

habilidades de comunicação, 132
habilidades de interpretação, 315
hábitos de dormir, 303
Hamlet, 235
handkerchief, 237
Happily, 101
hardship, 326
have met., 222
having finished, 241
headache, 330
heavy metal, 328
Hermes, 207
hesitando, 330
hífens inseridos, 335
história completa, 315
história diferente, 222
Hollywood, 346
Homework, 213
homônimos, 341
homonyms,
hora certa, 13
How, 100
hula-hoop, 248

• I •

idéia completa, 170, 310
idéia principal, 310, 326
idéias completas, 192
idéias matrimoniais, 269
idéias possíveis, 235
identidade gramatical, 271
identidades próprias, 119
identificadoras, 328

identificador da fala, 167
identificando adjetivos, 98
Identificando adjetivos, 95
identificar o motivo, 340
identificar o sujeito, 234
ignorada, 252
igualdade, 226
imaginary monster, 210
importância das vírgulas, 181
importância muito maior, 293
importantíssima, 339
imposto de Renda, 165
imposto específico, 327
inacreditavelmente, 212, 317
incompatibilidades, 60
incorreto, 252
independentemente, 305, 329
indica o substantivo, 291
infinitivo, 270, 320
infinitivos, 28, 250
infinitivo sem a palavra, 293
influência sobre os apostos, 328
informação extra, 234, 326
informação identificadora, 329
informações em verbos, 22
informações extras, 328
informações não essenciais, 326
informações sobre tempos, 239
Inglês Amigável, 12
inglês correto, 343
inglês de conversação, 303
inglês familiar., 12
Inglês Formal, 13
inglês formal e informal, 9, 17
Inglês Moderno, 247
início do livro, 257
inquéritos, sessões, 14
instalam no sofá, 311
inteligentíssimos, 228
intensa emoção., 117
intercambiáveis, 162, 255, 300
interrompendo, 201
intransigentes, 317
Introduzindo listas, 196
introduz informações, 327
investigações de congresso, 14
irregular participles, 41
irregular past, 41

• J •

Jasper gasped, 46
judges, 224

• K •

Kneejerk, 212
Know, 341

• L •

laboratório científico, 345
legítimos, 222
Leia bons livros, 343
Leia o jornal, 344
lei da pontuação, 151
leitores sérios, 345
letra maiúscula, 203
letras maiúsculas:, 341
letter, 228
ligação sem complemento, 298
Ligando adjetivos a verbos, 97
Ligando duas orações, 191
Ligando explicações, 198
limpar o armário, 340
linguagem correta, 343
linguagem de escolha, 11
linguagem gramatical, 185, 319
língua inglesa, 119, 293
linking, 19
lista de descrições, 185
lista de preposições, 112
livraria, 343
locais diferentes, 321
localizar o advérbio, 100
localize o verbo, 234
locuções adverbiais, 115
lógica, 181, 231
lugar certo, 317

• M •

Macete n° 1, 298
Macete n°2, 299
machine, 214

manchete, 334
manuais de estilo, 346
máquina de datilografar, 332
Mark McGuire, 70
matéria sensacionalista, 305
Mathematics, 249
Mathematics Olympics, 249
meio-termo, 261
melhor estratégia, 140
Me Like Tarzan, 222
membro do elenco, 305
membros do grupo, 304
mencionar, 307
mensagem, 332
mentes inocentes, 331
mesmo significado, 326
mesmo substantivo, 328
metade das palavras, 233
método de revisão, 340
Midwest, 207
misturas extremamente, 318
modelo satisfatório, 14
modelos bem escritos, 344
modelos de gramática, 345
modo diferente, 285
modo imperativo, 286, 291
modo indicativo, 285
modo subjuntivo, 287, 293
monografia, 198
monótonas, 322
monotonia, 339
Monster, 329
Mostrando hesitação, 331
mother, 329
Mother, 206
movimento da oração, 17
mudança de cenário, 48
mudança desnecessária, 275
mudança na forma, 285
mudanças de falantes, 176
Murdlock, 234
Murgatroyd, 234

• N •

Na Idade Média, 11
não-essenciais, 327
nativos americanos, 52
nato, 216
Navegando na Internet, 346
nenhuma oração, 310
nenhum sujeito, 298
new champions, 227
new gallery, 241
nirvana gramatical, 325
nitidamente uma negativa, 295
nível de terminologia, 10
nomes de países, 208
nominativo, 25, 222
North Atlantic, 216
not acceptable, 326
notebook, 329
notícias recentes, 248
novo significado, 208
numerais, 334

• O •

oatmeal-wrestling, 241
objetos de preposições, 111
observação, 51
observação especial, 244
observe estes exemplos, 253
of the climber, 336
O Gramático do Ano, 287
one-way, 333
opções artísticas, 216
OPEC, 216
opens, 330
opressão, 327
oração, 20
oração analisada, 299
oração assimétrica, 270
oração corrigida, 223
oração independente, 310
oração mostra ação, 18
oração no imperativo, 287
oração perfeita, 248
oração subordinada, 312
oração substantiva, 311
orações adjetivas, 313
orações completas, 59, 329
orações complicadas, 301
orações com verbos auxiliares, 26

orações corretas, 300
orações em inglês, 299
orações e particípios, 328
orações equilibradas, 269
orações e verbals, 309
Orações Fragmentadas, 63
orações independentes, 318
orações paralelas, 269
orações possuem, 310
orações revisadas, 270
orações separadas,, 193
orações simétricas, 269
orações subordinadas, 310-311, 313, 317
Orações subordinadas, 314
oradores, 12
ordens no imperativo, 285
orma regular, 35
os gerúndios, 319
Os imutáveis, 132
Os mutáveis, 132
Os tempo perfeitos, 36
os Três Ingleses, 11
Ouça as autoridades, 345
Outras orações, 311

• P •

paciência do leitor, 235
padrão lógico, 325
palavra absoluta, 262
palavra composta, 333
palavra de ligação, 322
palavra recebia, 247
palavras associadas, 319, 320
palavras compostas, 332
palavras de ligação, 310
palavras descritivas, 113, 252, 321
palavras destacadas, 280
palavras em ação, 298
palavra sic, 335
palavras introdutórias, 189
palavras irrelevantes, 140
palavras na oração, 253
palavras se transformam, 10
palavra única, 333
palavra verdadeira, 333
papel datilografado, 191
papel molhado, 252
parada intermediária, 72
parágrafo, 204, 336
parágrafo inteiro, 302
paralelismo, 269, 277
parênteses e colchetes, 325, 335
pares de conjunções, 269, 277
pares de orações, 234
park bench, 250
parte do capítulo, 309
parte necessária, 327
particípio introdutório, 250
particípio presente, 237, 241
particípios, 249
passado progressivo., 33
Past Perfect, 237
patriotismo, 327
penitenciária, 296
people of France, 209
pequena pausa, 326
pequenas pausas, 181
pequenas sílabas, 318
períodos completos, 312
períodos monótonos, 322
Perseguindo o advérbio comum, 99
personalidades, 206
PES (percepção extra-sensorial), 21
petição, 340
piloto automático, 339
pisar de mansinho, 133
placa do exemplo., 151
platform, 335
play received, 228
Plurais com hífen, 57
Plurais irregulares, 56
Plurais regulares, 54
polícia gramatical, 128, 293, 300
Polish American, 210
política gramatical, 158
política russa, 344
ponto-e-vírgula, 87, 325
ponto final, 167
pontos de exclamação, 173
pontos de interrogação, 172
pontos e travessões, 325
pontuação, 317
pontuação ideal, 201
Pontuando citações, 165, 167

Pontuando datas, 181, 188
popcorn, 331
por definição, 266
posição horizontal, 289
possessivos no plural, 153
Possibilidade, 108
possibilidades, 264
possibility, 236
possíveis armadilhas, 341
possíveis correções, 304
possíveis várias, 324
precede, 328
precede a conjunção, 330
precede na oração, 328
predicado adjetivo, 21
predicado completo, 28
predicado nominal, 21
predicado simples, 28
preposições e artigos, 333
presente perfeito, 40
preservação de patrimônio, 240
primeira metade, 334
primeira versão, 233
probabilidade, 126, 342
problema complexo, 41
problemas, 38
problemas de matemática, 327
problemas verbais, 233
problemáticos, 127
processador de texto, 188
pro-choice, 333
procurado resolver, 342
professor de inglês, 9
professores de inglês, 152
profissionais, 29
programas em segredo, 344
programas humorísticos, 287
program to calculate, 329
pronome, 23
pronome correto, 78, 221, 316
pronome infeliz, 300
pronome no plural, 302
pronomes errados, 78
pronomes intrigantes, 142
pronomes machistas, 130, 341
pronomes possessivos, 119
pronomes relativos, 94
pronomes traiçoeiros, 131
pronomes vagos, 302
pronome that, 327
pronome which, 327
proposed, 330
propósito e audiência, 9
propriedade, 122
proprietário, 153
proprietários de carros, 309
próxima linha, 332
psicólogo, 285
público em suspense, 263
público indeciso, 249
público instruído, 345

• Q •

quadros de anúncios, 13
qualidades absolutas, 262
Qual tipo de inglês você fala?, 14
quantia fracionária, 334
quebra de hábitos, 339
quebra de regras, 162
questões de escrita, 346
questões gramaticais, 345

• R •

razoavelmente correta, 345
realmente complicado, 311
Receita Federal, 165
Reconhecendo as verdades, 245
redação, 198
redes educativas, 344
reestruture sua oração, 281
regime meticuloso, 123
registered voters, 334
regra básica, 251
regra de títulos, 205
regra diferente, 334
regra gramatical, 73
regras de pontuação, 325
regras gramaticais, 296, 343
relação lógica, 192
Relatando informações, 243
relatar informações, 243
relativamente óbvia, 301
relatório, 340

relatório comercial, 346
relatórios profissionais, 65
remains, 19, 236
renda é aceitável, 327
reputação, 99
reputação de pessoa, 299
resposta final, 299
resto da oração, 117, 326, 335
resumo do discurso, 243
reticências, 330
Reticências (três pontos), 67
retirado da seção, 323
reversível, 23
revisão de leis, 334
revisão de texto, 339, 340
Revolução Francesa, 304
rigidez das regras, 13
rígidos, 269
riscar ou cobrir, 316
Romancistas, 177

• S •

Sacred, 100
sassafras, 227
Secretary-General, 333
secrets, 248
século XIX, 52
Seemed, 19
seguintes comparações, 280
seguir essas regras, 10
segunda língua, 123
segunda versão, 233
selos postais, 326
semelhante à descrita, 239
Senhora Sharkface, 16
sensação de harmonia, 83
sentença de prisão, 238
sentenças parciais, 59
sentido da oração, 300, 326
sentido gramatical, 270
sentido não pretendido, 253
sentido vago, 303
separação de orações, 316
separadamente, 339
separados por vírgula, 187
separando as orações., 315
Separando as orações, 314
Separando descrições, 181
Separando duas partes, 191
separe o aposto, 328
seqüência do tempo, 238
seres humanos, 203
séries escolares, 212
sibling, 329
siga os próximos, 314
significado da oração, 181, 232, 248
significados diferentes,, 184
Simple Past, 237
simplesmente relaxar, 336
sinais confusos, 116
sinais de igual gigantescos, 18
Sinais de Pausa, 65
sinais de pontuação, 340
sinal de aspas, 177
sinal de barra, 325
singular e plural, 124
sistema britânico, 333
situação corretamente, 331
situação ideal, 339
situações informais, 303
Snot-Nose, 343
sobre pontuação, 325
sóbrios, 29
sociedade livre, 240
sociedade racista, 209
solicitações ou ordens, 291
som despreocupado, 13
song, 100
South, 207
statement, 330
state spitball, 330
stays, 19
stepsister, 206
Strunk e White, 345
Stuart Little, 345
sua escrita, 336
subjuntivo, 25
subjuntivo no passado, 289
substantivo, 157
substantivo coletivo, 305, 306
substantivos coletivos, 304
substantivos descritos, 280
substantivos e verbos, 183
substantivos possessivos, 267

Substantivos possessivos, 158
sujeito, 21
sujeito da oração, 321
sujeito escrito, 286
sujeitos compostos, 221
sujeitos irregulares, 146
sujeitos no singular, 139
sujeito-verbo, 287, 310
superintendent, 234
supermarket, 222
super-negativa, 295
surpreendentemente, 320
suspeitos usuais, 342
swiped, 236
Swiped, 101

• T •

tamanho e largura, 266
tamanho razoável, 196
tarantula, 228
tarefas de casa, 216
Tasmanian, 209
Ted Turner, 230
tempos diferentes, 233, 237, 239, 241-243
tempos específicos, 238
tempos no futuro, 139
tempos verbais, 134, 235, 240
tempo verbal, 233, 245
Tempo Verbal, 31
tender foot, 238
ten-speed, 249
terceiro milênio, 15
terminar uma oração, 116
terminologia, 10, 25, 131, 287
terminologia gramatical, 121, 183
terminologia incômoda, 113
termo gramatical, 70
termos da oração, 10
termos gramaticais, 23, 322
terrivelmente óbvia, 61
testes de múltipla, 303
the 411, 15
the coach forbade, 232
their rebellion, 327
the little boy, 250
the media, 330
the members, 335
the money, 334
the mountain, 336
the sea, 250
the window, 229
this class, 331
tinta vermelha, 342
tipo de oração, 321
tipos diferentes de gramática, 10
tomorrow, 327
tonight, 332
took action, 331
torna essencial, 326
torna-se óbvio, 225
totalmente errado, 335
Towards, 213
Trabalhando com infinitivos, 319
trabalhando com um verbo, 299
traços importantes, 320
transformados em singular, 145
Tratamento direto, 185
travessões, 199
trecho extraído, 336
trechos destacados, 278
três descrições, 185, 269
três nanossegundos, 297
três verbos, 240
trivialidades gramaticais, 22
truques sujos, 146

• U •

uma conjunção, 194
uma descrição, 183
unbelievably, 262
única descrição, 334
única palavra, 314
única possibilidade., 299
único pronome, 302
único verbo., 298
uniões por vírgula, 85
unique, 261
uniqueness, 261
URLs, 346
Usando barras, 336
Usando infinitivos, 247
Usando reticências, 325

Usando subjuntivos, 287, 291, 292
use colchetes, 335
uso adequado de pronome, 344
uso de contrações, 161
uso de hífens, 325
uso de interjeições, 111
uso de um adjetivo, 95
usuários de computador, 332
utilizam um verbo, 292

• V •

várias combinações, 324
várias formas, 247
veja dois macetes, 298
verbal descritiva, 272
verbo com um sujeito, 298
verbo correto, 233
verbo da oração, 17
verbo de ação, 299
verbo de ligação, 21, 24, 299, 321
Verbo de Ligação Corretamente, 21
verbo em orações, 45
verbo no singular, 302
verbo no subjuntivo, 288
verbo oficial, 236
verbo perdido, 298
verbo principal, 236, 298
verbo-pronome, 23
verbos alterados, 244
verbos auxiliares, 26, 139, 298
verbos de ação, 26, 299
verbos de ligação, 19, 26, 298
Verbos de sentido, 20
verbos destacados, 237
verbos e pontuação, 315
verbos escritos, 237
Verbos Essenciais, 59
verbos na oração, 237
verbos no presente, 241
verbos no singular, 301, 304
Verbos no subjuntivo,, 287
verbos principais, 26, 236
verbo to be, 19
verdades eternas, 243
verificação de gramática, 341
versão resumida, 333
vigilância sanitária, 91, 311
vírgulas em série, 181
visão deslumbrante, 133
Visite os pontos, 345
vocabulário avançado, 13
volleyball, 243
voz aos verbos, 233
voz ativa, 233, 234
voz passiva, 234

• W •

West, 207
West Side, 208
When, 100
Where, 100
whiskey, 208
whomever, 222
Why, 100
will, 236
winners, 224
write shortly, 332
Written, 249

• Y •

yesterday, 234
Yesterday, 216

Impresso na Rotaplan Gráfica e Editora LTDA
www.rotaplangrafica.com.br
Tel.: 21-2201-1444